Buch-Updates
Registrieren Sie dieses Buch
auf unserer Verlagswebsite.
Sie erhalten dann
Buch-Updates und weitere,
exklusive Informationen
zum Thema.

Galileo BUCH UPDATE

Und so geht's
> Einfach **www.galileodesign.de** aufrufen
<<< Auf das Logo **Buch-Updates** klicken
> Unten genannten **Zugangscode** eingeben

Ihr persönlicher Zugang zu den Buch-Updates | 156189081232

Manuela Hoffmann

Modernes Webdesign

Gestaltungsprinzipien, Webstandards, Praxis

Galileo Press

Liebe Leserin, lieber Leser,

vor weniger als einem Jahrzehnt reichten ein paar Grundkenntnisse in HTML und CSS in aller Regel aus, um sich als professioneller Webdesigner bezeichnen und seine Dienste auf dem Markt anbieten zu können. Seitdem hat sich viel getan. Die Anforderungen an modernes Webdesign sind deutlich höher geworden. Aber durch die Professionalisierung sind die Aufgaben eben auch klarer umrissen und immer mehr standardisiert worden.

Was macht modernes Webdesign aus? Was muss ein Webdesigner, Grafiker oder Webentwickler können, um Arbeitsergebnisse präsentieren zu können, die ansprechend und stimmig gestaltet, deren Quellcode aber auch valide und professionell geschrieben ist?

Unsere Autorin Manuela Hoffmann – bekannt durch Ihren Weblog pixelgraphix.de – weiß es. Die Grafikerin und Webdesignerin erklärt Ihnen nicht nur, wie Sie diese Anforderungen meistern. Sie hat mit diesem Buch einen Wegweiser für modernes Webdesign geschaffen, der gleichzeitig Praxis, Anleitung und Inspiration liefert. Sie führt Sie von der Idee über erste Entwürfe bis hin zur technischen Umsetzung mit HTML und CSS.

Wir freuen uns stets über Lob, aber auch über kritische Anmerkungen, die helfen, dieses Buch besser zu machen. Sollte Ihnen also etwas auffallen, zögern Sie nicht, sich bei uns zu melden.

Katharina Geißler und Jan Watermann
Lektorat Galileo Design

katharina.geissler@galileo-press.de
jan.watermann@galileo-press.de
www.galileodesign.de

Galileo Press • Rheinwerkallee 4 • 53227 Bonn

Für Lisa

TEIL I: Das Design

1	Webdesign und Webstandards	17
2	Gestaltung und Layout	51
3	Typografie	105
4	Farbe	129
5	Medien	145
6	Werkzeugkasten	159

TEIL II: Die Technik

7	(X)HTML im Überblick	187
8	CSS im Überblick	213
9	Arbeitsvorlagen gestalten	253

TEIL III: Die Praxis

10	Ein Beispielprojekt	271
11	Ein WordPress-Theme gestalten	321
12	Ausblick: Was bringt die Zukunft?	347

Einleitung 11

TEIL I: Das Design

1 Webdesign und Webstandards 17
1.1 Webdesign, was ist das eigentlich? 17
1.2 Wie funktionieren (X)HTML und CSS? 20
   1.2.1 (X)HTML 21
   1.2.2 CSS 21
1.3 Die Prinzipien modernen Webdesigns 23
   1.3.1 »Seite« ist nicht gleich »Seite«! 23
   1.3.2 Webseiten sehen nicht in jedem Browser
             gleich aus 26
   1.3.3 Des Kaisers neue Kleider 30
   1.3.4 Besser mit Standards 32
   1.3.5 Sagt Ihr Quellcode, was Sie meinen? 37
   1.3.6 Barrierefreiheit 40
   1.3.7 Barrierearmut 42
   1.3.8 Usability 43
   1.3.9 Informationsarchitektur 46
1.4 Checklisten 47
   1.4.1 Eine gute Startseite 47
   1.4.2 Gute Praktiken für Navigationen 47
   1.4.3 Webstandards, Zugänglichkeit und Usability ... 48

2 Gestaltung und Layout 51
2.1 Die visuelle Wahrnehmung und ihre Gesetze 51
   2.1.1 Umfeld und Figur-Trennung 52
   2.1.2 Der Goldene Schnitt 52
   2.1.3 Gute Gestalt und Prägnanz 54
   2.1.4 Nähe 54
   2.1.5 Gleichheit oder Ähnlichkeit 55
   2.1.6 Geschlossenheit 56
   2.1.7 Erfahrung und Vertrautheit 57
   2.1.8 Einfachheit und Harmonie 57
   2.1.9 Symmetrie und Asymmetrie 58
   2.1.10 Visuelles Gewicht 59
   2.1.11 Linien und Flächen 60
2.2 Website-Layouts und ihre Elemente 62
   2.2.1 Weißraum 64
   2.2.2 Klassische Spaltenlayouts 64
   2.2.3 Sonderfall Gestaltungsraster 65
   2.2.4 Breite und Höhe eines Layouts 66

	2.2.5	Ein CSS-Layout zu gestalten heißt, Boxen auszurichten	68
	2.2.6	Zusammenfallende Außenabstände	74
	2.2.7	Positionierung von Layoutelementen	75
	2.2.8	Die Positionierungsmöglichkeiten in der Praxis	79
	2.2.9	Gestaltungsraster in Theorie und Praxis	95
2.3	So geht's: ein Gestaltungsraster in CSS umsetzen		99

3 Typografie 105

3.1	Klassifikation von Schrift	106
3.2	Lesbarkeit	107
	3.2.1 Schriftempfinden und Schriftmischung	107
	3.2.2 Schriften für das Web	109
	3.2.3 Zeilenbreite und Satz	110
	3.2.4 Zeilenabstand	113
	3.2.5 Kontrast und Farbe	114
3.3	Schriftformatierung für das Web	115
	3.3.1 Schriftgrößen und Abstände für moderne Webseiten	115
	3.3.2 Große Schriften und Schriftglättung	117
	3.3.3 Welche Möglichkeiten der Formatierung sind möglich und sinnvoll?	117
	3.3.4 Warum Sie die Basisschriftgröße nicht in Pixel definieren sollten	119
	3.3.5 Der vertikale Rhythmus einer Webseite	122
3.4	Schreibweisen	125
3.5	Checkliste: Das ist gute Web-Typografie	126

4 Farbe 129

4.1	Farbe am Monitor und im Web	130
4.2	Farbwirkung	131
4.3	Farbkontrast und Farbabstufungen	131
4.4	Hürden für die Farbwahrnehmung	133
4.5	Farbe für Webseiten	135
	4.5.1 Ein Farbschema entwickeln	136
	4.5.2 Aktuelle Richtungen und Entwicklungen	138
4.6	Checkliste: Farbe für Webseiten	142

5 Medien 145

5.1	Mediennutzung und Rechte	145
5.2	Wo Sie Grafiken, Illustrationen und Fotos finden	146
5.3	Animationen, Sounds und Musik finden	148

5.4		Dateiformate und ihr Einsatz auf Webseiten	150
	5.4.1	Bilder, Grafiken und Fotos	150
	5.4.2	Flash auf Websites	151
	5.4.3	Animationen und Ton	153
	5.4.4	Tabellen, Briefe, Handbücher und andere Dokumente	156
5.5		Checkliste Medien	157

6 Werkzeugkasten ... 159

6.1		Inspiration am Arbeitsplatz	159
6.2		Bildbearbeitungsprogramme	160
6.3		Wireframes gestalten	161
6.4		Editoren für Windows, Mac OS X und Unix im Überblick	163
6.5		Eine komfortable Arbeitsumgebung	167
6.6		Firefox als Arbeitsbrowser und dessen Erweiterungen	169
6.7		Ein Testbrowserpaket schnüren	171
6.8		Workflow für modernes Webdesign	172
	6.8.1	Projektdefinition	173
	6.8.2	Analyse	174
	6.8.3	Konzept	174
	6.8.4	Entwurf	174
	6.8.5	Präsentation	174
	6.8.6	Umsetzung	175
	6.8.7	Test und Korrektur	176
	6.8.8	Browserspezifisches Vorgehen	179
	6.8.9	Abschluss	183

TEIL II: Die Technik

7 (X)HTML im Überblick ... 187

7.1		Mit Basisvorlagen schneller arbeiten	187
7.2		(X)HTML	188
	7.2.1	DOCTYPE	189
	7.2.2	HEAD	190
	7.2.3	BODY	191
	7.2.4	Kommentare	192
	7.2.5	Identifizierung mit »class« und »id«	192
	7.2.6	DIV	193
7.3		Die wichtigsten (X)HTML-Elemente	194
	7.3.1	H1 bis H6	194
	7.3.2	P, EM, STRONG und CODE	195
	7.3.3	Zitate mit BLOCKQUOTE	196

	7.3.4	Hyperlinks mit A	197
	7.3.5	Aufzählungen in Listen	197
	7.3.6	Bilder im Quelltext mit IMG	200
	7.3.7	Formulare mit FORM	201
	7.3.8	Praxis: Blindtexte für die Vorlagen erstellen	208
7.4	Mikroformate ergänzen (X)HTML		209

8 CSS im Überblick 213

8.1	CSS einbinden		214
8.2	Werte in CSS definieren		215
8.3	Die Rangfolge von Formatvorlagen		216
8.4	Ordnung im Stylesheet		219
8.5	Pseudoklassen und -elemente		223
8.6	Farben und Hintergründe		224
8.7	Die Verwendung transparenter PNGs		228
8.8	Schrift und Text		232
	8.8.1	Praktische Beispiele für die Formatierung von Texten und Überschriften	234
	8.8.2	Exkurs: *Image-Replacement*-Techniken	240
8.9	Listen		241
	8.9.1	Praxis: Gestaltung einer vertikalen Navigationsleiste	241
	8.9.2	Praxis: Gestaltung einer horizontalen Navigationsleiste	244
	8.9.3	Praxis: Reiter-Navigation per Sliding Doors	245
8.10	Tabellen		248

9 Arbeitsvorlagen gestalten 253

9.1	Basisvorlage (X)HTML		253
9.2	Basisvorlage CSS		256
9.3	Basisvorlage für das Druckstylesheet		261
9.4	Photoshop		263
9.5	Basisvorlage Photoshop		263
	9.5.1	Ebenengruppe »content«	265
	9.5.2	Ebenengruppe »sidebar«	265
	9.5.3	Ebenengruppe »footer«	266
	9.5.4	Ebenengruppe »header«	266
	9.5.5	Ebenengruppe »tools«	266
	9.5.6	Mit der Basisvorlage in Photoshop arbeiten	267
	9.5.7	Mögliche Erweiterungen dieser Vorlage	267

TEIL III: Die Praxis

10   Ein Beispielprojekt 271
10.1 Brainstorming für den Projektstart 271
10.2 Die Konfiserie »Schokoladen« 272
10.3 Konzept 273
10.4 Entwürfe 275
10.5 Das Farbschema gestalten 276
10.6 Umsetzung des Entwurfs in (X)HTML und CSS 286
        10.6.1   Schritt 1: Umbenennen und einfärben 288
        10.6.2   Schritt 2: Der Kopfbereich 291
        10.6.3   Schritt 3: Der Hauptinhaltsbereich 295
        10.6.4   Schritt 4: Der Seitenleistenbereich 300
        10.6.5   Schritt 5: Der Seitenfuß 307
        10.6.6   Schritt 6: Finetuning 307
        10.6.7   Schritt 7: Eine Unterseite gestalten 316
10.7 Reflexion 318

11   Ein WordPress-Theme gestalten 321
11.1 Was ist WordPress? 321
11.2 Technische Voraussetzungen für WordPress 322
11.3 Die wichtigsten Bestandteile eines WordPress-Themes 322
        11.3.1   Templates 322
        11.3.2   Template-Tags 324
11.4 Vom Template zum Theme 327
        11.4.1   WordPress lokal installieren 327
        11.4.2   Das Template wird zum Theme 329
        11.4.3   Plug-ins installieren 340

12   Ausblick: Was bringt die Zukunft? 347
12.1 CSS 3 347
        12.1.1   Selektoren 347
        12.1.2   Ein alternatives Box-Modell kommt hinzu 350
        12.1.3   Neuerungen im Umgang mit Bildern 352
12.2 Das Web 2.0, »Eye Candy« und jQuery 356

Die DVD zum Buch 361

Index 363

Einleitung

Was erwarten Sie eigentlich von einer »guten« Internetseite? Einerseits soll sie natürlich all die Informationen liefern, die ich gerade suche, und das schnell und übersichtlich. Wenn ich die Site öfter besuche, möchte ich sie meinen Präferenzen anpassen können. Ansprechend und harmonisch sollte die Präsentation sein. Hat die Seite sogar das »gewisse Etwas«, könnte sie einen Platz in meiner Lesezeichen-Sammlung einnehmen und ein »Dauerbrenner« werden.

Erwartungen und Anforderungen | Als Webdesignerin ist es meine Aufgabe, diese und andere Erwartungen mit meinen Gestaltungen zu erfüllen. Das ist eine sehr interessante, spannende und sinnvolle Aufgabe, denn immer mehr Aufgaben des täglichen Lebens können über das Netz abgewickelt werden. Von der reinen Informationsrecherche bis hin zu Antragstellungen und Besorgungen ist die Bandbreite der Motive ebenso divers wie die der Medien, die wir dazu verwenden, ihnen zu folgen. Diese Medien sind individuell verschieden. Vom Desktop über den Laptop, das Handy bis hin zum Screenreader ist alles vertreten. Moderne Webseiten müssen dabei eine gute Figur machen und die Anforderungen erfüllen, die an sie gestellt werden.

Mein Ziel | Mit diesem Buch möchte ich zeigen, was nötig ist, um moderne und zukunftsfähige Webseiten zu gestalten, die funktionieren und für jeden zugänglich sind. Häufig werde ich gefragt, wie man denn vom Entwurf in Photoshop zur durch (X)HTML und CSS betriebenen Website komme. Diesen Weg möchte ich mit dem vorliegenden Buch gern zeigen. Ich präsentiere Ihnen einen Ansatz, der ohne unnötige Umwege von der ersten Idee bis zur fertigen Gestaltung reicht und über Skizzen, Bildbearbeitung und Editor zum Browser führt.

Was erwartet Sie in diesem Buch?

Zunächst einmal wird es in den ersten Kapiteln des Buches um Grundlegendes zum Thema Webdesign mit (X)HTML und CSS gehen. Ich werde zeigen, worin die besonderen Vorteile davon liegen, Struktur und Aussehen einer Webseite komplett zu trennen. Dabei werden Konzepte wie Webstandards, Zugänglichkeit und Usability verwendet, und ihre Unerlässlichkeit für die aktuelle Arbeit wird aufgezeigt.

Richtlinien und Gesetze | Aber auch um Gestaltungsrichtlinien und Wahrnehmungsgesetze sowie die Grundlagen der Layoutgestaltung wird es gehen, bevor die Schwerpunkte Typografie und Farbe behandelt werden. Diese Bereiche werden vom gestalterischen Standpunkt, aber auch vom Standpunkt eines Webdesigners angegangen und immer durch eine Kombination von Erläuterung und konkretem Webdesign mit Tipps aus der Praxis erläutert.

Das macht es erforderlich, schon in den ersten Kapiteln mit (X)HTML und CSS in den Beispielen zu arbeiten. Bewusst habe ich das Buch jedoch nicht mit den zwei großen Theorieteilen dazu begonnen, denn ich möchte betonen, dass die Gestaltung an sich bei modernen Webseiten nicht zu kurz kommen darf. Sowohl (X)HTML und CSS als auch JavaScript sind Werkzeuge und Mittel, um die Designidee zu verwirklichen, nicht aber das eigentliche Design.

Der Workflow | Im Anschluss an die Behandlung der gestalterischen Grundlagen werden die wichtigen Bereiche Medien und Rechte, eine inspirierende Arbeitsumgebung, Werkzeuge und Workflow behandelt. Es wird gezeigt, wo Sie Medien finden, wie Sie diese sinnvoll nutzen und einbinden und welche Programme und Schritte sinnvoll sind, um einen eigenen Workflow für die Gestaltung von Webseiten zu entwickeln.

Arbeit mit Vorlagen | Für die tägliche Arbeit mit Webseiten bietet es sich an, nicht immer wieder bei null zu beginnen: Basisvorlagen mit wichtigen Elementen, die den Start in ein Projekt vereinfachen, sind eine sinnvolle Bereicherung für den Workflow. Ich werde erläutern, welche Elemente Sie warum in Ihre Vorlagen für (X)HTML, CSS und Photoshop aufnehmen sollten, und natürlich Vorschläge liefern. Dabei werden die wichtigsten (X)HTML-Elemente und CSS-Eigenschaften erläutert und anhand von Beispielen aus der Praxis erklärt.

Das Beispielprojekt »Konfiserie Schokoladen« | Exemplarisch wird der Einsatz der Vorlagen dann in einem großen Beispielprojekt erläutert. Ich möchte Sie einladen, dem Gestalter sozusagen einmal über die Schulter zu schauen und aktiv an der Umsetzung eines Designs von der Kundenanfrage bis hin zur fertigen Vorlage teilzunehmen. Im letzten großen Abschnitt des Buches wird das Design in eine Vorlage für das kleine Weblog- und CMS-Werkzeug WordPress umgewandelt. Dabei wird gezeigt, worauf es bei der Gestaltung von Word-

Press-Themes ankommt und wie die Default-Vorlagen so angepasst werden, dass am Ende ein eigenständiges Design steht.

CSS an sich ist noch jung, und der nächste große Entwicklungsschub namens CSS 3 steht schon vor der Tür. Was die Entwicklung bringen wird und zum Teil schon gebracht hat, wird anhand von Beispielen erläutert. Das Buch schließt mit einem kleinen Abriss zum Thema »Eye Candy« und Erlebnisbrowsen im Web 2.0.

Aufbau und Nachschlagen

Aus Platzgründen ist es nicht immer möglich, die Quelltexte für die Beispiele komplett abzudrucken. Sie finden diese auf der DVD und der Website zum Buch *www.einfach-modernes-webdesign.de*. Dort werden auch Updates und Informationen rund um das Buch veröffentlicht. Wo immer es passt, habe ich versucht, ergänzende Informationen zusammenzustellen und diese dann meist in der Marginalspalte mit den entsprechenden Links zusammengefasst. Die von mir verwendete und sehr empfehlenswerte Literatur finden Sie zudem im Anhang.

Dankeschön!

Mein ganz besonderer Dank gilt Sven, der mir in allen Höhen und Tiefen der Arbeit an diesem Buch den Rücken freigehalten und gestärkt hat und der mir immer wieder Mut macht, interessante Wege wirklich zu gehen.

Ich danke meiner Tochter Lisa dafür, dass Sie mich unsere Welt täglich neu erfahren lässt.

Ganz besonders möchte ich mich bei Jens Grochtdreis bedanken, der dieses Buch als Fachgutachter betreut hat, mir aber auch sonst immer als Ansprechpartner mit Rat und Tat zur Seite steht.

Ich möchte mich bei Galileo Press, vor allem bei Katharina Geißler und Jan Watermann, für den Startschuss und ihre Unterstützung bedanken. Sie haben dieses Buch erst möglich gemacht.

Weiterhin möchte ich mich bei den vielen Autoren bedanken, von denen ich auf meinem Weg durch das Webdesign in Print und Web viel lernen konnte. Ich danke denen, die ihr Wissen immer wieder unermüdlich auf Webseiten, in Blogs oder anderen Foren mit anderen teilen. Ich bedanke mich bei den Nutzern meiner Websites für den regen und inspirierenden Austausch, der den Betrieb immer wieder aufs Neue spannend macht.

Manuela Hoffmann

TEIL I
Das Design

1 Webdesign und Webstandards

1.1 Webdesign, was ist das eigentlich?

Designer, Grafik-Designer, Interface-Designer, Screen-Designer, Gestalter, Entwickler, Webentwickler, Webdesigner, Webdeveloper, Webworker, Webmaster, Frontend-Entwickler, Backend-Entwickler oder Multimedia-Producer: Was sind Sie denn nun?

Viele Menschen, die Internetseiten gestalten, verwenden die Begriffe »Webdesign« und »Webdesigner« nur ungern. Vorbei sind die Zeiten, da man einen akademischen Abschluss brauchte, um sich Designer nennen zu dürfen. Frei nach dem Motto »Das kann jeder ...« werden heute Webseiten ins Netz gestellt. Ein Webdesigner muss heutzutage keinen fest definierten Wissenshintergrund, keine gestalterischen Kenntnisse, keine Verantwortung für spezielle Bedürfnisse nachweisen können, um eine Webseite ins Netz zu stellen. Und so gibt es eine Fülle von Begriffen, die mehr oder weniger die gleiche Beschäftigung charakterisieren. Es gibt Software, mit der Sie im Handumdrehen eine kleine Site oder ein Weblog ins Netz stellen können. Nur ganz so einfach ist es dann nicht, dieses kleine Projekt auch sinnvoll und effektiv anzulegen und verantwortungsvoll und konsequent zu gestalten. In diesem Buch erarbeiten **Webdesigner** vom ersten Entwurf bis zur Live-Schaltung des Projekts alle Schritte, die dazu notwendig sind. Sie gestalten **Webseiten**, wenn es sich um eine einzelne Seite, und **Websites**, wenn es sich um die Gesamtheit der Seiten eines Webauftritts handelt.

> **Berufsbezeichnungen**
>
> Gerrit van Aaken hat seine Besucher in einer kleinen Umfrage in seinem Weblog dazu aufgefordert, Berufsbezeichnungen zu sammeln, und die Ergebnisse in einem Essay veröffentlicht. Sie werden überrascht sein, wie viele Bezeichnungen zusammengetragen wurden:
> *praegnanz.de/essays/webdesignerl*

Wenn es in diesem Zusammenhang um Internetseiten geht, wird sehr häufig der Begriff »Design« verwendet, um das Aussehen einer Webseite zu beschreiben. Der Kommentar »schönes und übersichtliches Design« zu einem Redesign soll dann heißen, dass die neuen Farben und Aufteilungen am Bildschirm gut funktionieren. Doch Design ist mehr als eine ästhetische Erscheinungsform der Dinge.

Das Wort **Design** bedeutet in seiner Lexikon-Definition zunächst Entwurf, Gestalt und Formgebung eines Gegenstands. Zur Eingrenzung dieser »Gegenstände« wird gern per Bindestrich (oder auch ohne) das jeweilige Tätigkeitsfeld vorangestellt: Grafik-Design, Foto-Design oder Webdesign.

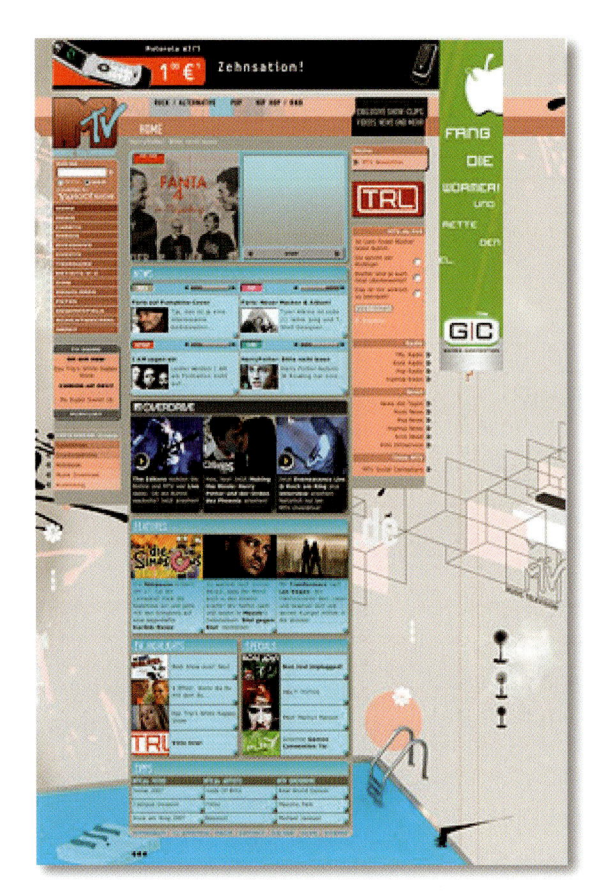

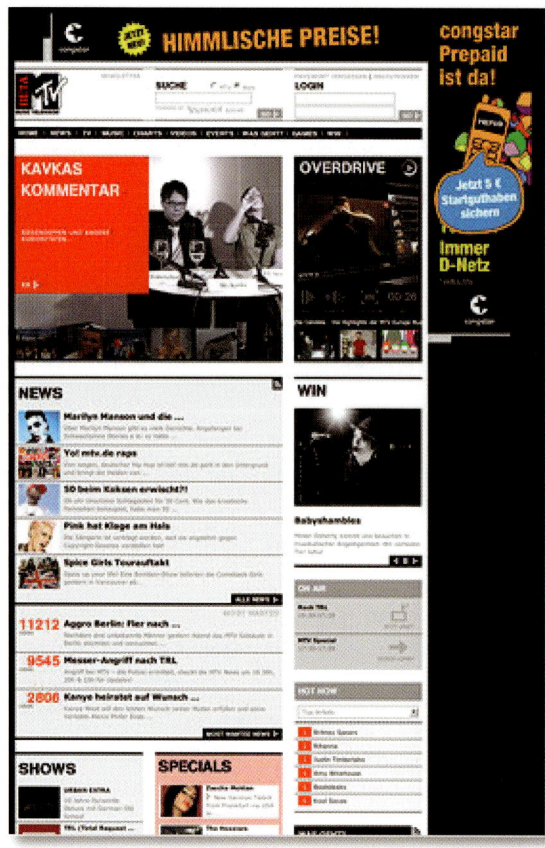

▲ **Abbildung 1.1**
Vorher (links), nachher (rechts):
Redesign von *MTV.de*

Der Begriff Webdesign reicht von der Erarbeitung und Umsetzung der Informationsstruktur über das grafische Design bis zur praktischen Umsetzung in eine funktionierende, zugängliche und ansprechende Präsentation.

Design ist Problemlösung | Dinge werden für Menschen in eine Form gebracht und auf diese Weise verständlich gemacht und miteinander in Beziehung gesetzt. Für den Bereich des Webdesigns heißt das, dass die verschiedenen Bestandteile einer Website in Einklang gebracht und dem Besucher zugänglich gemacht werden müssen.

Webdesign ist eine inhaltszentrierte Tätigkeit. **Am Anfang des Designprozesses steht immer der Inhalt** und nicht etwa das Farbschema oder die Idee ein dreispaltiges Layout zu verwenden. Auch im Webdesign haben Inhalt und Interaktion Vorrang vor Farbe und Form.

Die Aufgabe eines Designs ist es, das Anliegen möglichst funktional, zugänglich und attraktiv umzusetzen. Dabei sollte der Leitsatz »**Form folgt Funktion**« für Gestalter höchste Priorität haben. Wenn etwas eine bestimmte Funktion hat, muss sein Design diese Funktion bis zum Maximum herausarbeiten.

▲ **Abbildung 1.2**
Die Flickr-Gruppe »Corporate Identity« sammelt Beispiele für CI aus aller Welt (*www.flickr.com/groups/77871177@N00*).

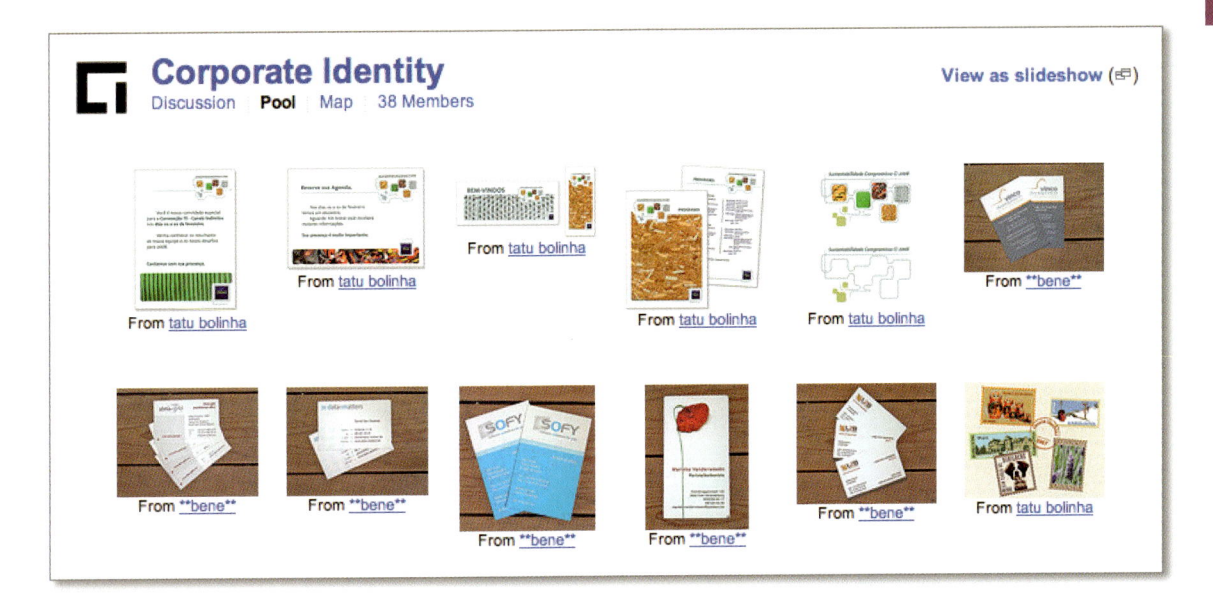

Leider sieht das in der Wirklichkeit, wo interne Vorgaben, CI (Corporate Identity) und CD (Corporate Design), Hausschriften und Hausfarben Einfluss auf alle Gestaltungsfragen haben, oft anders aus. Als Gestalter müssen Sie sich und Ihren Kunden jedoch immer wieder das Ideal vor Augen führen und Kompromisse ausarbeiten.

Dabei sind spezialisierte Designer natürlich immer vorbelastet. Sie kennen sich in ihrem Tätigkeitsfeld bestens aus, und gerade deshalb ist es für sie notwendig, sich bekannte Prozesse so vorzustellen, als wären sie unbekannt. Wer beruflich zum Beispiel mit Computern, Browsern und den vielfältigsten Navigationsideen auf Webseiten zu tun hat, darf dieses Können nicht bei den potenziellen Kunden und Nutzern voraussetzen.

Corporate Identity und Corporate Design

Die Corporate Identity (CI) versteht sich als eine Art Unternehmensleitbild, unter dem alle Aspekte des Charakters eines Unternehmens zusammengefasst werden. Das Corporate Design (CD) als visuelle Identität ist Teil der Corporate Identity.

Designprozess | Design braucht Zeit. Es ist ein Prozess, der sich immer aus mehreren Schritten zusammensetzt: aus der **Analyse** der Aufgabe mit visuellen Mitteln, der **Konzeption**, dem **Entwurf** und schließlich der **Präsentation**.

Die Analyse ist das Zusammentragen aller Informationen und die Verdeutlichung in Schaubildern, Modellen, Skizzen, Collagen, Fotos. Im Konzept werden alle Elemente zu ihren Funktionen in Beziehung gesetzt. Der Entwurf zeigt *nicht*, wie die Sache aussehen soll, sondern was sie leisten soll. Er gestaltet die Präsentation, in der schließlich die Lösung so überzeugend wie möglich dargestellt wird.

Informationen strukturieren und gestalten | Haben Designer in der Industriegesellschaft vor allem Dinge gestaltet, sind es heute mit der Entmaterialisierung der Informationsgesellschaft vor allem Informationen, die gestaltet werden wollen. Ging es früher hauptsächlich darum, Produkte wie Möbel, Autos oder Verpackungen zu formen, geht es heute immer mehr darum, Informationen über diese Dinge und Produkte oder Informationen an sich in Musik, Druck, Netz und TV zu gestalten. Diese Informationen sind immateriell, nicht greifbar und treten in großer Zahl auf.

Abbildung 1.3 ▶
Viele Informationen unübersichtlich präsentiert: die Website von Ryanair Ende 2007 (*ryanair.com/site/DE/*)

Der Mensch von heute muss seine Wohnung seltener verlassen, als das früher der Fall war: Erledigungen, Information und Vergnügen können über die verschiedenen Medien realisiert werden. Die Informationsvielfalt ist groß, die eigentliche Informationsflut unüberschaubar und formlos. Es obliegt dem Designer und in unserem Falle dem Webdesigner, diesen Informationen Struktur zu verleihen, Wichtiges von Unwichtigem zu trennen und Prioritäten zu setzen. Nur so werden Informationen verständlich und bedeutsam.

Spickzettel
Virtuelle »Spickzettel« zum Speichern und Drucken bietet Dave Child auf seiner Site im PNG- und PDF-Format für (X)HTML unter *www.ilovejackdaniels.com/cheat-sheets/html-cheat-sheet* und für CSS unter *www.ilovejackdaniels.com/cheat-sheets/css-cheat-sheet* an.

1.2 Wie funktionieren (X)HTML und CSS?

Während Sie dieses Buch lesen, werden Sie feststellen, dass es kein reines Designbuch ist. Themen wie Gestaltgesetze und Typografie, die Ihnen aus dem Bereich des Grafikdesigns vielleicht sehr vertraut sind, werden hier aus der Perspektive des Webdesigns mit (X)HTML und CSS beleuchtet. Dazu ist es notwendig, schon früh im Buch anhand von Beispielen zu zeigen, wie bestimmte Ziele erreicht werden können. In Kapitel 7 und 8, werden die wichtigsten Elemente in (X)HTML und CSS ausführlich erläutert. Zum Einstieg jedoch gibt dieses Kapitel quasi zum Warmwerden einen Überblick über die grundsätzliche Organisation von (X)HTML und CSS.

1.2.1 (X)HTML

(X)HTML strukturiert eine Webseite und wird »geschrieben« und nicht »programmiert«. Sie schreiben »Quelltext« oder »Markup«. (X)HTML besteht aus **Elementen**, **Tags** und **Attributen**: `<element attribut="wert">Mein Text</element>`

> **Schreiben oder programmieren?**
>
> (X)HTML ist eine (Text-)Auszeichnungssprache, die keine Befehle, sondern Tags verwendet. Webseiten werden »geschrieben«, um dann von einem entsprechenden Programm, dem Browser, »gelesen« zu werden.

Attribute ergänzen das (X)HTML-Element durch konkretere Eigenschaften und können mehrere Werte haben.

```
<ul id="metanavigation">
   <li><a href="#" title="Homepage dieser Site"></a></li>
   <li><a href="#" title="Feedback senden Sie bitte über
   dieses Kontaktformular"></a></li>
   <li><a href="#" title="Anschrift und Pflichtangaben">
   </a></li>
</ul>
```

◄ **Listing 1.1**
Eine ungeordnete Liste

Das `ul`-Element trägt in diesem Beispiel das Attribut `id` mit dem Attributswert `metanavigation`.

Aufbau und Inhalte einer Webseite | Eine Webseite besteht immer aus dem folgenden Gerüst: `doctype`, `html`, `head` und `body`.

> **Wiederholung**
>
> Wenn Sie sich über die Eigenschaften dieser Begriffe weiter informieren möchten, schlagen Sie diese in Kapitel 7, »(X)HTML im Überblick«, nach.

(X)HTML-Dokumente werden durch
- Bereiche (`div`),
- Listen (`ul`, `ol`, `dl`),
- Überschriften (`h1` bis `h6`) und
- Absätze (`p`) strukturiert.

Tabellarische Daten werden über `table` eingebunden. Hyperlinks der Form `<a href="Linkziel" title="Linkbeschreibung">Link text</a>` werden verwendet, um Ziele im gleichen Dokument oder auf anderen Webseiten anzuspringen. Bilder werden in der Form `<img scr="mein-bild.png" alt="Bildbeschreibung" width="Breite in Pixel" height="Höhe in Pixel" />` eingebunden.

1.2.2 CSS

Während (X)HTML eine Webseite lediglich strukturiert, **gestaltet** CSS diese über eine Sammlung von Formatvorlagen, dem so genann-

> **[CSS]**
>
> CSS steht für **C**ascading **S**tylesheets, einen einfachen Mechanismus, um Formatierungen für Webseiten zu schreiben.

ten »Stylesheet«. Alle in Abschnitt 1.2.1 beschriebenen Elemente können Sie mit CSS-Regeln formatieren.

CSS-Regeln | Eine Regel besteht aus einem Selektor (z. B. `p`) und einem Deklarationsblock in geschweiften Klammern (z. B. `{ color: #000000; }`). Eine Deklaration besteht aus einer Eigenschaft (z. B. `color`), einem Doppelpunkt und einem Wert (z. B. `#000000`), gefolgt von einem Semikolon: `Selektor { Eigenschaft: Wert; }`

Mit folgender CSS-Regel wird dem HTML-Tag eine Schriftfarbe zugewiesen. Der Absatz wird mit schwarzer Schrift formatiert:
`p { color: #000000; }`

Selektoren legen also fest, auf welche Elemente im Dokument eine Formatierung angewendet werden soll. Von Anfang an wird **jedem Element** automatisch **jede Eigenschaft** mit einem Standardwert zugewiesen. Mit den Formatierungen im Stylesheet **ändern** Sie diese. Wie der Name »Cascading Stylesheets« bereits sagt, ist CSS eine Vererbungssprache, bei der jedes Element außer dem Root-Element (`HTML`) in einer baumartigen Hierarchie in einem anderen Element verschachtelt ist. Dieses sogenannte Elternelement vererbt oft Eigenschaften auf das Kindelement.

> **Eselsbrücke**
>
> Die Reihenfolge der Kurzschrift können Sie sich an dem englischen Wort »TRouBLe« merken: `top`, `right`, `bottom`, `left`.

CSS-Kurzschrift | Eigenschaften lassen sich zusammenfassen, was als Kurzschrift oder auf Englisch als *shorthand properties* bezeichnet wird. Sie sollten sich angewöhnen, von Anfang an konsequent Kurzschrift zu verwenden, so wie es in diesem Buch gehandhabt wird.

Listing 1.2 ▶
CSS in langer Schreibweise

```
p {
  margin-top: 10px;
  margin-right: 5px;
  margin-bottom: 3px;
  margin-left: 2px;
}
```

In Kurzschrift schreiben Sie zuerst den Wert für den oberen Abstand, dann für den rechten Abstand, dann für den unteren Abstand und dann für den linken Abstand des Absatzes:

Listing 1.3 ▶
Das gleiche CSS in Kurzschrift

```
p {
  margin: 10px 5px 3px 2px;
}
```

Für die folgenden Eigenschaften kann Kurzschrift verwendet werden: `margin`, `padding`, `background`, `border` und `font`.

Jedes Element, das Sie per CSS formatieren, trägt verallgemeinert dargestellt, eine Box um sich herum, ist also ein Kasten, den Sie formatieren.

Box-Eigenschaften | Die Eigenschaften für diese Boxen (`margin`, `padding`, `border`) können Sie wie folgt kombinieren:

- `Eigenschaft: wert1;`
  Die Werte der jeweiligen Eigenschaft für alle Seiten entsprechen dann `wert1`.
- `Eigenschaft: wert1 wert2;`
  Die Werte für die Seiten oben und unten entsprechen `wert1`, die Werte für die Seiten links und rechts entsprechen `wert2`.

Die Eigenschaften für Ränder `border` (`border-color`, `border-style`, `border-width`) können Sie wie folgt kombinieren:

`border: width style color;`

Folgende Anweisung erzeugt einen durchgezogenen schwarzen Rahmen:

`border: 1px solid #111;`

> **Kurzschrift einsetzen**
>
> Auch für Schriften und Hintergründe können Sie Eigenschaften entsprechend zusammenfassen. Wie das geht, lesen Sie bitte in den entsprechenden Absätzen in Kapitel 8, »CSS im Überblick«, nach.

Für den Einstieg in das moderne Webdesign mit (X)HTML und CSS soll uns diese Einführung zunächst genügen. Ausführlicher und tiefgründiger beschäftigen sich die Kapitel 7 und 8, mit den zum jetzigen Zeitpunkt notwendigerweise nur angerissenen Begriffen. Diese Kapitel sind unabhängig von der Reihenfolge des Buches und können zur Wiederholung genutzt werden.

1.3 Die Prinzipien modernen Webdesigns

1.3.1 »Seite« ist nicht gleich »Seite«!

Viele Probleme, die zwischen Designern und Programmierern zu lösen sind, resultieren aus den **Begriffen**, die wir täglich verwenden, weil sie sich eingebürgert haben. Gestalter, die im Printbereich arbeiten, sprechen von »Seiten«, Nutzer des Internets und Webworker ebenso.

Beide verwenden das gleiche Wort für völlig verschiedene Sachverhalte. Mit der Verwendung des Begriffs »Seite« für ein Webdokument werden viele Attribute einer gedruckten Seite unbewusst auf das neuere Medium übertragen. Die Verwendung des Begriffs »Webseite« hat sich heute durchgesetzt. Der Begriff an sich kann im Sprachgebrauch sicher nicht durch einen treffenderen ersetzt werden.

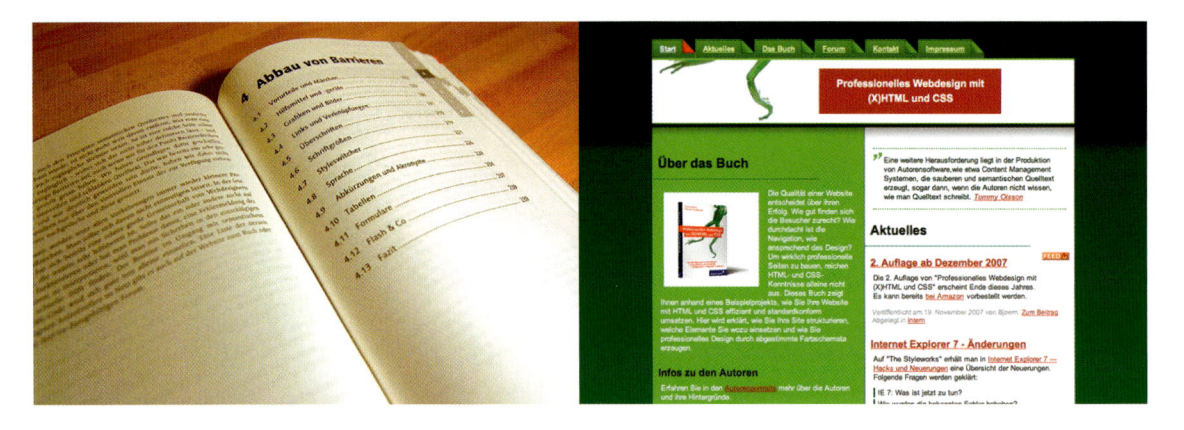

▲ **Abbildung 1.4**
Buchseite versus Webseite: eine komplett andere Nutzungsform

Als Entwickler müssen Sie sich jedoch immer vor Augen halten, dass Sie mit einem **Dokument** arbeiten, das andere Merkmale hat und an das ganz andere Anforderungen gestellt werden als an die gedruckte Seite.

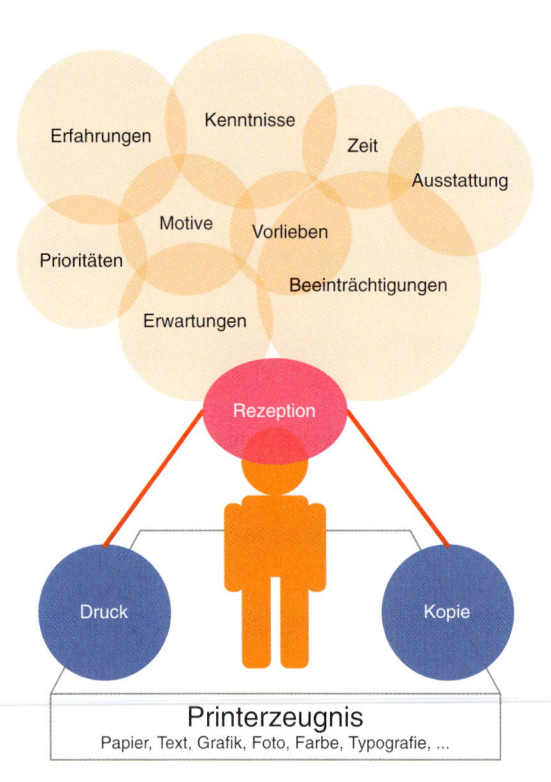

Abbildung 1.5 ▶
Gedruckte Seiten werden nur rezipiert. Der Rezipient hat eigene Anforderungen an den Text, kann jedoch selbst nicht aktiv auf das Medium in seinem jetzigen Stadium einwirken.

Statische gedruckte Seiten | Eine gedruckte Seite hat unter anderem die folgenden Merkmale:

▶ Sie hat eine fixe Höhe und Breite.
▶ Sie hat fest definierte Farben, die immer gleich aussehen. Als Mediengestalter bewegen Sie sich im Farbraum CYMK.
▶ Eine pixelgenaue Platzierung von Texten und Bildern ist möglich.

24 | 1 Webdesign und Webstandards

- Ihr Verwendungszweck in gedruckter Form ist die Informationsaufnahme.
- Bei mehreren Dokumenten blättert man vor und zurück. Auch zum Suchen muss man blättern.

In ihrer gedruckten Form entspricht die Seite einem Dokument, das sowohl Inhalt als auch Struktur und Formatierung unveränderbar festhält. Sie ist damit komplett in ihrer Herstellung und Form kontrollierbar. Schrift hat eine lange Tradition, und jeder weiß, wie mit einem gedruckten Dokument umzugehen ist. Als Mediengestalter können Sie auf eine große Wissensdatenbank zurückgreifen, wenn Sie eine Seite entwerfen und umsetzen.

Interaktive Webdokumente | Ein »Webdokument« ist im Gegensatz dazu skalierbar:
- Es gibt variable Höhen und Breiten sowie Schriftgrößen für verschiedene Bildschirmauflösungen, Browsertechniken.
- Die Farbdarstellung kann vom Anwender, vom Betriebssystem, vom Browser oder von einem schlecht kalibrierten Monitor beeinflusst werden.
- Ein Besucher hat die Möglichkeit, die Anzeige von Bildern und die Ausführung von Plug-ins und Skripts ganz zu unterbinden.
- Der Verwendungszweck eines Dokuments im Browser ist Informationsaufnahme, Navigation und Benutzerführung, Speichern, Ausdrucken und Kopieren. Weitere Verwendungen durch verschiedene Anfragegeräte sind das Vorlesen durch Screenreader oder die Anzeige auf Handhelds und Handys.
- Durch Klicken erreicht man weiteren Inhalt. Durch eine Suche können schnell ganz spezifische Inhalte erschlossen werden.

Verschiedene Einflussfaktoren | In ihrer fertigen Form ist die moderne Webseite ein interaktives Dokument, das aus drei Ebenen besteht: der **Struktur** ((X)HTML), der **Form** (CSS) und dem **Verhalten** (JavaScript, DOM). Auf die Auslieferung dieses Dokuments wirken verschiedene Faktoren ein, die dazu beitragen, dass Sie die letztendliche Gestalt **nicht genau kontrollieren** können. Der Anwender hat über die Technik, die er verwendet, immer die Möglichkeit, die Ausgabe einer Webseite zu verändern, wie in Abschnitt 1.3.3, »Des Kaisers neue Kleider«, noch gezeigt werden wird. Das Internet ist immer noch ein relativ junges Medium, in dem viel Entdeckergeist vorhanden ist und das sich schnell wandelt. So müssen Sie als Gestalter häufig erklären, wie eine Seite funktioniert, wie man sie navigiert, und Sie müssen den Besucher führen. Designer wie Nutzer müssen stets wachsam bleiben und sich fortbilden, wollen sie auf dem aktuellen Stand bleiben.

[Document Object Model (DOM)]
DOM ist eine vom W3C verabschiedete Norm, die den Zugriff verschiedener Programmiersprachen auf beliebige Elemente eines Auszeichnungssprachen-Dokuments beschreibt. DOM definiert Objekte, Eigenschaften und Methoden, die eine Programmiersprache umsetzen sollte.

Ich möchte also zusammenfassen, dass es unverhältnismäßig ist, in den Bereichen Printdesign und Webdesign von »Seiten« zu sprechen und dasselbe zu meinen: **Webseiten sind mehrdimensionale, flexible, skalierbare Dokumente**. Die Kontrolle über das, was der Nutzer wie liest, geht immer mehr an ihn über. Sie liegt immer weniger in der Hand des Gestaltenden. Die Prinzipien des Printdesigns können und sollten deshalb nicht eins zu eins auf das Webdesign übertragen werden.

Abbildung 1.6 ▶
Webseiten müssen anderen Anforderungen genügen als Printseiten: Sie werden aktiv und dynamisch in ihrer Form von vielen Faktoren beeinflusst, die vom Nutzer abhängen und von Individuum zu Individuum verschieden sind.

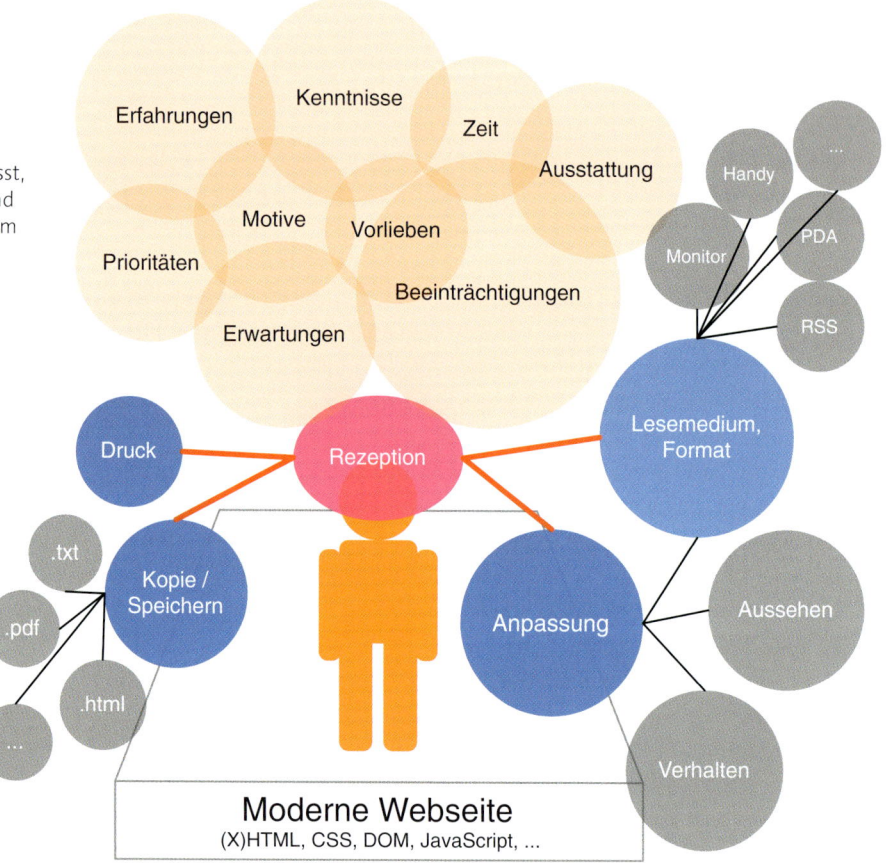

Die Realität sieht oft anders aus

Leider sieht es im Alltag oft so aus, dass Auftraggeber eine gleichförmige Präsentation über alle Browser hinweg fordern. Hier ist es Ihre Aufgabe, aktiv Aufklärungsarbeit zu leisten und dann einen Mittelweg zu finden, der für alle Seiten befriedigend ist. Das Rüstzeug dazu wird Ihnen in diesem Buch an die Hand gegeben.

1.3.2 Webseiten sehen nicht in jedem Browser gleich aus

Einmal gedruckt, ist der Printentwurf perfekt, und nur der Zahn der Zeit oder andere physikalische Einwirkungen können das Bild verändern. Bei Webseiten ist dies anders: Webseiten sehen nicht in jedem Browser gleich aus.

Das Ziel bei der Gestaltung einer Webseite ist es **nicht**, das Layout auf allen erdenklichen Browsern gleich aussehen zu lassen. Das Ziel ist es, den Inhalt an jedes System korrekt auszuliefern und die zugehörige visuelle Präsentation entsprechend den Fähigkeiten des verwendeten Browsers zu ermöglichen.

Kleine Browserkunde | Der erste Webbrowser entstand im Jahre 1990, als Tim Berners-Lee begann, sein WWW zu entwickeln. Sehr schnell etablierten sich in der Folgezeit die Browser Netscape Navigator und Internet Explorer. Der Internet Explorer wird standardmäßig mit dem Betriebssystem Windows ausgeliefert und ist so zum meistverbreiteten Browser der Welt geworden. Der Internet Explorer 6, der auch heute auf vielen PCs mit Windows XP vorhanden ist, erblickte bereits im Jahre 2001 das Licht der Welt. Leider wurde er mit sehr beschränkten (X)HTML- und CSS-Fähigkeiten sowie einigen Eigenentwicklungen programmiert. Viele Fehler bei der Interpretation von HTML, CSS und JavaScript wurden nie beseitigt. So mussten sich Nutzer und Designer mit einer fehlerhaften Rendering-Engine und einer ungenügenden Unterstützung von Webstandards und vor allem von CSS abfinden. Im Oktober 2006 erschien der Internet Explorer 7, der mit dem momentan aktuellen Betriebssystem Vista ausgeliefert wird. Für Mac OS X wurde der Internet Explorer seit 2003 nicht mehr weiterentwickelt und ist nun komplett vom System verbannt worden. Somit wurde Safari zum alleinigen vorinstallierten Browser dieses Betriebssystems.

◄ **Abbildung 1.7**
Die Auswahl an Browsern ist groß.

Das Mozilla-Entwicklerteam stellte im Jahre 2002 mit Mozilla 1.0 den ersten alternativen Browser aus seinem Hause vor, der als Open Source entwickelt wurde und somit kostenlos, frei erhältlich und komplett unabhängig vom Betriebssystem war. Schnell entwickelte sich daraus der Browser Firefox, der sich als erweiterungs- und update-fähiger Browser rasant verbreitete und so Microsofts Internet Explorer Konkurrenz machen konnte. Firefox steht neben Windows auch für Linux und Mac OS X und weitere Systeme zur Verfügung und hat sich so als *die* Alternative zum Internet Explorer entwickelt.

Es gibt noch weitere Browser mit interessanten Ansätzen wie etwa den Browser Opera oder Camino, den Mozilla-Browser mit nativer Cocoa-Unterstützung für Mac OS X. Jedoch sind sie nicht so weit verbreitet wie die bereits angesprochenen Vertreter und deshalb für uns Webdesigner weniger relevant. Außerdem haben die genannten Browser die aktuellen Webstandards meist sehr gut implementiert.

Erfahren Sie mehr über Browser

Michael Jendryschik (*jendryschik. de/wsdev/einfuehrung/grundlagen/ browser*) berichtet in seiner Einführung in (X)HTML, CSS und Webdesign sehr informativ über die verschiedenen Browser und ihre Entwicklung.

Standardkonforme Browser | Die im Folgenden aufgeführten wichtigen Browser halten sich weitestgehend an Webstandards:
- Mozilla Firefox
- Netscape 7
- Opera
- Safari
- Camino (nur Mac OS X)

Nur bedingt standardkonform verhalten sich die Internet Explorer-Versionen 5, 6 und 7.

Design für alle Browser

Eine schöne Quellensammlung finden Sie unter:
www.designvitality.com/blog/2007/ 10/designing-for-every-browser-how-to-make-your-site-fully-cross-browser-compatible

> **Der Säure-Test**
>
> Der sogenannte »Acid2 Browser Test« (*www.webstandards.org/action/acid2*) ist ein Projekt des Web Standards Projects, in dem Browser daraufhin untersucht werden, wie gut sie Webstandards unterstützen.

CSS-2-Spezifikation | Wie diese kleine Zusammenfassung zeigt, schreitet die Entwicklung der Browser schnell voran. Zusammen mit den Vorgaben des W3C für CSS und (X)HTML eröffnen sich für Designer immer neue Möglichkeiten der Gestaltung von Webseiten. Allerdings ist es zum Zeitpunkt des Erscheinens dieses Buches so, dass noch nicht alle Browser die Spezifikationen für CSS 2.1 komplett unterstützen.

CSS 3 befindet sich bereits am Horizont, doch auch hier wird es noch lange dauern, bis Gestalter auf die Unterstützung durch alle Browser bauen können. Es ist aber gleichzeitig auch offensichtlich, dass ältere Browser wie etwa der Internet Explorer 5.5 oder der Internet Explorer 6 gar nicht in der Lage sein können, den aktuellen Anforderungen gerecht zu werden – ebenso wie ein älteres Auto nicht alle Raffinessen eines neuen Modells haben kann oder ein iPod eben nur dann Videos abspielen kann, wenn er kein Modell der ersten Generationen ist.

Als Designer muss man dem Kunden diese Tatsache erläutern und nicht etwa versuchen, ein Layout für eine Rundumdarstellung auf allen Browsern zu optimieren, und dabei auf aktuelle Trends und Möglichkeiten verzichten.

> **CSS 3**
>
> Einen Überblick über die Neuerungen in CSS 3 lesen Sie in Abschnitt 12.1.

Ältere Browser | Sie müssen sich aber auch vor Augen führen, dass es für viele Nutzer keine Option ist, ihren Browser zu aktualisieren, weil das zum Beispiel durch das Arbeitsumfeld oder andere Softwarepakete einfach nicht möglich ist. Deshalb ist es wichtig, darauf Wert zu legen, keinen Besucher auszuschließen.

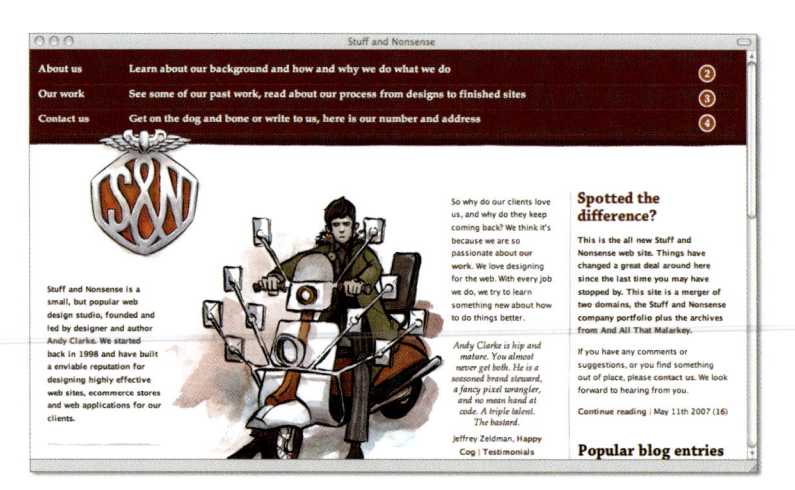

Abbildung 1.8 ▶
Die Website »Stuff and Nonsense« (*www.stuffandnonsense.co.uk*)

Auf seiner Website »Stuff and Nonsense« hat Andy Clarke schon immer zwei Versionen der visuellen Präsentation angeboten: eine vollfarbige Version, die in Abbildung 1.8 dargestellt ist, für aktuelle Browser und eine Schwarz-Weiß-Version für ältere Browser, die in

Abbildung 1.9 gezeigt ist. Damit übernimmt er als Designer und Autor die Verantwortung, jeden Besucher darauf hinzuweisen, dass es Unterschiede gibt, die unumgänglich sind. So umfassend muss man natürlich nicht jedes Design anlegen, obligatorisch ist jedoch ein Test, ob alle Inhalte von älteren Browsern erschlossen werden können.

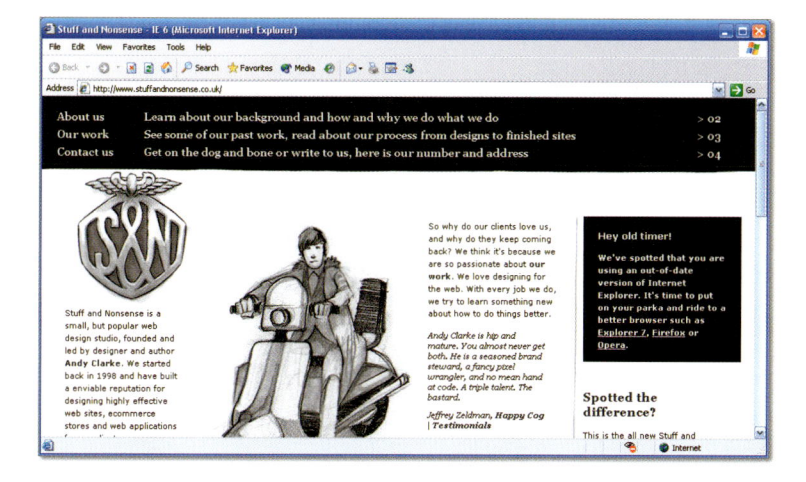

◀ **Abbildung 1.9**
Die Website »Stuff and Nonsense« (*www.stuffandnonsense.co.uk*) im Internet Explorer 6

Mobiles Webdesign | Doch nicht nur Computer greifen heute auf Webseiten zu, auch Handys und andere **mobile Geräte** rufen die Inhalte einer Webseite ab. Webseiten, die sich an die aktuellen Webstandards halten, schneiden auch in diesem Bereich gut ab und ermöglichen es dem Besucher, alle Inhalte einfach zu erreichen. Um zu simulieren, wie eine Website in einem mobilen Browser erscheinen wird, bietet Opera Mini eine Demoversion an, die mit jedem Browser zu bedienen ist.

Barrierefreiheit | Doch nicht nur Benutzer mit herkömmlichen Browsern werden Ihre Webseiten besuchen. Sehbehinderte und blinde Menschen verwenden zum Lesen von Internetseiten sogenannte **Screenreader**, die ihnen die Inhalte einer Seite in Textform vorlesen oder auf einer Braillezeile in Punktschrift ausgeben.

Bilder, eingebundene Multimediainhalte und JavaScripts etwa werden vom Screenreader ignoriert. Deshalb ist es wichtig, zum Beispiel Alternativtexte für Bilder, Tabellen-Header und Tabellenzusammenfassungen auszuzeichnen und Formulare mit Label-Elementen zu versehen.

▲ **Abbildung 1.10**
Opera-Mini-Demo
(*www.operamini.com/demo*)

Barrierefreiheit

Weitere Hinweise zum Thema Barrierefreiheit finden Sie in Abschnitt 1.3.6.

Browserstylesheets | Jeder Browser verfügt über ein eigenes Stylesheet zur Formatierung des Quelltextes. Sie sind von Browser zu Browser verschieden. Diese Stylesheet-Formatierungen werden dann beim Aufruf der Webseite durch deren individuelle CSS-Formatierungen überschrieben. Gibt man zum Beispiel *resource:///res/html.css* in die Adresszeile eines Mozilla-Bowsers ein, erhält man alle Formatvorlagen, die der Browser von Haus aus mitbringt.

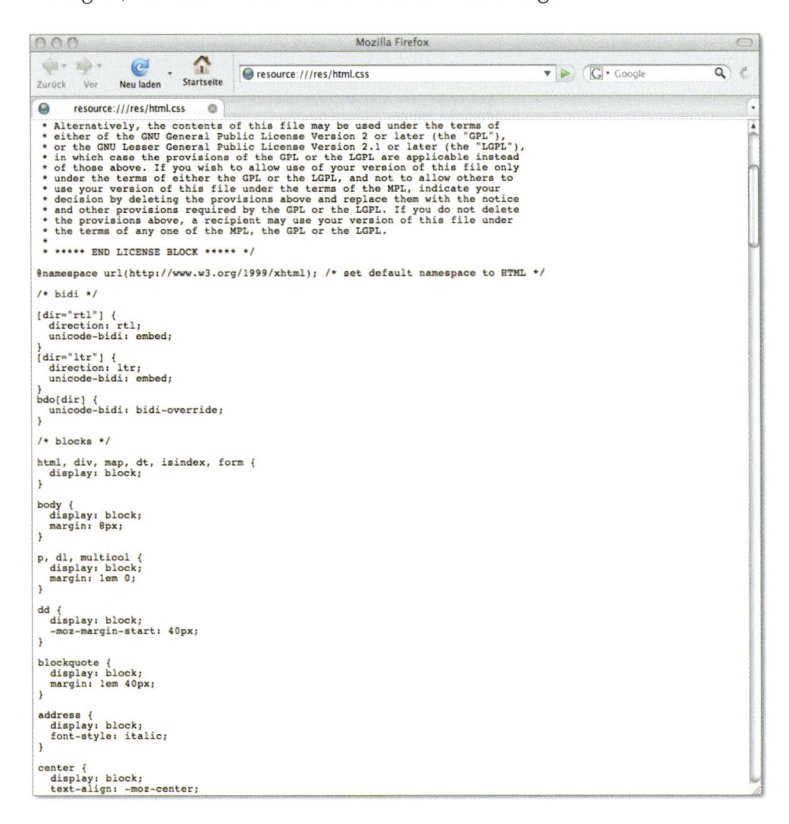

Abbildung 1.11 ▶
Das Browserstylesheet von Firefox nach der Eingabe von *resource:///res/html.css*

Wenn also in einem Stylesheet keine Formatierung für ein Element angegeben ist, greift der Browser auf seine eigenen Formate zurück. Schon allein aus diesem Grunde kann man keine Webseite gestalten, die auf jedem Browser und jedem System pixelgenau gleich dargestellt wird, denn es macht wenig Sinn, alle Formate neu zu definieren.

1.3.3 Des Kaisers neue Kleider

Die Kontrolle über das Aussehen einer Webseite geht immer weiter an den Nutzer über. Wer heute eine Webseite besucht, kann ihr Aussehen über entsprechende Einstellungen im Betriebssystem oder im Browser grundlegend verändern.

Ein Beispiel für die Verwendung von Bedienungshilfen sehen Sie in Abbildung 1.12: Unter Mac OS X hat der Anwender die Möglichkeit, die Darstellung auf dem gesamten Monitor zu invertieren und dazu Graustufen zu verwenden.

Ebenso erlaubt Windows die Verwendung eigener Einstellungen, die auch die Darstellung von Webseiten grundlegend beeinflussen.

◄ Abbildung 1.12
Hilfsmitteleinstellungen unter Mac OS X 10.4 mit aktiviertem WEISS AUF SCHWARZ

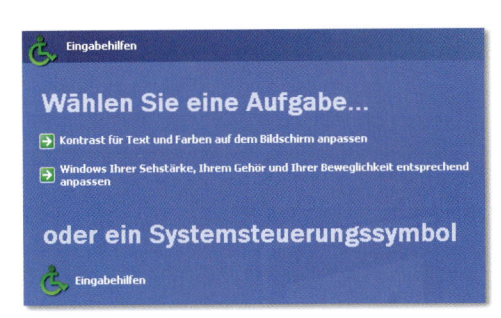

▲ Abbildung 1.13
Windows XP-Eingabehilfen

Sie sehen also, dass der Computernutzer schon von vornherein tief in die Art und Weise, wie eine Webseite dargestellt wird, eingreifen kann, ohne überhaupt einen Browser zu öffnen.

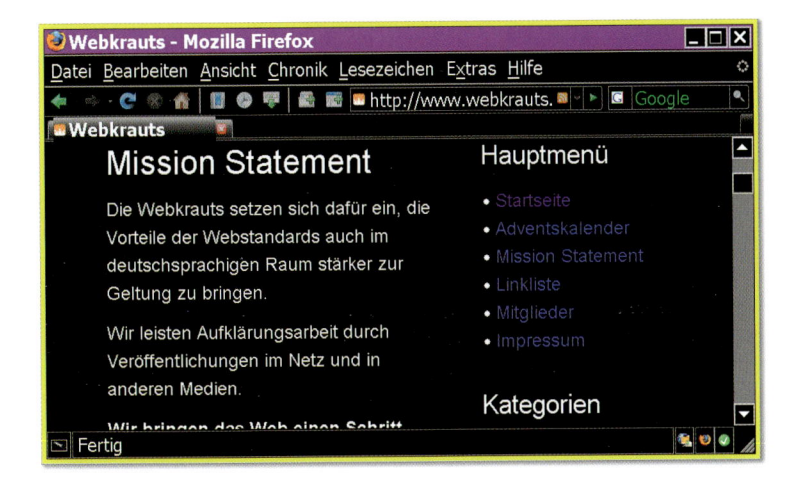

▲ Abbildung 1.14
Ein Screenshot der Webkrauts-Startseite *(www.webkrauts.de)* unter Windows XP mit aktivierten Eingabehilfen: hoher Kontrast. Windows verwendet für die Darstellung von Webseiten dann ein angepasstes Stylesheet. Achtung: Alle Grafiken, die per CSS eingebunden als Hintergrund fungieren sollen, werden überschrieben.

Benutzerstylesheets | Dank CSS ist es Webseitenbesuchern heute jedoch auch möglich, Webseiten ganz nach ihrem Geschmack zu »verschönern«. Sogenannte »User-Stylesheets« oder »Benutzer-Stylesheets« machen es möglich, Webseiten von außen her ein ganz neues Aussehen zu geben.

Ein sehr schönes Beispiel für die optische Verschönerung einer Seite ist die zweite Haut für Googles RSS-Reader (siehe Abbildung 1.15), die Jon Hicks (*www.hicksdesign.co.uk/journal/google-reader-theme-09*) entworfen hat.

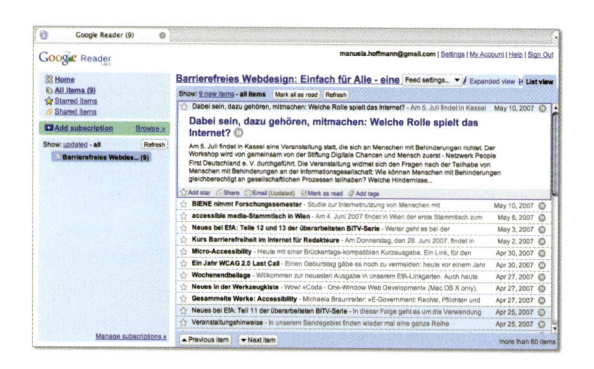

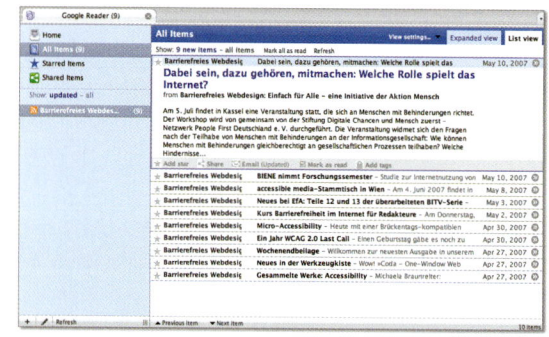

▲ **Abbildung 1.15**
Links: das Standardinterface von Google Reader (www.google.de/reader), rechts: das angepasste Interface

> **User-Stylesheets en masse**
>
> Weitere Informationen zu User-Stylesheets bietet UsersStyles.org (*userstyles.org*), wo Sie auch vielfältige Formatvorlagen herunterladen können.

Dieses Beispiel verdeutlicht sehr gut die unglaubliche Fülle, die hinter dem Gedanken der Trennung von Inhalt und Präsentation steht. Während der Inhalt identisch bleibt, wird die Optik und teilweise auch die Funktionalität umgekrempelt – und das ohne, dass der Webseiteninhaber Einfluss nehmen könnte.

1.3.4 Besser mit Standards

Als Designer fragen Sie sich wahrscheinlich, ob es gerechtfertigt ist, in einem so kreativen Feld nach **Standards** für die Gestaltung zu rufen. Im Gegensatz zu standardisierten Blattgrößen und Schriftgrößen greifen diese Standards tief und umfassend in alle Entscheidungen der Gestaltung ein.

Bleiben Innovation und Individualität auf der Strecke, und versinken wir im langweiligen Einheitsbrei? Keineswegs! Die Verwendung von **Webstandards** schafft Voraussetzungen für bessere Webseiten und eine höhere Reichweite dieser Seiten. Nebenher sparen Designer und Kunden Zeit und Geld. Warum das so ist, möchte ich im Folgenden erläutern.

> **[Webstandards]**
>
> Webstandards sind Technologien für die Erstellung und Darstellung webbasierter Inhalte. Sie werden mit dem Ziel eingesetzt, die Nutzbarkeit von Dokumenten im Web auch in Zukunft sicherzustellen und diese Dokumente so vielen Nutzern wie möglich zugänglich zu machen.

Vermischung von Inhalt und Design | (X)HTML war schon immer als Gerüst gedacht, um die Struktur einer Webseite zu beschreiben, nie aber als Mittel, um eine visuell ansprechende Präsentation zu kontrollieren. Als die Entwicklung und Verbreitung des Internets Mitte der neunziger Jahre des letzten Jahrhunderts rasante Formen annahm, war die Unterstützung von CSS durch die Browser entsprechend schlecht. Die Designer bedienten sich jedes möglichen Mittels, um ein Design adäquat ins Netz zu stellen. Dabei wurden Tabellen, 1-Pixel-Bilder und zum Teil recht chaotischer Code, die sogenannte *Tag-Soup*, verwendet. Die zur Verfügung stehenden Tags wurden »missbraucht«, um ein Höchstmaß an Pixelgenauigkeit zu erreichen.

Das Hauptaugenmerk lag dabei darauf, die Webseite so gut wie eben möglich dem grafischen Entwurf anzunähern. Dieser Entwurf allerdings wurde nach den Grundlagen des Printdesigns erstellt und sollte meist eins zu eins auf das neue Medium übertragen werden – ohne dabei dessen Vorzüge entsprechend zu würdigen. Es war notwendig, die Angaben über die Struktur, den Inhalt und die Optik eines Layouts direkt in den Quelltext zu schreiben, sodass unübersichtliche und aufgeblähte Dokumente entstanden, die sich schwer und umständlich warten ließen.

Schlechtes HTML!
Inhalt, Struktur und Formatvorlagen in einer Datei

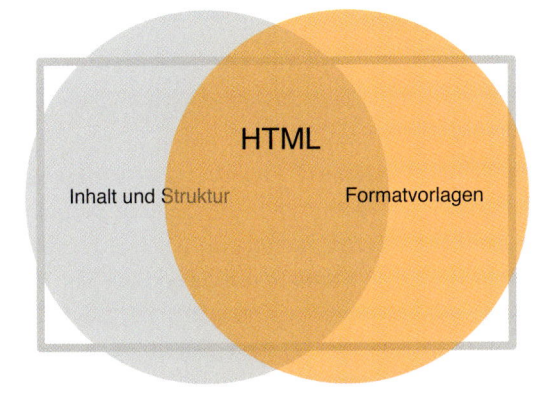

HTML
Inhalt und Struktur   Formatvorlagen

Anstehendes Update:
Jede Seite muss geändert werden!

◄ **Abbildung 1.16**
Prinzipien veralteten Webdesigns

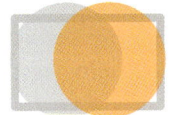

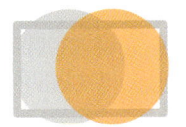

Abbildung 1.16 verdeutlicht: Inhalt und Formatvorlagen sind in einem aufgeblähten Dokument vereinigt. Für jedes Inhaltselement werden entsprechende Formatierungen im gleichen Dokument festgehalten. Änderungen an der Optik müssen in jedem Dokument einzeln vorgenommen werden. Jedes internetfähige Gerät muss dieses Konglomerat laden und kann so nicht ungehindert auf den Inhalt zugreifen. Zugänglichkeit und Usability stehen dabei ganz hinten an.

Das ist kompliziert und aufwendig. Einfacher ist es, »offene« Webseiten zu gestalten, die leichter veränderbar sind.

Wie können Sie nun den beschriebenen Anforderungen an eine moderne Webseite gerecht werden? Ganz einfach: durch den konsequenten Einsatz von **Webstandards**.

Was sind Webstandards? | Webstandards sind vom W3C (World Wide Web Consortium) oder von anderen Standardisierungsorgani-

---

Der Grüne Punkt für Websites?

»Letzten Freitag, kurz vor 19 Uhr in der Agentur XYZ. Der wichtigste Kunde ruft an und will wenige Stunden vor dem Launch der neuen Site noch ein paar klitzekleine Änderungen …« Quelle EfA, *www.einfach-fuer-alle.de/artikel/gruenerpunkt*. Diese Situation begegnet Webdesignern häufig. Warum die Nutzung von Webstandards diesbezüglich fast lebensrettend sein kann, lesen Sie bei EfA.

sationen bereitgestellte Technologien für die Erstellung und Darstellung webbasierter Inhalte. »Diese Technologien haben das Ziel, die Nutzbarkeit von Dokumenten im Web auch in Zukunft sicherzustellen und diese Dokumente so vielen Nutzern wie möglich zugänglich zu machen.« (Roger Johansson in »Developing With Web Standards«. Übersetzung Andreas Kalt (www.andreas-kalt.de/webdesign/tutorials/webdesign-mit-webstandards?pg=all)).

Zu diesen Technologien zählen:
- Stuktursprachen (HTML 4.01, (X)HTML 1.0, (X)HTML 1.1 und XML 1.0)
- Präsentationssprachen (CSS 1, CSS 2.1, CSS 3 (in der Entwicklung), MathML und SVG)
- Objektmodelle (DOM 1, DOM 2 und DOM 3 Core)
- JavaScript

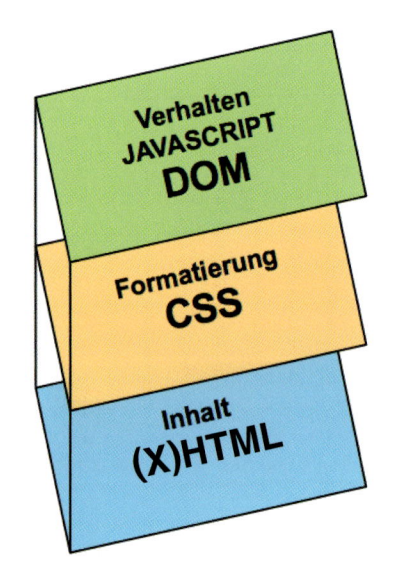

▲ **Abbildung 1.17**
Das Fundament der Webseite ist der Inhalt, der mittels (X)HTML strukturiert wird. Die Optik dieses Dokuments wird durch die verschiedenen Formatvorlagen im CSS definiert. Die Interaktion mit dem Anwender wird mithilfe des Document Object Model beschrieben.

Anforderungen an Webseiten | Eine Webseite entspricht den Prinzipien der Webstandards, wenn sie folgende Anforderungen erfüllt:
- Sie ist aus validem (X)HTML aufgebaut.
- Sie verwendet CSS zur Formatierung der visuellen Präsentation und Tabellen nur zur Darstellung tabellarischer Daten.
- Sie verwendet semantisches Markup und ist sinnvoll strukturiert.
- Sie funktioniert in jedem Browser – auch in älteren Browsern und Textbrowsern. Dabei kann sie je nach Komplexität der Gestaltung deutliche Unterschiede bei der visuellen Ausgabe machen.

Erklärungen und Handlungsrichtlinien zur Umsetzung und Durchsetzung von Webstandards finden Sie in den nächsten Abschnitten.

[Semantik]
Semantik ist die Lehre von der Beziehung des Zeichens zum Bezeichneten. Was das für den Bereich Webdesign bedeutet, lesen Sie in Abschnitt 1.3.5.

Warum sollten Sie Webstandards verwenden? | In Kurzform: Der erfolgreiche Einsatz von Webstandards erleichtert Ihnen als Designer und Ihren Kunden das Leben.
Etwas ausführlicher gesagt kommen mehrere Punkte zum Tragen: Arbeitsersparnis, Zeitersparnis, Kostenreduzierung, Sichtbarkeitsoptimierung für Suchmaschinen, Zukunftsfähigkeit und Barrierefreiheit.

Arbeitsersparnis und Kostenreduzierung | Da Inhalt und visuelle Präsentation streng voneinander getrennt sind, kann man mit einer Änderung an der Formatvorlage umfassende Änderungen in der Präsentation des Inhalts herbeiführen. So kann eine Textbox, die sich bisher am rechten Seitenrand befunden hat, nun am linken stehen, oder die Überschriften auf den Detailseiten aller Produkte eines Online-Shops werden in anderer Größe und Farbe mit einem neuen Hintergrund dargestellt. Somit wird die Entwicklung und vor allem die Pflege vieler Webseiten viel einfacher. Auch die Einarbeitungszeit in ein Design, das man als Designer nicht selbst erstellt hat, ist dank des strukturierten semantischen Codes kürzer.

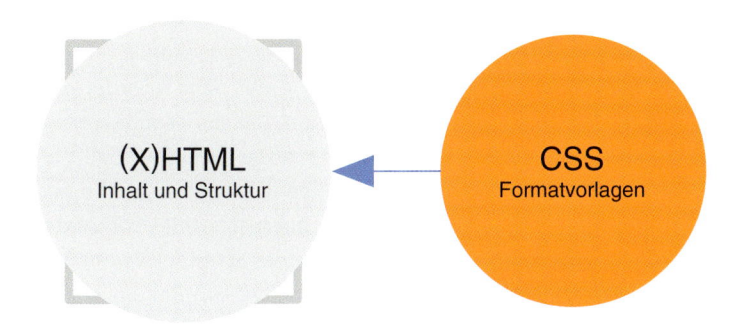

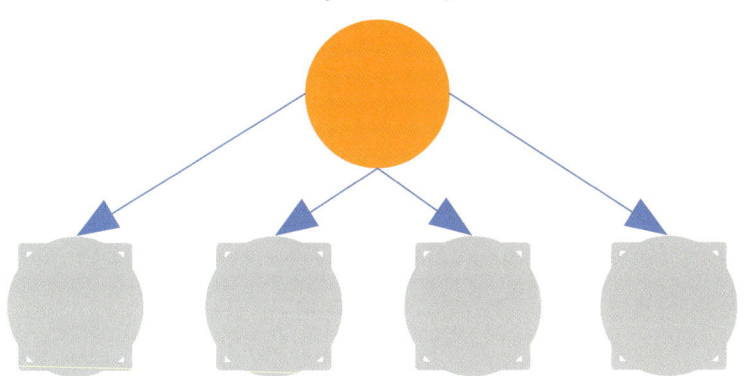

Modernes HTML!
Klare Trennung von Inhalt und Optik

(X)HTML
Inhalt und Struktur

CSS
Formatvorlagen

Anstehendes Update:
Nur die Formatvorlagen müssen geändert werden!

◄ **Abbildung 1.18**
Prinzipien modernen Webdesigns: Im (X)HTML-Dokument ist der Inhalt seiner Bedeutung entsprechend strukturiert abgelegt worden. Ein oder mehrere externe Stylesheets enthalten alle Formatvorlagen für die visuelle Darstellung dieses Inhalts im gewünschten Layout. Werden Änderungen am Layout fällig, reicht es, diese am Stylesheet vorzunehmen. Das spart Zeit und Energie und minimiert potenzielle Fehler.

Zeitersparnis | Die heute gestalteten Webseiten sind von ihrer Dateigröße her viel kleiner, weil nicht mehr so viel unnötiger Ballast mit befördert wird. Ihre Ladezeit wird sich zwangsläufig verkürzen. Auch wenn das in Zeiten von DSL und Breitbandanbindung nicht mehr für jeden Nutzer ein Kriterium ist, sind auch heute noch viele Menschen ohne Breitbandanbindung im Netz unterwegs.

Für Suchmaschinen optimiert | Da die Inhalte semantisch korrekt verpackt sind, können sowohl Besucher als auch Suchmaschinen optimal darauf zugreifen. Das beschert standardbasierten Webseiten ein besseres Suchmaschinenranking als nicht validen Seiten.

Zukunftssicher | Webseiten, die sich an die jetzt bestehenden Standards halten, werden auch in Zukunft funktionieren. Sie werden auf allen internetfähigen Geräten funktionieren.

Wie schnell lädt eine Seite?

Christine Perfetti und Lori Landesman haben in »The Truth About Download Time« (*www.uie.com/articles/download_time*) beschrieben, dass es keine Korrelation der gefühlten Ladezeit zur tatsächlichen Ladezeit einer Seite gibt. Eine gefühlt schnell ladende Webseite ist der Studie zufolge die, die dem Besucher schnell dabei hilft, das zu finden, was gesucht wird.

> **Argumentationshilfen**
>
> Zum Umgang mit Webstandards und auch als Argumentationshilfe für Kollegen und Auftraggeber sollten Sie unbedingt »Die Vorteile von Webstandards für Ihre Besucher, Ihre Kunden und Sie selbst!« in der deutschen Version von Stefan Walter unter *www.hessendscher.de/benefits* lesen. Ebenfalls sehr empfehlenswert ist der Beitrag »Developing With Web Standards« von Roger Johansson, den Andreas Kalt ins Deutsche übersetzt hat (*www.andreas-kalt.de/webdesign/tutorials/webdesign-mit-webstandards*).

Barrierearm | Viele Menschen leben mit einer Behinderung. Es gibt leider nur wenige wirklich verlässliche Statistiken darüber, wie viele es tatsächlich sind. Nur Menschen, die mit einer schweren Behinderung leben und einen Schwerbehindertenausweis besitzen, erscheinen in offiziellen Statistiken. Laut Wikipedia (*de.wikipedia.org/wiki/Behinderung*) gibt es Statistiken, die bei Betroffenen von zehn Prozent der Gesamtbevölkerung Deutschlands sprechen.

Eine Behinderung kann den Umgang mit dem Internet erschweren, und das nicht nur für die Menschen, die stark sehbehindert oder blind sind. Letzteren ist das hübsche Aussehen einer Site natürlich komplett egal, und sie wollen so schnell wie möglich zum Inhalt fortschreiten. Zum Beispiel können aber auch schon leichte motorische Störungen oder einfach die Nutzung eines Notebooks mit Trackpad dazu führen, dass kleine Klickbereiche nicht mit der Maus getroffen werden.

Durch den verantwortungsvollen Umgang mit Webstandards können Designer Barrieren minimieren und Webseiten so leichter einem größeren Publikum zugänglich machen.

Auf dem Prüfstand | Die Validierung ist ein Mittel, um zu kontrollieren, ob eine Webseite nach den Regeln der geltenden Sprache geschrieben wurde. Sie ist ein wichtiger Schritt im Arbeitsprozess, auch wenn es darum geht, Fehler zu finden. Häufig findet man auf die Schnelle einen scheinbar offensichtlichen Fehler nicht allein. Ein Validator entdeckt und benennt ihn sofort.

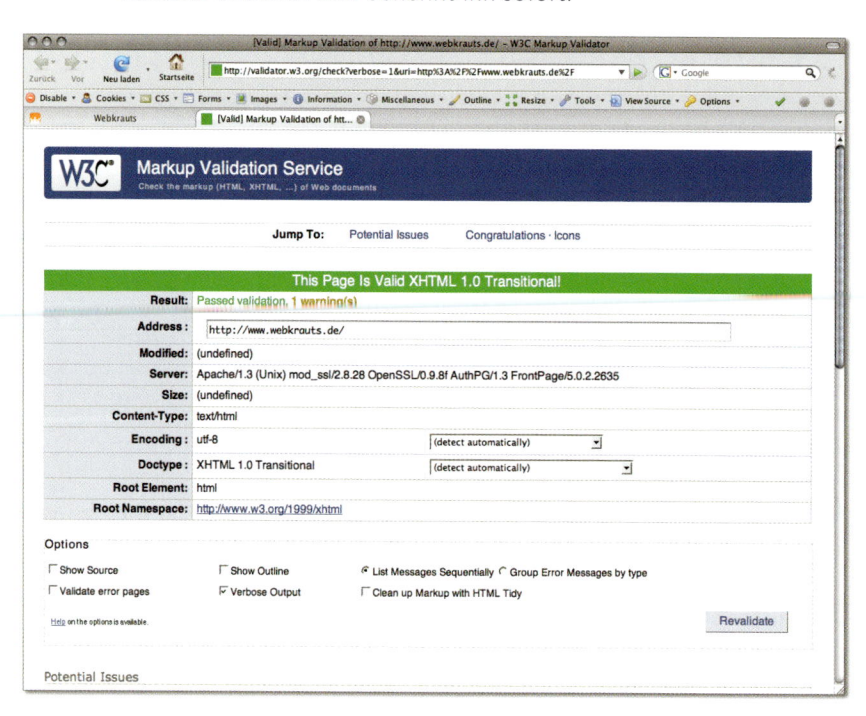

Abbildung 1.19 ▶
Der Markup Validation Service (*validator.w3.org*)

Allerdings ist die Validierung nur ein Schritt von vielen, und ein technischer dazu. Kein Validator kann überprüfen, ob semantischer Code verwendet wurde, um ein Dokument zu gestalten. Für einen Validator ist z. B. der folgende Code korrekt:

```
.rot {color: red;}
```

Semantisch korrekt einsetzbar ist er jedoch nur bedingt, denn es wäre unklug, eine solche inhaltsleere Auszeichnung über eine Klasse mit dem Namen `rot` zu verwenden. Was passiert nämlich, wenn der bisher rote Text nun aber in Blau dargestellt werden soll?

```
.rot {color: blue;}
```

Auch diese Auszeichnung ist für eine Maschine korrekt, für den Menschen jedoch sinnfrei. Besser wäre es gewesen, der Klasse einen bedeutsamen Namen zu geben, der unabhängig von ihrer Präsentation ist, wie zum Beispiel `infotext`. Mit diesem Namen kann man selbst oder können auch projektfremde Personen noch Monate später eine Bedeutung verbinden.

1.3.5 Sagt Ihr Quellcode, was Sie meinen?

Oder zeigt er, was Sie sehen wollen? Der Begriff der **Semantik** ist heute in aller Munde, wenn es um die Gestaltung moderner Webseiten geht. Semantik ist die Lehre von der Beziehung des Zeichens zum Bezeichneten. Doch was heißt es, semantisches Markup zu verwenden? Ganz einfach: Alle Tags, Klassen und IDs, die verwendet werden sollen, müssen entsprechend ihrer Bedeutung eingesetzt und nicht entsprechend ihrer visuellen Präsentation beschrieben werden.

Elemente richtig verwenden | Das heißt zunächst einmal ganz einfach, dass bei der Entwicklung eines Quelltextes diejenigen Elemente zum Auszeichnen von Inhaltselementen verwendet werden, die ihrer Bedeutung entsprechen, und *nicht* diejenigen, die am schönsten aussehen oder am besten in das geplante Outfit passen. Überschriften sind Überschriften, Listen sind Listen, Absätze sind Absätze.

Es werden also `h1` bis `h6` für Überschriften, `p` für Absätze und `ul` für ungeordnete Listen (zum Beispiel für die Elemente einer Navigationsleiste) verwendet. Das Element `table` wird benutzt, um tabellarische Daten aufzulisten – und nicht, um einem Design Form zu geben: **Screenreader** lesen Inhalte in **linearisierter Form** aus, da blinde oder stark sehbehinderte Menschen nicht in der Lage sind, die »Alles-auf-einmal«-Variante bei der Aufnahme von Informationen

[Validator]
Validatoren sind webbasierte Werkzeuge, mit denen Gestalter ihre Dokumente und Webseiten auf Konformität mit geltenden Spezifikationen überprüfen können. Für (X)HTML können Sie zum Beispiel den Markup Validation Service (*validator.w3.org*) oder Validome (*validator.de.selfhtml.org*) nutzen. Für CSS verwenden Sie den W3C CSS Validation Service (*jigsaw.w3.org/css-validator*) und für Atom, RSS und KML den FEED Validator (*feedvalidator.org*).

»Posh« oder auch »fesch«
Im Englischen wird gern und mit Augenzwinkern der Begriff »Posh« für »Plain old semantic HTML« verwendet (*microformats.org/wiki/posh*). Im Deutschen bietet sich alternativ »fesch« für »feines, einfaches, semantisch codiertes HTML« an (*blog.decaf.de/2007/05/posh-plain-old-semantic-html-and-fesch*).

zu verwenden, die der sehende Mensch zur Verfügung hat. Sie müssen jedes Element eins nach dem anderen konsumieren. Verwenden Sie aber eine Layout-Tabelle, machen die so umschlossenen Inhalte in dieser Form keinen Sinn.

Elemente eindeutig benennen | Bei der Benennung von Elementen wird Wert darauf gelegt, ihre Funktion zu beschreiben und nicht ihre Optik. Es ist völlig klar, dass der Name .gelbe-box-rechts nur das Aussehen des Elements beschreibt. Ein sinnvoller Titel wäre .hinweisbox, vor allem wenn das Element später einmal am linken Seitenrand und zum Beispiel mit einem blauen Hintergrund ausgegeben wird.

Ebenso verwenden Sie strong nicht, um Text fett darzustellen, weil das die Browser so machen, sondern um den entsprechenden Text zu betonen. strong können Sie dann per CSS zum Beispiel so formatieren, dass es nicht mehr fett ist, sondern nur einen gelben Hintergrund bekommt. Schauen Sie sich das folgende Beispiel an:

```
<blockquote cite="http://www.csshilfe.de/2007/05/
was-es-heisst-aeltere-browser-zu-unterstuetzen.php">
<p>Was dahinter steckt, ist der Gedanke. <span
class="highlight">dass ältere Browser zwar den gleichen
Inhalt, aber nicht die gleiche visuelle Fülle wie aktu-
elle Browser bieten können</span>. Das ist eine Tatsache,
die man als Designer seinen Kunden und Besuchern klarma-
chen sollte.</p></blockquote>
```

Listing 1.4 ▶
Eine eigene Klasse für Hervorhebungen im Text

Die Verwendung der Klasse .highlight für die Hervorhebung des Textes ist schon eine gute und semantisch korrekte Idee. Mit der folgenden Formatierung wird der hervorgehobene Text dann mit gelbem Hintergrund dargestellt:

```
<style type="text/css">
   .highlight {
      background: #FFFFCC;
   }
</style>
```

Listing 1.5 ▶
Die Definition der Klasse .highlight

Noch sinnvoller ist es jedoch, statt dieser neuen Klasse das Element strong zu verwenden, um besondere Bedeutung auszudrücken. Denn genau dafür ist dieses Element gedacht:

```
<blockquote cite="www.csshilfe.de/2007/05/was-es-heisst-
aeltere-browser-zu-unterstuetzen.php"><p>Was dahinter
steckt, ist der Gedanke. <strong>dass ältere Browser
```

```
zwar den gleichen Inhalt, aber nicht die gleiche visuelle
Fülle wie aktuelle Browser bieten können</strong>. Das
ist eine Tatsache, die man als Designer seinen Kunden
und Besuchern klarmachen sollte.</p></blockquote>
```

◀ **Listing 1.6**
Verwendung des strong-Elements

Da Browser das Element standardmäßig mit Fettschrift belegen und wir natürlich eine eigene Darstellung definieren wollen, entfernen wir die fette Formatierung per CSS:

```
<style type="text/css">
strong {
    background: #FFFFCC;
    font-weight: normal;
}
</style>
```

◀ **Listing 1.7**
strong einmal nicht fett per CSS

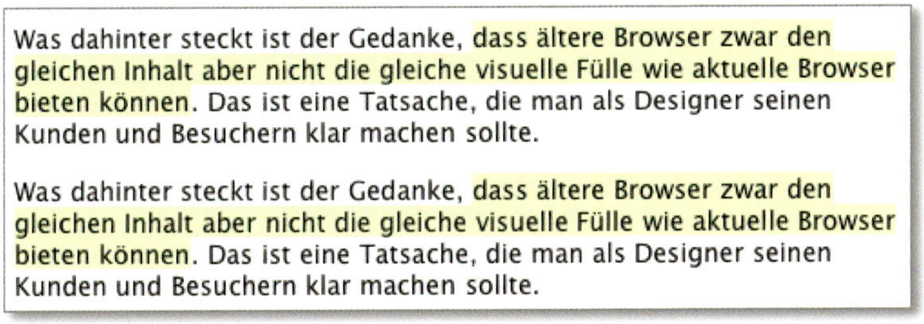

> Was dahinter steckt ist der Gedanke, dass ältere Browser zwar den gleichen Inhalt aber nicht die gleiche visuelle Fülle wie aktuelle Browser bieten können. Das ist eine Tatsache, die man als Designer seinen Kunden und Besuchern klar machen sollte.
>
> Was dahinter steckt ist der Gedanke, dass ältere Browser zwar den gleichen Inhalt aber nicht die gleiche visuelle Fülle wie aktuelle Browser bieten können. Das ist eine Tatsache, die man als Designer seinen Kunden und Besuchern klar machen sollte.

◀ **Abbildung 1.20**
Das Ergebnis ist absolut identisch. Jedoch ist Variante 2 unten die bessere Wahl, da sie semantisch bedeutsamer auszeichnet.

Doch semantischen Code zu schreiben bedeutet noch mehr: Bei der Benennung von Seitenbereichen hat es sich durchgesetzt, Selektoren wie #header, #sidebar oder #footer zu verwenden. Dies ist nicht ganz unstrittig. Es handelt sich zum einen um strukturelle Elemente mit strukturellen Bezeichnungen. Zum anderen handelt es sich auch um repräsentative Titel, denn das System würde in sich zusammenfallen, sobald die Informationen, die in die ID sidebar gelegt wurden, plötzlich am Dokumentende auftauchen sollen. Sinnvoller wäre daher im angesprochenen Fall der Einsatz von #metainfo, #maininfo und #kontaktinfo.

Standardisierte Bezeichnungen | Verschiedene Designer haben in den letzten Jahren über eine Standardisierung dieser Bezeichnungen spekuliert. Einmal angenommen, jedes Dokument würde für die Wiedergabe der Seiten-Meta-Information, also von Name und Logo der entsprechenden Firma, die ID #metainfo verwenden. Ganz einfach könnte ein Besucher – Browser oder Suchmaschine – daraus Nutzen ziehen und die Information entsprechend standardisiert verwenden. Auf die Spitze getrieben wäre es so möglich, ein bestehendes Stylesheet einer völlig anderen Seite überzustülpen, ohne dabei Fehldarstellungen zu provozieren.

Allerdings zweifle ich persönlich am Sinn dieses Verfahrens. Gegen eine standardisierte Nomenklatur sprechen auch Sprachbarrieren. Kann man von jedem Designer auf der Welt verlangen, englische Begriffe zu verwenden, und wo bleiben Individualität und Abwechslung?

Es ist sicher gar nicht notwendig, auf diese Fragen eine eindeutige Antwort zu finden. Was notwendig ist, ist das Bewusstsein, die Bezeichnungen aus den oben genannten Gründen so bewusst und aussagekräftig wie möglich zu wählen und Tags ihrer Bedeutung nach und nicht ihrem Aussehen entsprechend einzusetzen. Fragen Sie sich einfach: **Sagt mein Markup das, was ich sagen will?** Falls es eher beschreibt, wie Sie etwas aussehen lassen wollen, müssen Sie sich noch einmal eingehender mit dieser Frage beschäftigen.

Vorteile semantischen Markups | Und das Ziel? Jeder profitiert von semantischem Code. Ein gut strukturiertes (X)HTML-Dokument bietet die Basis für eine optimale Funktionalität unter den verschiedenen Szenarien wie Textbrowser, Screenreader, PDA, Handy etc. Bedeutungsvolle Selektoren machen es jedem Entwickler leicht, sich in fremden Code schnell einzulesen, und auch für Sie selbst wird es leichter, sich in älteren und umfangreichen Projekten wieder schnell zurechtzufinden.

1.3.6 Barrierefreiheit

Die Welt ist voller Barrieren: Baustellen, Umleitungen, lange Wege zwischen zwei Institutionen, Geschwindigkeitsbegrenzungen, Schaltflächen am Monitor, die man immer wieder wegklicken muss, bevor man ein Programm öffnen kann, usw. Viele dieser Barrieren sind zwar für das Individuum umständlich, für die Gesellschaft aber notwendig und deshalb weitestgehend akzeptiert. Andere sind unnötig und ärgerlich, gerade im Internet. Sicher haben Sie sich schon öfter über Websites geärgert, deren Navigationsstruktur unübersichtlich ist oder die Ihnen mehrere Popup-Fenster in den Weg stellen, bevor sie den Zugriff auf die geforderte Information erlauben.

Abbildung 1.21 ▶
Mit dem Sehbehinderungs-Simulator des ABSV (*www.absv.de/sbs/sbs_intro.html*) können Sie online erleben, wie sich die fünf häufigsten Sehbehinderungen auf die Wahrnehmung auswirken.

Das Ziel eines jeden Webdesignprojekts sollte es doch aber sein, Barrieren aller Art zu minimieren. Deshalb spricht man im Zusammenhang mit modernem Webdesign auch von »**Barrierefreiheit**«, einem Thema, das seit den 90er-Jahren immer weiter in den Vordergrund rückt. Alternativ dazu wird gern der englische Begriff »Accessibility« und dessen deutsche Entsprechung »Zugänglichkeit« verwendet.

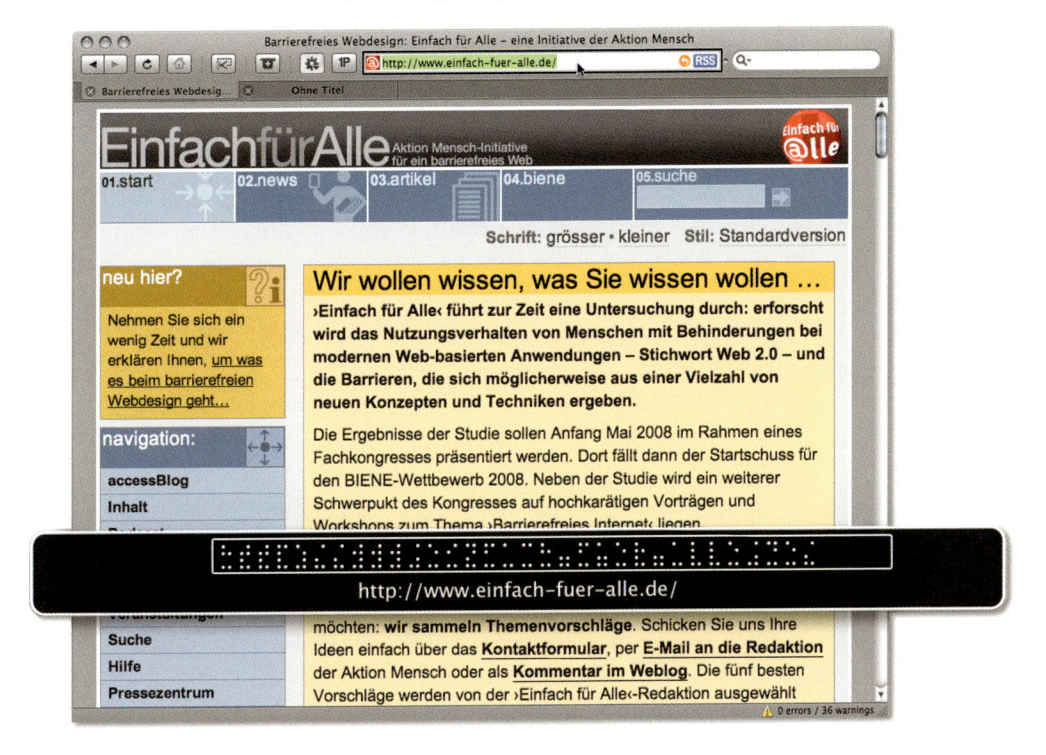

Barrieren betreffen uns alle in unterschiedlichem Maße. Eine besondere Hürde stellen sie jedoch für behinderte Menschen dar. In Abschnitt 1.3.4 wurde bereits angesprochen, dass Menschen mit leichten oder schwereren Einschränkungen ebenso zu den Nutzern einer Webseite gehören wie die vermeintliche Zielgruppe. Letztere ist wirklich schwer zu beschreiben und zu erfassen, da sie alles andere als homogen ist und viele Merkmale mitbringt, die sich nicht mit einfachen Mitteln messen lassen. In einer Studie, die das Bundesministerium für Wirtschaft und Technologie (BMWi) im Rahmen der Kampagne »Internet für alle« durchgeführt hat, sagen 50 Prozent der Blinden und Sehbehinderten von sich, »Internetkenner« zu sein. Im Gegensatz dazu waren fast 70 Prozent der Menschen mit geistiger Behinderung noch nie im Netz (Quelle: EfA, *www.einfach-fuer-alle.de/artikel/barrieren*). Mit einer Website möchte man immer möglichst viele Menschen erreichen und möglichst wenige ausschließen. Deshalb ist es für Entwickler unabdingbar, die Prinzipien des Webdesigns nach Webstandards zu verinnerlichen.

▲ **Abbildung 1.22**
Mac OS X 10.5 unterstützt Braillezeilen nativ und bietet auch die Möglichkeit, eine virtuelle Braillezeile einzublenden: Hier in Kombination mit dem Browser Safari. So ist es auch sehenden Menschen möglich zu überprüfen, was auf der Braillezeile ausgegeben wird: eine sinnvolle Erweiterung z. B. im schulischen Umfeld.

Weitere Informationen zu Behinderungen

Jens Meiert hat zwei sehr interessante Beiträge zum Thema Behinderungen verfasst: »Augenerkrankungen und barrierefreies Webdesign« (*meiert.com/de/publications/articles/20061121*) und ebenfalls sehr lesenswert in diesem Zusammenhang »Visuelle vs. kognitive Behinderungen (WebAIM)« (*meiert.com/de/publications/translations/webaim.org/visual-vs-cognitive*).

1.3.7 Barrierearmut

Allerdings ist eine hundertprozentige Barrierefreiheit wohl eine Utopie. Man spricht besser von Barrierearmut, denn es wird nie der Fall sein, dass ein behinderter Mensch eine Webseite ebenso komfortabel nutzen kann wie ein nicht behinderter Mensch.

Barrierearmut ist kein Merkmal, das einer Website nachträglich angeheftet werden kann, indem ihr bestimmte Bestandteile hinzugefügt werden. Sie ist ein Konzept, das von Anfang an in die Arbeit einfließen muss.

Welche Bereiche Sie als Designer zum Thema Barrierearmut beachten müssen, hat das W3C in den »Zugänglichkeitsrichtlinien für Web-Inhalte« (*www.w3.org/2003/10/Notiz-WCAG-einflussschema.html*) zusammengefasst. In diesem Buch kann das Thema leider nur in Bruchteilen behandelt werden. Im Einzelnen werden vom W3C als Behinderungen genannt: Sehbehinderungen, Hörbehinderungen, kognitive Lern- und Sprachbehinderungen sowie körperliche Einschränkungen.

So machen Sie Ihre Seiten zugänglicher | In den »Zugänglichkeitsrichtlinien für Web-Inhalte 1.0« (*www.w3c.de/Trans/WAI/webinhalt.html*) können Sie ausführlich und Schritt für Schritt nachlesen, was man machen kann und muss, um die Zugänglichkeit einer Webseite zu sichern.

- Erstellen Sie Dokumente, die Struktur und Präsentation strikt trennen und die auch dann funktionieren, wenn man sie nicht hören oder sehen kann oder aktuelle Technologien wie z. B. JavaScript abgeschaltet hat.
- Verwenden Sie semantisches und korrektes Markup.
- Verwenden Sie Text-Äquivalente für jedes Element, das nicht aus Text besteht. Diese müssen denselben Zweck erfüllen wie die zu ersetzenden Inhalte. Ein `ALT`-Attribut mit dem Titel `bild-1` ist wenig aussagekräftig. Es stellt zwar einen Validator zufrieden, einen Menschen jedoch nicht. Besser wäre: `"Logo unserer Firma. Es besteht aus einem roten Kreis mit einem weißen Stern in der Mitte."`
- Schreiben Sie Inhalte verständlich. Versuchen Sie am besten, die sogenannte »leichte« Sprache zu verwenden, die besonders gut zu verstehen ist. Sie kommt sowohl Menschen mit Lern- und Sprachbehinderungen als auch gehörlosen Menschen zugute. Mehr Informationen zum Thema »leichte Sprache« finden Sie bei Wikipedia (*de.wikipedia.org/wiki/Leichte_Sprache*).
- Sorgen Sie dafür, dass man sich wiederholende Inhalte wie Intros oder Animationen an- und abschalten kann.
- Kennzeichnen Sie Sprachwechsel.

- Stellen Sie sicher, dass man auch mit der Tastatur durch die Inhalte navigieren kann und dass die Klickbereiche für Navigationsleisten oder Buttons groß genug sind.
- Identifizieren Sie das Ziel jedes Links eindeutig über das TITLE-Attribut. Ein einfaches »Mehr …« ist nicht ausreichend.
- Verwenden Sie sichere Farbkombinationen, die Nutzer mit Sehbehinderungen und Farbfehlsichtigkeit nicht ausschließen.

1.3.8 Usability

Für die Nutzung von Webseiten haben sich Konventionen entwickelt, mit denen Sie sich als Gestalter auseinandersetzen müssen. Diese beziehen sich auf die besprochene Zugänglichkeit ebenso wie auf die sogenannte Usability oder auch **Gebrauchstauglichkeit**, **Benutzerfreundlichkeit** und **Bedienbarkeit** einer Webseite. Diese Konventionen haben sich meist aus der Erfahrung oder Forschung entwickelt oder wurden aus anderen Bereichen wie z. B. dem Interface-Design oder dem Print-Design übernommen und angepasst. Sie beziehen sich auf die Platzierung und Formatierung von Seitenelementen, die Darstellung von Links etc. Sie helfen dem Nutzer, sich auf einer Webseite zurechtzufinden. Diese Konventionen können bewusst gebrochen werden, allerdings sollten Sie dann genau wissen, was Sie tun.

Keine allgemeingültigen Regeln | Ein Beispiel: Für Weblogs hat sich die Verwendung einer Seitenleiste durchgesetzt, in der Informationen zur Navigation innerhalb älterer Beiträge, Links zu anderen beliebten Webseiten und Metainformationen stehen. Ein Besucher, der erwartet, ein typisches Weblog zu finden, wird zufrieden sein und schnell die gewünschten Informationen finden.

▲ **Abbildung 1.23**
Gute Farbkombinationen: Einfach für alle (*www.einfach-fuer-alle.de/blog*) bei simulierter Farbfehlsichtigkeit: Standardversion ❶, Deuteranopia ❷, Protanopia ❸, Tritanopia ❹. Obwohl sich die Darstellung z. T. stark vom Standard unterscheidet, sind alle Elemente gut zu unterscheiden.

Usability News

»Usability News« ist ein Web-Newsletter, der vom Software Usability Research Laboratory Department of Psychology herausgegeben wird und Ergebnisse der Usability-Forschung vorstellt (*psychology.wichita.edu/surl/usability_news.html*).

◀ **Abbildung 1.24**
Die Website Bildblog (*www.bildblog.de*)

Ein Besucher, der hinter einem Verweis einen längeren Artikel am Bildschirm vermutet, ist vielleicht der Meinung, dass diese Seitenleiste ihn zu sehr vom eigentlichen Inhalt ablenkt. Wenn eine solche Seitenleiste in einem Blog nicht verwendet wird, wird damit eine Konvention für die Bedienung von Weblogs gebrochen. Diese Entscheidung wurde aber bewusst getroffen, um die Leser nicht unnötig abzulenken.

Das Bildblog in Abbildung 1.24, eines der bekanntesten Weblogs Deutschlands, verwendet eine Hauptspalte für die Inhalte, eine Seitenleiste für Navigation und Organisation und eine dritte Spalte für die Werbung.

Garret Dimon beschränkt sich auf seiner Startseite (Abbildung 1.25) auf die Anzeige eines Artikels völlig ohne Seitenleiste.

Die Frage, warum alle Webseiten gleich oder zumindest ähnlich aufgebaut sind, wurde schon oft gestellt. Die Antwort findet sich in der Orientierung an den oben genannten Konventionen. Die Webseite wird benutzerfreundlich und leicht bedienbar, wenn man sich bekannten Regeln anschließt. Wer als Designer eine Webseite entwerfen möchte, die ganz innovative neue Wege geht, wenn es um die Navigation geht, kann dies für sich selbst tun, sollte mit seinen Kunden aber unbedingt die Vor- und Nachteile dieses Weges besprechen.

Abbildung 1.25 ▶
Die Website von Garret Dimon
(*garrettdimon.com*)

Reduziertes Design | Der eben gezeigte Ansatz der reduzierten Komplexität von Garret Dimon ist ein extremes Beispiel für die Umsetzung des Mottos **»Weniger ist mehr«**. Der Designer versucht dabei, alle Elemente auf das Nötigste zu reduzieren, seien es Links, Multimediainhalte oder Erklärungen. Im Vergleich zum Bildblog, der eine Suchmöglichkeit in der Seitenleiste präsentiert, ist der Besucher bei Garret Dimon allerdings gezwungen, die Suchfunktion zu nutzen, wenn er weitere Texte lesen will.

In dem Artikel »Balancing visual and structural complexity in interaction design« (www.guuui.com/issues/04_03.php) untersucht Henrik Olsen die Argumente der Verfechter des reduzierten Designs. So weist er unter anderem darauf hin, dass die beliebte 7 ± 2-Regel, die besagt, dass das menschliche Gehirn nicht mehr als sieben plus/minus zwei Elemente gleichzeitig verwerten kann, nicht stimmt ist. Der Mensch kann diese Anzahl von Elementen im Kurzzeitgedächtnis behalten, hat aber keine Probleme, weitere visuell aufzunehmen. Viele Designer bemühen sich, Webseiten zu gestalten, auf denen der Nutzer nicht lange **scrollen** muss. Untersuchungen haben gezeigt, dass das Scrollen jedoch gern in Kauf genommen wird, wenn Hinweise gegeben werden, dass sich dort der gewünschte Inhalt verbirgt.

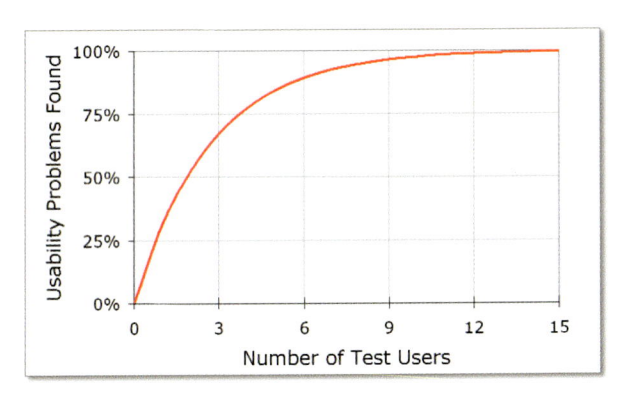

◄ **Abbildung 1.26**
Diese Darstellung von Jakob Nielsen (*www.useit.com/alertbox/20000319.html*) beweist, dass Sie nur wenige Nutzer brauchen, um eine Gestaltung zu testen.

Konventionen | Es gibt viele interessante Studien zur Usability einer Webseite, und das **Usability-Testing** ist ein eigenes Gebiet innerhalb des Webdesigns. In diesem Bereich gibt es viele Grautöne zwischen Schwarz und Weiß und kein Gut und Böse. Vielmehr muss ganz projektbezogen gestaltet werden.

Einige wenige Konventionen möchte ich trotzdem kurz zusammenfassen:
▶ Besucher erwarten im oberen Bereich einer jeden Webseite einen Link zur Homepage.
▶ Besucher erwarten Informationen zum Anbieter am Seitenende.
▶ Links sind farblich oder durch Unterstreichung hervorzuheben und anders zu kennzeichnen, wenn man sie besucht hat. Text,

Alertbox

Der Usability-Experte Jakob Nielsen veröffentlicht periodisch seine »Alertbox« (*www.useit.com*), in der er auf Probleme der Bedienung von Webseiten eingeht.

Usability-Tipps im Web

»100 Usability-Tipps« hat Jens Meiert unter *http://meiert.com/de/publications/articles/20060508/* zusammengestellt.

der keinen Verweis darstellt, sollte man im Fließtext nicht unterstreichen.
- Bei Formularen wird das gerade aktive Formularelement optisch hervorgehoben.

1.3.9 Informationsarchitektur

Webdesign ist mehr als die Gestaltung hübscher Webseiten, die in allen Browsern funktionieren und Inhalte gemäß den Webstandards perfekt verpackt anbieten. Im Webdesign geht es ebenfalls darum, wie Websites und Webseiten organisiert werden, um dem Benutzer das bestmögliche Nutzungserlebnis (User Experience) zu ermöglichen. Dazu ist es notwendig herauszufinden, was der Besucher wirklich benötigt und wie das unkompliziert ermöglicht werden kann.

> **User Experience**
>
> User Experience beschreibt das Gesamterlebnis eines Nutzers bei Nutzung einer Webseite/Website. Das Ziel ist es dabei natürlich, ein möglichst angenehmes Nutzungserlebnis beim Besucher hervorzurufen.

Abbildung 1.27 ▶
Im UI Design Newsletter (*www.humanfactors.com/downloads/feb06.asp*) haben Kath Straub und Dr. Eric Schaffer sich mit den Vorlieben der Nutzer für die Platzierung von Elementen befasst. Im Bild ist die bevorzugte Positionierung des »Zurück zur Startseite«-Links dargestellt.

Bottom-Up-Design – von innen nach außen | In seinem Artikel »Home Page Goals« (*alistapart.com/articles/homepagegoals*) beschreibt Derek Powazek seinen Designansatz: Er beginnt mit der Gestaltung des kleinsten und verstecktesten Elements einer Website, also z. B. der Einzelbeitragsseite oder Anzeige der Suchergebnisse. Dann arbeitet er sich langsam zur Startseite vor. Er möchte damit sicherstellen, dass jeder Container den Anforderungen entspricht, die er erfüllen soll. Was steckt dahinter? Allzu häufig begegnet man Startseiten, die mit viel Liebe zum Detail gestaltet werden, deren Unterseiten diese Hingabe jedoch vermissen lassen und, viel schlimmer noch, auch schlechter zu navigieren sind. Die Startseite ist für viele Designer und Kunden das zentrale Element einer Site, denn mit ihr macht man den »ersten Eindruck«. Allerdings sollten Sie sich vor Augen führen, dass die meisten Besucher, die über die Suchmaschinen oder andere Portale kommen, zuerst die Einzelseiten, also z. B. eine spezielle Produktseite sehen. Erst dann besuchen sie eventuell die Startseite.

1.4 Checklisten

Im Folgenden liste ich kurz noch einmal auf, was eine gute Startseite und eine gute Navigation ausmacht und worauf Sie achten sollten, wenn Sie Grundsätze der Webstandards, Zugänglichkeit und Usability befolgen wollen.

1.4.1 Eine gute Startseite

Natürlich sind Ihnen bei der Gestaltung der Startseite eines Webauftritts prinzipiell keine Grenzen gesetzt. Dennoch gibt es einige Regeln und Anhaltspunkte, an die Sie sich halten sollten:

- Der erste Eindruck zählt! Ein Besucher möchte sich schnell darüber informieren, worum es eigentlich geht. Was wird geboten? Warum soll man bleiben? Formulieren Sie das aus, aber passen Sie auf, wiederkehrende Besucher nicht mit langen Erklärungen zu vergraulen.
- Wenn Sie die Möglichkeit haben, Nutzern, die sich registriert und angemeldet haben, ein alternatives Informationsangebot mit relevanten Informationen anzubieten, dann tun Sie es!
- Halten Sie alle Besucher über aktuelle Entwicklungen auf dem Laufenden. Dazu können Sie zum Beispiel einen Newsletter verschicken, einige Nachrichten auf der Startseite veröffentlichen oder/und ein RSS-Feed anbieten.
- Zeigen Sie dem Besucher neue Ziele mit einer guten und schlüssigen Navigationsstruktur auf.

1.4.2 Gute Praktiken für Navigationen

Navigationen sind ein komplexes Thema im Webdesign, über das schon viel diskutiert wurde. Ich möchte im Folgenden einige wichtige Praktiken nennen, die Ihnen beim Navigationsdesign Ihrer Webseiten helfen sollen:

- Laut Olsen (*www.guuui.com/issues/04_03.php*) haben Untersuchungen gezeigt, dass Nutzer Informationen lieber in flachen und breiten Navigationen als in engen und tiefen Menüs aufnehmen. Verwenden Sie nicht unnötig viele Links hintereinander: Diese können Nutzer von Screenreadern schnell nerven, da sie in linearisierter Form vorgelesen werden. Auch ein Mensch ohne Behinderungen ist Ihnen dankbar, wenn Sie Inhalte richtig strukturieren können.
- Jeder Link ruft dazu auf, geklickt zu werden. **Verlinken Sie deshalb niemals die Seite, auf der sich der Besucher gerade befindet**, das kann den Besucher irritieren. Dies ist ein wichtiger Grundsatz, der leider häufig durch den Einsatz eines CMS nicht eingehalten werden kann: Navigationsleisten werden als externe Vorlagen in ein Template eingebunden, weil man sie so schnell

anpassen kann, wenn sich die Navigationsstruktur ändert. Somit ist es nicht einfach möglich, den Link entsprechend anzupassen. Aber wo es möglich ist, sollte sich der Aufwand lohnen. Setzen Sie bei langen Seiten Anker zu Gliederungspunkten des Inhalts.

- **Heben Sie die Seite, auf der sich der Besucher befindet, entsprechend hervor,** und beugen Sie damit vor, dass ein Besucher sich verloren fühlt. Tun Sie dies nicht nur über eine Farbe, sondern verwenden Sie eine weitere Kennzeichnung wie etwa eine Unterstreichung. So umgehen Sie etwaige Probleme, die Menschen mit Farbfehlsichtigkeiten erfahren könnten.
- **Übertreiben Sie es nicht mit den Links**. Fragen Sie sich für jeden einzelnen Verweis, ob der Besucher diesen wirklich immer wieder sehen muss, wenn er die entsprechende Webseite besucht. Auch hier gilt »weniger ist mehr«!

1.4.3 Webstandards, Zugänglichkeit und Usability

Um zu überprüfen, ob ein Dokument den Anforderungen des modernen Webdesigns entspricht, beantworten Sie die folgenden Fragen:

- Sagt Ihr Quellcode, was Sie sagen wollen? Haben Sie möglichst treffende Titel für die einzelnen Elemente vergeben? Verwenden Sie alle Elemente entsprechend ihrer Funktion? Verwenden Sie Listen für alle Navigationsbestandteile? Verwenden Sie keine unnötigen Formatierungen?
- Haben Sie Struktur und Inhalt bestmöglich von allen Formatierungen getrennt?
- Trägt Ihr (X)HTML-Dokument einen korrekten Doctype?
- Bestehen alle Dokumente den Test eines Validators?
- Haben Sie an die Ausgabe auf verschiedenen Medien gedacht und angepasste Formatierungen bereitgestellt?
- Haben Sie die Seiten in den gängigen Browsern getestet?
- Haben Sie individuelle und sinnvolle Titel für jede Seite verwendet?
- Haben Sie Text-Äquivalente für jedes Element, das nicht aus Text besteht, verwendet und mit den Attributen `alt` und Links mit `title` versehen?
- Funktionieren die Seiten auch dann, wenn man sie nicht hören oder sehen kann und wenn aktuelle Technologien wie JavaScript und Flash abgeschaltet sind?
- Kann man sich wiederholende Elemente an- und abschalten?
- Haben Sie sich an die Konventionen für Web- und Startseiten gehalten? Findet der Nutzer auf jeder Seite einen Link zur Homepage? Ist das Logo – wenn vorhanden – auf die Startseite verlinkt? Sind Links entsprechend ihres Status farblich und durch Unterstreichung gekennzeichnet? Werden in Formularen aktive Elemente hervorgehoben, und kann der Nutzer zwischen den Ele-

---

Webstandards Workshop

Unter *www.hessendscher.de/workshop* finden Sie den Webstandards Workshop – eine hervorragende Anleitung zum Umgang mit Webstandards.

[Doctype]

Mit dem Doctype geben Sie die Dokumenttyp-Deklaration vor und bestimmen damit, welche Auszeichnungssprache in welcher Version Sie verwenden. Ein Webbrowser wird sich an dieser Angabe orientieren und den entsprechenden Regelsatz anwenden.

menten mit der Tabulator-Taste springen? Enthalten die Seiten Informationen zum Anbieter dort, wo sie der Nutzer vermuten wird?
▶ Sind alle Links und Navigationsmöglichkeiten auf ein sinnvolles Maß reduziert worden?

Speziellere Fragen zu den Details der Webgestaltung wie zum Beispiel zu Typografie, Farben und Medien finden Sie im Anschluss an die entsprechenden Kapitel.

2   Gestaltung und Layout

»Nichts kann existieren ohne Ordnung.«
Albert Einstein

Wenn wir ein Produkt für Menschen gestalten, müssen wir zunächst einmal wissen, nach welchen Gesetzen Informationen vom Menschen verarbeitet werden. Diese Gesetzmäßigkeiten sollten Sie sich bei der Gestaltung von Entwürfen zunutze machen. Die Gesetzmäßigkeiten werden im ersten Abschnitt dieses Kapitels behandelt und jeweils an dem Beispiel eines Fundstücks aus dem Internet veranschaulicht. Im zweiten Teil dreht sich dann alles um die Regeln, die bei der Gestaltung eines Layouts zu beachten sind.

Dabei steigen Sie bereits tief in die Entwicklung von CSS-Layouts ein und lernen die Grundlagen der Positionierung von Elementen auf Webseiten kennen. Darauf aufbauend werden die wichtigsten Arten der Layoutgestaltung besprochen. Es werden dabei vier Wege aufgezeigt: fixe Layouts mit festen Breiten, flexible und elastische Layouts und schließlich die Hybridversion als Kombination. Mit diesem Wissen gestalten Sie mehrspaltige Layouts bis hin zu Rasterlayouts, die auf Gestaltungsrastern mit besonders vielen Spalten beruhen können.

2.1   Die visuelle Wahrnehmung und ihre Gesetze

Unser heutiges Verständnis von Wahrnehmung basiert auf den Erkenntnissen der **Gestaltpsychologie** und dem Wahrnehmen von Formen als **Figur und Grund**. Die Gliederung der Umwelt in vielfältige Formen hilft dem Menschen, die Vielzahl der Sinneswahrnehmungen zu bewerten und zu ordnen.

Gestaltgesetze | Die Gestaltpsychologie hat mehrere Gestaltgesetze hervorgebracht, die zum Bestandteil der Ausbildung von Malern und Designern wurden und versuchen, die Wahrnehmung des Menschen zu beschreiben. Ihre Zahl variiert je nach Autor. Im Folgenden

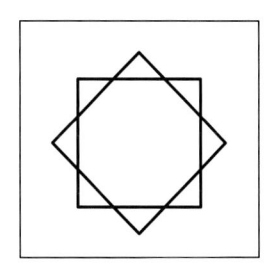

▲ **Abbildung 2.1**
Was sehen Sie? Dreiecke, ein Achteck, Quadrate?

> **Orientierungshilfe**
>
> Als Gestalter steht es Ihnen frei, das Umfeld so zu strukturieren, wie es Ihnen beliebt. Sie können sich im Gegensatz dazu aber auch an Gesetzen orientieren bzw. durchschauen, warum Gestaltungen die Wirkungen haben, die wir wahrnehmen.

möchte ich die wichtigsten Grundelemente und Gestaltgesetze kurz ansprechen.

Die Gestaltpsychologie versucht zu erläutern, warum wir in Abbildung 2.1 zwei übereinanderliegende Quadrate und nicht acht Dreiecke, ein Achteck oder ein Vieleck wahrnehmen: Wie im Folgenden gezeigt wird, kategorisiert die menschliche Wahrnehmung Elemente zunächst nach ihren Grundformen und kümmert sich erst dann um die Details.

2.1.1 Umfeld und Figur-Trennung

Es gibt kein »Nichts«, in dem sich ein Objekt befindet. Alle Elemente haben immer ein Umfeld, in dem sie wahrgenommen werden. Durch das Gesetz der **Figur-Trennung** erklärt die Gestaltpsychologie diesen Zusammenhang (siehe Abbildung 2.2).

Objekte heben sich von ihrer Umgebung über die Merkmale Kontrast, Farbe, Kontur, Textur und Bewegung ab.

Durch das sie umgebende Umfeld können Elemente groß oder klein, prominent oder versteckt, hell oder dunkel erscheinen, obwohl sie es »objektiv betrachtet« nicht sind.

Die mittleren Quadrate ❶ und ❷ in den ersten beiden Grafiken in Abbildung 2.3 sind gleich groß, obwohl das erste größer wirkt als das zweite. Die Tonwerte der mittleren Rechtecke ❸ und ❹ in der dritten Grafik sind identisch. Die wahrgenommene Helligkeit ist jedoch abhängig von der Helligkeit ihres Umfelds.

2.1.2 Der Goldene Schnitt

Der Goldene Schnitt ist das wohl bekannteste Proportionsgesetz, das sich als harmonische Proportion in der Natur wie auch in der Architektur, der Fotografie und der Kunst wiederfindet. Kreationen, die nach dem Goldenen Schnitt getrennt sind, erfüllen bei den meisten Betrachtern das Gefühl von Harmonie und Ästhetik. Die Anwendung der Regel des Goldenen Schnitts ergibt immer die **Verhältniszahl 1,62**: Der kleinere Teil verhält sich zum größeren Teil wie der größere Teil zur Gesamtlänge der geteilten Fläche.

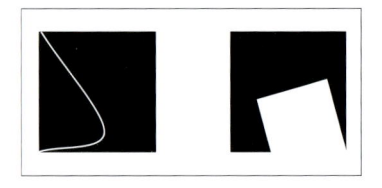

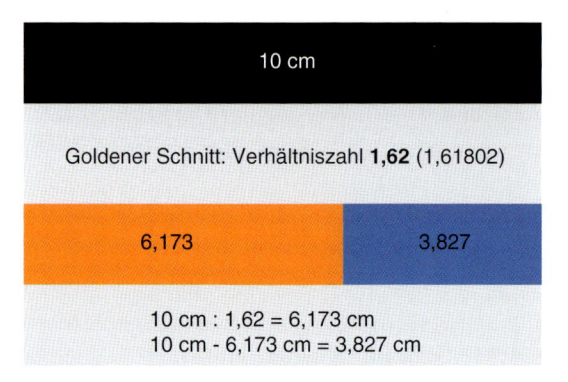

▲ Abbildung 2.2
Warum heben sich diese Objekte von ihrer Umgebung ab?

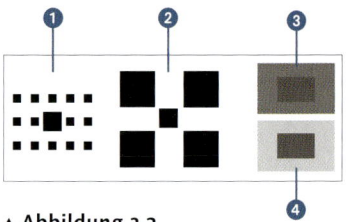

▲ Abbildung 2.3
Wahrnehmung ist vom Umfeld abhängig.

Abbildung 2.4 ▶
Berechnung des Goldenen Schnitts

10 cm

Goldener Schnitt: Verhältniszahl **1,62** (1,61802)

6,173   3,827

10 cm : 1,62 = 6,173 cm
10 cm − 6,173 cm = 3,827 cm

Die Drittelregel | Eine vereinfachte Anwendung des Goldenen Schnitts ist die Drittelregel. Eine Aufteilung von 2:1 verleiht einer Komposition Ordnung und Stabilität. Man teilt dazu das Umfeld in drei horizontale und drei vertikale Felder. An den Schnittpunkten der horizontalen und vertikalen Linien sollte das Element platziert werden, das die größte Aufmerksamkeit genießt, wie der Baum in Abbildung 2.6.

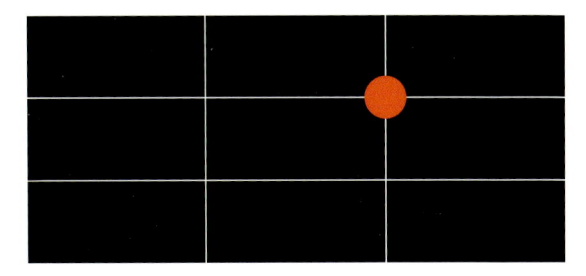

▲ **Abbildung 2.5**
Die Drittelregel

Auch im Webdesign findet diese Regel natürlich Verwendung, wenn es um die Aufteilung einer Webseite in einzelne Bereiche geht. Ausführlicher wird es in Abschnitt 2.2.7 zum Thema »Positionierung« und speziell in »Gestaltungsraster nach dem Goldenen Schnitt gestalten« in Abschnitt 2.2.9 um die Anwendung dieses Prinzips bei der Layoutgestaltung gehen. Auch bei der Gestaltung von Grafiken und Headern findet der Goldene Schnitt weite Anwendung – so zum Beispiel auf der Website »The Talk Show« (*thetalkshow.net*), wie Abbildung 2.7 zeigt.

> **Beispiele für den Goldenen Schnitt**
>
> Viele interessante Beispiele aus Architektur und Natur hat das Comenius-Projekt auf der Website »Der Goldene Schnitt – Mathematik, Mythos und mehr« (*www.khg.bamberg.de/comenius/gold/inhgs.htm*) gesammelt.

▲ **Abbildung 2.6**
Platzierung des Hauptmotivs nach dem Goldenen Schnitt in der Fotogestaltung

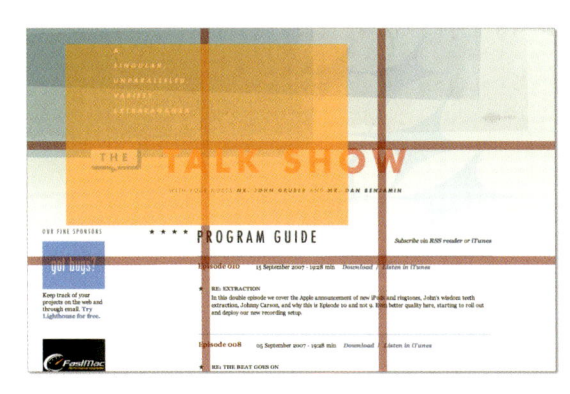

▲ **Abbildung 2.7**
The Talk Show (*thetalkshow.net*)

Der Hauptblickfang mit Logo und Teaser liegt im durch das orange Quadrat gekennzeichneten Bereich.

2.1 Die visuelle Wahrnehmung und ihre Gesetze

2.1.3 Gute Gestalt und Prägnanz

Die visuelle Wahrnehmung eines Menschen erfolgt zunächst durch die Kategorisierung geometrisch vereinfachter Formen und dann erst ihrer Details. Die Wahrnehmungseinheiten bilden sich stets so aus, dass das Ergebnis eine möglichst einfache und einprägsame Form darstellt.

Alle Elemente in Abbildung 2.9 werden zunächst als Kasten wahrgenommen. Erst dann werden die einzelnen Elemente der Navigation, Collage und Subnavigation wahrgenommen. Je länger die Gestaltung betrachtet wird, desto mehr Details offenbaren sich.

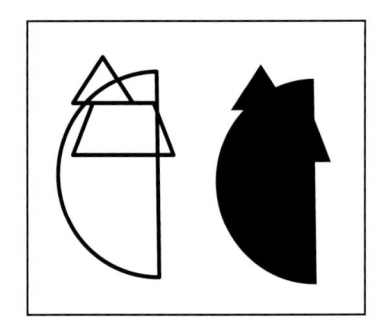

▲ **Abbildung 2.8**
Anstatt das Element in seinen Einzelformen wahrzunehmen, wird in der rechten Grafik ein kompaktes Gebilde erkannt, das aus einem Halbkreis und zwei Dreiecken und nicht aus einem Halbkreis, einem Dreieck und einem Trapez wie in der linken Grafik besteht.

Abbildung 2.9 ▶
Ausschnitt aus der Website der Stadt Knoxville *(www.knoxville.org)*

2.1.4 Nähe

Nahe beieinanderliegende Objekte werden vom menschlichen Auge als Gruppe wahrgenommen. Werden die Abstände größer, erfolgt eine Trennung der Gruppe. Im ersten Bild in Abbildung 2.10 werden die Punkte als Zeilen, im zweiten als Spalten wahrgenommen.

Die Punkte der ersten Spalte sind so weit von denen in der rechten Gruppe entfernt, dass sie nicht mehr als zugehörig wahrgenommen werden. Die Eigenschaft Farbe ordnet sich in diesem Falle dem Gesetz der Nähe unter und trägt weniger zur Trennung bei als die eigentliche Distanz.

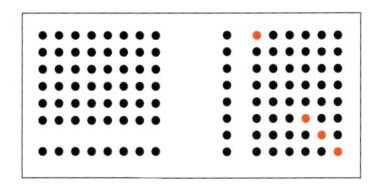

▲ **Abbildung 2.10**
Das Gesetz der Nähe

Inhalte voneinander abgrenzen | Im Webdesign werden so z. B. alle Inhaltsbereiche angeordnet. Die Sidebar in Abbildung 2.11 besteht aus zwei Spalten, die aufgrund ihrer unterschiedlichen Formatierung und dem Weißraum zwischen ihnen als solche wahrgenommen werden. Die Listenelemente der Bereiche RECENTLY ❶ und YIP YAP ❷ sind durch ihre Nähe jeweils so formatiert, dass sie als zusammengehörig wahrgenommen werden. Die Suche trennt diese Listen optisch noch weiter voneinander, als es die Überschrift YIP YAP getan hätte.

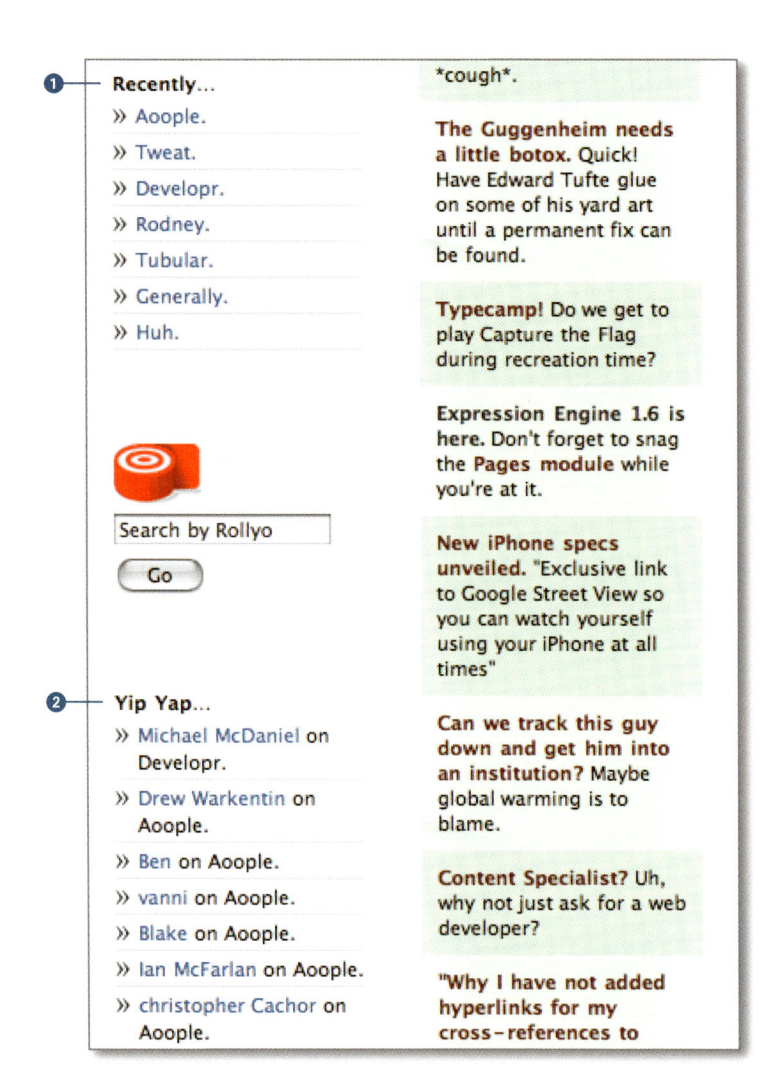

◀ **Abbildung 2.11**
Die Seitenleiste von Airbag
(airbagindustries.com)

2.1.5 Gleichheit oder Ähnlichkeit

Objekte, die gleiche Unterscheidungsmerkmale zur Umgebung aufweisen, werden als zusammengehörig wahrgenommen.

Dabei verstärkt die Anzahl der gleichartigen Merkmale die Gruppenbildung. Abbildung 2.12 zeigt das für die Merkmale Größe und Form.

Die drei farbig markierten Bereiche in Abbildung 2.13 auf der nächsten Seite werden als verschieden wahrgenommen. Im blauen Bereich für Werbung ❶ werden keine Grafiken verwendet, wohingegen die beiden anderen Bereiche in Gelb und Grau jeweils eine Grafik zur Illustration der Texte verwenden. Diese Bereiche werden beim Betrachten sofort als wichtiger eingestuft. Durch die Verwendung eines links ausgerichteten Bildes, einer Überschrift und eines kurzen Textes weisen alle Linktipps ❷ die gleichen Merkmale auf und werden so als zu dieser Gruppe zugehörig wahrgenommen. Die Forma-

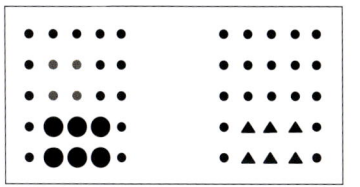

▲ **Abbildung 2.12**
Ähnlichkeit oder Gleichheit

Teaser

Eine auffällige Gestaltung in Form einer Grafik, einer Animation oder etwa eines Schriftzugs verwendet man als »Teaser«, um die Aufmerksamkeit des Nutzers auf den so hervorgehobenen Bereich zu lenken.

tierung der Teaser ❸ der Hauptspalte ist jeweils wieder einheitlich, aber vom restlichen Text verschieden.

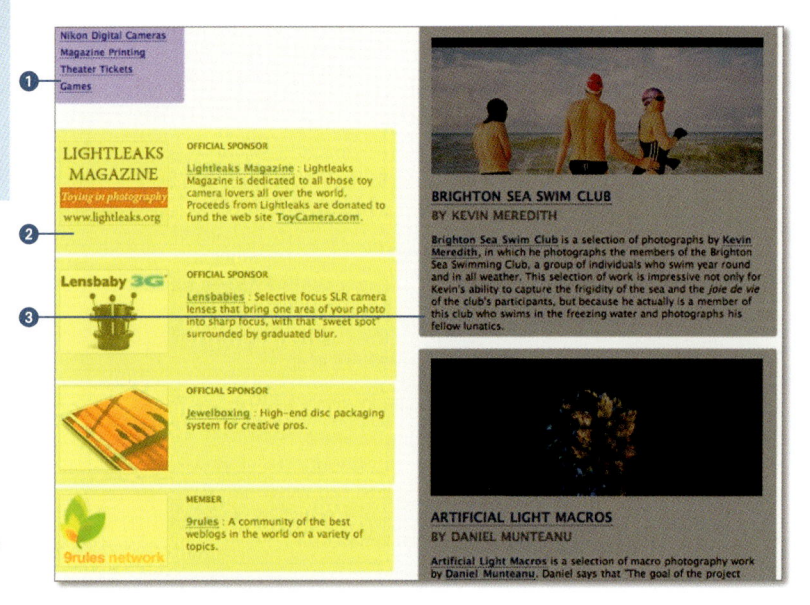

Abbildung 2.13 ▶
Ausschnitt aus der Website des File Magazine (www.filemagazine.com)

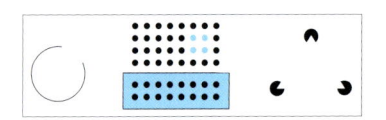

▲ Abbildung 2.14
Das Gesetz der Geschlossenheit durch Form und Farbe symbolisiert

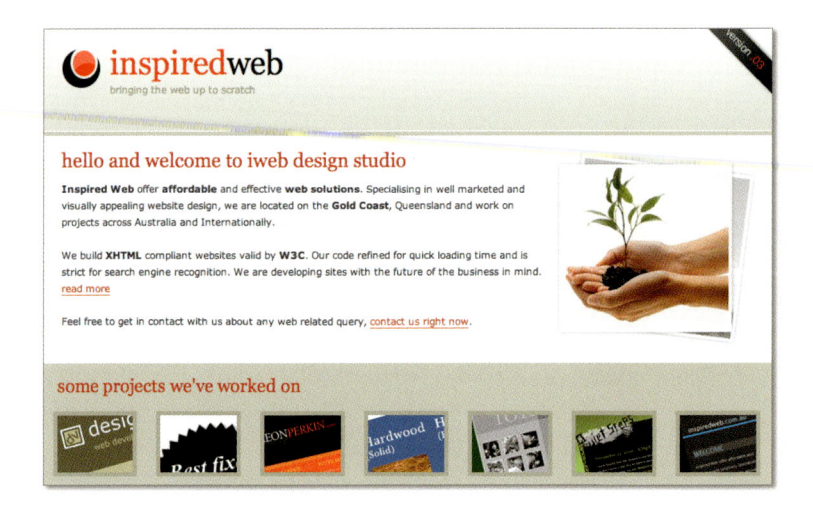

2.1.6 Geschlossenheit

Eingerahmte oder anders geschlossene Flächen werden als Einheit wahrgenommen und treten stärker hervor als einzelne ungerahmte Figuren. Nicht vorhandene Teile einer Figur werden in der Wahrnehmung ergänzt. Deshalb sehen wir in der ganz rechten Darstellung in Abbildung 2.14 ein weißes Dreieck.

Durch die Rahmung der Referenzgrafiken im unteren Teil von Abbildung 2.15 wird die Aufmerksamkeit des Besuchers zuerst auf diesen Bereich gelenkt. Erst dann wird der darüber stehende Text bewusst wahrgenommen.

Abbildung 2.15 ▶
Die Website inspiredweb (www.inspiredweb.com.au)

56 | 2 Gestaltung und Layout

2.1.7 Erfahrung und Vertrautheit

Bekannte Formen, Strukturen und Zeichen werden wiedererkannt. Das bedeutet, dass Sie Formen nicht in ihrer Vollendung zeigen müssen, weil das Gehirn die fehlenden Teile ergänzt. Beim Betrachten der Formen in Abbildung 2.16 müssen wir nicht überlegen, aus welchen Einzelkomponenten sie zusammengesetzt sind. Wir erkennen sie sofort, ohne ihnen jedoch einen Zusammenhang zuweisen zu können.

▲ **Abbildung 2.16**
Das Gesetz der Erfahrung

Dies geschieht ganz automatisch durch die Thematik »Flughafen« auf den in Abbildung 2.17 gezeigten Elementen. Vom Gesetz der Erfahrung machen Gestalter vor allem ganz bewusst beim Einsatz von Piktogrammen und Icons Gebrauch.

◄ **Abbildung 2.17**
Die Seitenleiste der Website
www.robinhoodairport.co.uk

Die in Abbildung 2.17 verwendeten Symbole begegnen uns im täglichen Leben sehr häufig und dienen somit auch auf der gezeigten Webseite zum schnellen Auffinden des gewünschten Menüpunkts.

2.1.8 Einfachheit und Harmonie

Eine Gruppe wird als Einheit wahrgenommen, wenn die Anordnung der einzelnen Elemente den Eindruck einer visuellen Verbindung vermittelt. In Abbildung 2.18 stören weder Form noch Farbe die Wahrnehmung der Gebilde, die sich aus der Anordnung der Punkte ergeben.

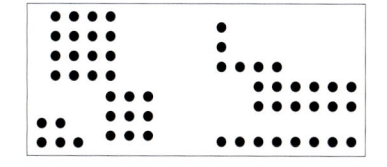

▲ **Abbildung 2.18**
Das Gesetz der Harmonie

Das Straßenmotiv im Hintergrund von Abbildung 2.19 auf der nächsten Seite leitet den Blick auf die Werbetafel und – wie diese Tafel, durch den Pfeil verstärkt – auf die Hauptnavigation der Seite. Diese ragt wiederum aus einer Art Papier heraus, das den Hintergrund für die gesamte Seite bildet.

2.1 Die visuelle Wahrnehmung und ihre Gesetze

Abbildung 2.19 ▶
Ausschnitt aus der Website von EMI
(*www.emimusic.be*)

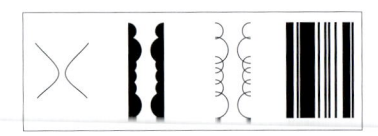

▲ **Abbildung 2.20**
Beispiele für Symmetrie in den ersten drei Grafiken und für Asymmetrie in der Grafik ganz rechts.

2.1.9 Symmetrie und Asymmetrie

Symmetrische Anordnungen ziehen die Aufmerksamkeit des Betrachters an. Eine harmonische Balance ist erreicht, wenn die Elemente gleichmäßig auf den beiden Seiten einer Achse verteilt sind.

Durch symmetrische Ausrichtung und Aufteilung des Inhalts in zwei Spalten wird in Abbildung 2.21 eine harmonische und sehr beruhigende Wirkung erreicht.

Im Kontrast dazu steht die **Asymmetrie**, für die es keine Vorgaben gibt. Im Gegensatz zur Harmonie der Symmetrie baut die Asymmetrie Spannungsfelder auf und regt den Nutzer so an, sich aktiver an der Erschließung des Layouts zu beteiligen. Setzen Sie also die Symmetrie ein, wenn Sie den Besucher mit Ruhe und Harmonie empfangen wollen, und die Asymmetrie, wenn Sie ihn in den Bann ziehen und aktiver beteiligen wollen.

Die Anordnung der einzelnen Elemente in Abbildung 2.22 ist ein gutes Beispiel für eine asymmetrische Gestaltung mit den regellos überlagerten Hintergründen und der Collage im Vordergrund rechts. Grundsätzlich entspricht diese Aufteilung jedoch dem Prinzip des Goldenen Schnitts im weitesten Sinne. Sie wirkt deshalb trotzdem aufgeräumt und klar. Auch der clevere Einsatz von Weißraum trägt dazu bei, dass sich dieses Design ausgewogen anfühlt.

◄ **Abbildung 2.21**
Die Website von Versions
(*www.versionsapp.com*)

◄ **Abbildung 2.22**
Die Website Ad Absurdum
(*www.adabsurdum.org/new/home.html*)

2.1.10 Visuelles Gewicht

Die Wahrnehmung des Gewichts eines Elements ist abhängig vom verwendeten Format und dem Gewicht der anderen Elemente in der

▲ Abbildung 2.23
Das visuelle Gewicht dieser Paare variiert durch ihre Größe, Helligkeit und Lage zueinander. In Paar Nummer vier werden diese Merkmale verbunden angewendet.

Gestaltung. Abhängig von dieser Kombination ergibt sich ein harmonisches Gleichgewicht oder eine Dynamik. Faktoren, die das visuelle Gewicht beeinflussen, sind **Größe, Farbe und Helligkeit, Form und Lage**.

Durch die verschiedenen Helligkeiten und Größen der typografischen Elemente in Abbildung 2.24 entsteht eine klare Gliederung. Neben der einführenden Beschreibung, die durch ihre Größe hervorsticht, fallen die durch Icons und dunkle Schrift formatierten Features der vorgestellten Applikation sofort ins Auge.

Abbildung 2.24 ▶
Ausschnitt der Website für Checkout (*checkoutapp.com*), eine Kassenverwaltung für Mac OS X

2.1.11 Linien und Flächen

Während Abstände und Freiräume die besten Gliederungselemente sind, haben Linien meist einen dekorierenden Charakter. Sie können auch störend wirken und sollten weggelassen werden, wenn die Komposition auch ohne sie funktioniert.

In »Mediengestaltung« (Böhringer, J., Bühler, P. und Schlaich, P.: »Kompendium der Mediengestaltung«. Springer, 2006. S. 105.) werden die folgenden guten Grundregeln für Linienstärken und ihre Verwendung genannt:

- ▶ 0,3 bis 0,6 pt sind sinnvoll für die Gestaltung von Spalten und Kästen.
- ▶ 1 pt starke Linien sollten vermieden werden.
- ▶ 2 bis 4 pt bieten guten Kontrast zum Grundtext.
- ▶ 8 bis 12 pt sind für Übergangsbereiche zwischen Flächen sehr wirkungsvoll und plakativ.

Linien auf Webseiten einsetzen | Wie kann man diese Grundsätze auf den Bereich des Webdesigns übertragen? Die folgenden Beispiele sollen das verdeutlichen.

Happy Cog, eine bekannte Design-Agentur, verwendet auf der Startseite fünf verschiedene Linientypen:

❶ eine abgerundete »Abrisskante« in Weiß mit leichtem Schlagschatten,
❷ eine 20 Pixel breite Linie als Hintergrund für die Navigation in dunklem Braun,
❸ eine gestrichelte Linie passend zur Abrisskante in Grau,
❹ eine 1 Pixel breite durchgezogene Linie in Hellgrau und
❺ jeweils die Unterstreichung von Links in der Farbe #dd8468.

Punkt

Punkt (pt) ist eine typografische Maßeinheit, die im Webdesign nur für Print-Stylesheets Anwendung findet. 1 Punkt entspricht 1/72 Zoll. Weitere Informationen zur Verwendung dieser Werte für Webseiten finden Sie in Abschnitt 3.2.

◄ **Abbildung 2.25**
Beispiel für subtile Linien:
Happy Cog (*www.happycog.com*)

Neben dem durch Linien durchstrukturierten Gesamtlayout ❻ verwendet Rob Weychert, wie in Abbildung 2.26 auf der nächsten Seite gezeigt, für die Gestaltung eines jeden Blogbeitrags fünf verschiedene Linientypen in verschiedenen Stärken und Ausprägungen: durchgezogen (❼, ❽, ⓫), gestrichelt (❿) und gepunktet (❾).

Durchgezogene Linien trennen Elemente dominanter als gestrichelte und gepunktete. Gestrichelte Linien wirken wiederum sachlicher und dominanter als gepunktete. Geschwungene Linien geben einem Layout Leichtigkeit, können sogar einen Hang zur Verspieltheit betonen, während durchgezogene Linien klare Grenzen setzen.

Machen Sie sich diese Gesetze bei der Gestaltung zunutze, und browsen Sie beim nächsten Mal etwas aufmerksamer durch das Netz, um die Nutzung dieser Gesetze zu entlarven!

2.1 Die visuelle Wahrnehmung und ihre Gesetze | **61**

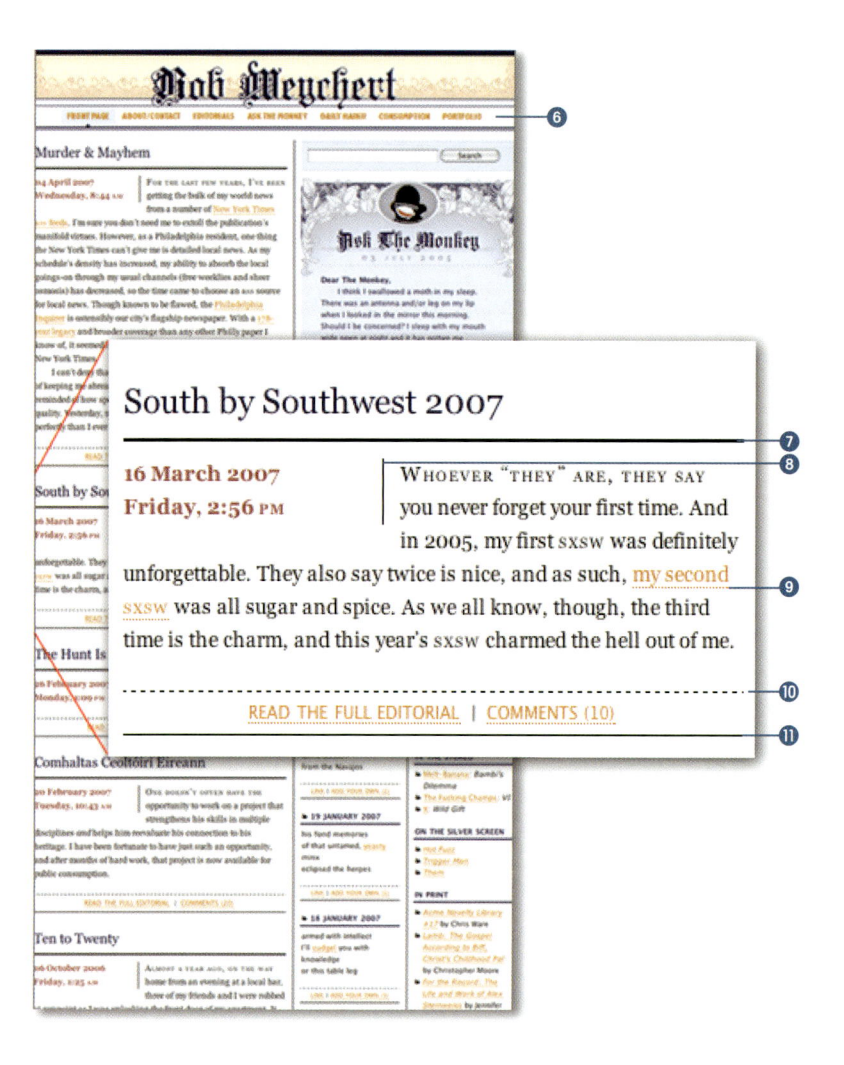

Abbildung 2.26 ▶
Beispiel für prominente Linien: Rob Weychert (*www.robweychert.com*)

2.2 Website-Layouts und ihre Elemente

Ein Layout bestimmt als Entwurf oder Plan die Anordnung der verschiedenen Elemente in einer Gestaltung, wie z. B. den Satzspiegel, die Positionierung von Bildern, Texten und Tabellen. Dabei fungiert das Layout lediglich als Hülle und muss im Anfangsstadium nicht mit den Elementen des fertigen Produkts befüllt werden, obwohl dies natürlich gerade bei der Webstandards-konformen und semantisch angelegten Gestaltung eines CSS-Layouts sehr wünschenswert ist. Denn ganz streng genommen ist es eigentlich unmöglich, semantisch korrekte Bezeichnernamen für Klassen und IDs zu verwenden, wenn die entsprechenden Inhalte, die damit umschrieben werden sollen, noch nicht feststehen. Da ihre Funktion aber bei der Gestaltung bereits bekannt ist, muss man es jedoch nicht so streng angehen.

In den letzten Abschnitten haben Sie vor allem Gesetze anhand von Screenshots und Abbildungen kennengelernt. In den folgenden Abschnitten wird es mit vielen Code-Beispielen praktischer. Packen wir das (X)HTML- und CSS-Handwerkszeug aus!

Container für Inhaltsbereiche | Ein CSS-Layout besteht aus Containern für Inhaltsbereiche, die sich jeweils in Texte mit Überschriften, Absätzen und Bildern aufteilen. Sind diese Bilder sinngebend und keine reine Dekoration, sollten sie im Quelltext eingebunden werden. Anderenfalls sollten sie per CSS eingefügt werden.

Grob lassen sich die meisten Webseiten in Seitenkopf, Hauptteil und Seitenfuß einteilen.

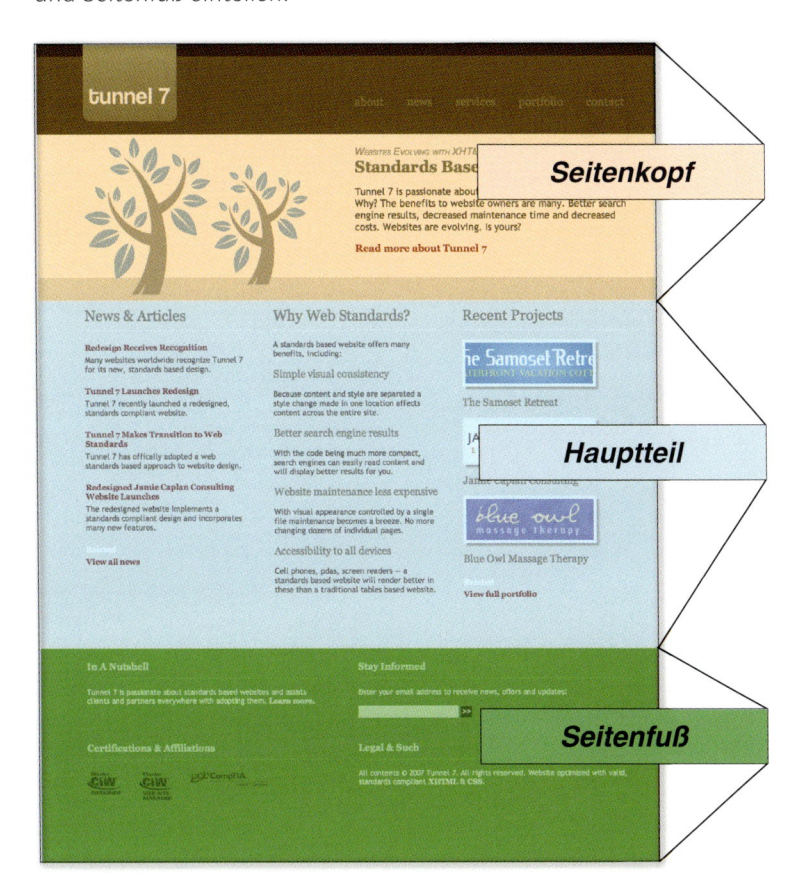

> **Firmenlogo**
>
> Das Logo oder Signet einer Firma sollte immer direkt über den Quelltext eingebunden werden. So ist es auch bei ausgeblendetem Stylesheet immer sichtbar.

◀ **Abbildung 2.27**
Die drei häufigsten großen Bausteine eines Weblayouts am Beispiel von *www.tunnel7.com*

Im Kopfteil ist zum Beispiel Platz für ein Firmenlogo, eine Metanavigation und vor allem einen Link zur Startseite der Präsenz. Der Inhaltsbereich teilt sich häufig in verschiedene hierarchische Unterbereiche, auch oft mit einer Subnavigation. Der Fußbereich enthält häufig Informationen zum Anbieter der Inhalte sowie Verweise auf Impressum und Kontaktmöglichkeiten. Natürlich sind Ihren Ideen diesbezüglich keine Grenzen gesetzt, doch sollten Sie sich bei aller

> **Englische Bezeichnungen**
>
> Im Alltag werden sehr häufig die englischen Begriffe verwendet: *Header* oder #header für den Kopfbereich, *Content* oder #content für den Hauptteil und *Footer* oder #footer für den Seitenfuß.

Kreativität die Richtlinien der Usability (siehe auch Abschnitt 1.3.8) in Erinnerung rufen und daran denken, dass Ihre Besucher bestimmte Elemente an einem bestimmten Platz erwarten werden.

2.2.1 Weißraum

Alle Elemente eines Entwurfs werden von Weißraum umgeben, getrennt und gegliedert. Weißraum oder auch »negativer Raum« oder »Leerraum« ist der Freiraum zwischen den Elementen. Es gibt keinen Zusammenhang zur Farbe Weiß, denn der Raum nimmt natürlich immer die entsprechende Hintergrundfarbe an. Die korrekte Verwendung von Weißraum macht Kompositionen leichter und freier und trägt zur Harmonie eines Layouts bei.

Man unterscheidet zwischen dem **Makro-Weißraum** als dem Raum zwischen den großen Elementen einer Seite, zum Beispiel zwischen Text und Bildern, und dem **Mikro-Weißraum** im Gegensatz dazu als dem Freiraum zwischen kleineren Elementen einer Komposition bzw. den Buchstaben in der Typografie.

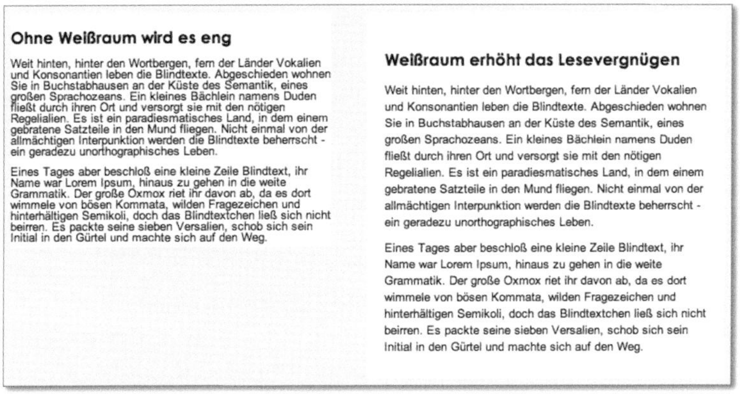

Abbildung 2.28 ▶
Weißraum im Webdesign. In der rechten Hälfte mit ausreichend Weißraum stimmt die Gestaltung. In der linken möchte man gar nicht lesen müssen, so eng läuft der Text.

Aktiver Weißraum führt das Auge von einem Element zum nächsten, **passiver Weißraum** regelt die Abstände im Element selbst. Ausgeglichene Weißräume verbessern die Lesbarkeit; fehlen sie, wird es schwer, einen Text bis zum Ende aufzunehmen, wie der Vergleich in Abbildung 2.28 zeigt. Der Text in der linken Spalte ist nur schwer lesbar, während der Text in der rechten Spalte das Auge zum Lesen einlädt. Das Element Weißraum ist ebenso wichtig, wenn nicht sogar wichtiger als eine Grafik oder eine Linie, wenn es darum geht, ein Layout zu gliedern. Es ersetzt diese Elemente häufig. Bei der Gestaltung eines Layouts steht Weißraum als Element der Gliederung von Inhalten ebenso zur Verfügung wie beispielsweise Linien oder Bilder.

Spaltenlayouts
Wie Sie einzelne Spalten positionieren, erfahren Sie in Abschnitt 2.2.7 in diesem Kapitel.

2.2.2 Klassische Spaltenlayouts

Die Anzahl der für ein Layout angemessenen Spalten ist von Projekt zu Projekt sehr verschieden. Es haben sich sowohl einspaltige Layouts wie auch Layouts mit zwölf Spalten oder mehr bewährt. Spalten sind hier nicht gleichbedeutend mit den Modulen der zugrunde liegenden Raster (vergleichen Sie dazu Abbildung 2.29). Gemeint ist die sichtbare gruppierte Wiedergabe des wesentlichen Inhalts.

▲ **Abbildung 2.29**
Beispiele für Spaltenlayouts v.l.n.r.:
❶ *garrettdimon.com*
❷ *airbagindustries.com*
❸ *alistapart.com*
❹ *tagesspiegel.de*

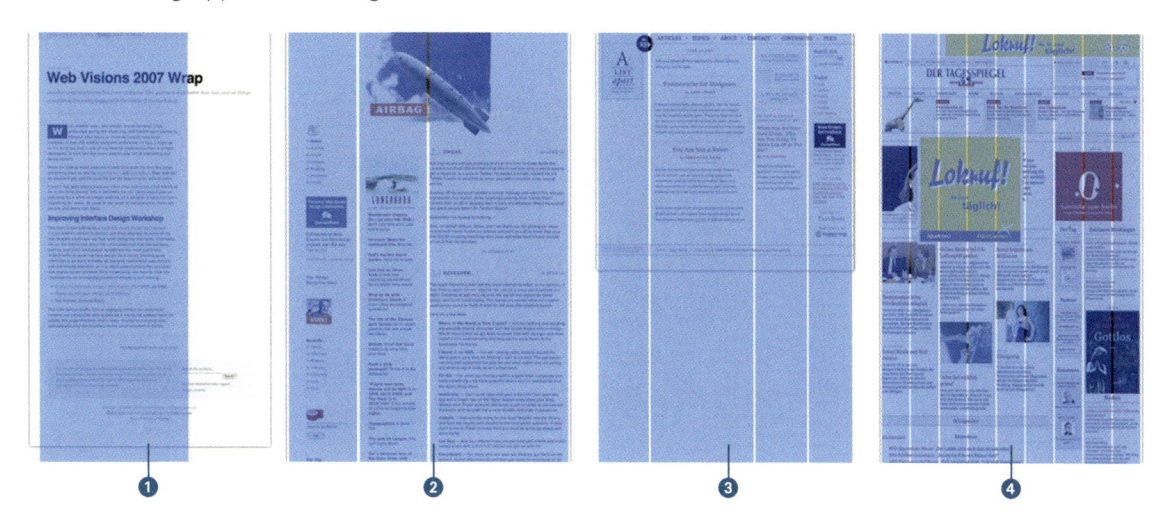

Abbildung 2.29 zeigt, dass es bei der Anzahl, Breite und Länge der Spalten bei CSS-Layouts keine Grenzen gibt: ❶, ❷, ❸ und ❹ verteilen den wesentlichen Inhalt auf eine ❶ bis neun ❹ Spalten (blau), die jeweils noch weiter per Gestaltungsraster geteilt werden könnten. Der Tagesspiegel ❹ lehnt das Layout der Website an das der Zeitung an, was die Flexibilität CSS-basierter Layouts, aber auch die Gefahr der schlechten Lesbarkeit verdeutlicht. Während die Zeilenbreiten in den Beispielen ❶ bis ❸ sehr gut lesbar sind, beschränkt sich die Wortzahl in Beispiel ❹ in der kleinsten Spalte zum Teil auf ein Wort mit minimalem Weißraum. Schon die einmalige Vergrößerung der Schriftgröße kann ein solches Layout aus den Fugen geraten lassen.

Lesbarkeit in Gefahr | Der schwedische Webworker Roger Johansson warnt (*www.456bereastreet.com/archive/200509/css3_multi-column_layout_considered_harmful.html*) diesbezüglich vor dem übertriebenen Griff zu vielspaltigen Multi-Column-Layouts, da seiner Meinung nach die Lesbarkeit, Usability und auch Zugänglichkeit unter dieser als kreativ angesehenen Methode leiden. Mit CSS 3 und dem Multiple-Column-Module (siehe Abschnitt 12.1) wird die Verbreitung aber sicher zunehmen.

2.2.3 Sonderfall Gestaltungsraster

Gestaltungsraster oder auch Grids sind ein Mittel, grafische Elemente wie Texte und Bilder so im Arbeitsbereich zu ordnen, dass übersichtliche und optisch gut strukturierte Webseiten entstehen. Der »Satzspiegel« ist das älteste und bekannteste Gestaltungsraster aus der

---

Yet Another Multicolumn Layout

Yet **A**nother **M**ulticolumn **L**ayout oder kurz **YAML** nimmt Ihnen viel Arbeit bei der Gestaltung von CSS-Layouts ab. Es ist ein (X)HTML-/CSS-Framework, das auf der Grundlage von `float` bei der Gestaltung von mehrspaltigen Layouts hilft. Dabei stehen größtmögliche Flexibilität und Zugänglichkeit im Vordergrund. Dirk Jesse hat dieses Projekt (*www.yaml.de*) ins Leben gerufen, mit dem sich nach dem Baukastenprinzip fixe wie elastische Layouts erstellen lassen.

Typografie, das schon aus der mittelalterlichen Buchkunst bekannt ist. Gestaltungsraster im Webdesign sind mehr oder weniger prominent erkennbar: Sie können sehr subtil eingesetzt werden oder als dominantes Gestaltungsmittel dienen. Subtil eingesetzt dienen sie der Ordnung und Strukturierung von Inhalten und der leichten Benutzerführung.

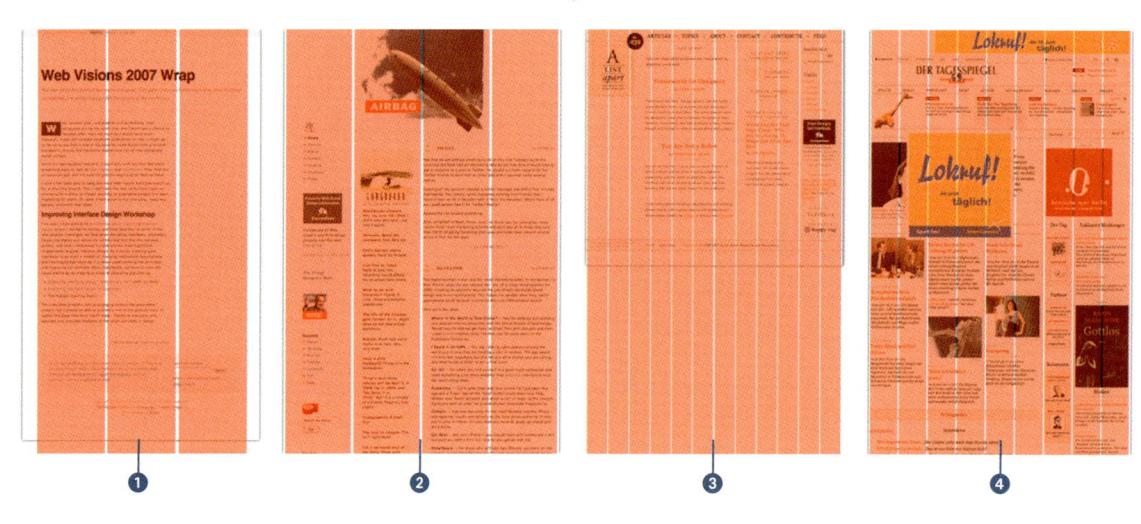

▲ **Abbildung 2.30**
V.l.n.r.: Die Gestaltungsraster der Webseiten *garrettdimon.com* ❶, *airbagindustries.com* ❷, *alistapart.com* ❸ und *tagesspiegel.de* ❹

Während die Raster in Abbildung 2.30 in ❶ und ❷ eher subtil und einfach, aber effizient formatiert sind, zeigt Beispiel ❹ die stringente Übertragung des Rasters auf den Inhalt mit den daraus resultierenden Problemen wie schlechter Lesbarkeit und dem Zwang zu übermäßigem Scrollen. Vergleichen Sie dazu auch die jeweiligen Spaltenaufteilungen, die in Abbildung 2.29 gezeigt wurden. Sie sehen, dass die Anzahl der Module im Raster nicht eins zu eins auf die Anzahl der Spalten übertragen wird. Wie Sie Gestaltungsraster in der Praxis angehen, erfahren Sie in Abschnitt 2.2.9.

2.2.4 Breite und Höhe eines Layouts

Die Frage, wie breit ein Layout sein sollte, lässt sich nicht pauschal beantworten. Die Darstellung hängt von den Faktoren Bildschirmauflösung, Browserfenstergröße und Anzeigebereich ab.

Viewport | Der Viewport ist der ohne Scrollen sofort sichtbare Bereich eines Layouts. Er wird durch die Bildschirmauflösung und die Breite des Browserfensters bestimmt (siehe Abbildung 2.31).

Seine Ausmaße werden weiterhin durch die Einblendung von Scrollbalken, Seiten- oder Werkzeugleisten beeinflusst, wie in Abbildung 2.32 zu sehen ist. Für die Einblendung von Scrollbalken hat es sich durchgesetzt, in Entwürfen 40 bis 50 Pixel anzunehmen.

Verschiedene Untersuchungen haben gezeigt, dass es leider nicht möglich ist, von einer bestimmten Bildschirmauflösung auf eine Stan-

> **Viewports im Detail**
>
> In »Sizing Up the Browsers« (*www.webmonkey.com/99/41/index3a_page2.html?tw=design*) hat Steve Mulder eine Analyse der einzelnen Viewports mit genauen Maßen zusammengestellt.

dard-Viewport-Größe zu schließen, denn jeder Anwender hat eigene Vorlieben und Gewohnheiten, die er nicht für eine Website aufgeben wird. Während einige Anwender immer im Vollbildmodus unterwegs sind, verwenden andere diesen nie. Versuche, aussagekräftige Statistiken diesbezüglich zu erstellen, scheiterten meist. Allerdings lassen sie eben die Schlussfolgerung zu, dass man nicht wissen kann, wie der Viewport beim Besucher aussieht. Seiten- und Werkzeugleisten können natürlich eingeklappt werden, und Browserfenster können auch vergrößert werden, wenn es eine Site erfordert. Allerdings wird der Nutzer so dazu gezwungen, die eigenen Einstellungen zu ändern. Es ist also nahezu unmöglich, eine feste Browserfenstergröße vorherzusagen.

◄ **Abbildung 2.31**
Für die Betrachtung der Breite eines Layouts dürfen die Bestandteile des Browsers selbst – Viewport, Browserfenster und Scrollbalken – nicht vergessen werden.

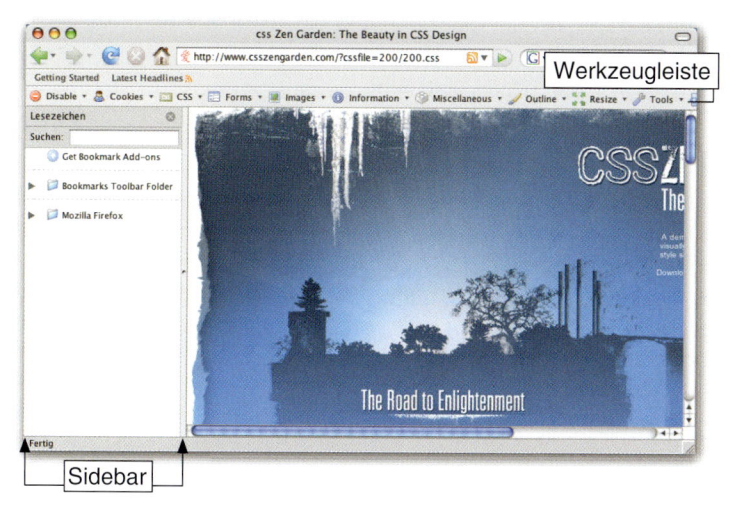

◄ **Abbildung 2.32**
Ein Browserfenster mit zusätzlich eingeblendeter Werkzeugleiste und Sidebar

Feste oder flexible Breite | Ein Layout kann so gestaltet werden, dass es immer eine feste Breite hat, oder so, dass es sich dem Browserfenster und den Handlungen des Anwenders entsprechend

> **Feste, flexible und elastische Layouts**
> Wie Sie die unterschiedlichen Arten von Layout gestalten, lernen Sie in Abschnitt 2.2.7.

anpasst. Egal, für welche Lösung man sich aus welchem Grund entscheidet, es müssen sinnvolle Ausgangswerte gefunden werden, die für die meisten Nutzer passen.

Minimale Bildschirmauflösung | Wie kann man dem nun gerecht werden? Immer mit einem Kompromiss. Heute hat sich eine minimale Bildschirmauflösung von 1024 x 728 Pixel durchgesetzt. Kleinere Werte sollten nicht mehr als Standard angenommen werden. Je größer eine Bildschirmauflösung ist, desto weniger wahrscheinlich ist es jedoch, dass ein Browser im Vollbildmodus betrieben wird und so wären auch 974 Pixel (1024 Pixel Breite - 50 Pixel für Scrollbalken) recht groß.

Mit Blick auf die Verwendung von Gestaltungsrastern hat Cameron Moll (Cameron Moll, *www.cameronmoll.com/archives/001220.html*) eine interessante Idee entwickelt: Er verwendet häufig die Breite von 960 Pixeln für seine Layouts. So nehmen die Seiten nicht den ganzen Bildschirm ein. Außerdem lässt sich diese Breite sehr schön durch 3, 4, 5, 6, 8, 10, 12, 15 und 16 teilen und eröffnet so die Möglichkeit für zahlreiche Spaltenlayouts.

> **960 Pixel Breite**
> Eine kleine Auswahl von Internetseiten, die sich an der vorgeschlagenen Breite von Cameron Moll orientieren:
> ▶ http://www.michael-van-laar.de
> ▶ http://www.aiga.org
> ▶ http://mitra.ch
> ▶ http://www.kiwi-extrablatt.de

Bei einem Streifzug durch das Netz lässt sich die genannte Breite von 960 Pixel heute sehr häufig finden und hat sich als kleiner Standard durchgesetzt. Mehr zur Umsetzung von Gestaltungsrastern erfahren Sie in Kapitel Abschnitt 2.3 in diesem Kapitel.

2.2.5 Ein CSS-Layout zu gestalten heißt, Boxen auszurichten

Nach all der Theorie, die in den letzten Abschnitten behandelt wurde, geht es nun um die praktische Umsetzung des Gelernten in Form von Layouts für Webseiten, die durch CSS gesteuert werden.

Inhaltscontainer | Während eine gestaltete Printseite aus mehreren Spalten bestehen kann, die wiederum mehrere Elemente enthalten können, bestehen CSS-Layouts immer aus einer Kombination von rechteckigen Boxen, die als Hüllen und Spalten fungieren. Jedes Element, das in einem Web-Layout auftritt, trägt eine unsichtbare Box um sich herum und ist eckig – egal, ob es sich um Absätze, Überschriften oder Container handelt. Diese Boxen sind ineinander verschachtelt und können absolut oder relativ positioniert werden.

Dem Gestalter stehen verschiedene Formatierungen zur Verfügung, um das Verhalten dieser Boxen zueinander und ihre Gestaltung zu beeinflussen. Als Grundlage all dieser Möglichkeiten, die vor allem im zweiten Teil dieses Buches eine Rolle spielen werden, dient das sogenannte **Box-Modell**. Es erklärt, wie sich die einzelnen Eigenschaften **Außenabstand** (`margin`), **Rand** (`border`) und **Innenabstand** (`padding`) eines Inhaltselements zur letztendlichen Breite des Elements zusammensetzen.

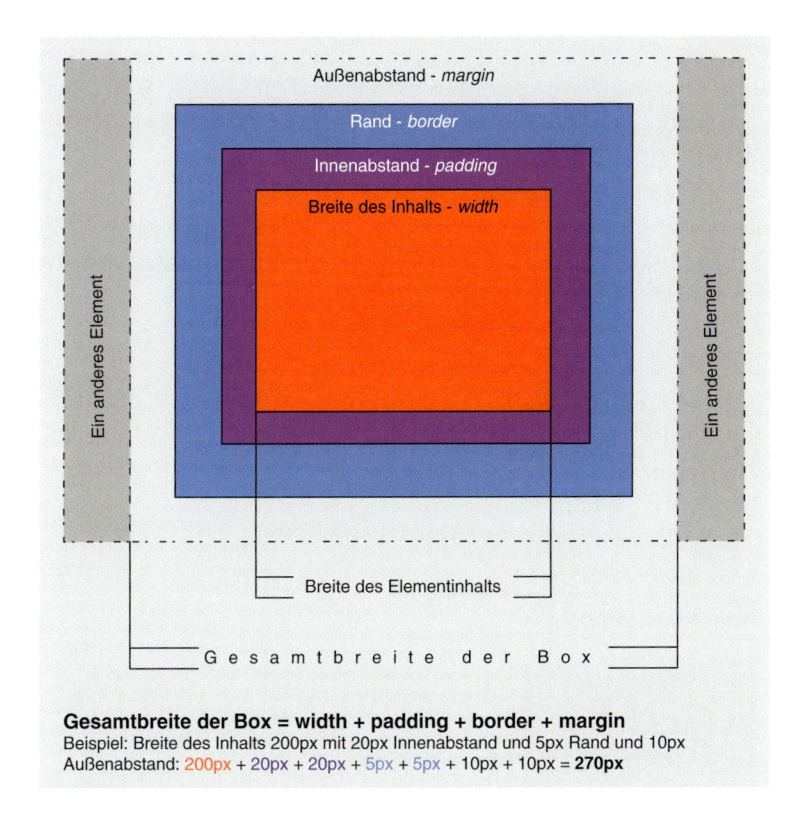

Gesamtbreite der Box = width + padding + border + margin
Beispiel: Breite des Inhalts 200px mit 20px Innenabstand und 5px Rand und 10px
Außenabstand: 200px + 20px + 20px + 5px + 5px + 10px + 10px = **270px**

◀ **Abbildung 2.33**
Das Box-Modell

Elemente in (X)HTML | Es werden grundsätzlich zwei Arten von Elementen in (X)HTML unterschieden: Block- und Inline-Elemente.

▶ **Block-Elemente** erzeugen einen neuen Absatz. Durch ihre Verwendung sollen die größeren Strukturen in einem Layout definiert werden.

▶ **Inline-Elemente** erzwingen *keinen* neuen Absatz. Abstände, die vertikal definiert sind, werden ignoriert, horizontale Werte aber übernommen. Ihre Höhe wird durch die Schriftgröße bestimmt.

Durch die Verwendung der Eigenschaft `display` (also `display: block;` oder `display: inline;`) können Sie jedes Element zu einem Block- bzw. Inline-Element machen. Ebenso können Sie die Werte `list-item` und `table` verwenden, um Block-Elemente zu erzeugen.

Elemente, die als schwebend definiert sind, also entweder die Eigenschaft `float: left;` oder `float: right;` tragen, werden automatisch als **Block-Element** behandelt. Das Gleiche gilt für Elemente, die absolut positioniert werden, also ein `position: absolute;` oder `position: fixed;` tragen.

Jedes Inhaltselement wird durch seine natürliche Breite und Höhe als eine Box definiert. Es wird von drei weiteren Rahmen umgeben, die ebenfalls eine bestimmte Breite und Höhe haben. Das ist zunächst der Innenabstand, also der Raum, der das Objekt unmittelbar umgibt

> **display: none**
>
> Der Vollständigkeit halber: Elemente, die die Eigenschaft `display: none` tragen, werden gar nicht angezeigt. Auch Elemente, die umschlossen sind, werden dann nicht angezeigt.

> **ACHTUNG**
>
> Achten Sie darauf, dass diese Eigenschaften immer Boxcharakter haben, also ohne Einschränkung immer oben, unten, links *und* rechts angewendet werden. Einschränken können Sie dies durch die spezielle Angabe der Werte einzelner Positionsangaben, wie z. B. `margin-top`, `margin-left` usw.

und der über die Eigenschaft `padding` definiert wird. Es folgen nach außen hin der Rand, der über die Eigenschaft `border` angegeben wird, und der Außenabstand als `margin`. Die Breiten bzw. Höhen addieren sich zur Gesamtbreite bzw. -höhe des Elements.

Definieren Sie beispielsweise für ein Element, das eine natürliche Breite von 200 Pixel hat, einen Innenabstand von null, einen Rand von null und auch einen Außenabstand von null, so hat das Element nur eine Breite von 200 Pixel, wie Abbildung 2.34 zeigt.

```
div {
    padding: 0;
    border: 0;
    margin: 0;
    width: 200px;
}
```

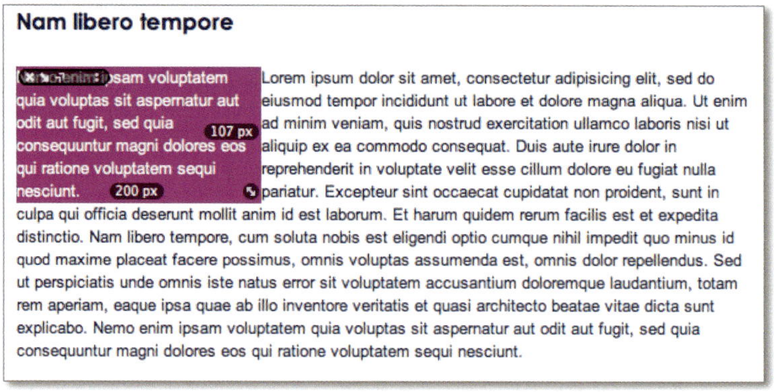

Listing 2.1 ▶
`div`-Element ohne Abstände

Abbildung 2.34 ▶
Ein Element, das mit den eben angegebenen Eigenschaften formatiert wurde, hat eine genaue Breite von 200 Pixel.

Definieren Sie für dieses Element jedoch zum Beispiel einen Innenabstand von 20 Pixel, einen Rand von 5 Pixel und einen Außenabstand von 10 Pixel, hat dieses Element eine Gesamtbreite von 270 Pixel, also 200 + 20 + 20 + 5 + 5 + 10 + 10.

```
div {
    padding: 20px;
    border: 5px;
    margin: 10px;
    width: 200px;
}
```

Listing 2.2 ▶
`div`-Element mit Abständen und Rändern

Zur Verdeutlichung soll folgendes Beispiel dienen. Im (X)HTML-Dokument wird ein Absatz erzeugt, und diesem wird ein `span`-Element mit der Klasse `teaser` zugewiesen. Das Block-Element `p` darf nur Inline-Elemente enthalten, wie z. B. `span`.

```
<p><span class="teaser">Nemo enim ipsam voluptatem quia
voluptas sit aspernatur aut odit aut fugit, sed quia
consequuntur magni dolores eos qui ratione voluptatem
sequi nesciunt.</span>Lorem ipsum dolor sit amet, con-
sectetur adipisicing elit, sed do eiusmod tempor ...</p>
```

◄ **Listing 2.3**
Die Beispielklasse .teaser in HTML

Im Stylesheet finden sich folgende Angaben für die in Abbildung 2.34 abgebildete farbige Box mit der Klasse `teaser`:

```
.teaser {
   padding: 20px;
   border: 5px solid #007EFF;
   margin: 10px;
   width: 200px;
   background: #970086;
   color: #fff;
   float: left;
}
```

◄ **Listing 2.4**
Die Klassse teaser

3-Pixel-Bug | Die Eigenschaft `float: left;` ist in diesem Falle notwendig, um aus dem Inline-Element `span` ein Block-Element zu machen, das nur als solches als Box dargestellt wird.

Allerdings verursacht diese Eigenschaft ein Problem für den Internet Explorer: Sie provoziert den sogenannten 3-Pixel-Bug, bei dem einem schwebenden Element automatisch 3 Pixel Breite hinzugefügt werden.

Eine einfache Lösung besteht darin, den Internet Explorer über den `* html`-Selektor per CSS anzusprechen und ihm eine sehr kleine Höhenangabe mitzugeben:

> **span**
>
> Das Element `span` gehört zu den Inline-Elementen. Es kann Text und andere Inline-Elemente enthalten, hat aber selbst keinerlei Eigenschaften. Es kann nur über den beschriebenen Umweg dazu gebracht werden, sich links in Form eines Block-Elements auszurichten.

```
/* Nur für den Win-IE. \*/
* html .teaser {
  margin-right: 7px;
}
* html p {
  height: 1%;
  margin-left: 0;
}
/* Ende nur für den Win-IE */
```

◄ **Listing 2.5**
Besondere Anweisungen für den Internet Explorer

Alle standardkonformen Browser werden die Breite der Box korrekt berechnen so wie in Abbildung 2.35 gezeigt. Eine Übersicht über standardkonforme Browser finden Sie in Abschnitt 1.3.2.

Abbildung 2.35 ▶
Die so formatierte Box ist 270 Pixel breit.

Probleme mit dieser Berechnung haben jedoch ältere Versionen des Internet Explorers. Denn im Gegensatz zu allen anderen Browsern werden hier die Werte für den Innenabstand und den Rand nicht zum Inhaltsbereich addiert, sondern **subtrahiert**.

Die Box ist im Internet Explorer 5 und 6 nicht 270 Pixel breit, sondern nur 220 Pixel: 200 + 10 + 10.

Fehler im Internet Explorer
Weitere Hinweise zum Umgang mit Problemen des Internet Explorers finden Sie in Abschnitt 6.8.8.

Abbildung 2.36 ▶
Die gleiche Box im Internet Explorer 5.5

> **Doctype**
>
> Durch die Angabe eines Dokumenttyps (Doctype) legen Sie eine Gruppe von Regeln für den Quelltext fest, an die sich das Dokument halten muss, um valide zu sein. Der Doctype steht ganz am Anfang des (X)HTML-Dokuments.

Internet Explorer 6 | Die Fehler und vom Standard abweichenden Verhaltensweisen, die in Browsern auftreten, werden »Quirks« genannt. Daraus hat sich die Bezeichnung »Quirks-Mode« entwickelt. Im Gegensatz dazu steht der standardkonforme Modus. Der Internet Explorer 6 kann das korrekte Box-Modell darstellen. Er muss sich dazu allerdings im standardkonformen Modus befinden, was man durch die Verwendung eines gängigen Dokumenttyps erreichen kann. Hier gibt es verschiedene Möglichkeiten: HTML 4.01 in den Varianten

Strict, Frameset, Transitional mit URL, Transitional ohne URL und XHTML 1.0 und 1.1 in den Varianten Strict, Frameset und Transitional.

Welchen Doctype Sie wählen, hängt vom Projekt ab. Für XHTML muss allerdings der optionale XML-Prolog entfallen:

- HTML 4.01:
  - `<!DOCTYPE HTML PUBLIC "-//W3C//DTD HTML 4.01//EN" "http://www.w3.org/TR/html4/strict.dtd">`
  - `<!DOCTYPE HTML PUBLIC "-//W3C//DTD HTML 4.01 Transitional//EN" "http://www.w3.org/TR/html4/loose.dtd">`
  - `<!DOCTYPE HTML PUBLIC "-//W3C//DTD HTML 4.01 Frameset//EN" "http://www.w3.org/TR/html4/frameset.dtd">`
- XHTML 1.0:
  - `<!DOCTYPE html PUBLIC "-//W3C//DTD XHTML 1.0 Strict//EN" "http://www.w3.org/TR/xhtml1/DTD/xhtml1-strict.dtd">`
  - `<!DOCTYPE html PUBLIC "-//W3C//DTD XHTML 1.0 Transitional//EN" "http://www.w3.org/TR/xhtml1/DTD/xhtml1-transitional.dtd">`
  - `<!DOCTYPE html PUBLIC "-//W3C//DTD XHTML 1.0 Frameset//EN" "http://www.w3.org/TR/xhtml1/DTD/xhtml1-frameset.dtd">`
- XHTML 1.1:
  - `<!DOCTYPE html PUBLIC "-//W3C//DTD XHTML 1.1//EN" "http://www.w3.org/TR/xhtml11/DTD/xhtml11.dtd">`

Welcher Doctype für welchen Modus?
»Activating the Right Layout Mode Using the Doctype Declaration« (*hsivonen.iki.fi/doctype*) bietet eine ausführliche Übersicht zur Problematik der Wahl des korrekten Doctype.

Internet Explorer 5.5 | Um den Internet Explorer 5.5 zur korrekten Darstellung der Breite der Box zu bewegen, verwenden Sie den folgenden einfachen Hack:

```
.teaser {
   padding: 20px;
   border: 5px solid #007EFF;
   background: #970086;
   margin: 10px;
   width: 200px;
   \width:250px;
   w\idth:200px;
   color: #fff;
   float: left;
}
```

Browser einzeln ansprechen ganz ohne Hack
Eine weitere Möglichkeit, Browser separat anzusprechen, ist die Verwendung von »Conditional Comments«. Mehr dazu erfahren Sie in Abschnitt 6.8.8.

◂ **Listing 2.6**
Browserhack für den Internet Explorer 5.5

Der erste Wert gibt die korrekte Breite an, der zweite Wert ist der für den Internet Explorer 5 korrekte Wert, der sich aus der Summe der Breite des Inhaltselements (200 px), der Innenabstände (20 px + 20 px) und des Randes (5 px + 5 px) zusammensetzt. Der dritte Wert stellt für den Internet Explorer 7 die optimale Angabe dar.

> **Zwei Box-Modelle in CSS 3**
>
> CSS 3 bietet die Möglichkeit, mit einem alternativen Box-Modell zu arbeiten. Mehr dazu lesen Sie Kapitel 12.

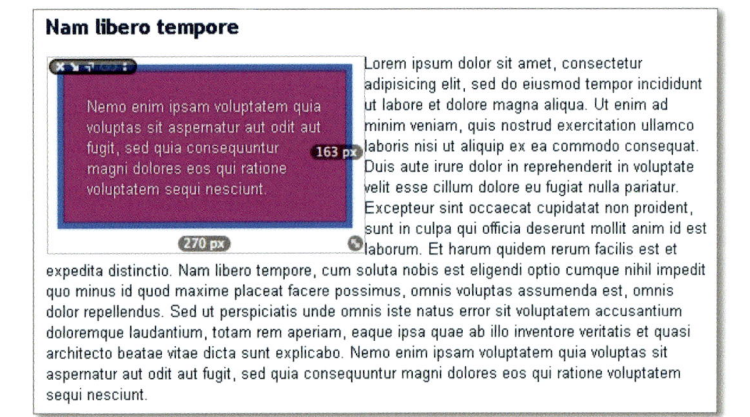

Abbildung 2.37 ▶
Korrekte Darstellung der Breite der Beispielbox durch den Internet Explorer 5.5

2.2.6 Zusammenfallende Außenabstände

Für alle Block-Elemente werden vertikal aneinandergrenzende Außenabstände zusammengefasst, was unter den Begriffen »Collapsing Margins« oder auch »zusammenfallende Außenabstände« bekannt ist. Der resultierende Abstand ist so groß wie der größere Abstand der aneinandergrenzenden Abstände; der kleinere verschwindet. Horizontale Abstände werden normal addiert.

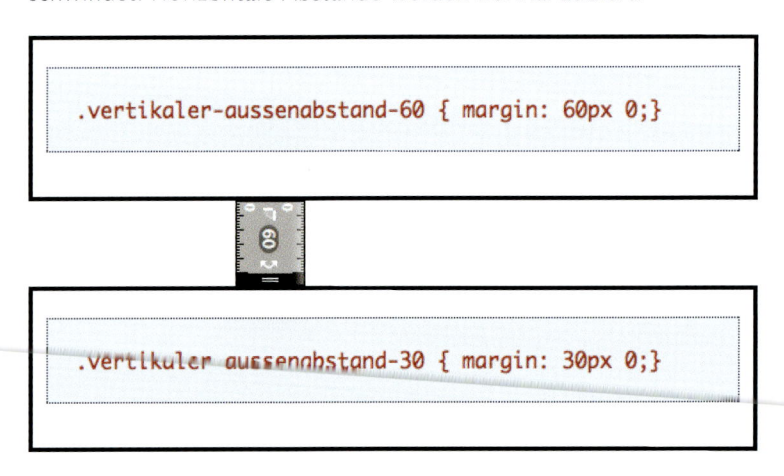

Abbildung 2.38 ▶
Ein Beispiel für zusammenfallende Außenabstände

```
.vertikaler-aussenabstand-60 { margin: 60px 0;}
```

```
.vertikaler-aussenabstand-30 { margin: 30px 0;}
```

> **Ganz praktisch!**
>
> Das Zusammenfallen der vertikalen Außenabstände ist vor allem bei der Formatierung von Absätzen sehr sinnvoll, denn gerade hier würden sich die oberen und unteren Außenabstände unpraktisch zu großen Abständen addieren.

Die obere Box in Abbildung 2.38 hat einen unteren Außenabstand von 60 Pixel, die untere Box einen oberen Außenabstand von 30 Pixel. Der resultierende vertikale Abstand zwischen beiden Boxen beträgt 60 Pixel und entspricht somit dem für die obere Box definierten Abstand.

Wie können Sie dieses Verhalten ändern? Geben Sie dem Element die Eigenschaft `float`.

```
.vertikaler-aussenabstand-60 { margin: 60px 0;
                               float: left;}
```

```
.vertikaler-aussenabstand-30 { margin: 30px 0;
                               float: left;}
```

◄ Abbildung 2.39
Die Eigenschaft `float` bewegt den Browser dazu, beide Abstände anzuzeigen.

Der resultierende vertikale Abstand zwischen beiden Boxen entspricht nun der Summe der definierten Außenabstände: 60 px + 30 px = 90 px.

Weitere Möglichkeiten, das Zusammenfallen vertikaler Außenabstände zu unterbinden, sind:

- die Verwendung der Eigenschaft `overflow` mit anderen Werten als `visible`
- die absolute Positionierung von Elementen
- die Verwendung von Inline-Elementen

2.2.7 Positionierung von Layoutelementen

Im Webdesign ist bezüglich der Gestaltung alles erlaubt, was den jeweiligen Inhalt optimal verpackt und zugänglich wiedergibt. Dazu haben sich verschiedene Aufteilungen des Inhalts in Spalten durchgesetzt. Die prominentesten sind zweispaltige und dreispaltige Layouts. Aber auch Einspalter werden immer wieder erfolgreich eingesetzt.

Spaltenanzahl festlegen | Die Anzahl der zu verwendenden Spalten hängt natürlich von der Inhaltsfülle ab, die vermittelt werden soll. Wenig Inhalt in viele Spalten aufzuteilen macht keinen Sinn. Je weniger Spalten verwendet werden, desto stärker wird die Aufmerksamkeit des Nutzers auf den Inhalt gelenkt, der im Viewport des Browsers dargestellt ist.

Lesbarkeit
Mehr zum Thema »Lesbarkeit und Spaltenanzahl« lesen Sie in Abschnitt 2.2.2.

Fest, flexibel oder elastisch | Wenn feststeht, wie viele Spalten verwendet werden sollen, ist zu entscheiden, ob das Layout mit fester Breite (fixed), flexibel (liquid) oder elastisch (elastic) angelegt wird.

Feste Breite | Layouts mit einer festen Breite werden mit Werten in **Pixeln** definiert und bieten maximale Kontrolle über die Positionie-

International verwendete Begriffe

Layouts mit fester Breite werden auch als »fixed width layouts« bezeichnet. Layouts mit flexiblen Breiten werden auch »liquid layouts« und solche mit elastischen Breiten »elastic layouts« genannt.

rung und Wiedergabe der Layoutelemente. Allerdings sind sie immer gleich breit, egal welche Bildschirmauflösung verwendet wird: Ein Layout, das auf eine Breite von 800 Pixel optimiert ist, kann auf einem 20 Zoll-Bildschirm recht verloren aussehen. Die anfängliche Lesbarkeit ist sehr gut vorauszubestimmen und demzufolge gut. Allerdings kann sie sich verschlechtern, wenn der Anwender die Schriftgröße ändert.

Flexible Layouts | Flexible Layouts werden über Prozentangaben formatiert und bieten so die Möglichkeit, die Fenstergröße durch Skalieren optimal zu nutzen. Das kann allerdings zu Lasten der Lesbarkeit gehen, da sehr lange Zeilen entstehen können. Daher sollten Sie eine minimale bzw. maximale Breite definieren.

Elastische Layouts | Elastische Layouts werden durch Angaben in `em` formatiert. Die Breite der Elemente wird dabei relativ zur Schriftgröße definiert. Dadurch, dass alle Elemente skalieren, können sich ähnliche Probleme wie bei den festen Breiten zeigen.

> **Scrollbalken bei elastischen Layouts**
>
> Wird das Layout zu breit, werden sich im Browser Scrollbalken zeigen. Diese sollten Sie mit einer maximalen Breite von 100 % unterbinden. Allerdings unterstützt der Internet Explorer bis Version 6 diese Deklaration nicht.

Vor- und Nachteile | Egal, für welche Variante Sie sich entscheiden, jedes dieser Layouts hat Vor- und Nachteile. Wichtig ist zu wissen, wie Sie mit ihnen umgehen und trotzdem das Optimum für Ihre Website herausholen.

Bevor Sie sich für ein Layout entscheiden, müssen Sie zunächst allgemeine Fragen der Positionierung klären.

Dokumentfluss und Positionierung | Bei der Gestaltung eines CSS-Layouts haben Sie zwei Möglichkeiten, die Position eines Elements zu formatieren:

- Sie können Elementen über die Eigenschaft `position` mit den Werten `relative`, `absolute`, `fixed` oder `static` ihre Position zuweisen.
- Elemente, die dem normalen Seitenfluss folgen, können über die Eigenschaft `float` aus diesem gelöst werden und schwebend rechts oder links ausgerichtet werden.

Beide Wege sind sehr populär. Die erste Methode ist etwas komplizierter, aber vielseitiger. Ihre Nutzung ist in der letzten Zeit zugunsten von Float-Layouts zurückgegangen.

Im normalen Fluss der Seite werden alle Elemente nacheinander aufgereiht. Sie haben immer den Wert `static` der Eigenschaft `position`, der nicht angegeben werden muss. Wenn Sie ihn angeben, dann nur, um etwaige vorherige Regeln wieder aufzuheben.

Im Gegensatz dazu orientiert sich ein Element, das durch den Wert `absolute` positioniert wird, immer am nächsten es umschließenden Element, dem ebenfalls explizit die Eigenschaft `position` gegeben wurde. Gibt es keinen solchen Container, wird das Element am Root-Element, also dem `HTML`-Element, ausgerichtet.

Das folgende Beispiel soll diese Gesetzmäßigkeiten illustrieren. In Abbildung 2.40 sehen Sie zwei Kästen: einen blauen Kasten (`#wrapper`) und in diesem blauen einen weißen Kasten (`#box`).

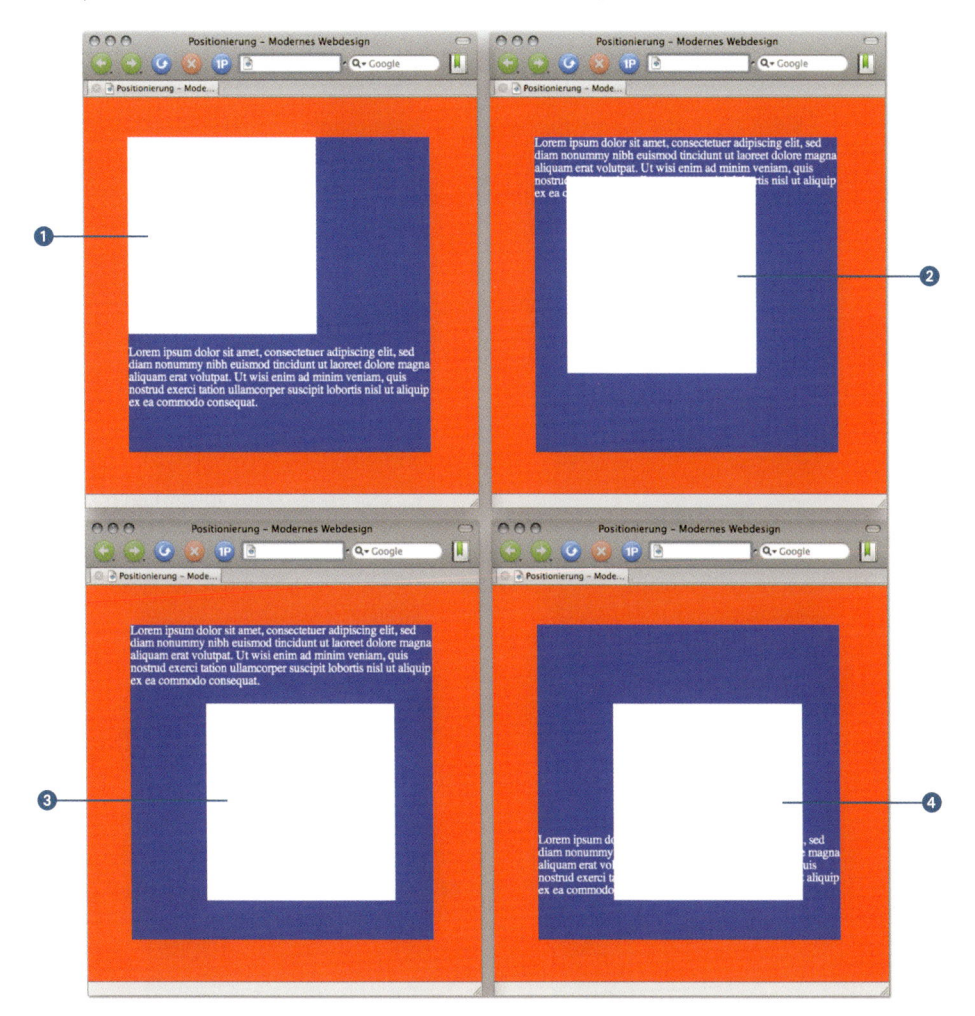

❶ in Abbildung 2.40 stellt die Ausgangsbasis dar: Keines der Elemente wurde über die Eigenschaft `position` formatiert:

```
#wrapper {
  background: #0000ff;
  width: 400px;
  height: 400px;
  margin: 50px 0 0 50px;
}
```

▲ **Abbildung 2.40**
Positionierung im Bild: Ausgangsbasis ❶, Positionierung der weißen Box über `position: absolute` ❷, zusätzliche Positionierung der blauen Box über `position: relative` ❸, Positionierung der weißen Box über `position: relative` ❹.

Listing 2.7 ▶
Die Eigenschaft `position` wurde für keines der Elemente vergeben.

```
#box {
    background: #fff;
    color: #111;
    width: 250px;
    height: 250px;
    top: 100px;
    left: 100px;
}
```

Wird dann die weiße Box über die Eigenschaft `position: absolut` formatiert, wie in ❷ in Abbildung 2.40 zu sehen ist, wird sie aus dem Dokumentfluss gehoben und 100 Pixel vom Beginn des Dokuments am Root-Element ausgerichtet und nicht am umschließenden blauen #wrapper:

Listing 2.8 ▶
Die weiße Box erhält eine absolute Positionierung.

```
#box {
    ...
    position: absolute;
}
```

Erst wenn auch die blaue Hülle positioniert wird, richtet sich der weiße Kasten an ihr aus, wie in ❸ in Abbildung 2.40 zu sehen ist:

Listing 2.9 ▶
Für das umschließende Element wird `position` festgelegt.

```
#wrapper {
    ...
    position: relative;
}
```

Der Wert `relative` ist als eine Art »Offset« zu verstehen. Ein so positioniertes Element wird um die angegebenen Werte aus dem normalen Fluss heraus verschoben, der eigentlich eingenommene Platz bleibt jedoch erhalten, wie es in ❹ in Abbildung 2.40 zu sehen ist:

Listing 2.10 ▶
Relative Positionierung der weißen Box

```
#box {
    ...
    position: relative;
}
```

Der Wert `fixed` richtet das Element immer am Viewport des Browsers aus. Das Element bleibt auch beim Scrollen genau platziert und schiebt sich nicht mit dem gesamten Seitenaufbau aus dem Viewport, was auch als »CSS-Frames« bezeichnet wird.

Der Internet Explorer bis Version 6 kann mit dem Wert `fixed` nicht korrekt umgehen. Sie können zum Beispiel Conditional Comments verwenden (siehe Abschnitt 6.8.8), um den Browser gesondert anzusprechen. Entsprechende Hilfen geben die Artikel »Position: fixed für Internet Explorer und andere Browser« (*artikel.fabrice-pascal.de/ posfixedie6*), »CSS Frames v2, full-height« (*www.456bereastreet.com/ archive/200609/css_frames_v2_fullheight*) und »Probleme mit Ankern und position:fixed (feste CSS-Positionierung)« (*molily.de/css-position- fixed*).

2.2.8 Die Positionierungsmöglichkeiten in der Praxis

Die folgenden Beispiele werden den Umgang mit den Werten zur Positionierung von Elementen weiter illustrieren.

Fest positionierte Boxen | Für die folgenden Beispiele wird der folgende, gekürzt wiedergegebene Quellcode verwendet:

```
<body>
    <div id="wrapper">
        <div id="meta-information"> ... </div>
        <div id="hauptinhalt"> ... </div>
        <div id="notizen"> ... </div>
        <div id="randinformation"> ...</div>
    </div>
</body>
```

◀ **Listing 2.11**
HTML-Code der Testseite (Auszug)

Völlig ohne CSS bietet sich in jedem Browser ein Bild wie in Abbildung 2.41.

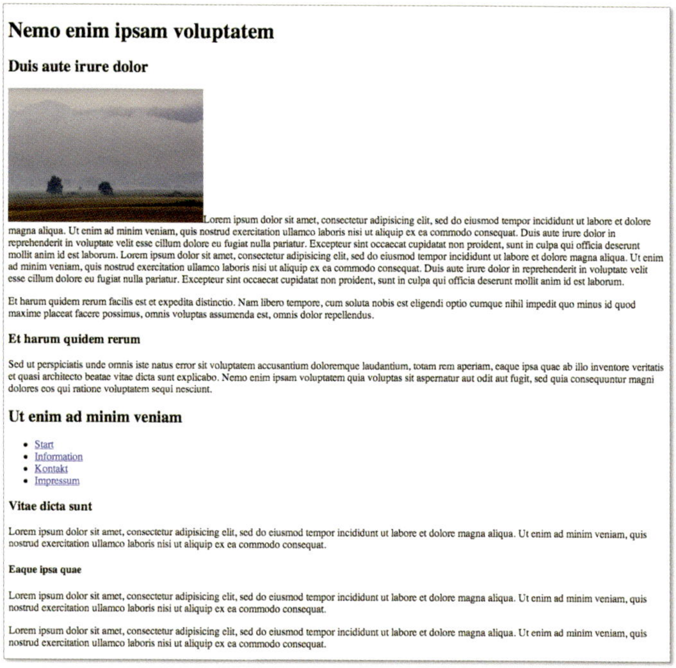

◀ **Abbildung 2.41**
Die Testseite ohne eigene CSS-Formatierungen: Nur die Formatierungen des Browsers (Safari unter Mac OS X) werden angewendet.

> **HINWEIS**
>
> Für die folgenden Screenshots wurden zusätzlich zu den hier beschriebenen Formatierungen auch Definitionen über Schriftgrößen und Farben verwendet, auf die in diesem Moment nicht näher eingegangen werden soll, da sie für das Verständnis nicht notwendig sind. Sie können diese Formatierungen in den Dateien auf der Buch-DVD im Ordner BEISPIEL-MATERIAL und auf der Website zum Buch nachschlagen.

Heute werden gern Layouts verwendet, deren Inhalt im Browserfenster zentriert ausgerichtet wird. Um das Layout im Browserfenster auch im Internet Explorer 5 zu zentrieren, muss der Text für den body zentriert werden:

```
body {
    text-align: center;
}
```

Listing 2.12 ▶
Den Text im body zentrieren

Da alle sichtbaren Texte jedoch links ausgerichtet werden sollen, muss dies für die Hülle mit der ID wrapper definiert werden. Um die Hülle nun zentriert auszurichten, werden automatische horizontale Randabstände vergeben. Für ein Layout mit festen Breiten wird eine sinnvolle Breite von 960 Pixel Breite verwendet:

```
#wrapper {
    margin: 0 auto;
    text-align: left;
    width: 960px;
}
```

Listing 2.13 ▶
Formatierung der Hülle

> **Raum zum wachsen**
>
> Sollte eine der beiden Spalten ihre Breite etwas überschreiten, könnte sie in den Weißraum hinein wachsen.

Wie bereits in Abschnitt 2.1.1 gezeigt wurde, ergeben sich nach dem Goldenen Schnitt eine Breite von 593 Pixel für die Hauptspalte #hauptinhalt und 367 Pixel für die Randspalte #notizen. Für die Berechnung nutzen Sie die Verhältniszahl 1,62 : 960 px x 1.62 = 593 px und 960 px − 593 px = 367 px. Es wird ein Weißraum von 20 Pixel vorgesehen:

```
#hauptinhalt {
    width: 590px;
}
#notizen {
    width: 350px;
}
```

Listing 2.14 ▶
Breitenangaben für Haupt- und Randspalte

Für den oberen (#meta-information) und unteren (#rand-information) Bereich des Layouts wird ein vertikaler Innenabstand von 20 Pixel verwendet:

```
#meta-information {
    padding: 20px 0;
}
#rand-information {
    padding: 20px 0;
}
```

Listing 2.15 ▶
Innenabstände definieren

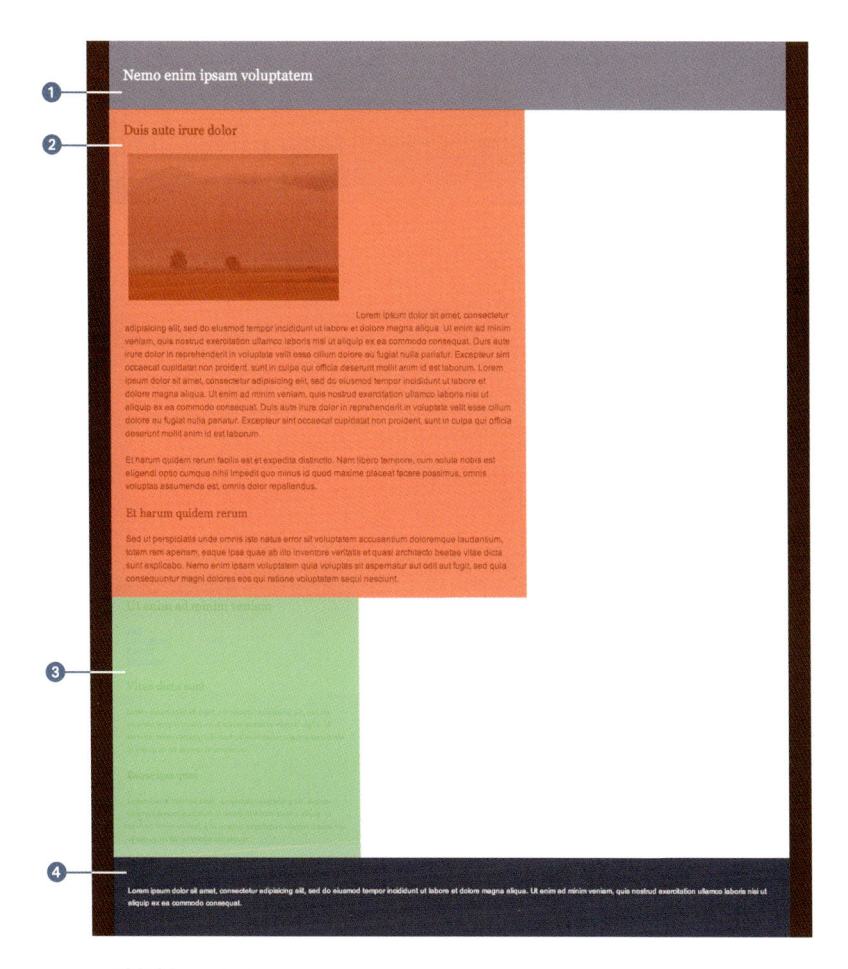

▲ **Abbildung 2.42**
Sie sehen, dass alle Elemente im normalen Seitenfluss untereinander angeordnet werden. Sie tragen alle implizit die Eigenschaft `position: static;`. Da für die beiden Block-Elemente `#meta-information` ❶ und `#rand-information` ❹ keine Breiten angegeben wurden, strecken sie sich über die gesamte, durch die Breite des Elements `#wrapper` bestimmte Boxbreite. Die beiden Elemente `#hauptinhalt` ❷ und `#notizen` ❸ haben eine feste Breite.

Um Elemente zu positionieren, können die Werte `relative`, `absolute` und `fixed` verwendet werden. Wird für `#notizen` beispielsweise die Eigenschaft `position: absolute;` ohne weitere Eigenschaften hinzugefügt, wird das Element aus dem normalen folgenden Seitenfluss herausgehoben.

```
#notizen {
    width: 350px;
    position: absolute;
}
```

◀ **Listing 2.16**
Absolute Positionierung von `#notizen`

Der Bereich `#rand-information` ❹ in Abbildung 2.43 rutscht hoch und wird unter dem `#hauptinhalt` ❷ angelegt.

Abbildung 2.43 ▶
Beispiel für die absolute Positionierung des Elements ❸

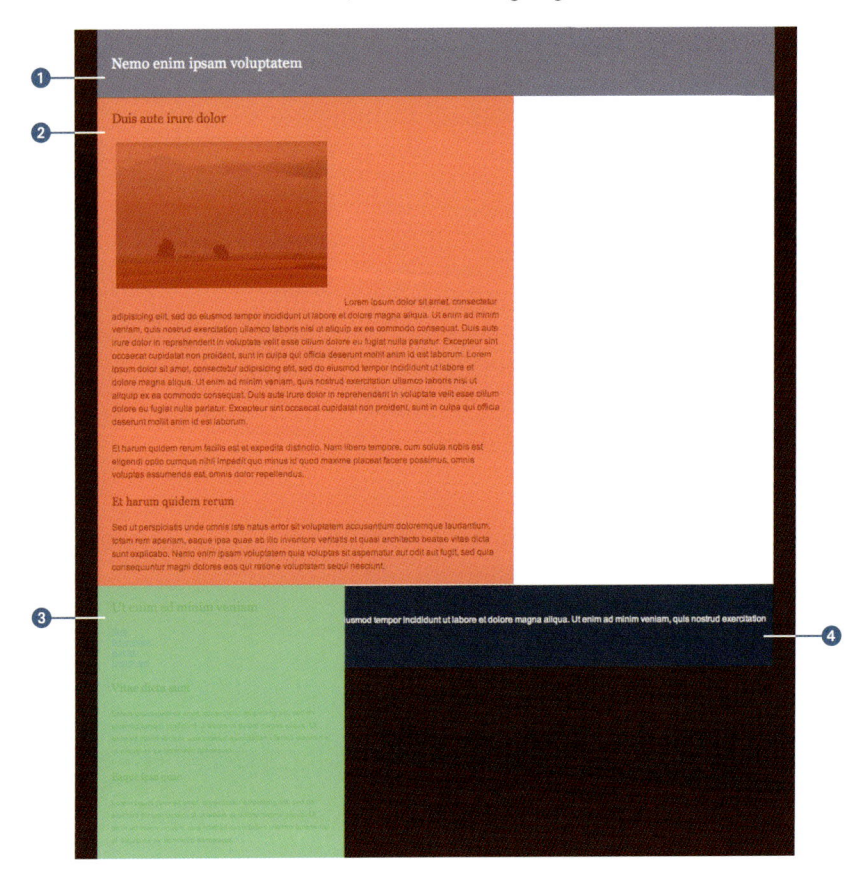

Werden nun noch Eigenschaften für die Ausrichtung (`top`, `right`, `bottom`, `left`) hinzugefügt, wird die Box pixelgenau platziert, und zwar auf das nächste umschließende Element bezogen, das ebenfalls die Eigenschaft `position` hat, deren Wert ungleich `static` ist. Sie können beispielsweise Folgendes schreiben:

```
#notizen {
    width: 350px;
    position: absolute;
    top: 20px;
    left: 600px;
}
```

Listing 2.17 ▶
Pixelgenaue Positionierung durch die Angabe der Ausrichtung

Da es kein positioniertes umschließendes Element gibt, wird das Element ❸ am Root-Element, also dem HTML-Element ausgerichtet.

◄ **Abbildung 2.44**
Ausrichtung am Root-Element

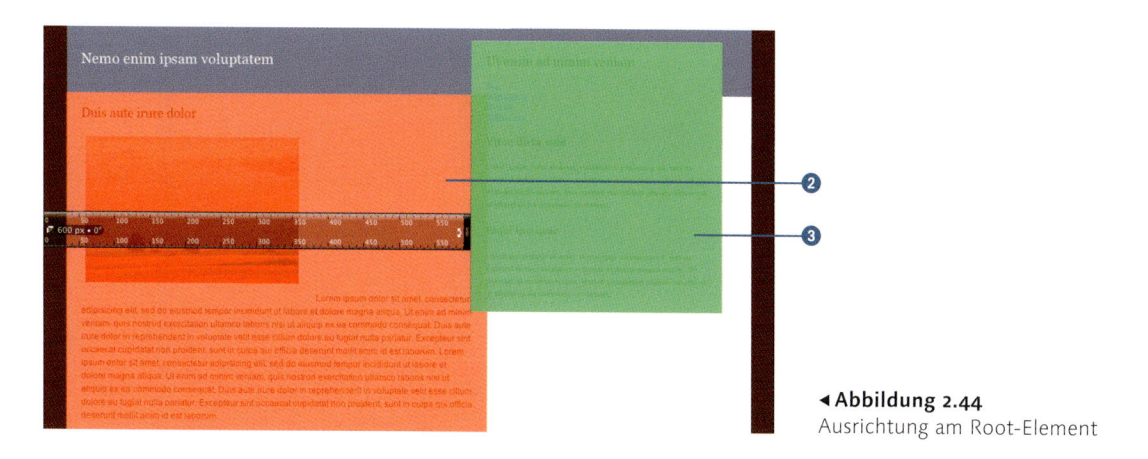

Wird zum Beispiel dem #wrapper die Eigenschaft position: relative; gegeben, richtet sich das Element #notizen ❸ an diesem und nicht mehr am Root-Element aus, wie Abbildung 2.45 zeigt.

```
#wrapper {
    width: 960px;
    margin: 0 auto;
    position: relative;
}
```

◄ **Listing 2.18**
Relative Positionierung des wrapper-Elements

◄ **Abbildung 2.45**
Die Ausrichtung erfolgt nun am umschließenden #wrapper.

Wird das Element #notizen ❸ nun mit dem Wert relative positioniert, wird es um die angegebenen Werte verschoben.

```
#notizen{
    width: 350px;
    position: relative;
    top: -600px;
    left: 600px;
}
```

◄ **Listing 2.19**
Relative Positionierung des notizen-Elements

2.2 Website-Layouts und ihre Elemente | **83**

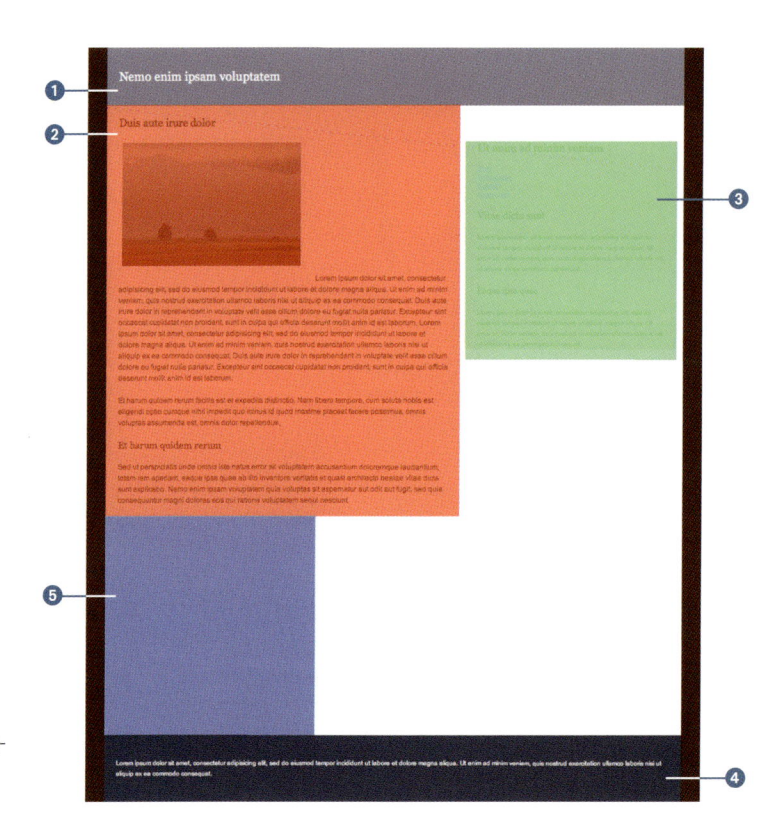

Abbildung 2.46 ▶
Beachten Sie, dass der ursprünglich für ❸ eingeplante Raum ❺ bestehen bleibt.

Wird das Element #notizen ❸ nun im Gegensatz dazu mit dem Wert fixed positioniert, wird es um die angegebenen Werte am Viewport des Browsers ausgerichtet verschoben und bleibt auch beim Scrollen dort. Die weiteren Inhalte werden dann unter das Element geschoben:

Listing 2.20 ▶
Ausrichtung am Viewport des Browsers

```
#notizen {
   width: 350px;
   position: fixed;
   top: 0;
   left: 600px;
}
```

Sie sehen, welche vielfältigen Möglichkeiten der Positionierung sich durch die Eigenschaft position bieten.

ACHTUNG: Internet Explorer
Leider versteht der Internet Explorer bis zur Version 6 den Wert fixed nur am body-Element und lässt fixierte Elemente normal weiterfließen.

Schwebende Boxen | Die zweite und weit verbreitete Möglichkeit, Elemente auszurichten, ist die Verwendung der Eigenschaft float. Über die Werte left, right und none können Sie bestimmen, wie ein Element »schwebt«.

Mittels float: left; bzw. float: right; werden beide Spalten unseres Beispiels nebeneinander angeordnet.

```
#hauptinhalt {
    float: left;
    width: 590px;
}
#notizen{
    float: right;
    width: 350px;
}
#rand-information {
    padding: 20px 0;
}
```

◄ **Listing 2.21**
Positionierung von ❷ und ❸ mittels `float`

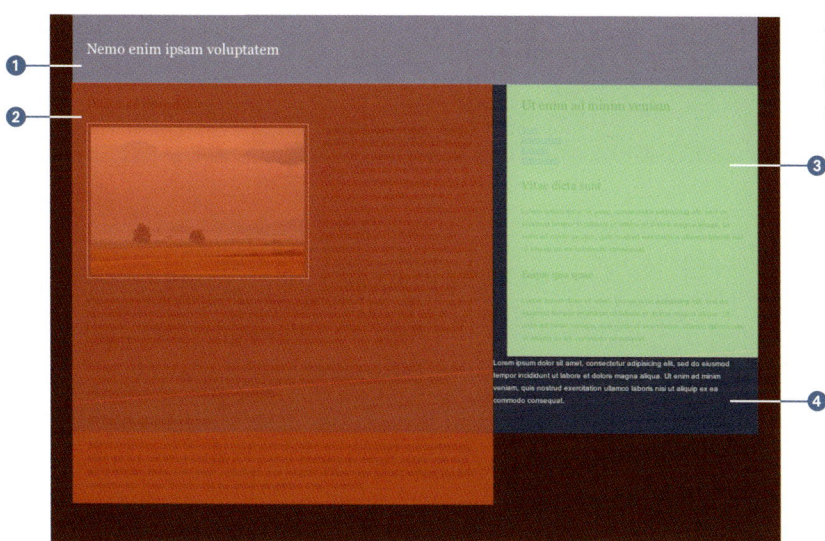

◄ **Abbildung 2.47**
Das zweispaltige Layout, realisiert mit `float`. Beide Spalten stehen nun nebeneinander.

Die Elemente `#hauptinhalt` ❷ und `#notizen` ❸ werden in Abbildung 2.47 nebeneinander an der Unterkante des vorhergehenden Elements `#meta-information` angeordnet. Auch das Bild wurde mit der Eigenschaft `float: left;` formatiert und richtet sich nun im Absatz links aus. Da beide Container ❷ und ❸ schweben und so aus dem Seitenfluss herausgenommen wurden, rutscht das Element `#rand-notizen` ❹ unschön nach oben. Durch die Vergabe der Eigenschaft `clear` wird erreicht, dass die Schwebe aufgehoben wird und das Element sich unter beiden Containern über die gesamte Breite erstrecken kann. Dieses Vorgehen nennt man dann auch das Auflösen eines Floats.

Floats einfach auflösen

Eine sehr einfache Methode zur Auflösung von Floats zeigte Paul O'Brien: Das umschließende Element erhält die Eigenschaft `overflow:auto`. Da jedoch diese Methode bei einigen Browsern die Anzeige von Scrollbalken provoziert, schlägt Dirk Jesse (*www.yaml.de/yaml_xhtml_struktur.html*) die Verwendung von `overflow: hidden` vor.

```
#rand-information {
    clear: both;
    padding: 20px 0;
}
```

◄ **Listing 2.22**
Float auflösen mit der Eigenschaft `clear`

Abbildung 2.48 ▶
Das fertige Layout

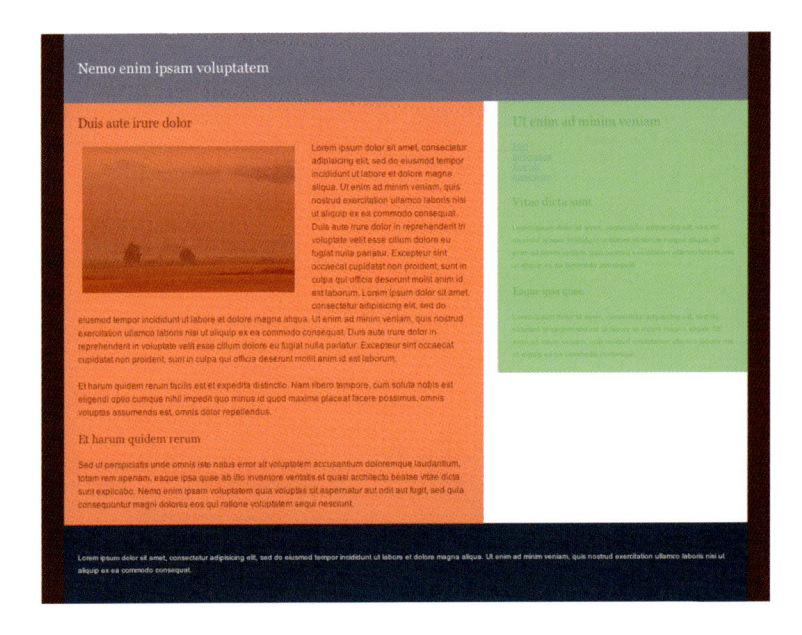

Bei dieser Methode der Gestaltung eines Float-Layouts definieren Sie keine Innenabstände für die schwebenden Elemente, da dies zu den Problemen der fehlerhaften Berechnung von Breiten im Internet Explorer führt, die in Abschnitt 2.2.5 zum Box-Modell angesprochen wurden. Definieren Sie die Innenabstände für die umschlossenen Elemente deshalb möglichst immer **separat**.

```
h1, h2, h3, h4, ul, p, h2, h3, h4, ul, p {
    padding: 0 20px;
}
```

Listing 2.23 ▶
Innenabstände definieren

Fixe Layouts mit festen Breiten | Die eben vorgestellte Möglichkeit der Gestaltung eines CSS-Layouts ist, wie Sie wissen, ein Beispiel für ein Layout mit festen Breiten. Egal, welche Einstellungen im Browser bezüglich der Schriftgröße getroffen werden, die Breite bleibt gleich.

Bei einer Erhöhung der Schriftgröße ❷ in Abbildung 2.49 werden die Seitenelemente entsprechend länger, aber nicht breiter, was die Lesbarkeit negativ beeinflusst. Bei großen Auflösungen ❸ kann das Layout verloren aussehen, ändert aber seine grundlegende Gestalt nicht.

Flexible Layouts | Flexible Layouts werden über Prozentangaben formatiert. So wird es möglich, dass das Layout entsprechend der Fenstergröße »mitwächst«. Zunächst wird die Breite des Containers `#wrapper` auf 80 Prozent festgelegt, was einen angenehmen horizontalen Abstand zum Browserrand bietet:

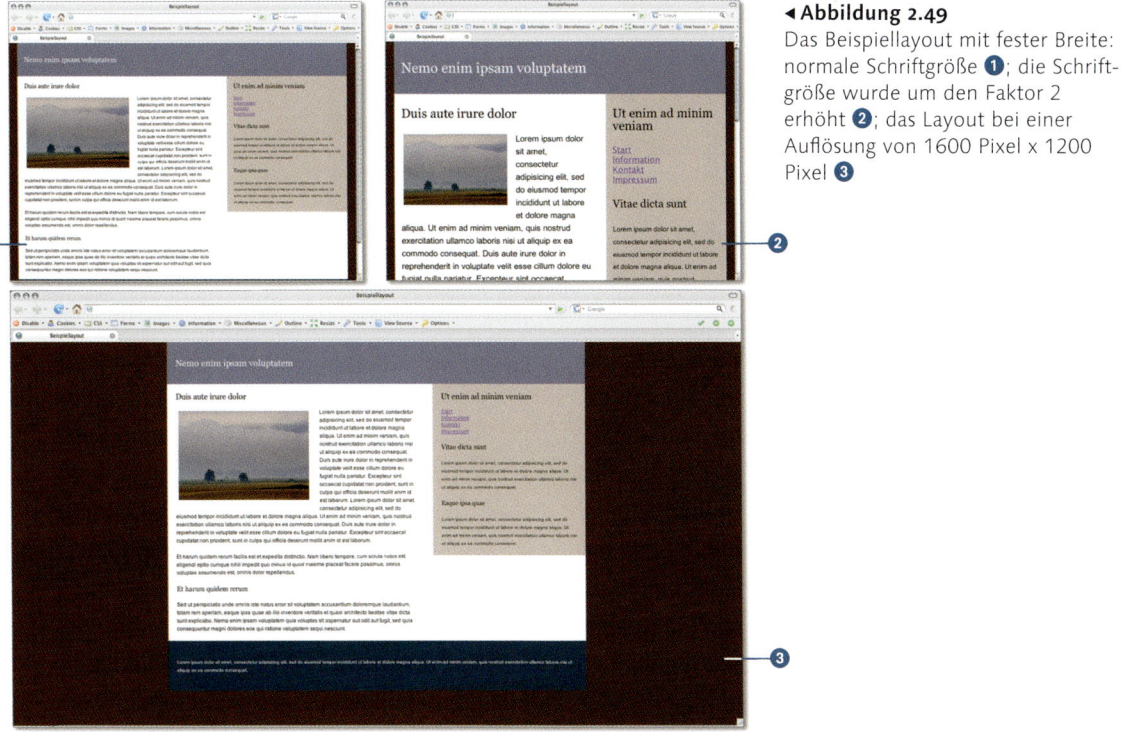

◀ **Abbildung 2.49**
Das Beispiellayout mit fester Breite: normale Schriftgröße ❶; die Schriftgröße wurde um den Faktor 2 erhöht ❷; das Layout bei einer Auflösung von 1600 Pixel x 1200 Pixel ❸

```
#wrapper {
    width: 80%;
}
```

◀ **Listing 2.24**
Breite des umschließenden Elements wrapper

Dann werden die beiden Spalten aufgeteilt. Wie im fixen Layout wurde ein Weißraum-Bereich eingeplant, der hier mit 2 Prozent festgesetzt wird:

```
#hauptinhalt {
    float: left;
    width: 70%;
}
#notizen{
    float: right;
    width: 28%;
}
```

◀ **Listing 2.25**
Spaltenbreite definieren

Das Layout in Abbildung 2.50 passt sich dem Browserfenster durch die skalierende Breite etwas besser an. Allerdings werden die Zeilen bei hoher Auflösung ❸ sehr lang. Dadurch wird die Lesbarkeit sehr negativ beeinflusst.

2.2 Website-Layouts und ihre Elemente | **87**

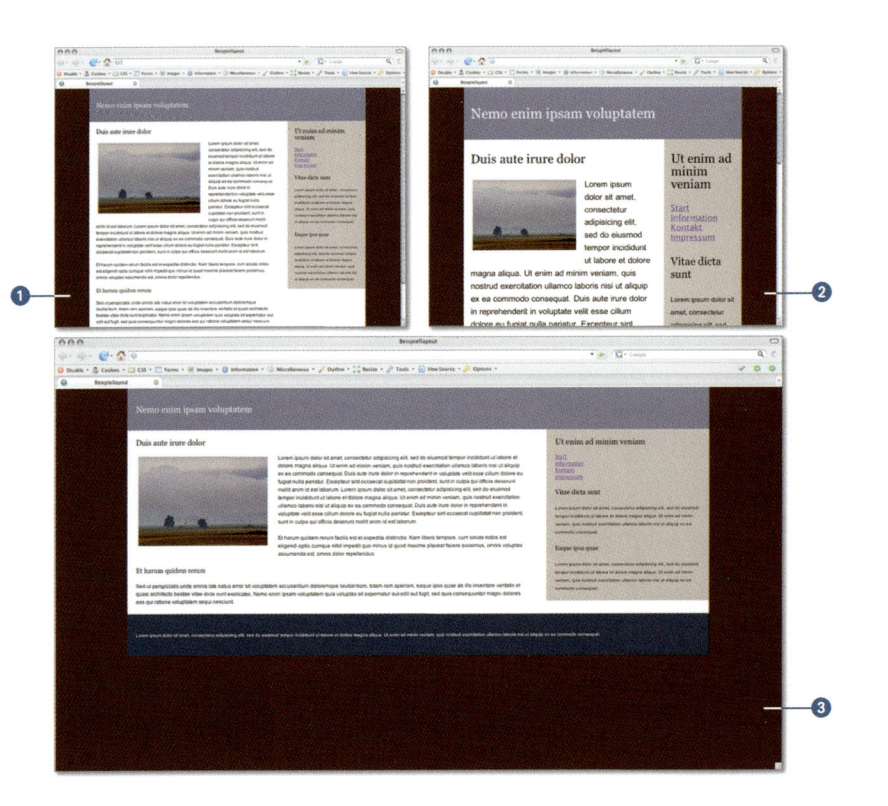

Abbildung 2.50 ▶
Das Beispiellayout mit flexiblen Breiten und gleichen Einstellungen wie in Abbildung 2.49

Elastische Layouts | Im Gegensatz zu den beiden bereits gezeigten Möglichkeiten, ein CSS-Layout zu gestalten, können Sie mit elastischen Layouts alle Layoutelemente gleichzeitig »zoomen«, und das unabhängig vom Bildschirmfenster.

Um das Probelayout nun in ein elastisches Layout umzuwandeln, müssen alle Pixelwerte in em-Werte umgerechnet werden. Diese Werte basieren auf der verwendeten Schriftgröße.

```
html {
   font-size: 75%;
}
html>body {
   font-size: 12px;
}
```

Listing 2.26 ▶
Schriftgröße festlegen

Da die Typografie erst im nächsten Kapitel im Mittelpunkt stehen wird, sei so viel vorweggenommen: Die **Standardschriftgröße** der meisten Browser beträgt etwa 16 Pixel. Da dies jedoch recht groß ist, reduzieren Webautoren diese gern auf Werte zwischen 10 und 12 Pixel für den Fließtext.

Im Beispiel wird eine Schriftgröße von 12 Pixel verwendet. Das sind, wenn man 16 Pixel zugrunde legt, noch 75 Prozent der Ausgangsschriftgröße und 1 em.

Um nun die Werte, die für das Layout mit festen Pixelbreiten verwendet wurden, in em-Werte umzurechnen, müssen diese durch 12 dividiert werden:

```
#wrapper {
    /*width: 960px;*/
    width: 80em;
}
#hauptinhalt {
    /*width: 590px;*/
    width: 49.2em;
}
#notizen{
    /*width: 350px;*/
    width: 29.2em;
}
```

◀ **Listing 2.27**
Breitenangaben in em

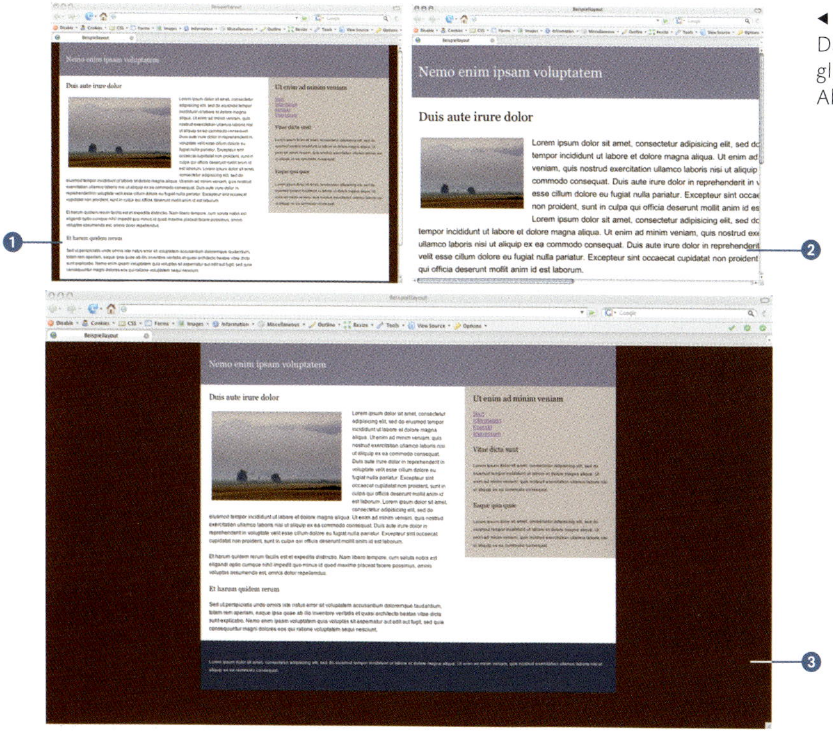

◀ **Abbildung 2.51**
Das elastische Layout mit den gleichen Einstellungen wie in Abbildung 2.49

Der große Unterschied dieser Herangehensweise zeigt sich in Abbildung 2.51: Bei Vergrößerung der Schrift ❷ zeigen sich schon schnell horizontale und vertikale Scrollbalken.

Alles in einem: die Hybridversion | Natürlich können Sie diese Techniken auch verknüpfen, indem Sie zum Beispiel Breiten in em definieren und maximale Breiten in Prozent hinzufügen. Browser, die die Eigenschaft `max-width` verstehen, werden das Layout dann relativ zur Schriftgröße skalieren lassen, ohne die Fensterbreite zu überschreiten. Die maximale Breite für den Inhaltscontainer wird auf 100 % festgesetzt, sodass sich keine Ränder bei maximaler Vergrößerung zeigen. Ansonsten werden die gleichen Werte verwendet, die für das flexible Layout verwendet wurden:

```
#wrapper {
    /*width: 960px;*/
    width: 80em;
    max-width: 100%;
}
#hauptinhalt {
    /*width: 590px;*/
    width: 49.2em;
    max-width: 70%;
}
#notizen{
    /*width: 350px;*/
    width: 29.2em;
    max-width: 28%;
}
```

Listing 2.28 ▶
max-width angeben

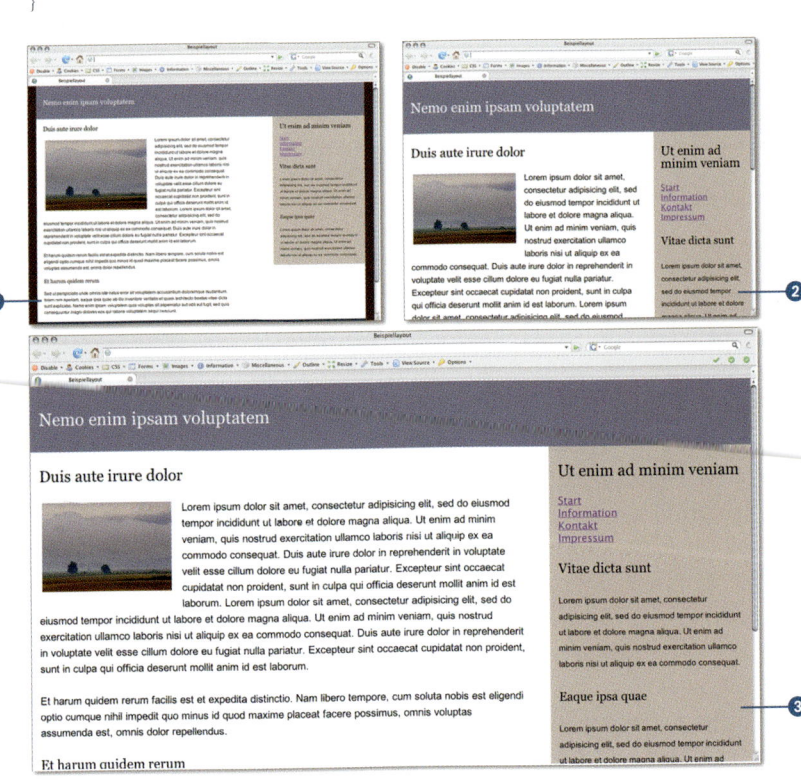

Abbildung 2.52 ▶
Das hybride Layout mit Prozent- und em-Angaben

Bei zweifacher Vergrößerung der Schriftgröße ❷ in Abbildung 2.52 passt sich das Layout ideal in das Browserfenster ein, was auch bei der hohen Auflösung mit dreifacher Vergrößerung ❸ der Fall ist. Allerdings wird hier ein Problem deutlich, das bei elastischen Layouts generell zu beachten ist: die Anzeige von Bildern.

Aus der Praxis: Elastische Layouts und Bilder | Während sich alle Bereiche des Layouts im letzten Beispiel wunderbar der Schriftgrößenerhöhung anpassen, bleibt das im Quelltext eingebundene Bild statisch. Um das Bild mit skalieren zu lassen, müssen Sie eine größere Version verwenden, als anfangs angezeigt wird.

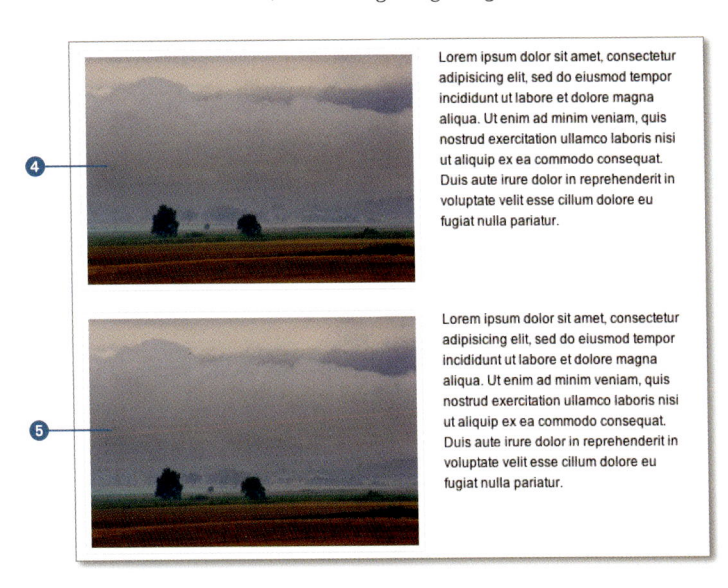

◂ **Abbildung 2.53**
Zwei Varianten, ein Bild einzubinden: ❹ ein kleineres Bild in seiner originalen Größe, ❺ ein größeres Bild, das mit kleineren Abmessungen eingebunden wurde. Beide Inhalte zeigen sich dem Betrachter identisch.

Die angezeigten Abmessungen beim vorgeschlagenen Start der Seite sind (in Abbildung 2.53) 300 Pixel Breite und 200 Pixel Höhe. Tatsächlich hat das Bild jedoch die Abmessungen 700 Pixel Breite und 749 Pixel Höhe.

```
<img src="bilder/landschaft.jpg" width="300" height="200"
alt="Landschaftsfoto" class="bild" />
```

Das erste Bild ❹ ist per CSS mit den folgenden Eigenschaften formatiert:

```
.bild {
    float: left;
    padding: 5px;
    border: 1px solid #eee;
    margin: 0 18px 18px 0;
}
```

◂ **Listing 2.29**
CSS-Vorgaben für das obere Bild

Das zweite Bild ❺ wurde ohne Abmessungen ins (X)HTML eingebunden und verwendet die gleichen Abmessungen wie die Klasse `bild`, jedoch in `em` statt in `px`. Außerdem wurden Höhe und Breite relativ zur Schriftgröße eingebunden.

(X)HTML:

```
<img src="bilder/landschaft.jpg" alt="Landschaftsfoto"
class="elastisches-bild" />
```

Zugehöriges CSS:

```
.elastisches-bild {
    float: left;
    padding: 0.42em;
    border: 0.083em solid #eee;
    margin: 0 1.5em 1.5em 0;
    width: 25em;
    height: 16.7em;
}
```

Listing 2.30 ▶
CSS-Vorgaben für das untere Bild

Erhöht man nun den Schriftgrad, wächst das zweite Bild ❺ in Abbildung 2.54 mit, und auch die Rahmen und Ränder passen sich optimal an.

Abbildung 2.54 ▶
Bei vergrößerter Schrift skaliert auch das »elastisch« eingebundene Bild ❺ mit. Vergleichen Sie das Ergebnis noch einmal mit Abbildung 2.53.

> **Hintergrundbilder**
>
> Wie Sie ein ganz ähnliches Prinzip für Hintergrundbilder verwenden, um Ihrem Layout spannende Akzente zu geben, erfahren Sie in Abschnitt 8.6.

Je nach Projekt müssen Sie entscheiden, ob Sie diese Technik auch für Schmuck- und Infoelemente wie Icons verwenden. Allerdings sollte die Ladezeit nie außer Acht gelassen werden, denn Sie laden auf diese Art und Weise immer größere Bilder.

Wenn diese Grafiken in verschiedenen Größen vorliegen, macht es definitiv Sinn, diese Herangehensweise entsprechend durchgängig anzuwenden. Auch Flash-Elemente, die Sie in Ihr Layout einbinden, können verlustfrei skalieren, und es ist eine Überlegung wert, das auszunutzen.

> **SVG**
>
> In der Theorie könnten Sie auch SVG (Scalable Vector Graphics) verwenden. Jedoch wird dieses Format leider nicht von allen Browsern unterstützt. Vergleichen Sie dazu auch Abschnitt 4.2 zu Dateiformaten im Web.

Drei und mehr Spalten in einem Layout | Die Gestaltung eines zweispaltigen CSS-Layouts wurde in Abschnitt »Dokumentfluss und Positionierung« in Kapitel 2.2.7 für die vier Komplexe fixed, flexibel, elastisch und hybrid gezeigt. Ganz analog gestalten Sie auch Layouts mit mehreren Spalten. Sie unterteilen dazu einfach die bestehenden Spalten: Spalten schweben immer in Zweiergruppen, denn es gibt nur die Ausrichtung nach links und rechts. Sie müssen die Spalten deshalb immer so gruppieren, dass Zweierpaare übrig bleiben. Sie gehen so einigen potenziellen Browserproblemen sicher aus dem Weg. Wenn Sie also ein Layout mit drei Spalten realisieren möchten, gestalten Sie zunächst zwei Spalten, von denen eine links, die andere rechts ausgerichtet ist. In einer dieser Spalten gestalten Sie dann nach dem gleichen Prinzip zwei neue Spalten.

Um nun die Navigation aus dem bekannten Beispiel in eine eigene Spalte zu legen, ändern Sie die (X)HTML-Struktur wie folgt:

```
<body>
    <div id="wrapper">
    <div id="meta-information"> ... </div>
    <div id="navigation"> ... </div>
    <div id="inhalt">
        <div id="hauptinhalt"> ... </div>
        <div id="notizen"> ... </div>
    </div>
    <div id="randinformation"> ...</div>
    </div>
</body>
```

◄ **Listing 2.31**
HTML-Struktur für ein dreispaltiges Layout

Im zugehörigen Stylesheet werden nun bei den Boxen `#navigation` und `#inhalt` die bisher verwendeten Breiten von 590 Pixel und 350 Pixel verwendet.

```
#inhalt {
    float: right;
    width: 590px;
}
#navigation {
    width: 350px;
    float: left;
    padding: 20px 0;
}
```

◄ **Listing 2.32**
Spaltenbreiten für `#inhalt` und `#navigation`

Um nun die optimalen Breiten für die beiden Spalten des Inhalts nach dem Goldenen Schnitt zu bestimmen, dividieren Sie 590 Pixel durch 1,62 und erhalten die Breiten 364 Pixel und 226 Pixel. Mit einem Weißraum von 20 Pixel verwenden Sie dann zum Beispiel:

```
#hauptinhalt {
    float: left;
    width: 355px;
}
#notizen{
    width: 215px;
    float: right;
}
```

Listing 2.33 ▶
Spaltenbreiten für die Spalten im Element #inhalt

Nun muss die Navigation selbst noch mit dem entsprechenden Innenabstand formatiert werden:

```
h1, #hauptinhalt h2, #hauptinhalt h3, #hauptinhalt h4,
#hauptinhalt ul, #hauptinhalt p, #notizen h2, #notizen
h3, #notizen h4, #notizen ul, #notizen p, #navigation h2,
#navigation ul, #navigation p {
    padding: 0 20px;
}
#navigation ul {
    padding-bottom: 20px;
}
```

Listing 2.34 ▶
Innenabstände definieren

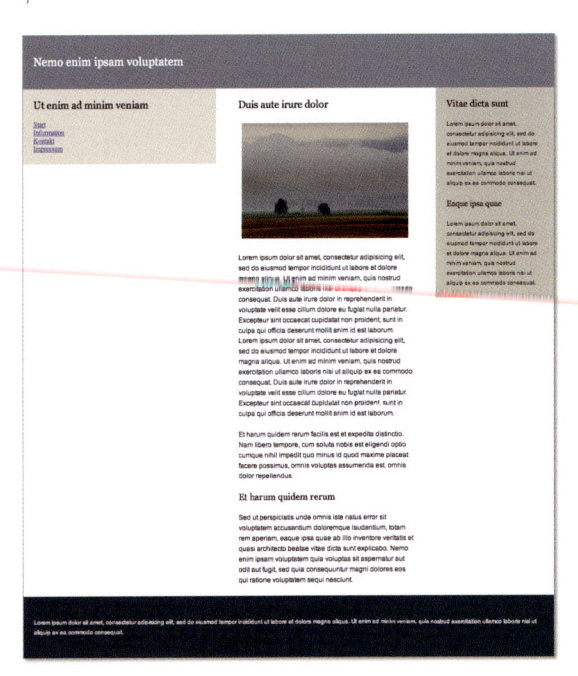

Abbildung 2.55 ▶
Das dreispaltige Beispiel-Layout, das auf der `float`-Technik beruht

94 | 2 Gestaltung und Layout

Analog lässt sich das Layout so beliebig erweitern. Welche Breiten Sie im Einzelnen verwenden, ist Ihrer Intuition überlassen. Alternativ verwenden Sie den Goldenen Schnitt oder ein Gestaltungsraster. CSS 3 wird die Gestaltung von CSS-Layouts mit mehreren Spalten durch die Einführung des CSS 3 Multi-Column-Moduls noch weiter vereinfachen.

Mehr zum Thema CSS 3
Wie Sie CSS 3 nutzen, um leicht mit Spaltenlayouts umzugehen, lesen Sie in Abschnitt »Spaltensatz mit CSS und ›column‹« in Kapitel 12.1.2.

2.2.9 Gestaltungsraster in Theorie und Praxis

Gestaltungsraster sollten für jedes Projekt neu gestaltet werden. Die Aufteilung des Rasters wird von den gleichen Faktoren beeinflusst, die auch die Entscheidungen des Gesamtdesigns bestimmen: die technische Ausstattung, die Zielgruppe, der Bildaufbau, das Leseverhalten. Grundsätzlich wird mit einem Gestaltungsraster der Arbeitsbereich in eine Vielzahl rechteckiger Module als Untereinheiten gegliedert, die alle gleich groß sind. Diese werden dann zu Spalten(gruppen) und »Superspalten« zusammengefasst. Dazu lassen sich ganz unterschiedliche Wege gehen, die von der Komplexität des Inhalts abhängen.

Was im Satzspiegel Rand, Bund und Spalte sind, sind für das Webdesign die Elemente mit ihren Eigenschaften `margin` und `padding` mit den in Abbildung 2.56 dargestellten Funktionen.

Gestaltungsraster und Innenabstand

Khoi Vinh erläutert in »Nudge Your Elements« (*www.subtraction.com/archives/2007/0606_nudge_your_e.php*) den Zusammenhang von Gestaltungsraster und Innenabstand in der Praxis.

◂ **Abbildung 2.56**
Gestaltungsraster im Webdesign

2.2 Website-Layouts und ihre Elemente | 95

> **Wiederholung**
> Die Grundlagen der Zusammensetzung und Formatierung von Containern finden Sie in Abschnitt 2.2.5.

Module und div-Elemente | Während im Druckbereich von Spalten gesprochen wird, verwendet man im Webdesign diesen Begriff zusammen mit dem Block-Element `div`. Jedes Element ist eine Box, die sich aus der Breite des Inhalts, den Innen- und Außenabständen und dem Rand zusammensetzt. Diese Elemente können direkt aus Rastermodulen entstehen oder in sogenannten »Superspalten« (siehe Abbildung 2.56 unten) mehrere Module in sich vereinen. Zwischen den Elementen befindet sich der Weißraum, der zur Gliederung des Entwurfs beiträgt. Für ein Raster mit zwölf Modulen muss es also nicht zwangsläufig auch zwölf `div`-Elemente geben.

Exemplarisch nachvollziehen
Ein Beispiel für diese Gestaltung finden Sie in Abschnitt »Dokumentfluss und Positionierung« in Kapitel 2.2.7.

Gestaltungsraster nach dem »Goldenen Schnitt« gestalten | Wie in Abschnitt 2.1.2 gezeigt wurde, wird für die Gestaltung nach diesem Gestaltgesetz die Verhältniszahl 1,62 verwendet. In das Grid-Design übertragen lässt sich ein Raster für eine auf der Breite von 960 Pixel basierenden Gestaltung wie folgt errechnen:

Arbeitsfläche ÷ 1,62 = Breite der Hauptspalte
960 ÷ 1,62 = 593 Pixel

Arbeitsfläche – Breite der Hauptspalte = Breite der Seitenleiste
960 – 593 = 367 Pixel

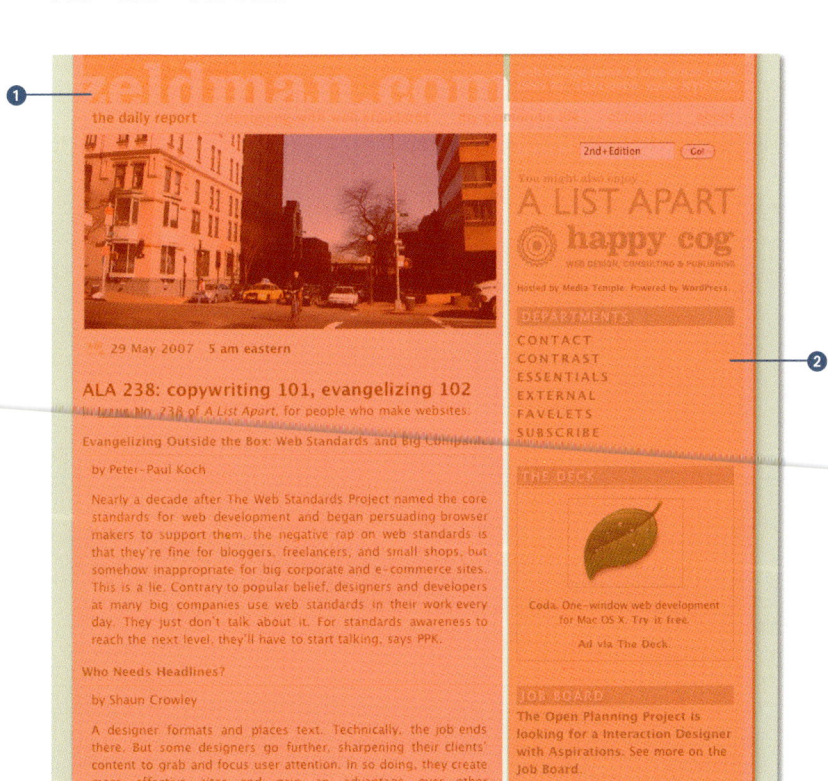

Abbildung 2.57 ▶
Die Website von Jeffrey Zeldman (*www.zeldman.com*) hat ein zweispaltiges Layout, ❶ und ❷, mit einer Gesamtbreite von rund 730 Pixel (mit Schlagschatten). Die Hauptspalte ❶ hat eine Breite von 450 Pixel, das entspricht einer Aufteilung nach dem Goldenen Schnitt: 730 ÷ 1,62 = 450 Pixel.

Erweiterte Gestaltungsraster mit vielen Modulen | Wenn es um eine komplexere Aufgabe für die Gestaltung geht, bieten sich erweiterte Raster mit mehreren Modulen (die kleinsten Einheiten eines Rasters) und Spalten an. Als am sinnvollsten hat sich hier eine Aufteilung in zwölf Spalten mit Kombinationen aus drei oder vier Modulen erwiesen.

Design ist Problemlösung, und so besteht die Aufgabe zunächst darin, das Problem zu definieren: Bei einer angenommenen Bildschirmgröße vom 1024 x 768 sollen die Inhalte optimal präsentiert werden. Wenn es keine weiteren Vorgaben wie z.B. vorgeschriebenes Bildmaterial gibt, bietet sich ein rein technisches Vorgehen an. In ihrer Präsentation »Grids Are Good« nennen Khoi Vinh (*subtraction.com*) und Mark Boulton (*markboulton.co.uk*) eine einfache Formel für den theoretischen Entwurf eines Gestaltungsrasters:

(Canvas – (Total Units – 1) x Gutter) ÷ Total Units = Unit

Bei einer angestrebten Arbeitsfläche von 960 Pixel lässt sich die Modulbreite von rund 70 Pixel demnach wie folgt errechnen:

(Arbeitsfläche – (Gesamtspaltenzahl – 1) x Weißraum) ÷ Gesamtspaltenzahl = Modul
(960 – (12 – 1) x 10) ÷ 12 = 71

Wie sieht das in der Praxis aus? Die Website von AIGA (American Institute of Graphic Arts, *www.aiga.org*) in Abbildung 2.58 verwendet eine Seitenbreite von 940 Pixel mit 12 Modulen à 70 Pixel.

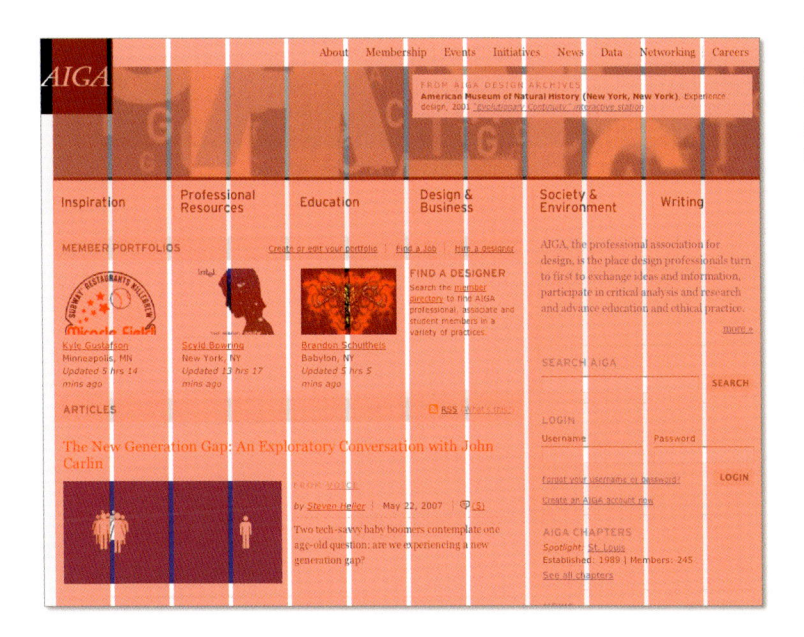

> **Module und Spalten**
>
> Ein Gestaltungsraster besteht aus Modulen, der kleinsten Einheit eines solchen Rasters. Diese Module können eine Spalte bilden oder zusammengefasst werden und dann eine Spalte bilden. Diese Spalten werden als `div` geschrieben und formatiert. Vergleichen Sie dazu Abbildung 2.56.

◄ **Abbildung 2.58**
Das Gestaltungsraster von AIGA (*www.aiga.org*). Aus Platzgründen wird nur der obere Teil der Seite abgebildet.

2.2 Website-Layouts und ihre Elemente

Abbildung 2.59 ▶
Module und Superspalten

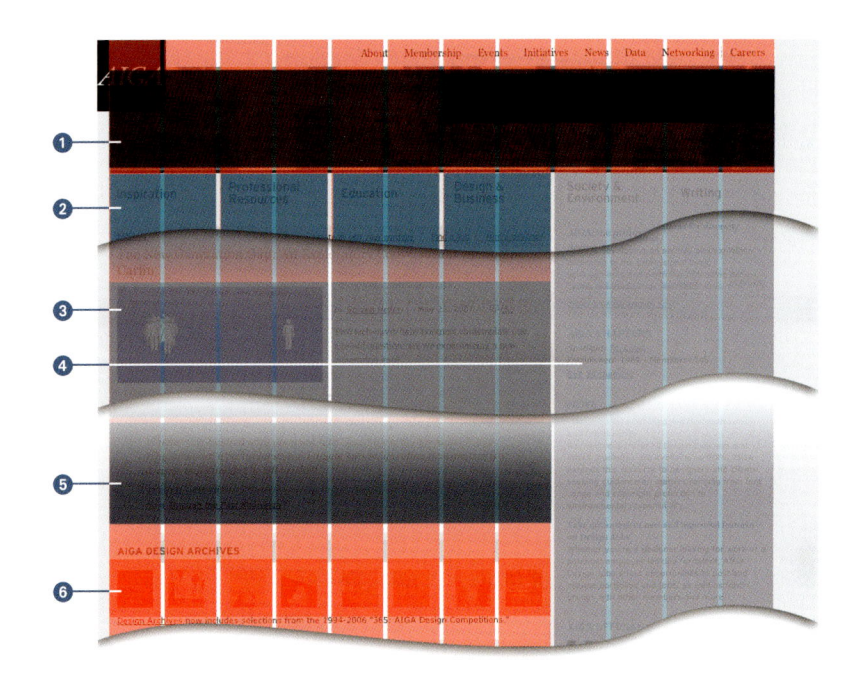

Diese 12 Module sind in verschiedenen Spalten zusammengefasst, die aus einer ❻, zwei ❷, vier ❸ und ❹, acht ❺ und zwölf ❶ Modulen bestehen. Die Website von AIGA ist also ein Paradebeispiel für den technisch orientierten Entwurf eines Gestaltungsrasters.

Wenn nicht die Breite des Bildschirms oder des Arbeitsbereichs ausschlaggebend für das Layout sein soll, sondern z. B. ein Foto oder ein Werbebanner, lässt sich auch der umgekehrte Weg gehen: Man geht von der festen Größe des entscheidenden Elements aus und entwickelt daraus das Raster.

Abbildung 2.60 ▶
Entwicklung eines Grids aus einer vorgegebenen Grafik

2 Gestaltung und Layout

Die Aufteilung in Abbildung 2.60 ist wie folgt entstanden: Angenommen, eine Grafik mit den Abmessungen 350 Pixel Breite und 225 Pixel Höhe ❽ ist obligatorisch für einen bestimmten Auftritt. Multipliziert man die Breite mit dem Verhältniswert 1,62, errechnet sich die Gesamtbreite zu 567 Pixel ❼. Es ergibt sich daraus eine Breite für die zweite Spalte von 217 Pixel ❾. Diese kann durch die Division durch 1,62 noch weiter aufgeteilt werden. Es ergeben sich z. B. 134 Pixel ❿ und 83 Pixel ⓫.

Für komplexere Raster kann es sinnvoll sein, eine Vorlage wie die in Abildung 2.61 gezeigte zu verwenden. So können beliebige Ausgangsbreiten angesetzt werden. Auch die Positionierung einer Grafik als Ausgangspunkt für ein Layout ist so leicht möglich.

Sie finden alle Dateien auf der Buch-DVD im Ordner BEISPIEL-MATERIAL und auf der Website zum Buch.

2.3 So geht's: ein Gestaltungsraster in CSS umsetzen

Für eine Bildschirmbreite von 960 Pixel wird für das folgende Beispiel ein Raster verwendet, das aus zwölf Modulen à 80 Pixel besteht.

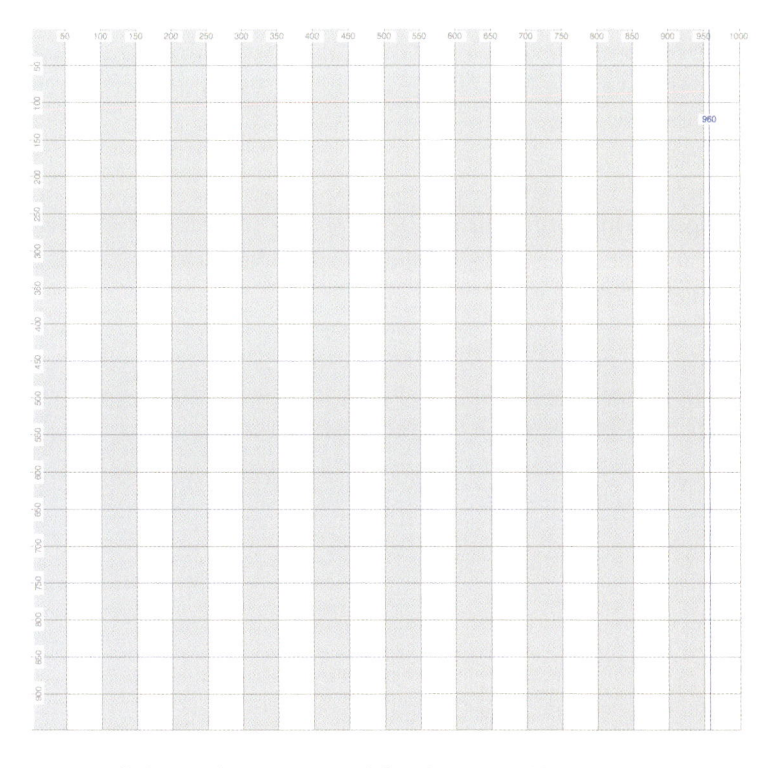

◀ **Abbildung 2.61**
Hintergrundbild mit Raster und Zeilen

Die Grafik kann als Hintergrund für die Entwicklung eines CSS-Layouts über das Stylesheet geladen werden. Sie bietet neben den Linealen ein Grundlinienraster von je 50 Pixel Breite, das in der Farbe alterniert.

Als Seitenhintergrund einbinden

Um die Grafik (»grid.png«) in den Hintergrund Ihrer Seite zu laden, tragen Sie im Stylesheet die folgende Formatierung ein:
```
html {
background: #fff url(bilder/grid.png) top left no-repeat;
}
```
Diese Technik wird bei der Gestaltung der Basisvorlagen in Kapitel 9 ebenfalls verwendet.

Abbildung 2.62 ▶
Beispiel für die Zusammenfassung von Modulen in Superspalten

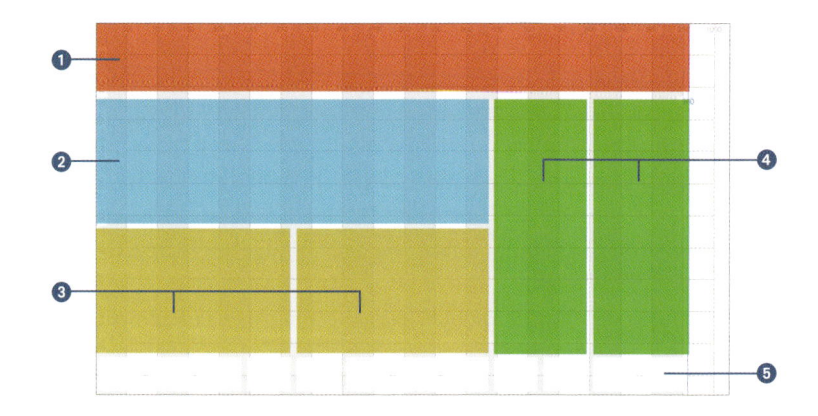

Superspalten definieren | Im Beispiellayout in Abbildung 2.62 sollen die Module zu mehreren **Superspalten** zusammengefasst (❶, ❷, ❸ und ❹) werden. Für sie ist also nur jeweils ein div-Element notwendig. Der Charakter des Rasters wird sich in der fertigen Webseite vor allem am Seitenende ❺ zeigen, wo für jedes Modul eine Spalte geplant ist, die mit einem Foto bestückt werden soll. Diese Module, die als div umgesetzt werden, erhalten die folgenden Namen:

- ❶ #meta-information
- ❷ #hauptinhalt
- ❸ #produkt
- ❹ #information
- ❺ #rand-information

Navigation im Kopfbereich | Der bereits bekannte Quellcode wird für dieses Beispiel so umgeschrieben, dass die Navigation in den Kopfbereich gelegt wird:

```
<body>
   <div id="wrapper">
      <div id="meta-information">
         <h1>Nemo enim ipsam voluptatem</h1>
         <ul>
            <li> ... </li>
            ...
         </ul>
      </div>
      <div id="hauptinhalt"></div>
      <div id="notizen"></div>
      <div id="rand-information"></div>
   </div>
</body>
```

Listing 2.35 ▶
HTML-Code für das Layoutbeispiel

Die Elemente des Layouts werden schwebend zusammengesetzt.

Weitere Inhaltsbereiche | Nun werden, wie im letzten Abschnitt vorgeschlagen, die Container #hauptinhalt und #notizen in jeweils zwei weitere Inhaltsbereiche unterteilt:

```
<div id="hauptinhalt">
   <h2> ... </h2>
   <p> ... </p>
   <div class="produkt1"><p> ... </p></div>
   <div class="produkt2"><p> ... </p></div>
</div>
<div id="notizen">
   <div class="information1"><p> ... </p></div>
   <div class="information2"><p> ... </p></div>
</div>
```

◀ **Listing 2.36**
Jeweils zwei weitere div-Elemente

Für die Auflistung der Fotos im Seitenfuß #rand-information wird eine ungeordnete Liste verwendet:

```
<div id="rand-information">
   <ul class="fotos">
      <li> ... </li>
      ...
   </ul>
</div>
```

◀ **Listing 2.37**
Ungeordnete Liste für die Darstellung von Fotos

Breite der Container | Die Breiten der einzelnen Container lassen sich leicht am zugrunde liegenden Raster ablesen:

Die Breiten der Bereiche ❶ und ❺ in Abbildung 2.62 müssen nicht definiert werden, da sie sich als Block-Elemente über die gesamte Breite erstrecken.

Die einschließenden Container haben Breiten von 645 Pixel und 315 Pixel. Sie werden links bzw. rechts ausgerichtet. Die Eigenschaft display: inline; verhindert die Verdoppelung der Außenabstände im Internet Explorer in Richtung des Floats:

> **Die Breite von Block-Elementen**
>
> Wenn Sie für Block-Elemente keine Breiten angeben, füllen diese immer den sie umschließenden Container.

```
#hauptinhalt {
   width: 645px;
   float: left;
   display: inline;
}
#notizen{
   width: 315px;
   float: right;
   display: inline;
}
```

◀ **Listing 2.38**
Breitenangaben im Float-Layout

Die Breite der Boxen `.produkt1` und `.produkt2` entspricht im Raster 315 Pixel. Da 10 Pixel Weißraum berücksichtigt werden sollen, müssen diese nach dem Box-Modell (vgl. Abschnitt 2.2.5) abgezogen werden, und es bleibt eine Breite von 305 Pixel:

```css
.produkt1 {
    width: 305px;
    float: left;
    display: inline;
}
.produkt2 {
    width: 305px;
    float: right;
    display: inline;
}
```

Listing 2.39 ▶ Breitenangaben für die Boxen ❸

Analog berechnet sich die Breite der Boxen `.information1` und `.information2` zu 140 Pixel:

```css
.information1 {
    width: 140px;
    float: left;
    display: inline;
}
.information2 {
    width: 140px;
    float: right;
    display: inline;
}
```

Listing 2.40 ▶ Breitenangaben für die Boxen ❹

Innenabstände für Textbereiche | Für die Textbereiche fügen Sie nun die entsprechenden Innenabstände nachträglich hinzu:

```css
h1, #meta-information ul, h2, #hauptinhalt p, .produkt p,
.information p {
    padding: 0 5px;
}
```

Listing 2.41 ▶ Innenabstände festlegen

Allgemeine Anweisungen | Um die Fotos in der Fußleiste in einer ungeordneten Liste nebeneinander anzuordnen, wird übergreifend für alle Listen Folgendes definiert:

```css
ul, li {
    list-style-type: none;
    float: left;
}
```

Listing 2.42 ▶ Übergreifende CSS-Vorgaben für Listen

Es bleiben noch die Formatierungen für die beiden Listen mit den Navigationselementen und Fotos. Jede Spalte ist 70 Pixel breit und soll von einem 5 Pixel großen Innenabstand links und rechts eingerahmt werden:

```
li {
    width: 70px;
    padding: 0 5px;
}
```

◂ **Listing 2.43**
Spezielle CSS-Vorgaben für Listen

Der Screenshot links in Abbildung 2.63 zeigt die korrekte Ausrichtung aller Elemente am Raster. Der Screenshot unten zeigt die gleiche Konstruktion mit einem weißen Hintergrund.

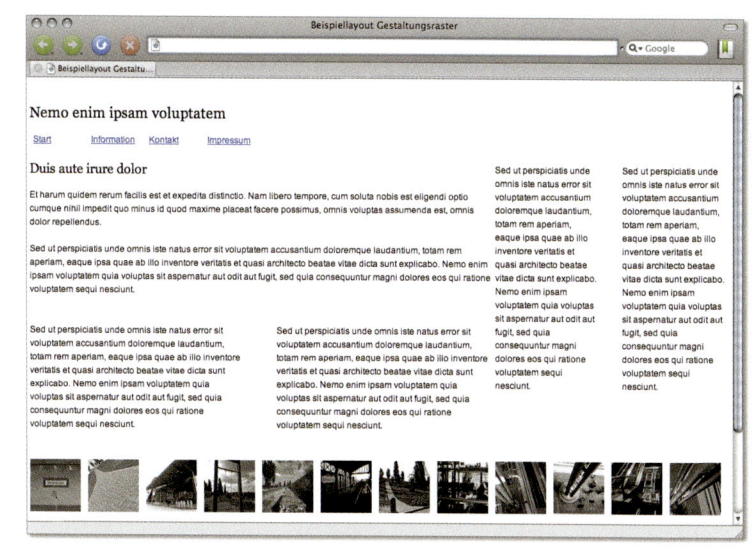

◂ **Abbildung 2.63**
Das fertige – rudimentär formatierte Layout mit unterliegendem Raster (oben) und vor weißem Hintergrund (unten)

2.3 So geht's: ein Gestaltungsraster in CSS umsetzen

> **Denken Sie in Rastern?**
>
> In »Thinking Outside the Grid« schlägt Molly E. Holzschlag vor, die Möglichkeiten von CSS auszunutzen und sich bei der optischen Gestaltung vom Raster zu lösen, um Webseiten interessanter und doch nutzbar zu machen. (alistapart.com/articles/outsidethegrid)

Raster und gut? | Die Erde ist rund, der Monitor eckig. Raster sind eckig, CSS arbeitet mit kleinen Boxen. Aber müssen Layouts deshalb auch kantig und eckig sein? Wer sich kreativ mit Webstandards beschäftigt, muss sowohl innerhalb als auch außerhalb des Rechtecks denken. Die eben gezeigte Verwendung des Gestaltungsrasters bietet eine praktische Grundlage zur Gestaltung eines CSS-Layouts, verleitet aber auch dazu, das Raster auch im Layout stark durchscheinen zu lassen. Eine häufig geäußerte Kritik an CSS-Designs lautet, dass sie zu eckig und damit langweilig sind.

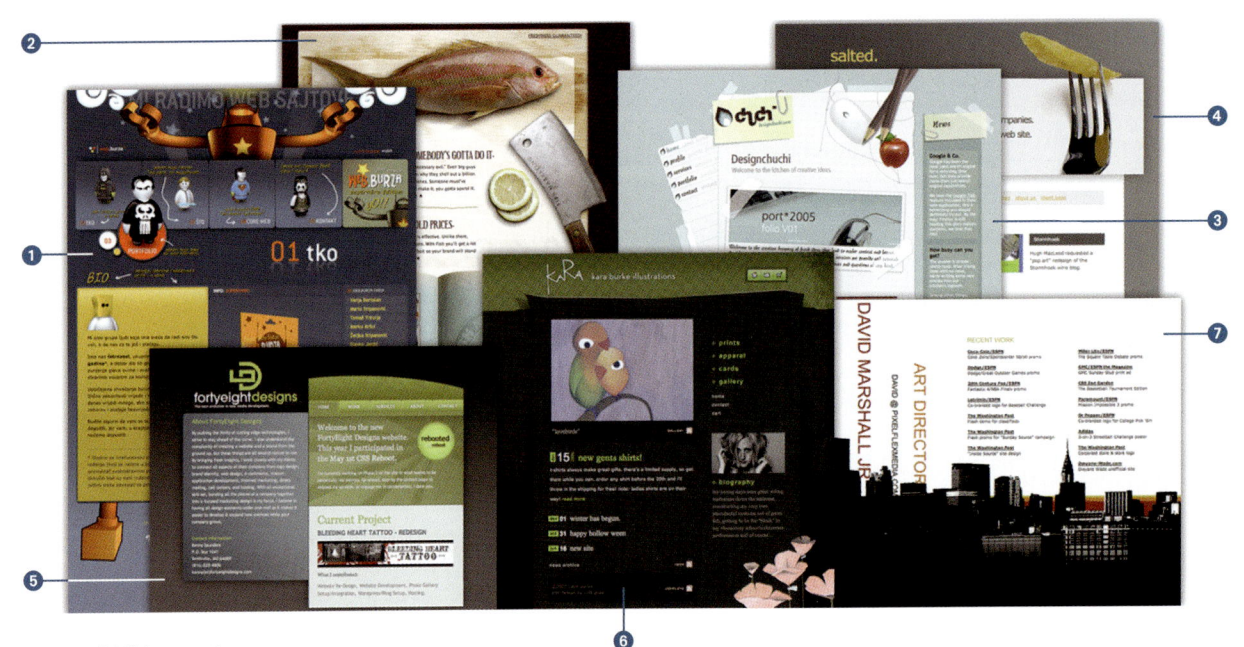

▲ **Abbildung 2.64**
Die Abbildung zeigt einige Websites, bei deren Gestaltung es mit viel Liebe zum Detail gelungen ist, die rechteckigen Boxen »aufzubrechen«. V.l.n.r.:
❶ web.burza.hr
❷ www.fishmarketing.net
❸ www.designchuchi.ch
❹ www.salted.com
❺ www.fortyeightdesigns.com
❻ www.karaburke.net
❼ www.pixelflexmedia.com

Natürlich werden per CSS immer Boxen formatiert, aber man muss sie nicht unbedingt immer sehen. Zum Beispiel können interessante Hintergrundgrafiken und Floats ein eigentlich »rechteckiges« Design für das Auge leicht »fliegen« lassen, wie die Beispiele in Abbildung 2.64 schön zeigen.

Weitere kreative Ideen und Beispiele zum kreativen Umgang mit CSS finden Sie in Kapitel 8.

3 Typografie

»Gute Typographie ist so, wie ein guter Diener gewesen sein mag: da und doch nicht bemerkbar; unauffällig, aber eine Voraussetzung des Wohlbefindens, lautlos, geschmeidig (…) Gute Schrift, richtige Anordnung; das sind die beiden Pfeiler aller Schriftkunst.« Jan Tschichold (www.druckschriften.de/Zitate___Texte/Typographie/typographie.html)

▲ **Abbildung 3.1**
Typografie ist allgegenwärtig.

Schrift begegnen wir überall. Wir nehmen sie bewusst oder weniger bewusst wahr. Schrift kündigt an, weist hin, erklärt. Die so wahrgenommenen Schriftelemente sind gestaltet, und erst in Beziehung zu anderen Elementen und in Verbindung mit diesen werden sie zu Typografie. Entscheidend für den Erfolg einer typografischen Gestaltung ist die gute Lesbarkeit.

In den folgenden Abschnitten geht es von den Grundlagen der Typografie hin zu einer sauberen Basis für die Gestaltung und Formatierung von Schrift auf Webseiten. Dabei werden viele Beispiele aus der CSS-Praxis zeigen, welche Elemente der Typografie man als Webdesigner beeinflussen kann und sollte.

3.1 Klassifikation von Schrift

Unsere Schriftzeichen bestehen aus **Großbuchstaben** (Versalien), **Kleinbuchstaben** (Gemeine) und **Ziffern**. Versalien benötigen eine leichte Sperrung, um gut lesbar zu sein. Nutzt man ausschließlich Versalien, wird das Lesen durch die geringeren Unterschiede zwischen den einzelnen Buchstaben mehr erschwert, als das bei Kleinbuchstaben der Fall ist. Jedoch wirken sie oft feierlicher und eignen sich deshalb gut für die Verwendung in Überschriften.

Schriften können **kursiv** (italic), **halbfett**, **fett**, **breit**, **schmal** usw. sein. Diese Eigenschaften werden häufig in verschiedenen Schriftschnitten einer Schriftfamilie verwirklicht.

[Sperrung]
Bei der Sperrung wird der Zwischenraum zwischen den einzelnen Buchstaben vergrößert. Die Eigenschaft `letter-spacing` ermöglicht es, diese Technik in CSS und damit für Webseiten umzusetzen.

Abbildung 3.2 ▶
Elf verschiedene Schnitte der Helvetica Neue

Ziffernarten | Bei den Ziffern unterscheidet man **Versalziffern**, **Minuskelziffern** und **römische Ziffern**. Minuskel- oder Mediävalziffern haben mit Ober- und Unterlängen Eigenschaften, wie sie Kleinbuchstaben haben. Sie wirken deshalb harmonischer im Fließtext, sind in Textverarbeitungsprogrammen allerdings nicht vorhanden. Einige Schriftarten wie zum Beispiel die Georgia als Webschriftart, Hoefler Text und Palatino bringen sie aber mit.

Abbildung 3.3 ▶
Ziffernarten

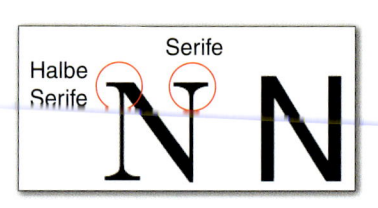

▲ **Abbildung 3.4**
Serife (links) versus Groteske (rechts)

Schrifteinteilung | Schriften werden in ganz verschiedene Gruppen eingeteilt. Das kann zum Beispiel nach ihrer Entstehung, nach grafischen Merkmalen oder nach der Form der Serifen geschehen. Grob eingeteilt und für unsere Zwecke ausreichend ist es, sie in **Schriften mit Serifen** (Antiqua) und solche **ohne Serifen** (Groteske) zu unterteilen.

Serifen erleichtern das Lesen durch die kleinen End-, An- und Abstriche, die die Buchstaben begrenzen. Sie sind jedoch gerade am Monitor in kleinen Schriftgrößen nicht gut lesbar.

Typowissen im Web
Gute Anlaufstellen und Nachschlagewerke zu allen Fragen rund um die Typografie finden Sie in deutscher Sprache unter *www.typolexikon.de* und *www.typo-info.de*.

Schreib- und Pixelschriften | Eine weitere Möglichkeit der Gruppierung von Schriften ist die Gruppierung nach ihrer Gestaltung. So können zum Beispiel Schreibschriften, Pixelschriften etc. unterschieden werden. Letztere haben eine feste Größe von etwa 5 bis 9 Pixel und sind in dieser Größe leicht lesbar, weil sie genau in die Pixelmatrix des Monitors passen. Sie sollten Pixelschriften immer in der nativen Pixelgröße einsetzen. Werden sie skaliert, entstehen oft unschöne Ränder, und die gute Lesbarkeit geht verloren.

Schriften zu Bildern
Eine Möglichkeit, Schriftarten zu verwenden, die eigentlich nicht im Netz darzustellen sind, ist der Weg über eine Image-Replacement-Technik. Erfahren Sie mehr dazu im Exkurs in Abschnitt 8.8.1.

◀ **Abbildung 3.5**
Beispiel für den Pixelfont Semplice Extended (*pixelfonts.style-force.net*)

Wenn Sie Schriften dieser Gruppen verwenden wollen, sollten Sie diese als Grafiken einbinden, denn sie sind wirklich kaum verbreitet. Beachten Sie jedoch, so wenig wie möglich Schrift als Grafik zu verwenden, weil das den Grundsätzen der Zugänglichkeit zuwiderläuft!

3.2 Lesbarkeit

Die Lesbarkeit eines Textes wird bestimmt durch:
▶ die verwendete Schrift
▶ die Schriftgröße
▶ die Schrift- und Seitenfarben
▶ die Buchstaben- und Wortzwischenräume
▶ die Zeilenlänge
▶ den Zeilenabstand
▶ Silbentrennungen

Diese Faktoren werden in den nächsten Abschnitten analysiert. Ein Leser muss einen Text mühelos, schnell und flüssig aufnehmen können. Dabei lesen Menschen einzelne Buchstaben nur in der Schriftlernphase. Später werden mit schnellen Augensprüngen Buchstabengruppen und Wortbilder erfasst.

Für eine gute Lesbarkeit ist, wie Abbildung 3.6 zeigt, der obere Teil des Schriftbildes einer Schrift wichtiger als der untere, denn die Unterscheidungsmerkmale finden sich eher im oberen Bereich.

3.2.1 Schriftempfinden und Schriftmischung
Jede Schrift hat einen ganz speziellen Charakter, sie vermittelt ein Schriftempfinden, das dem Gestalter bekannt sein muss. Sie kann schon vor dem Inhalt Grundstimmungen transportieren, den Leser aufwühlen oder beruhigen.

Kurios

»Afugrnud enier Sduite an enier Elingshcen Unvirestiät ist es eagl, in wlehcer Rienhnelfoge die Bcuhtsbaen in eniem Wrot sethen, das enizg wcihitge dbaei ist, dsas der estre und lzete Bcuhtsabe am rcihgiten Paltz snid. Der Rset knan ttolaer Bölsdinn sien, und du knasnt es torztedm ohne Porbelme lseen. Das ghet dseahlb, wiel wir nchit Bcuhtsabe für Bcuhtsabe enizlen lseen, snodren Wröetr als Gnaezs. Smtimt's?« (*www.heise. de/tp/r4/artikel/15/15701/1.html*)

Diesen Text können Sie ohne Probleme verstehen, denn natürliche Sprachen sind redundant und sichern mehrfach mithilfe von Präpositionen, Deklination und Wortstellung ab, dass der Inhalt verständlich bleibt.

▲ **Abbildung 3.6**
Das Schriftbild bestimmt die Lesbarkeit eines Textes.

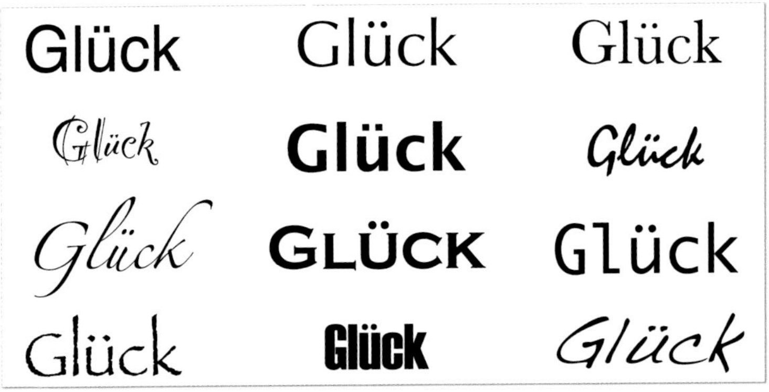

Abbildung 3.7 ▶
Das Wort »Glück« in verschiedenen Schriftarten. Die Wirkung ist sehr unterschiedlich.

In Abbildung 3.7 werden verschiedene Schriftarten von »getippt« bis handschriftlich, von geradlinig bis verspielt verwendet. Während die grotesken Schriften das Wort eher sachlich darstellen, transportieren die verspielteren Schriften mit ihrer Leichtigkeit mehr das Gefühl des tatsächlichen »Glücks«.

Polaritätsprofil anlegen | Zur Bestimmung des Schriftempfindens kann ein sogenanntes Polaritätsprofil angelegt werden, bei dem einer Anzahl von Personen eine Auswahl von Schriften vorgelegt wird. Die psychologische Wirkung einer Schrift wird mit gegensätzlichen Adjektivpaaren, wie zum Beispiel »weich-hart«, »heiter-traurig«, »passiv-aktiv«, »frisch-müde« beurteilt. Die Verwendung eines solchen Profils hilft bei der Auswahl der zu verwendenden Schrift. Die Auswahl einer bestimmten Schrift ist immer zusätzlich geprägt durch Umwelteinflüsse und den jeweiligen Zeitgeist.

Schriftmischung | Für eine einheitliche und ruhige Gestaltung ist es sinnvoll, **Schriftarten nicht zu mischen** und sie nur innerhalb einer Schriftfamilie zu kombinieren, da die Schriftfamilie im Allgemeinen über verschiedene Schnitte verfügt, mit denen Text normal, kursiv, halbfett, halbfett-kursiv, fett oder fett-kursiv dargestellt werden kann. Eine Schriftmischung setzt immer besondere Akzente. Wer diese Methode der Spannungssteigerung einsetzt, sollte auf genügend Kontrast zwischen den Schriften achten.

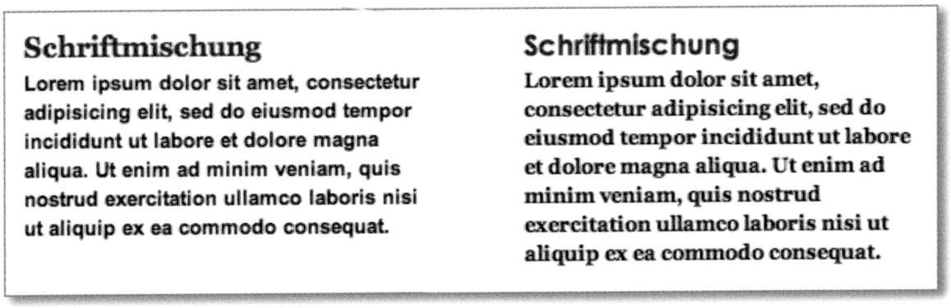

Abbildung 3.8 ▶
Zwei Beispiele für dezente Schriftmischung

Immer wieder in Zeitschriften, Zeitungen und auch im Internet zu beobachten ist die Kombination von Fließtext aus Times New Roman und Überschrift mit Helvetica oder auch umgekehrt.

3.2.2 Schriften für das Web

Das Angebot an Schriftarten, die für das Web sicher auf jedem Rechner korrekt angezeigt werden, ist begrenzt. Prinzipiell kann der Browser jede auf einem System vorhandene Schriftart für die Wiedergabe von Webseiten verwenden. Ist die zuerst definierte Schriftart nicht auf dem System vorhanden, wird ohne Fehlermeldung oder Hinweis einfach die als Nächstes definierte Schrift genommen.

Spezielle Schriftarten | Natürlich können Sie trotzdem kreativ sein und ihre Lieblingsschrift einsetzen, wenn Sie möchten. Sie müssen sich dann nur darüber im Klaren sein, dass Ihr Design nicht auf jedem System gleich ist, was aus den in Abschnitt 1.3.2 genannten Gründen vollkommen legitim ist. Wenn Sie Ihre Zielgruppe gut kennen, also zum Beispiel ein Forum für Mac-Nutzer gestalten, können Sie aber auch ruhigen Gewissens auf eine sehr spezielle Schrift wie die Lucida Grande zurückgreifen. Diese ist auf jedem Mac installiert.

Schriftfamilien | Beliebte Schriftfamilien sind:
- `font-family: "Lucida Grande", Lucida, Verdana, sans-serif;`
- `font-family: "Helvetica Neue", Arial, Helvetica, Geneva, sans-serif;`
- `font-family: Georgia, "Times New Roman", Times, serif;`

Schriftarten auf PC und Mac | **Arial** ist bereits seit Windows 3.1 auf jedem PC und seit Mac OS 9 auf jedem Apple Computer vorhanden. Sie ist für den Fließtext gut geeignet, für den Druck jedoch weniger. **Times New Roman** ist als proportionale Serifenschrift ebenfalls auf jedem Rechner vorhanden. Etwas jünger ist die **Trebuchet MS**, die in Größen über 12 Pixel als relativ schmale Groteske gut einsetzbar ist. Für kleinere Schriftgrade eignet sich die **Verdana**, die auch bei 9 Pixel noch gut zu erkennen ist. Die **Georgia** ist der Times New Roman sehr ähnlich und zeitlos. Im Gegensatz zur Times New Roman wurde die Georgia jedoch für den Bildschirm gestaltet und schneidet so auch grundsätzlich besser ab. Definieren Sie zum Beispiel einfach die Georgia für den Screen und die Times Roman für den Druck:

```
p {font-family: Georgia, "Times New Roman",
Times, serif; }
@media print { p { font-family: "Times New Roman",
Times, serif; } }
```

> **Die Verbreitung der Schriftarten**
>
> Die »VisiBone Font Survey« (*www.visibone.com/font/FontResults.html*) fasst die Verbreitung verschiedener Schriftarten über die Betriebssysteme Windows, Mac OS und Linux zusammen. Danach sind Arial und Times New Roman mit über 99 % die am weitesten verbreiteten Schriftarten.

Arial
Typografie

Times New Roman
Typografie

Trebuchet MS
Typografie

Verdana
Typografie

Georgia
Typografie

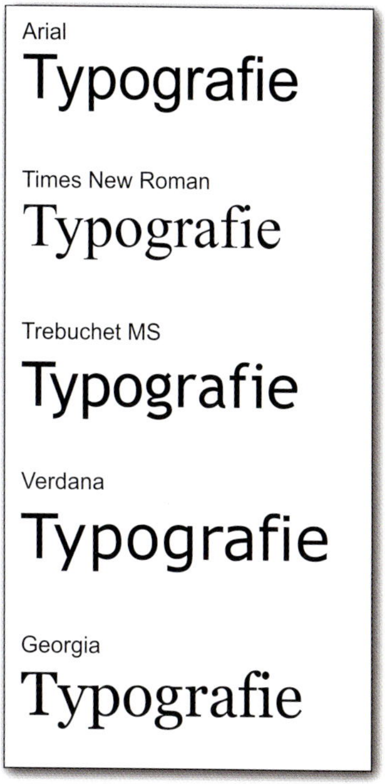

▲ Abbildung 3.9
Fünf weit verbreitete Schriftarten

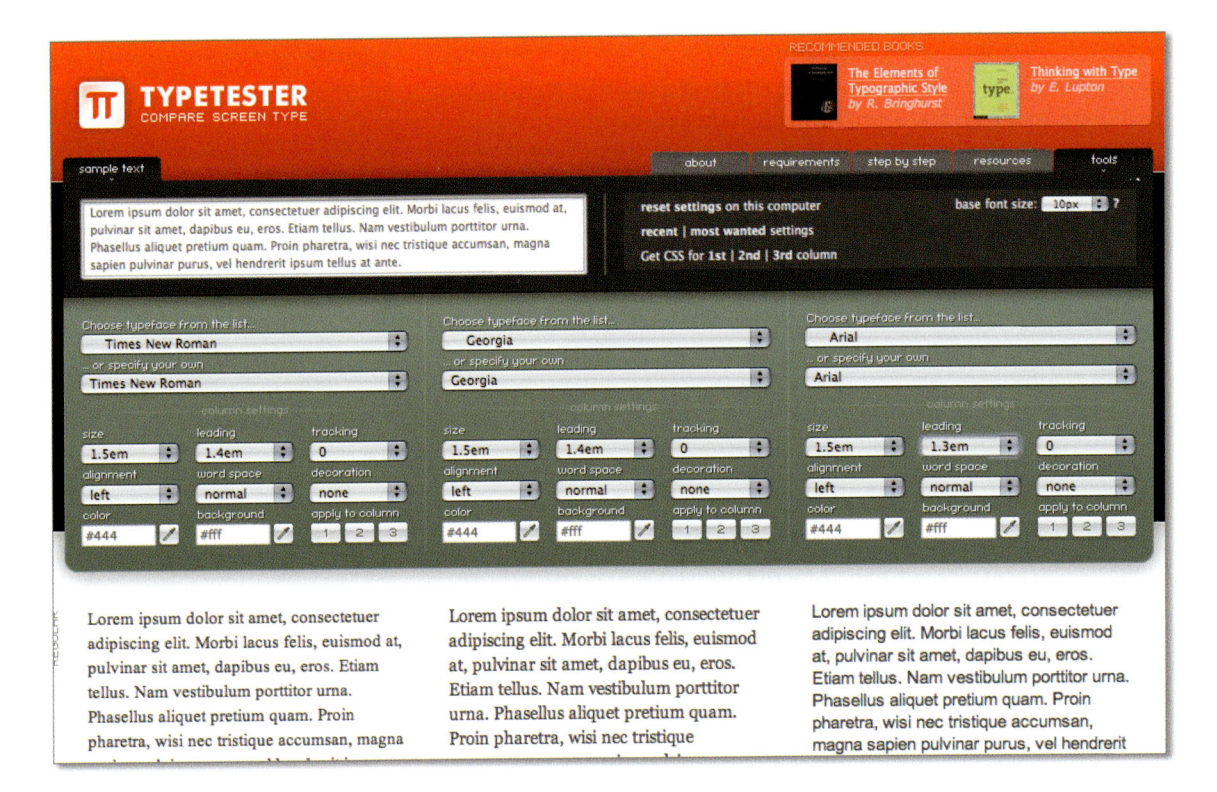

▲ **Abbildung 3.10**
Auf der Website Typetester (*typetester.maratz.com*) können Schriftgestaltungen schnell miteinander verglichen werden.

Abbildung 3.11 ▶
Vergleich der Lesbarkeit bei unterschiedlichen Zeilenlängen

3.2.3 Zeilenbreite und Satz

60 bis 70 Zeichen pro Zeile ergeben eine für das Auge angenehme Breite, bei der es gut Halt findet. Durch zu **kurze Zeilen** entsteht eine innere Unruhe beim Lesen. Ebenso sind sehr **lange Zeilen** mühsam zu lesen, weil sich das Auge darauf konzentrieren muss, immer in der korrekten Zeile zu bleiben.

Zeichenanzahl

Bei der Ermittlung der Zeichenanzahl zählt das Leerzeichen immer mit.

Textausrichtung | Viele gleich lange Zeilen ergeben das Bild einer rechteckigen Seite mit einer neutralen Grauwirkung, den Blocksatz. Je schmaler die Spalten sind, desto eher ist Flattersatz zu bevorzugen. **Blocksatz** ist am Bildschirm generell schwerer zu lesen. Sie sollten deshalb **Flattersatz** bevorzugen, denn durch die nach links gestellten Zeichen mit konstantem Wortabstand werden »Löcher« im Text vermieden. An der rechten Kante eines linksbündigen Flattersatzes entsteht allerdings eine gewisse Unruhe. Eine symmetrische (zentrierte Anordnung) wirkt feierlich und ist nur für spezielle Anlässe zu empfehlen.

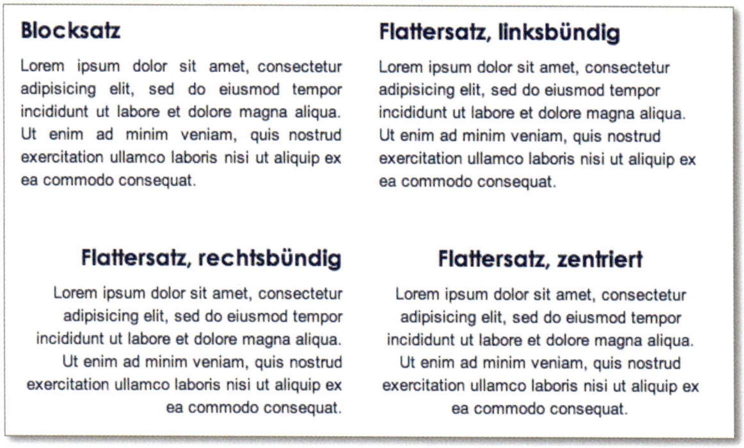

Blocksatz

Lorem ipsum dolor sit amet, consectetur adipisicing elit, sed do eiusmod tempor incididunt ut labore et dolore magna aliqua. Ut enim ad minim veniam, quis nostrud exercitation ullamco laboris nisi ut aliquip ex ea commodo consequat.

Flattersatz, linksbündig

Lorem ipsum dolor sit amet, consectetur adipisicing elit, sed do eiusmod tempor incididunt ut labore et dolore magna aliqua. Ut enim ad minim veniam, quis nostrud exercitation ullamco laboris nisi ut aliquip ex ea commodo consequat.

Flattersatz, rechtsbündig

Lorem ipsum dolor sit amet, consectetur adipisicing elit, sed do eiusmod tempor incididunt ut labore et dolore magna aliqua. Ut enim ad minim veniam, quis nostrud exercitation ullamco laboris nisi ut aliquip ex ea commodo consequat.

Flattersatz, zentriert

Lorem ipsum dolor sit amet, consectetur adipisicing elit, sed do eiusmod tempor incididunt ut labore et dolore magna aliqua. Ut enim ad minim veniam, quis nostrud exercitation ullamco laboris nisi ut aliquip ex ea commodo consequat.

◂ **Abbildung 3.12**
Verschiedene Satzarten

Silbentrennung | Beachten Sie, dass es für Browser keine eingebaute Silbentrennung gibt. Durch die nicht vorhandene Silbentrennung entstehen in mit Blocksatz gesetzten sehr schmalen Spalten sehr schnell Löcher, und der Text wirkt generell unruhiger, wie in der folgenden Abbildung 3.13 deutlich zu erkennen ist.

Silbentrennung und (X)HTML

In »Das Problem mit dem Zeilenumbruch im HTML« (*stichpunkt.de/beitrag/umbruch.html*) zeigt Tom Stich Lösungen auf.

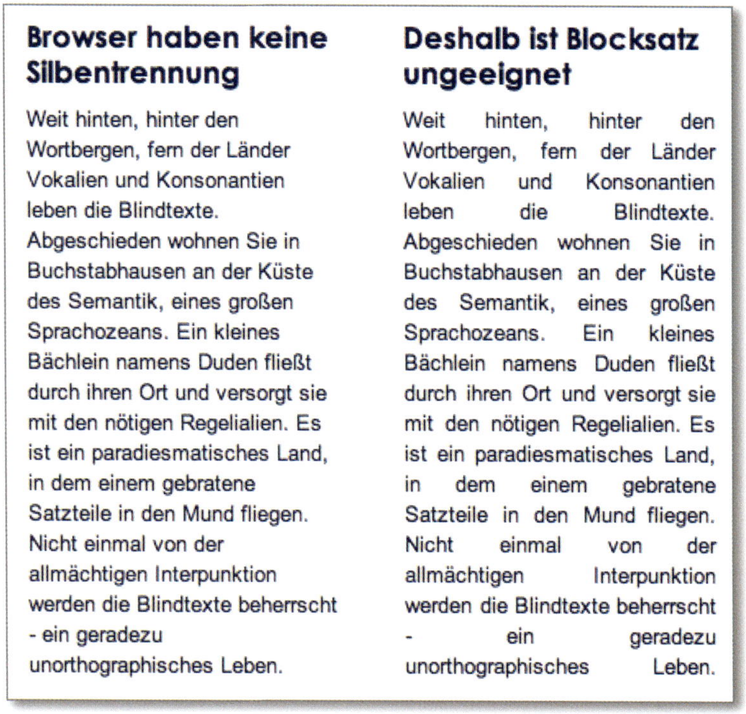

Browser haben keine Silbentrennung

Weit hinten, hinter den Wortbergen, fern der Länder Vokalien und Konsonantien leben die Blindtexte. Abgeschieden wohnen Sie in Buchstabhausen an der Küste des Semantik, eines großen Sprachozeans. Ein kleines Bächlein namens Duden fließt durch ihren Ort und versorgt sie mit den nötigen Regelialien. Es ist ein paradiesmatisches Land, in dem einem gebratene Satzteile in den Mund fliegen. Nicht einmal von der allmächtigen Interpunktion werden die Blindtexte beherrscht - ein geradezu unorthographisches Leben.

Deshalb ist Blocksatz ungeeignet

Weit hinten, hinter den Wortbergen, fern der Länder Vokalien und Konsonantien leben die Blindtexte. Abgeschieden wohnen Sie in Buchstabhausen an der Küste des Semantik, eines großen Sprachozeans. Ein kleines Bächlein namens Duden fließt durch ihren Ort und versorgt sie mit den nötigen Regelialien. Es ist ein paradiesmatisches Land, in dem einem gebratene Satzteile in den Mund fliegen. Nicht einmal von der allmächtigen Interpunktion werden die Blindtexte beherrscht - ein geradezu unorthographisches Leben.

◂ **Abbildung 3.13**
Durch die Verwendung von Blocksatz bei schmalen Spaltenbreiten können leicht Löcher entstehen.

Ein derartig gelayouteter Text wirkt sich sehr negativ auf das Leseempfinden aus.

Umbrüche vermeiden | Es gibt wenige Methoden, um notwendige Zeilenumbrüche zu ermöglichen und nicht erwünschte Umbrüche zu verhindern. Eine Methode besteht darin, sehr lange Wörter am Zeilenende zu verhindern. Das von den Browserherstellern schon länger eingeführte `wbr` für Wortumbruch wurde vom W3C nicht implementiert und führt bei Verwendung zu nicht validem Code.

Um unerwünschte Zeilenumbrüche zu verhindern, können Sie per CSS die Eigenschaft `white-space` mit der Eigenschaft `nowrap` verwenden.

Für den rot unterlegten Text in Abbildung 3.14 wurde der automatische Wortumbruch unterdrückt.

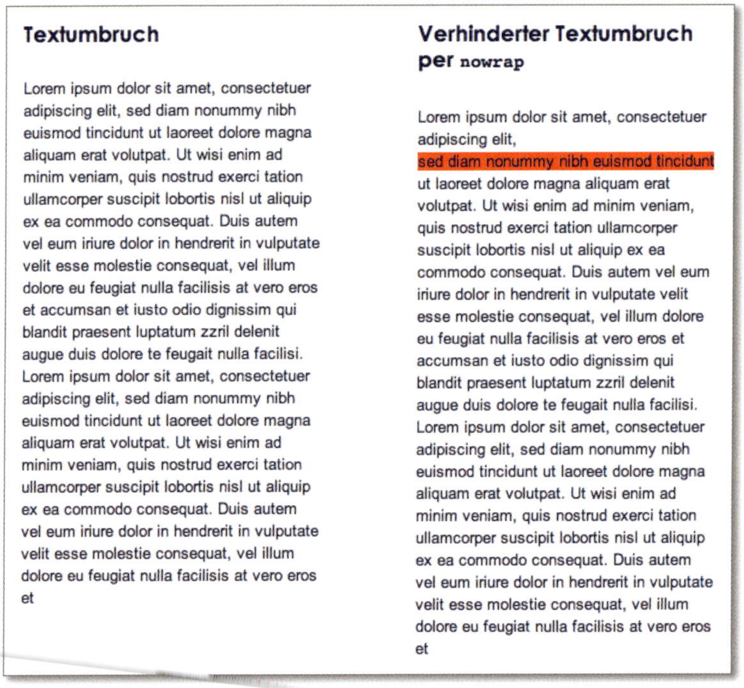

Abbildung 3.14 ▶
Textumbruch ohne und mit (rechts) `white-space: nowrap`

Kurze Wiederholung

Frischen Sie Ihr Wissen zu den verschiedenen Layoutarten in Abschnitt 2.2.7 auf.

Zeilenbreite im Layout | Um den genannten Anforderungen an eine gute Zeilenbreite im Webdesign zu entsprechen, müssen Sie auf **feste** oder **elastische** Layouts zurückgreifen. Wird ein **flexibles** Layout gewählt, ändert sich die Zeilenbreite mit der Breite des Browserfensters und wird damit eventuell zu lang oder zu kurz. Wird ein **festes** Layout verwendet, verkleinert sich die Zeilenlänge, wenn der Nutzer die Schriftgröße erhöht. Eventuell entstehen Scrollbalken. Verringert der Nutzer die Schriftgröße, wird die Zeilenbreite zu groß. Ein elastisches Layout passt sich dagegen optimal an die sich ändernde Schriftgröße an.

3.2.4 Zeilenabstand

Ein gut lesbarer Satz braucht angemessene Zeilenabstände. Variablen, von denen die Lesbarkeit abhängt, sind:

- die Füllung der Seite (eine volle Seite wirkt anders als eine halb gefüllte)
- die Laufweite der Schrift
- der Buchstaben- und Wortabstand
- die Zeilenlänge
- der Zeilenabstand

Der Zeilenabstand ist der vertikale Abstand von Schriftlinie zu Schriftlinie ❷. Die Zeilen werden durch den sogenannnten Durchschuss ❶ auseinandergetrieben.

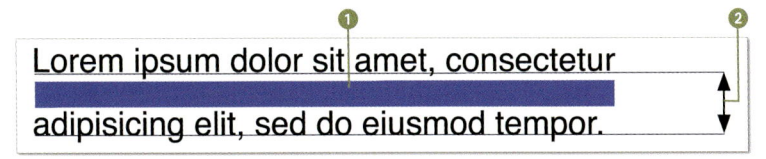

◀ Abbildung 3.15
Der Zeilenabstand

Zeilenabstand im CSS | Per CSS wird der Abstand **zwischen den Zeilen** – und nicht der Abstand unter der Schriftlinie – über die Eigenschaft `line-height` ❸ als gleicher Abstand über und unter dem Text formatiert. Das ist ein Unterschied, der zwischen Designern aus dem Printbereich und Webdesignern zu Verwirrung führen kann.

◀ Abbildung 3.16
Die CSS-Eigenschaft `line-height`

Sie nähern sich dem idealen Zeilenabstand am besten über mehrere Versuche mit verschiedenen Einstellungen an.

◀ Abbildung 3.17
Bei ungenügender Zeilenhöhe sind Texte schwer lesbar.

Generell sind 20 Prozent der Schrifthöhe zusätzlich als Zeilenabstand sinnvoll. In den folgenden Beispielen wurde der Zeilenabstand über die Eigenschaft `line-height` jeweils um `0.1 em` erhöht (siehe Abbildung 3.18). Der Unterschied in der Lesefreundlichkeit wird sehr schnell ersichtlich. Groteskschriften brauchen dabei generell mehr Zeilenabstand als Serifenschriften.

Abbildung 3.18 ▸
Auswirkungen der Vergrößerung des Zeilenabstands auf die Lesbarkeit bei Serifenschrift (links) und grotesker Schrift (rechts)

Abbildung 3.19 ▸
Die Lesbarkeit von Groteskschrift wird mit einem größeren Zeilenabstand deutlich verbessert.

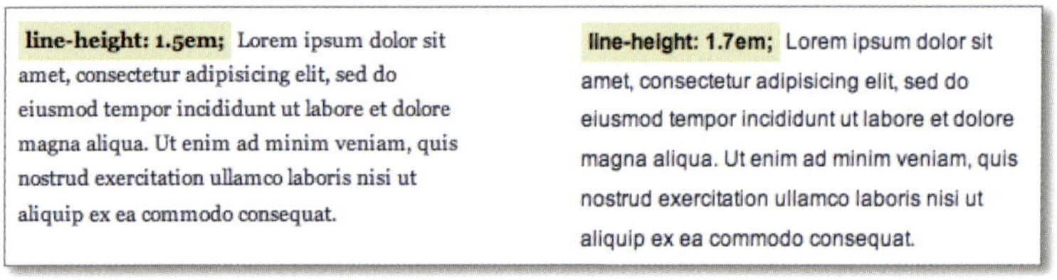

3.2.5 Kontrast und Farbe

In der Regel finden Sie Text im Internet auf hellem Hintergrund vor. Ausnahmen bestätigen die Regel, und so ist es gar nicht so selten, dass Designer alternativ die invertierte Gestaltung mit hellem Text auf dunklem Hintergrund verwenden. Diese Darstellung stellt jedoch einige besondere Anforderungen.

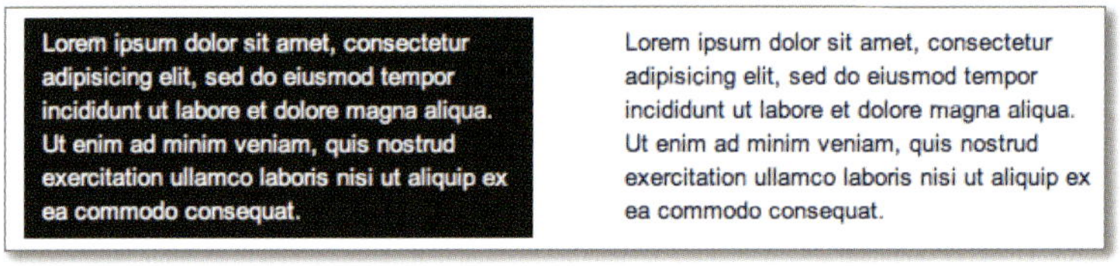

Abbildung 3.20 ▸
Inverse Darstellung

Helle Texte auf dunklem Grund wirken grundsätzlich fetter und gedrungener als dunkle Texte auf hellem Grund. Sie sollten deshalb einen größeren Zeilenabstand, einen größeren Zeichenabstand und ein geringeres Schriftgewicht verwenden. Dazu verwenden Sie die Eigenschaften `line-height` zur Anpassung der Zeilenhöhe, `letter-spacing` für die Regulierung des Zeichenabstands und `font-weight` zur Bestimmung des Schriftgewichts.

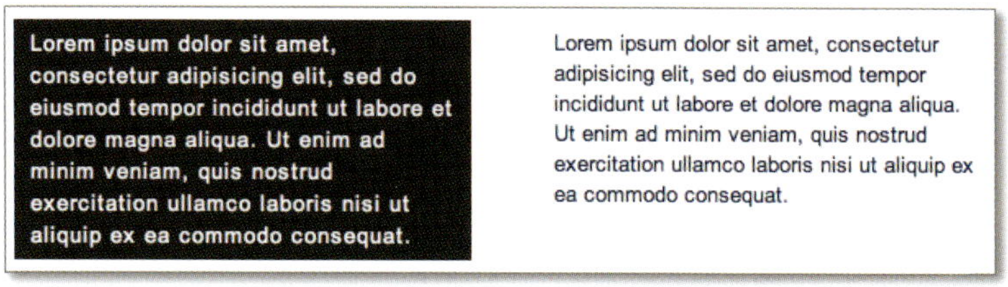

◀ **Abbildung 3.21**
Inverse Darstellung optimiert

Der Text in der linken Box in Abbildung 3.21 ist durch das Finetuning besser lesbar als der gleiche Text in Abbildung 3.20. Dazu wurde dem Absatz die Klasse `finetuned` hinzugefügt:

Hell auf Dunkel
Beispiele für inverse Darstellungen auf Webseiten finden Sie in Abschnitt 4.5.2.

```
.finetuned {
    font-weight: lighter;
    letter-spacing: 0.08em;
    line-height: 1.5em;
}
```

◀ **Listing 3.1**
Besondere Formatierungen für helle Schrift auf dunklem Grund

Ganz im Gegensatz zum Text in der jeweils rechten Box. Dieser wirkt in der zweiten Abbildung schlechter lesbar als in Abbildung 3.20.

Beachten Sie dabei, dass Safari für `font-weight` keine Wertangaben (100 bis 900) akzeptiert.

Mehr Typografie per CSS
Weitere Beispiele zum Umgang mit Text und Schrift via CSS finden Sie in Abschnitt 8.8.

3.3 Schriftformatierung für das Web

3.3.1 Schriftgrößen und Abstände für moderne Webseiten

Während man es aus dem Druckbereich gewöhnt ist, pixelgenau zu arbeiten, ist dies am Bildschirm nicht möglich. Gründe, warum ein pixelgenaues Arbeiten gar nicht sinnvoll ist, habe ich in Abschnitt 1.3.2, bereits genannt. Im Bereich der Typografie sind wir es jedoch gewohnt, mit Punkten und Pixeln zu arbeiten. Doch die Probleme fangen bereits beim Betriebssystem an. Während Mac OS und Linux eine Basis von 72 dpi als Berechnungsgrundlage für die Darstellung von Schriften verwenden, legt Windows 96 dpi zugrunde. Ein Pixel ist je nach Ausgabemedium verschieden: Auf einem 15-Zoll-Notebook ergibt sich also eine ganz andere Darstellung als an einem 24-Zoll-TFT-Monitor – obwohl beide die gleiche Auflösung haben. Browser wie zum Beispiel Opera erlauben es, Webseiten zu zoomen, sodass ein CSS-Pixel nicht mehr einem Bildschirm-Pixel entspricht.

Ein Pixel ist ein Pixel?
Warum ein CSS-Pixel kein Bildschirm-Pixel ist, erklärt der Beitrag »CSS Units« bei Surfin' Safari (*webkit.org/blog/?p=57*).

> **Image-Replacement-Techniken**
>
> Der Einsatz von Image-Replacement-Techniken wird in Abschnitt 8.8.1 besprochen.

Die richtige Schriftgröße | Erlaubt ist alles, was gefällt, möchte man meinen. So finden Sie heute Webseiten mit minimalistisch kleinen Texten und andere mit sehr großen Schriftgraden, wie sie zum Beispiel sehr gern in Überschriften verwendet werden. Oberstes Gebot bei der Auswahl einer Schriftgröße sollte jedoch immer die Lesbarkeit sein. Natürlich kann der Nutzer die Schriftgröße Ihrer Webseiten verändern, wenn Sie nach den Richtlinien dieses Buches arbeiten. Trotzdem sollte es auf den ersten Blick »passen«.

Texte hierarchisieren | Grundsätzlich heben große Schriftgrade den entsprechenden Text hervor, kleinere ordnen ihn unter. Wenn Sie also Ihre Texte durch Überschriften und Absätze hierarchisch gliedern, setzen Sie Schriftgrößen zusätzlich ein, um diese Gliederung zu unterstreichen.

Beispiele im Netz | Bevor ich Ihnen in den nächsten Abschnitten zeige, wie Sie von technischer Seite an die Gestaltung herangehen, möchte ich im Folgenden einige Beispiele für verschiedene Ansätze auf Webseiten zeigen.

▲ **Abbildung 3.23**
Der Einsatz von Schriftgrößen im Netz anhand der drei Beispiele *www.shauninman.com* ❶, *praegnanz.de* ❷ und *cameronmoll.com* ❸

Shaun Inman ❶ verwendet sehr große Schriftgrade für Überschriften, kombiniert mit einer Image-Replacement-Technik, und sehr kleine Schriftgrade für den Fließtext.

Gerrit van Aaken ❷ verwendet generell hohe Schriftgrade mit einer Basisschriftgröße von 14 Pixel.

Das Beispiel von Cameron Moll ❸ zeigt einen starken Einsatz von Grafiken zum Beispiel für die Navigation. Es werden überhaupt keine Texte verwendet oder versteckt, sondern einfach Bilder im Quelltext verwendet.

Der große Vorteil der in ❶ und ❷ verwendeten Ansätze im Gegensatz zu Beispiel ❸ ist die Skalierbarkeit der Texte. Da ein Nutzer die Möglichkeit haben soll, den Schriftgrad anzupassen, sollten Sie es so machen, wie die Beispiele ❶ und ❷ zeigen.

3.3.2 Große Schriften und Schriftglättung

Um die Lesbarkeit von Text am Bildschirm zu erhöhen, werden Schriften sowohl auf dem Mac als auch unter Windows standardmäßig geglättet. Diese Option nennt sich unter Windows **ClearType** und sorgt für weiche Übergänge an den Kanten der Schrift. Nutzer, die unter Windows die Option ClearType nicht eingestellt haben, können gerade bei sehr großen Schriften auf Webseiten hässliche Artefakte sehen, die aus der fehlenden Glättung resultieren. Mac-Nutzer können einstellen, ab welcher Schriftgröße kleinere Texte nicht geglättet werden sollen.

Aus diesem Grunde müssen Sie sich bei der Verwendung von sehr großen Schriften bewusst sein, dass die Darstellung nicht auf jedem System optimal sein wird.

◄ Abbildung 3.23
Schriftglättung unter Mac OS X ❶ und Windows XP ❷
(Beispiel www.rikcatindustries.com)

▼ Abbildung 3.24
Zoom aus Abbildung 3.23, Teil ❷

3.3.3 Welche Möglichkeiten der Formatierung sind möglich und sinnvoll?

Die folgenden Einheiten stehen Ihnen für die Angabe von Schriftgraden zur Verfügung:

- `pt` ist eine absolute Angabe, die für die typografische Maßeinheit Punkt steht und $1/72$ Inches entspricht.
- `px` steht für Pixel und ist abhängig von der Pixeldichte des jeweils verwendeten Ausgabegerätes. Die Darstellung eines Pixels ist relativ, also von Ausgabegerät zu Ausgabegerät verschieden, aber auch absolut, denn sie ist gleichbleibend für das verwendete Ausgabegerät.
- `em` bezieht sich auf die Schriftgröße des Elements. Wird `em` im Zusammenhang mit `font-size` verwendet, bezieht es sich auf die Schriftgröße des Elternelements.

- % bezieht sich wie auch em im Zusammenhang mit `font-size` auf die Schriftgröße des Elternelements.

Keine genauen Angaben möglich | Da jeder Browser seine Eigenheiten hat und die Technik und Erfordernisse von Nutzer zu Nutzer verschieden sind, kann ein Designer mit den anfänglichen Angaben im Stylesheet nur einen Vorschlag machen, wie die Webseite zu betrachten ist. Das gilt vor allem bei der Typografie einer Seite. Die **Standardschriftgröße** der meisten Browser beträgt bei einem 100-Prozent-Zoom 16 Pixel. Viele Webautoren empfinden das als zu groß und setzen deshalb die Schriftgröße entsprechend auf 75 Prozent (analog für 12 Pixel) oder 62,5 Prozent (analog für 10 Pixel) herab.

> **Schriftgröße im Browser**
>
> 99,7 % aller Nutzer verwenden im Browser die Standardeinstellung (MEDIUM) für die Schriftgröße (www.clickdensity.com/Text-Sizes-Study.aspx).

```
body { font-size: 75%; }
```

Listing 3.2 ▶ Schriftgröße herabsetzen

Eine weitere Möglichkeit ist es, die Schriftgröße nicht zu verändern, indem Sie folgende Angabe verwenden:

```
body { font-size: 100.01%; }
```

Listing 3.3 ▶ Schriftgröße nicht verändern

Die Verwendung des Wertes 100.01 % im Gegensatz zu 100 % oder einer em-Angabe ermöglicht es Ihnen, einigen potenziellen Fehlern in älteren Browsern aus dem Wege zu gehen. Wenn man im Internet Explorer 5 unter Windows die Schriftgröße auf einer Webseite erhöht, auf der für das `body`-Element entweder keine oder die Eigenschaft `font-size: 1em` festgelegt wurde und relative Schriftgrößen verwendet werden, werden große Schriftgrößen sehr stark vergrößert, kleine andererseits werden viel zu klein. Deshalb verwendet man statt der Angabe von `em` eine Prozentangabe. Der Wert 100.01 % wird verwendet, weil ältere Opera-Versionen die Schriftgröße eher zu klein darstellten.

Verwenden Sie den Universalselektor *, um die Schriftgröße auch auf Überschriften, Listen etc. zu vererben.

> **Vererbung in CSS**
>
> CSS ist eine Vererbungssprache. Einige, aber nicht alle Eigenschaften eines Elternelements werden bei der Vererbung an die Kinder weitergegeben. Abschnitt 8.3, geht näher auf die Grundlagen ein.

```
* {
   font-size: 1em;
}
body {
   font-size: 100.01%;
}
```

Listing 3.4 ▶ Schriftgrößen vererben

Nun können Sie fortfahren, alle weiteren Elemente mittels `em` zu formatieren.

3.3.4 Warum Sie die Basisschriftgröße nicht in Pixel definieren sollten

Für die Screenshots in Abbildung 3.25 wurde keine Basisgröße für die Schriftdarstellung definiert, und alle Browser verwenden etwa die gleiche Größe. Durch die Schriftglättung unter Mac OS X wird die Schrift auf den ersten zwei Browsern fetter dargestellt, und das Element wirkt so höher.

Die einzelnen Browserfenster wurden für die Abbildung am unteren Rand der Überschrift »Schriftgröße« ausgerichtet.

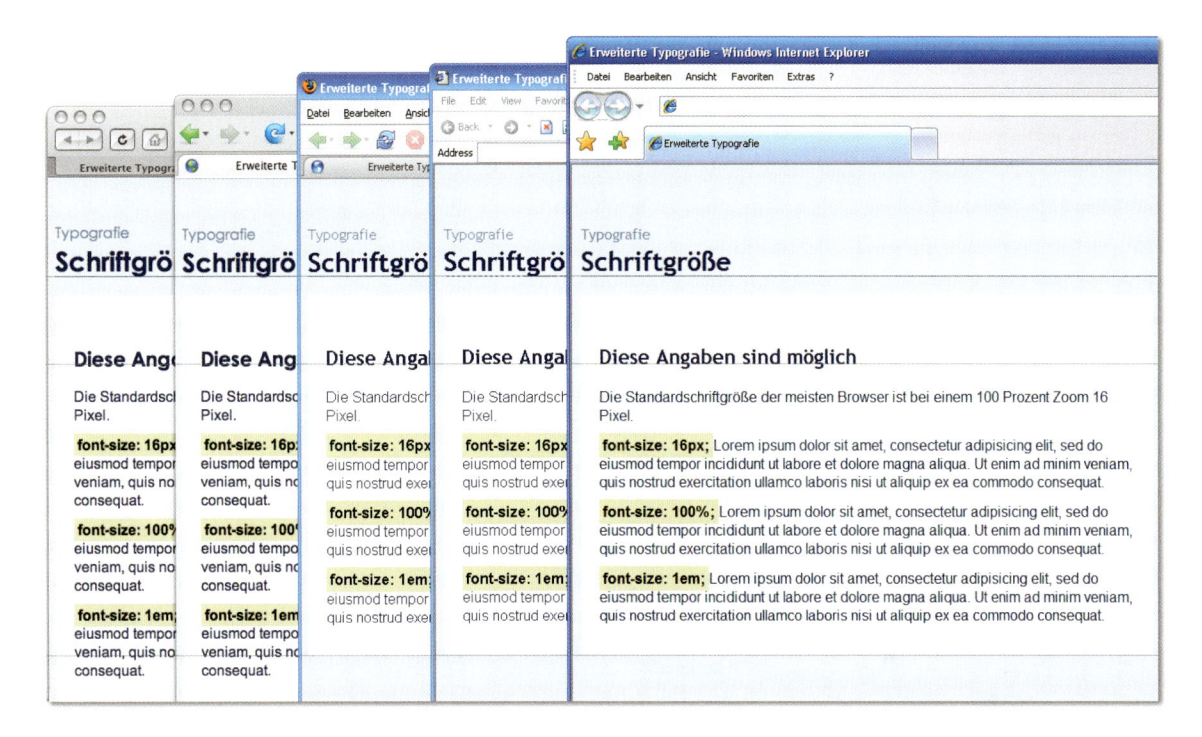

▲ Abbildung 3.25
Die Abbildung zeigt v.l.n.r. Safari (Mac OS X), Firefox (Mac OS X), Firefox (Windows XP), Internet Explorer 6 (Windows XP) und Internet Explorer 7 (Windows XP).

Für die Screenshots in Abbildung 3.26 wurde die Schriftgröße für den Body auf 12 Pixel gesetzt:

```
body {
   font-size: 12px;
}
```

◄ Listing 3.5
Herabsetzen der Schriftgröße auf 12 Pixel

Alle Absätze bis auf den ersten Beispielabsatz, der durch die Angabe von 16 Pixel definiert ist, ändern sich entsprechend.

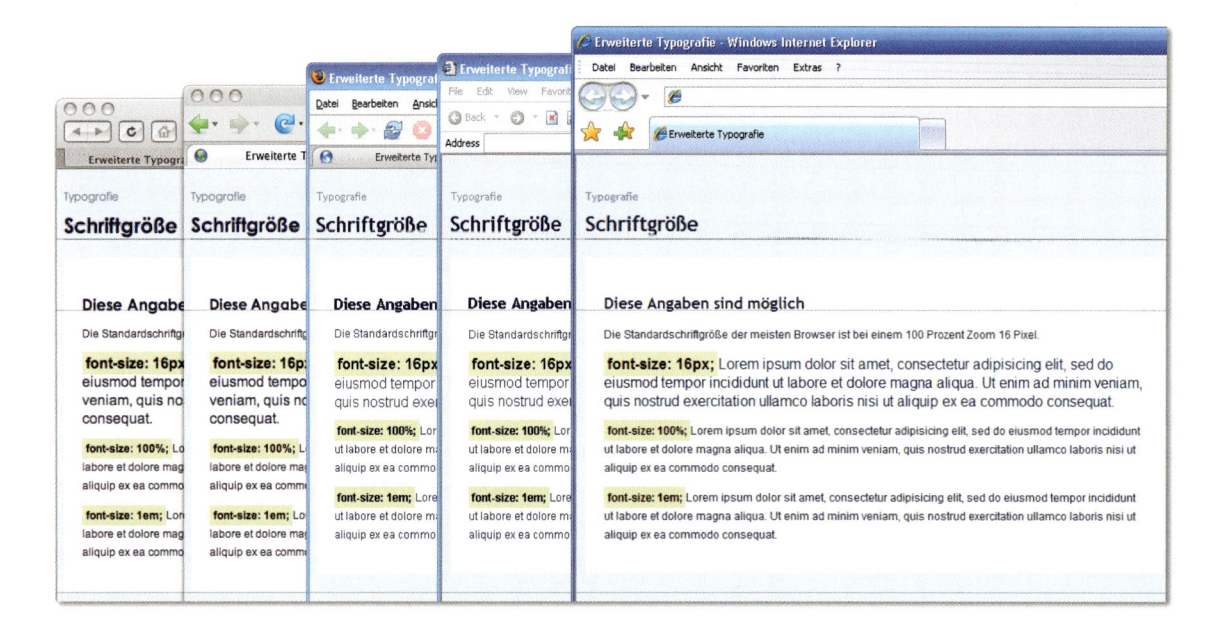

▲ **Abbildung 3.26**
Die gleichen Browser mit geänderten Einstellungen

▼ **Abbildung 3.27**
Nach Änderung der Schriftgröße auf Grösser verwendet der Internet Explorer trotzdem die per Stylesheet vorgegebenen 12 Pixel.

Im nächsten Beispiel in Abbildung 3.27 wurde durch den Nutzer die Schriftgröße auf Grösser erhöht. Safari und Firefox passen im Gegensatz zum Internet Explorer die Schriftgröße entsprechend an. Da der Internet Explorer auch in seiner aktuellen Version 7 nicht darauf reagiert, die Schriftgröße zu erhöhen, wenn diese in Pixel definiert ist, verbietet es sich aus Gründen der Zugänglichkeit, eine solche Definition zu verwenden. Die Besucher Ihrer Webseiten sollten immer die Möglichkeit haben, die Schriftdarstellung anzupassen.

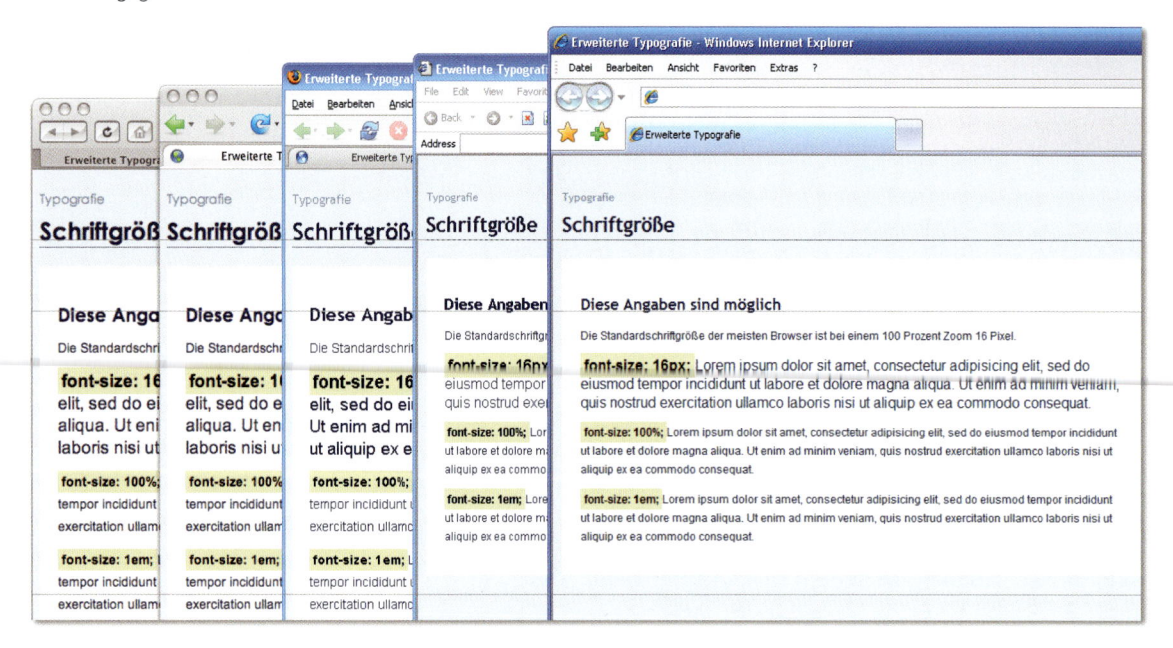

Wird die Basisschriftgröße wie vorgeschlagen auf 100.01 % gesetzt, sind die in Abbildung 3.25 dargestellten Versionen 6 und 7 des Internet Explorers in der Lage, eine Änderung der Schriftgröße umzusetzen, wenn die relativen Angaben Prozent und em genutzt werden (siehe Abbildung 3.28). Beachten Sie, dass im Internet Explorer im Gegensatz zu den anderen Browsern wiederum der durch Pixel definierte Wert des ersten Beispielabsatzes nicht skaliert.

Abbildung 3.28
Bei Angabe der Schriftgröße in Prozent kann der Anwender die Schriftgröße auch im Internet Explorer erhöhen.

Basisschriftgröße definieren | Da die aktuellen standardkonformen Browser mit Pixelangaben umgehen können, ist es möglich, jeden Browser entsprechend anzusprechen: Setzen Sie zunächst die Abstände aller Block-Elemente mithilfe des Universalselektors auf null, damit die internen Browservorgaben nicht verwendet werden.

```
* {
   margin:0;
   padding:0;
}
```

Listing 3.6
Alle Abstände im CSS zurücksetzen (global reset)

Der Internet Explorer benötigt eine relativ definierte Basisschriftgröße in Prozent:

```
/* Für Internet Explorer */
html {
   font-size: 75%;
}
```

Listing 3.7
Basisschriftgröße für den Internet Explorer

3.3 Schriftformatierung für das Web

Standardkonforme Browser

Eine Übersicht über standardkonforme Browser finden Sie in Abschnitt 1.3.2.

Alle standardkonformen Browser können mit Pixelangaben problemlos umgehen. Um eine bessere Kontrolle über die Darstellung zu haben, können Sie deshalb Folgendes schreiben:

Listing 3.8 ▶
Basisschriftgröße für Standardkonforme Browser

```
/* Für standardkonforme Browser */
html>body {
   font-size: 12px;
}
```

3.3.5 Der vertikale Rhythmus einer Webseite

Die folgende Abbildung zeigt ein zweispaltiges Layout, in dem lediglich die Schriftgröße wie oben beschrieben vorgegeben ist. Weiterhin sind die beiden Spalten wie folgt definiert:

Listing 3.9 ▶
CSS für die beiden Spalten

```
#hauptinhalt {
   width: 365px;
   float: left;
}
#notizen{
   width: 225px;
   float: right;
}
```

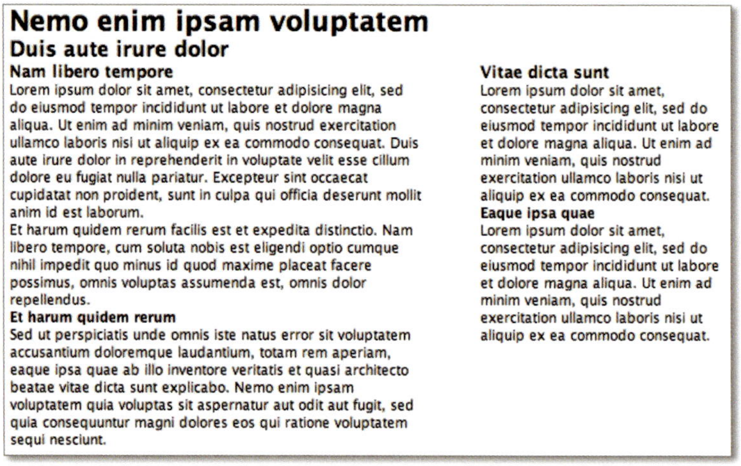

Nemo enim ipsam voluptatem
Duis aute irure dolor
Nam libero tempore
Lorem ipsum dolor sit amet, consectetur adipisicing elit, sed do eiusmod tempor incididunt ut labore et dolore magna aliqua. Ut enim ad minim veniam, quis nostrud exercitation ullamco laboris nisi ut aliquip ex ea commodo consequat. Duis aute irure dolor in reprehenderit in voluptate velit esse cillum dolore eu fugiat nulla pariatur. Excepteur sint occaecat cupidatat non proident, sunt in culpa qui officia deserunt mollit anim id est laborum.
Et harum quidem rerum facilis est et expedita distinctio. Nam libero tempore, cum soluta nobis est eligendi optio cumque nihil impedit quo minus id quod maxime placeat facere possimus, omnis voluptas assumenda est, omnis dolor repellendus.
Et harum quidem rerum
Sed ut perspiciatis unde omnis iste natus error sit voluptatem accusantium doloremque laudantium, totam rem aperiam, eaque ipsa quae ab illo inventore veritatis et quasi architecto beatae vitae dicta sunt explicabo. Nemo enim ipsam voluptatem quia voluptas sit aspernatur aut odit aut fugit, sed quia consequuntur magni dolores eos qui ratione voluptatem sequi nesciunt.

Vitae dicta sunt
Lorem ipsum dolor sit amet, consectetur adipisicing elit, sed do eiusmod tempor incididunt ut labore et dolore magna aliqua. Ut enim ad minim veniam, quis nostrud exercitation ullamco laboris nisi ut aliquip ex ea commodo consequat.
Eaque ipsa quae
Lorem ipsum dolor sit amet, consectetur adipisicing elit, sed do eiusmod tempor incididunt ut labore et dolore magna aliqua. Ut enim ad minim veniam, quis nostrud exercitation ullamco laboris nisi ut aliquip ex ea commodo consequat.

Abbildung 3.29 ▶
Ein unformatiertes zweispaltiges Beispiellayout. Die Spalte links ist der `#hauptinhalt`, die rechte Spalte sind die `#notizen`.

Die Texte sind gedrungen und schlecht lesbar. Das Auge versucht, Halt zu finden, es gelingt ihm aber nicht. In »Compose to a Vertical Rhythm« (*24ways.org/2006/compose-to-a-vertical-rhythm*) hat Richard Rutter einen systematischen Workflow zur Festlegung der vertikalen Ausrichtung einzelner Elemente vorgestellt. Er erlaubt ein solides typografisches System für eine Gestaltung, das gute Lesbarkeit und Kompatibilität sichert.

Im oben gezeigten Beispiel wurde die Größe von 12 Pixel als Basisgröße gewählt. Von dieser Größe ausgehend können nun alle weiteren Größen bestimmt werden. Bei dieser Basisgröße für die Schrift sollte der Zeilenabstand 1 ½ Zeilen, also 18 Pixel und 1.5 em betragen:

```
p {
    line-height 1.5em;
}
```

▲ **Listing 3.10**
Zeilenabstand für Absätze festlegen

Die **Abstände zwischen den einzelnen Absätzen** sollten diesen Zeilenabstand widerspiegeln: Geben Sie den Absätzen einen ebenso großen oberen und unteren Randabstand:

```
p {
    margin-top: 1.5em;
    margin-bottom: 1.5em;
}
```

▲ **Listing 3.11**
Außenabstände für alle Absätze

Die folgende Tabelle gibt die optimalen Schriftgrößen und Abstände sowie Zeilenhöhen wieder, die für eine Basisgröße von 12 Pixel und einen Zeilenabstand von 18 Pixel angemessen sind.

Schriftgröße in Pixel	Schriftgröße in »em«	Abstand und Zeilenhöhe in »em«
8	0,67	2,25
10	0,83	1,80
12	1,00	1,50
14	1,17	1,29
16	1,33	1,13
18	1,50	1,00
20	1,67	0,90

◀ **Tabelle 3.1**
Schriftgrößen und Abstände für eine Basisschriftgröße von 12 Pixel und einen Zeilenabstand von 18 Pixel

Bilder im vertikalen Rhythmus | Um den vertikalen Rhythmus zu erhalten, müssen auch Bilder und andere Block-Elemente diesen Rhythmus widerspiegeln. Das ist natürlich nur dann möglich, wenn die Bilder über einem Zoom-Ansatz eingebunden worden sind, sodass sie mittels *em* skaliert werden können.

Zusätzlich zu den oben angegebenen Formatierungen wurden für die Formatierung der Seite aus Abbildung 3.30 die folgenden Deklarationen aus Listing 3.12 verwendet.

Asymmetrie
Sie können auch asymmetrische Ober- und Unterabstände verwenden, solange diese die gleiche Basis verwenden (siehe *24ways.org/2006/compose-to-a-vertical-rhythm*):
```
h2 {
    font-size: 1.1667em;
    line-height: 1.286em;
    margin-top: 1.929em;
    margin-bottom: 0.643em;
}
```

Bilder zoomen

In Abschnitt »Aus der Praxis: Elastische Layouts und Bilder« in Kapitel 2.2.8 wurde beschrieben, wie Sie Bilder mit der Schriftgröße skalieren lassen.

Abbildung 3.30 ▶
Die einzelnen Bestandteile des Beispiellayouts, hervorgehoben durch die Web Developers Toolbar

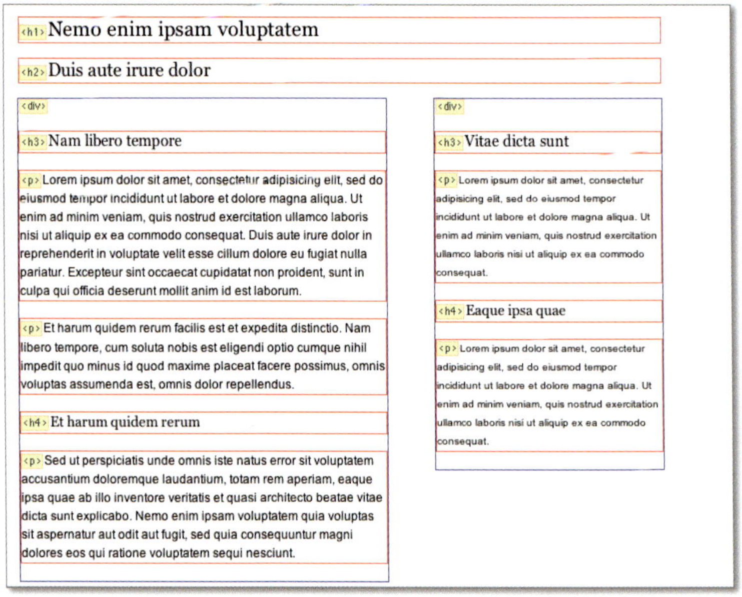

> **Web Developers Toolbar**
>
> Die Web Developers Toolbar ist eine Erweiterung für den Firefox-Browser, deren Verwendung die Gestaltung von standardkonformen Websites wesentlich vereinfachen kann. In Abschnitt 6.6 wird sie näher vorgestellt.

Listing 3.12 ▶
Stylesheet-Angaben für die Darstellung der Seite in Abbildung 3.30

```
p {
    font-family: Arial, Tahoma, Verdana, sans-serif;
    line-height: 1.5em;
    margin-top: 1.5em;
    margin-bottom: 1.5em;
}
h1 {
    font: 1.67em/0.9em Georgia, "Times New Roman", Times,
    serif;
    margin-top: 0.9em;
    margin-bottom: 0.9em;
}
h2 {
    font: 1.5em/1em Georgia, "Times New Roman", Times,
    serif;
    margin-top: 1em;
    margin-bottom: 1em;
}
h3 {
    font: 1.33em/1.13em Georgia, "Times New Roman",
    Times, serif;
    margin-top: 1.13em;
    margin-bottom: 1.13em;
}
h4 {
    font: 1.17em/1.29em Georgia, "Times New Roman", Times,
    serif;
```

```
    margin-top: 1.29em;
    margin-bottom: 1.29em;
}
```

◀ **Listing 3.12**
(Forts.)

Alle Absätze in der Seitenleiste (`#notizen`) werden in einer Größe von 10 Pixel dargestellt.

```
#notizen p {
    font: 0.83em/1.8em Arial, Tahoma, Verdana, sans-serif;
}
```

◀ **Listing 3.13**
Schriftgröße in der Spalte `#notizen`

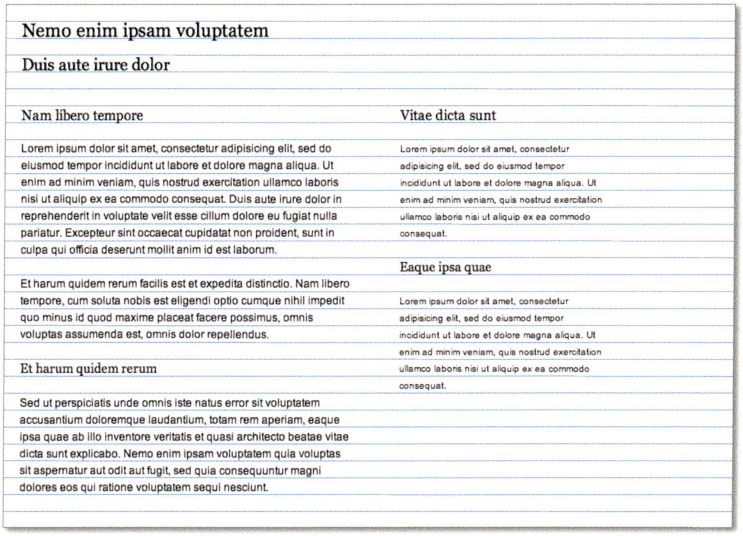

◀ **Abbildung 3.31**
Das fertig ausgerichtete Layout. Alle Elemente richten sich optimal vertikal aus.

Zur Verdeutlichung der Ausrichtung wurden in Abbildung 3.31 die Linien in Form eines Hintergrundbildes per CSS hinzugefügt.

Alle Beispiele und auch den Hintergrund, den Sie für eigene Kompositionen verwenden sollten, finden Sie auf der Buch-DVD im Ordner BEISPIELMATERIAL • KAPITEL 3 bzw. UEBERGREIFEND • GRAFIKEN und auf der Website zum Buch.

3.4 Schreibweisen

Ein häufig anzutreffendes Problem auf Webseiten ist die falsche Verwendung oder Formatierung von Zeichen. Im Folgenden werden die wichtigsten Formatierungen zusammengefasst.

Trennstriche und Umbrüche | Trennstriche (Divis oder Bindestriche) werden in Textverarbeitungsprogrammen automatisch erzeugt, in Browsern leider nicht. Ein Trennstrich steht am ersten Wort, gefolgt von einem normalen Abstand. Der Gedankenstrich ist ein Halbgeviert lang, und der Abstand davor und danach wird reduziert. Im Kontext von »von bis« steht kein Abstand zwischen den Ziffern: »von 13–17 Uhr«. In HTML wird der Trennstrich durch das »-«-Zeichen repräsentiert.

Für das Netz könnten Sie zwar `&shy;` für einen bedingten Trennstrich und `<wbr>` für einen Umbruch innerhalb eines Wortes verwenden. Leider werden beide so schlecht von den älteren und aktuellen Browsern unterstützt, dass eine Verwendung nicht empfohlen werden kann.

Will man zwischen zwei Begriffen einen Zeilenumbruch unterbinden, ist das durch die Verwendung des geschützten Leerzeichens ` ` möglich. Das entspricht dem HTML-Standard, funktioniert in allen Browsern wie gewünscht, reicht allerdings wegen der weit reichenden Trennungstendenz des IE oftmals nicht aus.

> **Sonderzeichen korrekt ausgeben**
>
> Der Artikel »Ein (Sonder-)Zeichen setzen« (*praegnanz.de/essays/typo-im-web-ein-sonder-zeichen-setzen*) von Gerrit van Aaken geht auf viele Fallstricke bei der Verwendung von Sonderzeichen ein und gehört in jede Lesezeichenliste.

Klammern und Anführungszeichen | Runde und eckige Klammern stehen mit etwas Abstand vor und nach ihrem Inhalt, ebenso wie französische Anführungszeichen. Auslassungspunkte enthalten etwa ein Drittel weniger Abstand. Dies jedoch per CSS umzusetzen wäre aufgrund der zusätzlichen Formatierungen unverhältnismäßig.

Satzzeichen | Punkt und Komma stehen am vorhergehenden Wort, während Semikolon, Doppelpunkt, Frage- und Ausrufezeichen jeweils etwas Abstand zum vorhergehenden Wort halten.

Telefon-, Fax- und Postfachnummern | Telefon-, Fax- und Postfachnummern werden vom rechten Rand ausgehend in Zweiergruppen geteilt. Die Ortsnetzkennzahl steht in runden Klammern davor: (030) 123 12 12 12. Internationale Nummern können eine doppelte Null oder ein »+« verwenden, die Ortskennzahl kann wieder in Klammern gesetzt werden, und Durchwahlen werden mit einem Trennstrich abgetrennt: +49 (0)30 123 12 12-121.

Bankleitzahlen | Bankleitzahlen bestehen aus zwei Dreier- und einer Zweiergruppe mit reduziertem Abstand. Dezimalzahlen dürfen mit einem Abstand oder einem Punkt nach drei Stellen von rechts unterteilt werden: 1.000.

Begrenzte Umsetzung in CSS | CSS bietet viele Möglichkeiten der Formatierung, jedoch nicht für reduzierte und erweiterte Abstände, und es wäre unklug, den Versuch zu starten, sie durch eigene »Nano-Formatierungen« zu gestalten. Der Quelltext würde sich unnötig aufblähen und unübersichtlich werden.

3.5 Checkliste: Das ist gute Web-Typografie

Gute Web-Typografie haben Sie verwendet, wenn folgende Bedingungen erfüllt sind:

- Die Schrift läuft nicht zu eng und ist gut lesbar.
- Die Grundschrift wurde in Prozent definiert.
- Die Grundschrift wurde groß genug gewählt. Die meisten Besucher müssen die Schriftgröße nicht selbst anpassen.
- Der Zeilenabstand ist der Grundschriftgröße angepasst.
- Die Zeilen sind maximal 60 bis 80 Zeichen breit.
- Für den Fließtext wurde kein Blocksatz verwendet.
- Zentrierter Satz wurde vermieden.
- Die Schriftwahl ist dezent, harmonisch und pointiert auf das Web abgestimmt.
- Der vertikale Rhythmus stimmt. Der Zeilenabstand ist groß genug, um optimale Lesbarkeit zu gewährleisten.
- Der Tonwertunterschied zwischen Textfarbe und Hintergrundfarbe ist ausreichend und angenehm.

Ausblick

Weitere Beispiele und konkrete Handreichungen für die Formatierung von Texten finden Sie in Abschnitt 8.8.

4   Farbe

Farbe gilt als wichtigstes und gleichzeitig als subjektivstes Gestaltungsmittel: Sie gliedert, signalisiert, betont, kommuniziert und harmonisiert.

In der **Farbtheorie** werden die Grundfarben in zwei Kategorien getrennt: die der additiven und die der subtraktiven Farbmischung.

Additive Farbmischung | Bei der additiven Farbmischung wird Licht verschiedener Spektralbereiche addiert. So addierte Farben enthalten mehr Licht als ihre Ausgangsfarben.

Werden die additiven Grundfarben **Rot**, **Grün** und **Blau** addiert, entsteht Weiß (vgl. Abbildung 4.1 oben). Dieses System, das als **RGB-System** bezeichnet wird, findet zum Beispiel beim Fernseher, bei Digitalkameras und bei Monitoren Anwendung.

Subtraktive Farbmischung | Subtraktive Farben entstehen durch die Subtraktion von Licht: **Cyan**, **Magenta** und **Gelb** (Englisch: Yellow). Diese ergänzen sich zu Schwarz, dem »K« in CMYK (vgl. Abbildung 4.1 unten). Diese Technik wird im Farbdruck und in künstlerischen Zeichen- und Maltechniken angewandt.

Farbtheorien | Die Theorie der Farben beschreibt, wie Farben mit anderen Farben in Beziehung stehen, was durch ihre Position auf dem Farbkreis definiert wird.

Farbkreis | Das einfachste Ordnungssystem dieser Art stellt der Farbkreis mit sechs Farben dar, der in Abbildung 4.2 oben abgebildet ist. Die drei Grundfarben der additiven Farbmischung Rot, Grün und Blau und die drei Grundfarben der subtraktiven Farbmischung Cyan, Magenta und Gelb sind abwechselnd auf dem Farbkreis angeordnet. Cyan, Magenta und Gelb lassen sich nicht durch Mischen herstellen und werden deshalb als **Primärfarben** bezeichnet. Alle weiteren Farben im Farbkreis in Abbildung 4.2 unten werden durch Mischen erzeugt. Werden je zwei Primärfarben gemischt, ergeben sie eine **Sekundärfarbe**. So ergeben Magenta und Gelb zusammen Rot, Cyan und Gelb ergeben Grün, und Magenta und Cyan ergeben Blau. Die

> **Noch mehr Farbe**
>
> Brigitte Hallenberger und Hartmut Rudolf haben mit »Farben im Webdesign« *(www.metacolor.de)* ein sehr umfangreiches und lesenswertes Tutorial im Netz veröffentlicht.

▲ **Abbildung 4.1**
Die additiven Grundfarben Rot, Grün und Blau (oben) und die subtraktiven Grundfarben Cyan, Gelb und Magenta (unten)

aus Mischungen dieser Farben entstehenden Farben bilden die **Tertiärfarben**. **Komplementärfarben** liegen sich auf dem Farbkreis gegenüber, harmonisieren miteinander und ergänzen sich zu Weiß bzw. Schwarz (siehe Abbildung 4.3).

4.1 Farbe am Monitor und im Web

Wie bereits erwähnt, ist die Farbdarstellung am Monitor eine additive: Jeder Pixel am Monitor kann eine der drei Grundfarben Rot, Grün oder Blau darstellen und dabei einen Wert zwischen 0 und 255 annehmen. Auf diese Weise können Sie mittels CSS Farben auch mit ihren **RGB-Werten** definieren, die Sie in Bildbearbeitungsprogrammen ablesen können: `color: rgb (rot, grün, blau);`

▲ **Abbildung 4.2**
Der sechsteilige Farbkreis (oben) und der umfangreichere Farbkreis nach Itten (unten)

Der wie folgt formatierte Absatz hätte die Farbe Grün:
```
p {
    color: rgb (0,255,0);
}
```

Eine weitere Möglichkeit zur Angabe von Farben ist die Verwendung von **Farbnamen**, wie sie das W3C in »Basic HTML data types« (*www.w3.org/TR/html4/types.html*) definiert hat:
```
p {
    color: green;
}
```

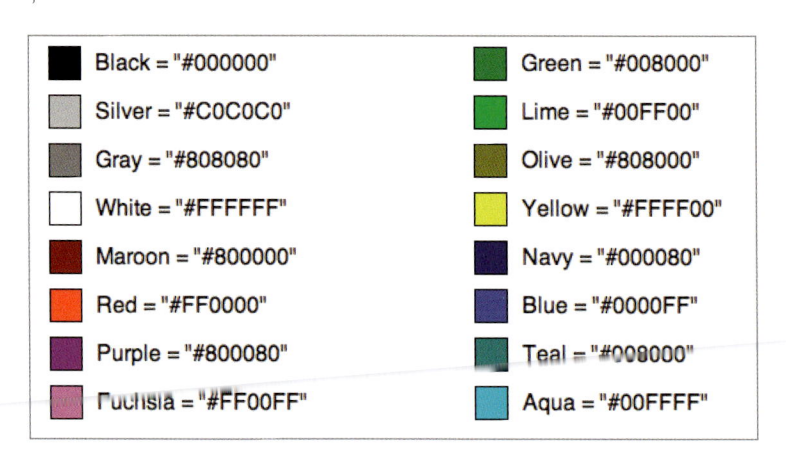

■	Black = "#000000"	■	Green = "#008000"
■	Silver = "#C0C0C0"	■	Lime = "#00FF00"
■	Gray = "#808080"	■	Olive = "#808000"
□	White = "#FFFFFF"	■	Yellow = "#FFFF00"
■	Maroon = "#800000"	■	Navy = "#000080"
■	Red = "#FF0000"	■	Blue = "#0000FF"
■	Purple = "#800080"	■	Teal = "#008000"
■	Fuchsia = "#FF00FF"	■	Aqua = "#00FFFF"

▲ **Abbildung 4.4**
Farbnamen, wie sie durch das W3C definiert wurden
(Quelle: *www.w3.org/TR/html4/types.html#h-6.5*)

▲ **Abbildung 4.3**
Komplementärfarben ergänzen sich zu Weiß (additiv) bzw. zu Schwarz (subtraktiv).

Die dritte und am weitesten verbreitete Methode ist die Angabe der Farbe über das **hexadezimale System** mit sechs Stellen, denen jeweils eine Raute # vorangestellt wird. Die ersten beiden Stellen stehen für Rot, die nächsten für Grün und die letzten für Blau. Aus der Dezimalzahl 255 wird im hexadezimalen System `ff`:

```
p {
    color: #00ff00;
}
```

> **Wichtig: Konsequenz**
>
> Egal, für welches Farbsystem Sie sich entscheiden, halten Sie es durch!

Sie müssen diese Zahlen aber nicht ausrechnen. Alle aktuellen Bildbearbeitungsprogramme bieten Ihnen die Möglichkeit, hexadezimal angegebene Werte direkt zu übernehmen.

4.2 Farbwirkung

Häufig hat ein Kunde, der an Sie herantritt, schon ein Logo, Designrichtlinien oder einen Hausstil und somit Farben, an die Sie sich beim Gestalten halten müssen. Ist das nicht der Fall oder soll ein solcher Stil erst entworfen werden, obliegt es Ihnen als Gestalter, passende Farben zu finden. Farben haben immer auch eine psychologische, symbolische oder soziale Wirkung, die positive und/oder negative Assoziationen hervorrufen kann: Die Wahrnehmung von Farben ruft im Menschen Erinnerungen an Erfahrungen hervor und produziert Gefühle. Deshalb hängt erfolgreiches Design vom bewussten Einsatz von Farben ab. Eine Farbe lässt sich diesbezüglich nicht von der Form des jeweiligen Elements trennen.

Farbname	Farbwirkung und Assoziationen
Cyan	Positiv: kühl, sachlich, frisch, sportlich
Magenta	Positiv: modern, kühl, emotional, kommunikativ
Gelb	Positiv: Freude, Optimismus, sonnig, heiter, anregend Negativ: Eifersucht
Rot	Positiv: Leidenschaft, Aktivität, Kampf, Gefahr, Wärme Negativ: unruhig, aufwirbelnd, aggressiv
Grün	Positiv: Hoffnung, Ruhe, ausgleichend, erfrischend Negativ: sauer, herb, unreif
Blau	Positiv: Harmonie, Treue, Vertrauen, Verlässlichkeit, Sachlichkeit Negativ: Distanz, Kälte
Weiß	Positiv: Reinheit, Sauberkeit, Leichtigkeit, kühl, sachlich
Schwarz	Positiv: Macht, Eleganz, Funktionalität, geheimnisvoll, sachlich Negativ: Gewalt, Tod, Härte, Schwere

◄ **Tabelle 4.1**
Ausgewählte Farben und ihre Wirkungen und Assoziationen

4.3 Farbkontrast und Farbabstufungen

Farbkontraste entstehen durch die Wahrnehmung von Farben in ihrem Umfeld.

Wahrnehmungsgesetze | Die Grundlagen der Wahrnehmung und die Beziehung zwischen Element und Umfeld werden in Kapitel 2 erläutert. Der Charakter einer Farbe ändert sich mit ihrem Umfeld. Das gelbe Quadrat in Abbildung 4.5 oben, das in seiner Komplementärfarbe eingebettet ist, hat einen starken Signalcharakter. Das braune Quadrat, das in einer benachbarten Farbe eingebettet ist, hat diese Wirkung dagegen kaum. Je nachdem, wo eine Farbe auf dem Farbkreis angeordnet ist, hat sie eine warme oder kalte Wirkung.

In Abbildung 4.6 wird das Rot ganz unterschiedlich wahrgenommen, je nachdem ob es in einer Farbe nahe der Komplementärfarbe (Blau) oder einer im Farbkreis nahe liegenden Farbe (Orange) liegt. Die Wirkung des Rots in der rechten Grafik der Abbildung variiert je nach dem Umfeld: Der Signalcharakter ist im Quadrat unten links aufgrund der Nähe zur Komplementärfarbe (Grün) am auffälligsten.

▲ **Abbildung 4.6**
Kontrast ist vom Umfeld abhängig.

▲ **Abbildung 4.5**
Komplementärfarben (oben) und warme (Mitte) und kalte Farben (unten)

Im Webdesign können Sie sich diese Wirkungen zunutze machen. Verwenden Sie also beispielsweise Komplementärfarben, wenn es darum geht, Aufmerksamkeit zu erzeugen. Verwenden Sie benachbarte und auch warme Farben, um Harmonie zu erzeugen.

Auch die Größe eines Elements beeinflusst resultierende Farbkontraste. Die kleine Schrift in der oberen Gruppe von Abbildung 4.7 hat die gleiche Farbe wie die große, wirkt jedoch aufgrund ihrer geringeren Größe heller. In der unteren Wortgruppe wurde dieser Bereich von #FFB3B7 auf #E19EA2 angepasst, um die Lesbarkeit zu erhöhen.

Abbildung 4.7 ▶
Beispiel Farbkontrast.
Idee nach »Cheating Color« von Jason Santa Maria (24ways.org/2006/cheating-color).

Farbabstufungen kann man durch die Änderung der Helligkeit und/oder Sättigung einer Farbe erreichen. Helle und dunkle Farbabstufungen können dabei komplett andere Bedeutungen haben. Grundsätzlich ziehen sattere und dunklere Signalfarben mehr Aufmerksamkeit auf sich als hellere und weniger gesättigte Farben. Diese würden Sie idealerweise für hierarchisch untergeordnete Elemente verwenden, die nicht alle Aufmerksamkeit brauchen.

4.4 Hürden für die Farbwahrnehmung

Es gibt viele **Einschränkungen der visuellen Wahrnehmung**, die zu Problemen bei der Aufnahme von Webseiten führen können. Sie alle einzeln zu behandeln ist an dieser Stelle leider nicht möglich. Während blinde und sehr stark sehbehinderte Menschen sehr häufig auf zusätzliche Werkzeuge wie Screenreader oder Bildschirmlupen zum Lesen von Texten auf Internetseiten zurückgreifen, verwenden Menschen mit weniger starken Einschränkungen meist den normalen Browser.

Hürden früh abbauen | Als Designer können Sie schon bei der Gestaltung eines Layouts potenzielle Probleme erkennen und umschiffen: **Kurz-, Weit- und Alterssichtigkeit** sind weit verbreitet und werden im Allgemeinen durch Hilfsmittel wie Brillen und Kontaktlinsen behandelt, doch auch dann hat nicht jeder Mensch das berühmte »Adlerauge«.

Eine Webseite ist optimal gestaltet, wenn die Basisschriftgröße nicht zu klein angesetzt ist. Achten Sie, wie in Abschnitt 3.4 beschrieben, darauf, dass die Schriften in ihrer Gestaltung in jedem Browser skalierbar sind.

Augenerkrankungen und barrierefreies Webdesign

Weitere Informationen zu spezifischen Augenerkrankungen hat Jens Meiert zusammengetragen (*meiert.com/de/publications/articles/20061121*).

Lichtempfindlichkeit | Menschen mit einer erhöhten Lichtempfindlichkeit können Probleme mit Layouts mit hohen Kontrasten haben. Sie können zum Beispiel schwarzen Text auf weißem Grund nicht gut erkennen, weil dieser durch die hohen Kontraste als grell und zu hell empfunden wird. Buchstaben und Zeilen fangen an, »sich zu bewegen«, und die Texte verschwimmen vor den Augen.

Als Gestalter können Sie diesem Problem entgegenwirken, indem Sie Kombinationen mit schwächeren Kontrasten verwenden, also kein reines Weiß für den Hintergrund bzw. kein reines Schwarz für den Text.

Farbfehlsichtigkeit | Auch dem Hindernis der Farbfehlsichtigkeit kann man schon bei der Gestaltung des Entwurfs besondere Aufmerksamkeit schenken. Umgangssprachlich wird die Farbfehlsichtig-

> **Informationen zum Thema Farbfehlsichtigkeit**
>
> Daniel Flueck betreibt die Website Colblindor (www.colblindor.com) mit vielen interessanten Artikeln und Tipps zum Thema.

keit gern als Farbenblindheit bezeichnet, was aber nicht korrekt ist, denn meist können die Betroffenen nur die Farben Rot und Grün schlechter unterscheiden als Normalsichtige.

Als Webdesigner sollten Sie deshalb immer darauf achten, Information nicht nur über die Farben, sondern auch über die Form – wie zum Beispiel Unterstreichungen – und eventuell alternative Beschreibungen zu kennzeichnen.

Problematische Farbkombinationen können Sie durch einen Test ausschließen. Dazu steht Ihnen eine Reihe von Werkzeugen zur Verfügung.

Color Oracle finden Sie auch auf der Buch-DVD im Ordner SOFTWARE • FARBWAHRNEHMUNG.

Werkzeuge zum Testen auf potenzielle Probleme bei Farbfehlsichtigkeit | Color Oracle (Informationen und Download unter colororacle.cartography.ch) ist ein kostenloses und sehr empfehlenswertes Werkzeug, das für Windows, Mac OS X und Linux erhältlich ist und Farbfehlsichtigkeit unabhängig von der verwendeten Software für das gesamte Betriebssystem simuliert.

Vischeck (www.vischeck.com) bietet Informationen und verschiedene Online-Tools zur Überprüfung von eigenen Gestaltungen auf potenzielle Probleme für Betroffene. Sie können ein Programm für den eigenen Rechner verwenden oder Grafiken und Webseiten online testen.

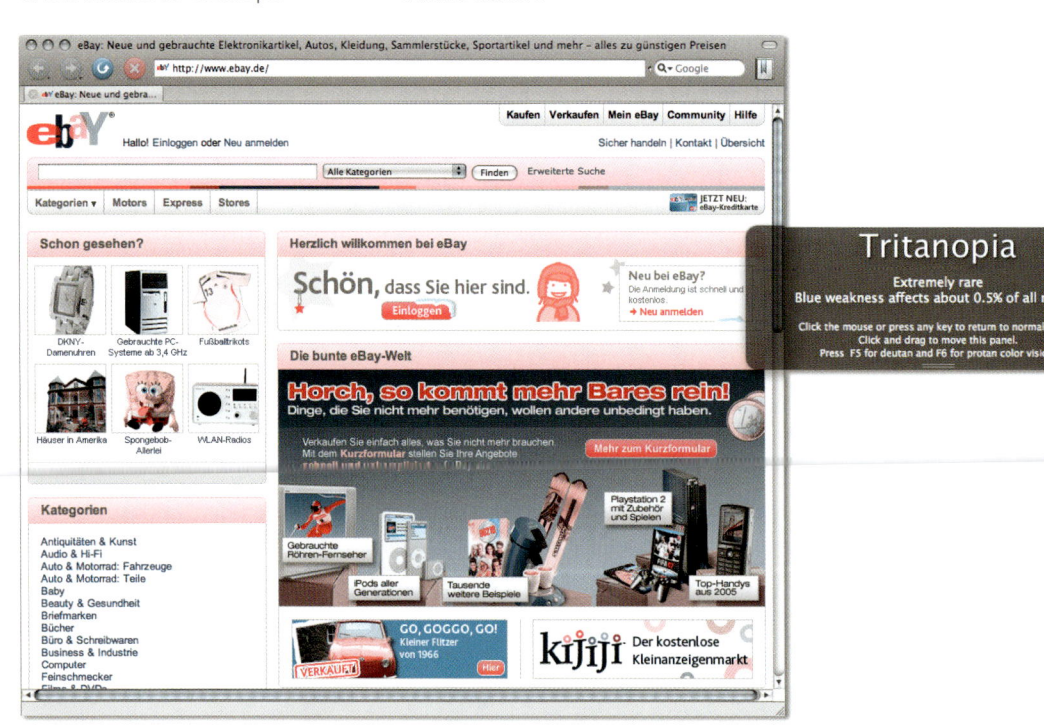

▼ Abbildung 4.8
Screenshot des Desktops von Mac OS X 10.4, dem Browser Camino und Ebay Deutschland (www.ebay.de) bei durch Color Oracle simulierter Tritanopia

Werkzeuge zum Testen auf sinnvolle Kontraste | Der Colour Contrast Check (*www.snook.ca/technical/colour_contrast/colour.html*) von Jonathan Snook urteilt nach Eingabe einer Vor- und Hintergrundfarbe darüber, ob beide ausreichend Kontraste haben, um den Anforderungen des W3C (*www.w3.org/TR/AERT#color-contrast*) gerecht zu werden.

Juicy Studio bietet mit CSS Analyser (*juicystudio.com/services/csstest.php*) und Colour Contrast Firefox Extension (*juicystudio.com/article/new-improved-colour-contrast-firefox-extension.php*) zwei Werkzeuge an, die komplette Stylesheets auf problematische Kombinationen testen können.

> Die Colour Contrast-Extension liegt im Ordner SOFTWARE
> • FIREFOX EXTENSIONS.

4.5 Farbe für Webseiten

Die Wahl der passenden Farben für ein Projekt ist eine der wichtigsten Entscheidungen überhaupt, denn sie beeinflusst die Rezeption einer Site beim Besucher erheblich. Neben den Kundenwünschen bezüglich der Einbindung bereits vorhandener Richtlinien bestimmt die **Zielgruppe** die Farbwahl erheblich. Möchten Sie beispielsweise Teenager ansprechen, sollten kräftige Farben die Gestaltung bestimmen, Wissenschaftler und Wissenssuchende sprechen eher gedämpfte und sachliche Töne an, und Familien werden Sie am besten mit frischen Naturtönen und Pastellfarben erreichen können. Das »typische« Designermagazin zeichnet sich durch viel Weißraum und wenig Farbe aus usw.

> **Farben für Webseiten exemplarisch**
> In Abschnitt 4.5.2 werden exemplarisch verschiedene aktuelle Strömungen zum Einsatz von Farbe auf Webseiten vorgestellt.

Farbschema | Die Anzahl von Farben auf einer Webseite sollte auf wenige Farben in einem sogenannten **Farbschema** begrenzt werden. Ein solches Schema sollte aus **drei bis acht Farben** bestehen. Diese Farben sollten sich auf der Seite logisch wiederholen, um dem Auge Ruhe und dem Nutzer Führung zu geben. Ein Farbschema besteht meist aus den Farbangaben für die Farbe des Hintergrunds, der Verweise, des Textes und großer Layoutelemente. Es gibt viele Wege, die zu einem neuen Farbschema führen, und einige sollen im Folgenden besprochen werden. Die Vorgehensweise richtet sich immer nach der Art des Projekts und den jeweiligen Vorgaben. So sind Sie zum Beispiel durch eventuelle grafische Vorlagen des Kunden wie Logo oder Bildmaterial bereits an einen Farbbereich gebunden.

> **Farbschema im Stylesheet**
> Wichtige Farbangaben sollten Sie im Kopf eines Stylesheets festhalten. Das erspart erneutes Nachschlagen und reduziert potenzielle Fehlerquellen.

Grundsätzlich ist es immer sinnvoll, Komplementärfarben für ein neues Schema zu finden. Das heißt: Farbe Nummer 1 steht im Kontrast zu Farbe Nummer 2 und zu Farbe Nummer 3. Eine gute Idee ist es, zwei hellere Farben und eine dunklere Farbe zu verwenden. Verwenden Sie dann zum Beispiel die lebendigste Farbe als Highlight für das Logo oder den Titel einer Webseite.

▲ **Abbildung 4.9**
Beispiel für eine Farbpalette bei ColorLovers (*www.colourlovers.com/palettes/top*). Alle Kreationen können auf dieser Site bewertet und kommentiert werden.

4.5.1 Ein Farbschema entwickeln

Die einfachste Variante, ein Farbschema zu finden, ist die **Verwendung eines bereits bestehenden Konzepts**. Viele Webseiten wie zum Beispiel Adobe Kuler (*kuler.adobe.com*), ColorSchemer (*www.colorschemer.com/schemes*) und ColorLovers (*www.colourlovers.com*) bieten Tausende von Farbkombinationen zur freien Verwendung an. Es gibt dort Toplisten und Suchmöglichkeiten für Farbschemata.

ColorBurn (*www.firewheeldesign.com/widgets*) ist ein Widget für Mac OS X und Windows XP von Firewheel Design, das täglich ein neues frisches Farbschema auf den Desktop sendet.

Abbildung 4.10 ▶
Jeden Tag ein neues Farbschema. Das Widget ColorBurn macht es möglich (*www.firewheeldesign.com/widgets*).

Grautöne als Startpunkt

Mark Boulton (*www.markboulton.co.uk/journal/comments/five_simple_steps_to_designing_with_colour*) schlägt vor, Entwürfe für Weblayouts grundsätzlich mit Grautönen zu beginnen. Er rät, erst dann mit Farbe zu arbeiten, wenn das Layout auch in Schwarz-Weiß funktioniert, denn dann sind diese Elemente nicht von vornherein über ihre Farbe definiert.

Die zweite und technisch recht sichere Variante, ein Farbschema zu gestalten, ist die **Verwendung einer Software** wie zum Beispiel Color Schemer Studio für Windows und Mac OS X, das in Abbildung 4.11 zu sehen ist. Color Schemer Studio bietet verschiedene Wege, ein Schema zu erstellen: Über den Farbkreis, wo zunächst die Basisfarbe bestimmt werden kann, und über Farbharmonien.

Eine Vorschau des erarbeiteten Schemas als kleine Webseite ist ebenfalls dabei. Über einen Farbmixer lassen sich beliebig viele Nuancen und Kombinationen ausgeben. Zu guter Letzt bietet das

Werkzeug Ihnen die Möglichkeit, zu bestimmten Hintergrundfarben »sichere« Textfarben zu finden.

◀ **Abbildung 4.11**
Ein automatisch zusammengestelltes Schema in PhotoSchemer

Color Schemer Studio bietet sich neben Photoshop oder einem anderen Bildbearbeitungsprogramm auch an, um den dritten Weg zur Findung eines Schemas zu beschreiben: **die Auswahl von Farben anhand einer Grafik oder eines Fotos.** Wenn schon festgelegt wurde, dass eine bestimmte Grafik in einem Layout Platz finden muss, ist es eine gute Idee, die Farben für dieses Layout an dieser Grafik zu orientieren. PhotoSchemer stellt, wie in Abbildung 4.12 gezeigt, automatisch Farbschemata mit einer beliebig einstellbaren Anzahl von Farben zusammen, die Sie dann natürlich auch anpassen können.

▼ **Abbildung 4.12**
Color Schemer Studio
(*www.colorschemer.com*)

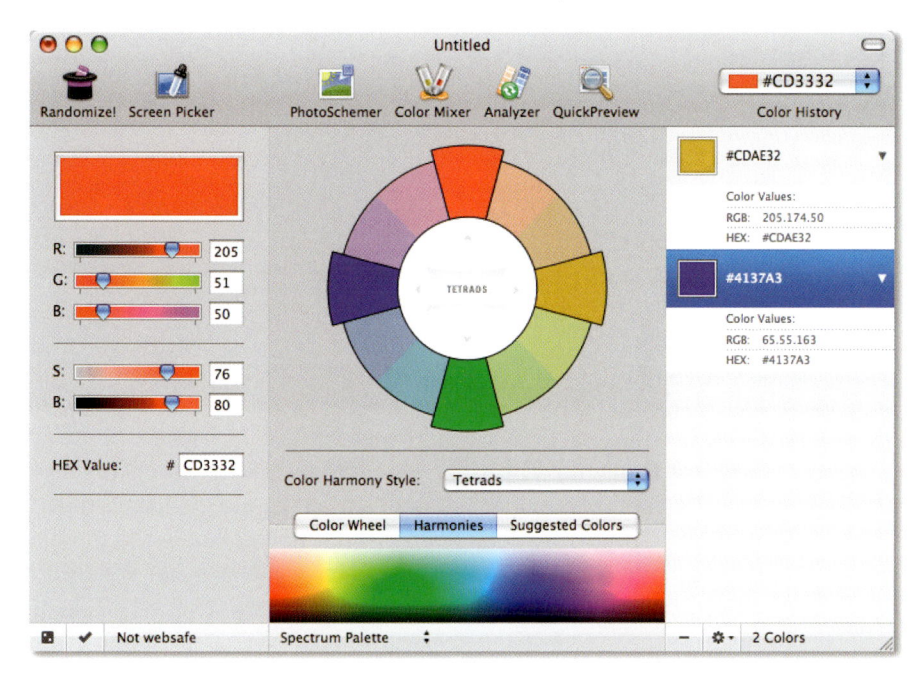

4.5 Farbe für Webseiten | **137**

Dazu öffnen Sie das entsprechende Bild im Bildbearbeitungsprogramm Ihrer Wahl und wählen mit der Pipette die entsprechenden Farben aus. Schreiben Sie diese Farben dann auch in den Header Ihres Stylesheets. Das erleichtert das Auffinden und verhindert die Verwendung unnötig vieler Farben.

Welche Farbe dann für welches Element im Layout steht, werden Sie in den meisten Fällen austesten müssen. Die Entwicklung von Farbschemata ist ein sehr kreativer Prozess, bei dem viele Ideen auch wieder verworfen werden.

Abbildung 4.13 ▶
Beispiel für ein Farbschema, das aus einem Foto über Photoshop gewonnen wurde

4.5.2 Aktuelle Richtungen und Entwicklungen

Wie beim Layout gibt es auch im Bereich der Farben Trends und Tendenzen, die heute im Bereich des Webdesigns zu beobachten sind. Ich möchte im Folgenden einige Richtungen in Bezug auf Farbe beispielhaft vorstellen.

▲ **Abbildung 4.14**
Drei Beispiele für die Verwendung von heller Schrift auf dunklem Grund:
❶ veerle.duoh.com
❷ mein-brandenburg.com
❸ www.okb.es

Hell auf Dunkel | Es ist immer wieder umstritten und eine Frage des Projekts, ob in einer Gestaltung erfolgreich heller Text auf dunklem Grund eingesetzt werden kann und sollte. Wenn Sie die in Abschnitt 3.2.5 erwähnten Vorsichtsmaßnahmen bei der invertierten Darstellung berücksichtigen, können sehr schöne und spannungsgeladene Projekte entstehen.

Die drei Beispiele in Abbildung 4.14 zeigen sehr schön, welche Kraft ein dunkler Hintergrund in ein Design legen kann. Alle Designs leben von einer dunklen Hintergrundfarbe, einem hellen Fließtext und einer dominanten Kontrastfarbe. Während die Elemente in Beispiel ❶ recht bunt angelegt sind, sind die Elemente in ❷ und ❸ farblich harmonischer angelegt, was den Gestaltungen einen sehr gediegenen, edlen Look verleiht.

Webseiten dieser Kategorie stechen beim Besucher immer als etwas Besonderes heraus, da sie sich doch stark vom Alltäglichen abheben. Dieses Versprechen muss die Site dann aber inhaltlich auch halten.

Gedämpfte Farben und Pastelltöne | Durch die Verwendung gedämpfter, ausbalancierter Farben mit viel Weiß in den Farbtönen ist es möglich, farbliche Kombinationen zu gestalten, die harmonisch und beruhigend auf den Besucher wirken.

Während die Designs in den Beispielen ❹ und ❺ eine Kombination aus einem warmen Naturton (Hellbraun bzw. Beige) mit einer kalten Farbe für die Highlights (Blau) verwenden, wurden in Beispiel ❻ vor allem warme Ton-in-Ton-Farben verwendet. Alle drei Beispiele strahlen Stabilität, Ruhe und Harmonie aus. Sie sprechen den Besucher über die farbliche Kombination gefühlsmäßig an und nicht aktiv über »schreiende« Farben.

> **Designtrends, -tendenzen und -elemente**
>
> Design Melt Down sammelt im Netz – wenn auch in buchähnlicher Form – Beispiele für Richtungen und Trends im Webdesign (*www.designmeltdown.com*).

Durch die Kombination warmer Farben rufen Sie Wohlempfinden und den Wunsch nach Harmonie beim Nutzer hervor. Deshalb finden sich warme Pastellfarben auch häufig in Webseiten rund um die Themen Schönheit, Mutterschaft und Kosmetik (siehe Abbildung 4.16).

Eher kühle Pastelltöne wirken vergleichbar distanzierter und zurückhaltender. Erdtöne rufen Assoziationen zu Outdoor-Aktivitäten und den Naturgewalten hervor und sprechen so eine breite Zielgruppe an. Sie werden sehr häufig zum Beispiel erfolgreich in Portfolios, Designs zu ethischen Themen, aber auch auf Immobilienseiten eingesetzt.

▲ **Abbildung 4.15**
Drei Beispiele für die Verwendung von gedämpften Farben:
❹ *www.mobilewebbook.com*
❺ *www.31three.com*
❻ *luckyoliver.com*

4.5 Farbe für Webseiten | **139**

Die Kombination warmer und kalter Farben erfordert viel Fingerspitzengefühl.

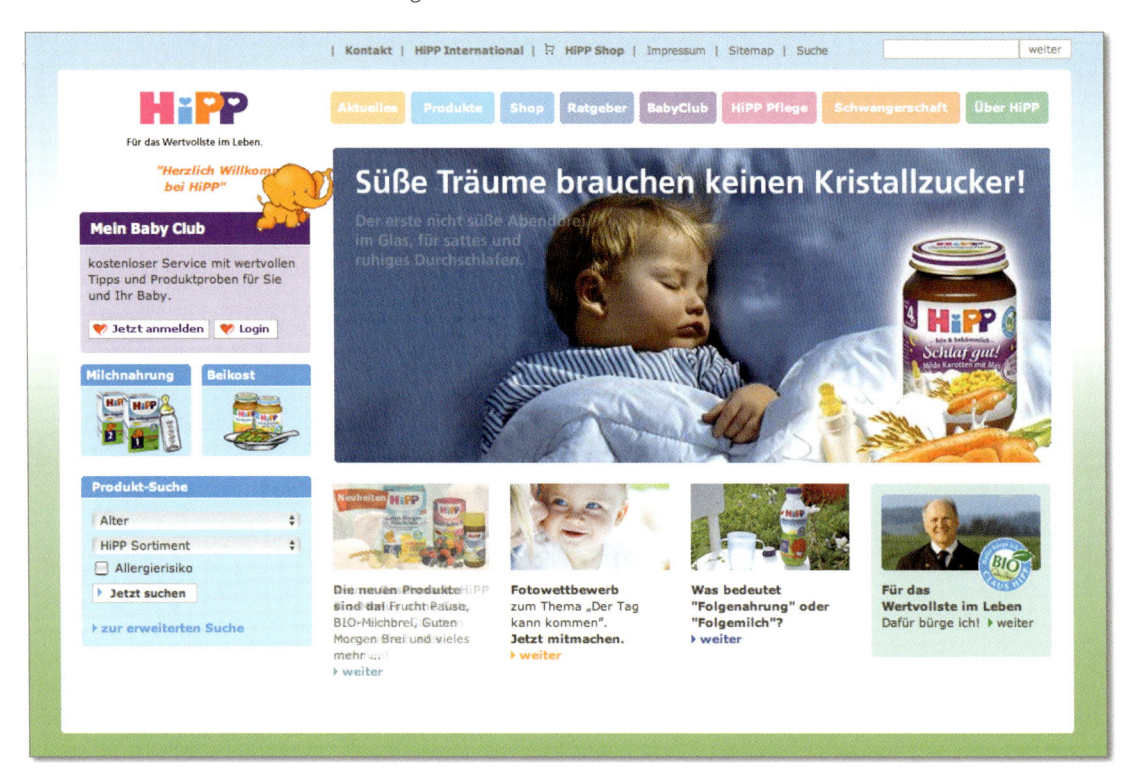

▲ **Abbildung 4.16**
Pastelltöne richtig eingesetzt:
www.hipp.de

▼ **Abbildung 4.17**
Drei Beispiele für die Verwendung von klarem, gradlinigem Design:
1. *www.subtraction.com*
2. *markboultondesign.com*
3. *www.dirkhesse.com*

Reduzierte Eleganz | Unter dem Aspekt »klinisch rein« möchte ich reduzierte Ansätze zusammenfassen, die mit minimalem Farbeinsatz auskommen, also neben Weiß maximal zwei weitere Farben verwenden. Diese Gestaltungen wirken auf den Besucher immer sehr klar, sehr sachlich und sehr kühl. Sie rufen wenige Emotionen hervor und stellen damit den Inhalt weiter in den Vordergrund. Dieser muss durch Lesen erschlossen werden, da der Einsatz von Bildern und Farbe meist wenige Anhaltspunkte gibt.

Layouts, wie die in Abbildung 4.17 gezeigten, leben neben ihrer sehr klaren Gliederung der einzelnen Elemente von einem hervorragend pointierten Einsatz der Typografie. Weißraum, Schriftarten, Raster und Linien bestimmen die Gestaltung, in der Farbe komplett in den Hintergrund tritt. Das einzelne Wort wirkt – so verpackt – bedeutender und wird klarer transportiert als in den zuvor gezeigten Beispielen. Diese Art der Gestaltung wird gern von Designern oder für Designmagazine verwendet.

Voll gesättigt | Reine und gesättigte Farbtöne als Hintergrundfarbe wirken sehr dominant und werden häufig nur für einen abgegrenzten Bereich eines Layouts verwendet oder mit einem Verlauf kombiniert. Ihre Intensität rückt die entsprechenden Elemente stark in den Vordergrund. Ihre Aufnahme strengt das Auge häufig an.

Die Verwendung aktiver Farben ruft den Besucher dazu auf, sich einzulassen und mitzumachen. Anders als bei den »klinisch reinen« Gestaltungen ringen in den oben gezeigten Beispielen die verschiedenen bunten Elemente um Aufmerksamkeit. Als Besucher ist man aktiv dazu angehalten, sie alle aufzunehmen. Es entsteht eine Art positive Unruhe und Beteiligung. In Beispiel ❹ und ❺ handelt es sich jeweils um Event-Seiten, die auf ein ganz bestimmtes Ereignis hinweisen. Der Besucher wird auch dementsprechend »alarmiert«. Beispiel ❻ unterstreicht mit dem dunkleren Hintergrund, dem Verlauf und der pointiert eingesetzten Kontrastfarbe Gelb/Gold eher Konstanz und Stabilität – so wie es von einem Portfolio erwartet wird.

Die Verwendung voll gesättigter aktiver Farben für große Flächen oder gar einen Seitenhintergrund setzt immer ein Zeichen und involviert den Besucher von der ersten Sekunde an. Gerade bei mehreren aktiven und vollen Farben ist es schwer, sie in Einklang zu bringen. Die beiden ersten Beispiele aus Abbildung 4.18 verwenden ein aus der Natur abstrahiertes Motiv, das es dem Nutzer erleichtert, die Buntheit zuzuordnen, das Ereignis schnell zu identifizieren und die Informationen aufzunehmen.

▲ **Abbildung 4.18**
Drei Beispiele für die Verwendung von gesättigten Farben:
❹ summer.tnvacation.com
❺ www.deutscher-wandertag2007.de
❻ www.lealea.net

Web 2.0 | Die im Folgenden als »Web 2.0« bezeichnete Designrichtung beschränkt sich allein auf die grundlegenden Prinzipien der Layoutgestaltung. Viele beim Erscheinen dieses Buches aktuelle Websites und Webapplikationen folgen diesen sie verbindenden Richtlinien mehr oder weniger streng.

▲ **Abbildung 4.19**
Drei Beispiele für typische »Web 2.0«-Sites:
❶ *flickr.com*
❷ *del.icio.us*
❸ *technorati.com*

Die in Abbildung 4.19 abgebildeten Layouts machen drei der wichtigsten Sites des beschriebenen Bereiches aus. Allen gemeinsam ist es, dem Besucher nicht nur Informationen zu bieten. Er soll aktiv involviert werden, selbst Inhalte beizutragen. Ähnlich wie die Beispiele in Abbildung 4.17 bestimmt viel Weißraum die einzelnen Layouts. Jedoch wirkt die Anordnung der einzelnen Elemente loser und unpräziser. Der Typografie wird kein so großes Augenmerk zugeordnet. Alle drei Beispiele verwenden eine volle Farbe – in diesem Falle Blau – für die Verlinkung. Beispiel ❶ und ❸ kombinieren diese Farbe noch mit einer weiteren Signalfarbe, nämlich Pink bzw. Grün. Allein diese Farbwahl lässt Flickr (❶) frischer, jünger und motivierender erscheinen.

Der Inhalt steht bei Sites dieses Genres stark im Vordergrund. Die wenigen schmückenden Elemente unterstützen dies.

Ausblick | Farbe bestimmt mehr als Form und Inhalt, wie sich der Besucher einer Site nähert und mit welchen Emotionen er ihr begegnet. Als Gestalter können Sie diese Erfahrungen mit viel Gefühl und Kenntnis über die Wirkung von Farbe steuern. Die Beispiele haben gezeigt, wie der Einsatz von Farbe über ein Layout hinweg die Aufnahme und Offenheit des Besuchers beeinflussen kann.

Aktiv wahrnehmen

Wenn Sie das nächste Mal auf einer Surftour sind, analysieren Sie doch einmal die Farbwahl von ausgewählten Sites, und fragen Sie sich, was dahintersteckt und auch, was man hätte besser machen können. Führen Sie sich dabei immer die Zielgruppe der Site vor Augen!

4.6 Checkliste: Farbe für Webseiten

Die folgenden Fragen sollten Sie sich vor dem Abschluss eines Webprojekts stellen und beantworten, um die Schwerpunkte der farblichen Gestaltung abgedeckt zu haben:

- Passen die Farben hinsichtlich ihrer Wirkung einfach und untereinander zum Projekt und zur Zielgruppe?
- Haben Sie die Anzahl der Farben für das Projekt begrenzt und in einem Farbschema zusammengestellt?
- Haben Sie alle Farbwerte auf die gleiche Art und Weise definiert?
- Haben Sie die Farbwerte in das entsprechende Stylesheet geschrieben?
- Sind die Farbkombinationen sicher im Hinblick auf Tonwerte und Kontraste? Sind auch lange Texte ohne Anstrengung gut lesbar?
- Lassen sich auch bei abgeschaltetem CSS und der unterbundenen Anzeige von Bildern alle Layoutelemente identifizieren und lesen?

5 Medien

5.1 Mediennutzung und Rechte

Für die auf einer Webseite eingesetzten Medien gibt es bestimmte Verwendungsrechte, die der Urheber zur Verfügung stellt. Das Spektrum kann dabei vom vollkommen kostenlosen und unlimitierten Einsatz bis hin zum stark limitierten Einsatz oder gar Verbot der Wiedergabe reichen. Mit **Creative Commons** hat sich eine Organisation der Planung und Definition von sinnvollen Nutzungsrechten für verschiedene Medien angenommen.

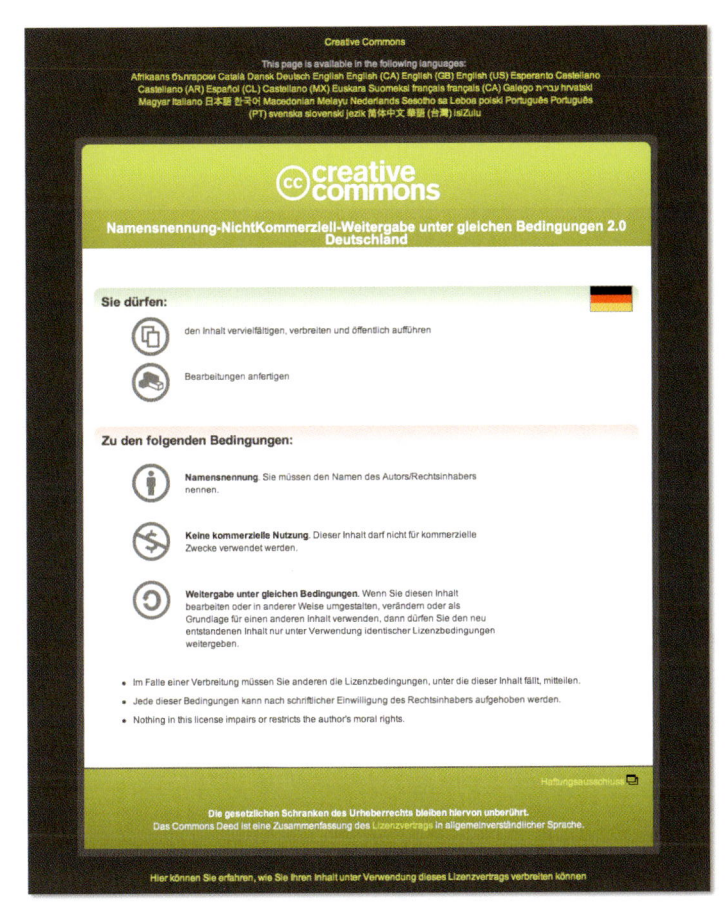

Creative-Commons-Lizenzen

Derzeit stehen sechs verschiedene Lizenzen zur Verfügung:
- Namensnennung
- Namensnennung-Keine kommerzielle Nutzung
- Namensnennung-Keine kommerzielle Nutzung-Keine Bearbeitung
- Namensnennung-Keine kommerzielle Nutzung-Weitergabe unter gleichen Bedingungen
- Namensnennung-Keine Bearbeitung
- Namensnennung-Weitergabe unter gleichen Bedingungen

Mehr unter *http://creativecommons.org/international/de*

◀ **Abbildung 5.1**
Beispiel für eine Creative-Commons-Lizenz (*creativecommons.org/licenses/by-nc-sa/2.0/de*)

GEMA

Die GEMA ist eine sogenannte Verwertungsgesellschaft und die richtige Anlaufstelle, wenn es darum geht, sich benötigte Lizenzen für Musik zu beschaffen: *www.gema.de*

Quellen für Podsafe Music
- Podsafe Music Network (*music.podshow.com*)
- Podparade (*www.podparade.de*)
- Podsafe Audio (*www.podsafeaudio.com*)

Was ist Creative Commons? | Die nicht kommerzielle Organisation Creative Commons bietet einen Rahmen für die Veröffentlichung und Verbreitung digitaler Medieninhalte an. Dies geschieht in Form von vorgefertigten Lizenzverträgen, die Urheber auswählen und zu ihren Bildern anbieten können. So ist es möglich, speziellere Anforderungen an die Nutzung eines Medieninhalts zu stellen. Dabei verlangt der einfachste Lizenzvertrag lediglich die Namensnennung des Rechteinhabers. Weitere Einschränkungen können gemacht werden, was eine kommerzielle Nutzung oder Bearbeitungen angeht. Alle Lizenzen sind in verschiedenen Sprachen verfügbar. Wenn Sie selbst Medien im Internet anbieten oder Medien nutzen möchten, müssen Sie sich mit diesen Bedingungen vertraut machen und sie einhalten.

Musik | Bei der Verwendung von Musik für eigene Kreationen wie zum Beispiel Flash-Animationen, Podcasts oder Screencasts müssen Sie ebenso wie bei Bildern die Nutzungsrechte im Vorfeld abklären, denn Musik ist in der Regel GEMA-geschützt. Und so müssen bei jeder Aufführung Gebühren an die GEMA abgeführt werden. Diese bietet zwar einen speziellen Tarif für Podcaster, einfacher ist es jedoch, auf freie Musik im Netz zurückzugreifen. Diese ist unter dem Namen *Podsafe Music* bekannt und wird meist unter der Creative-Commons-Lizenz veröffentlicht.

5.2 Wo Sie Grafiken, Illustrationen und Fotos finden

Es gibt sehr viele Anbieter, die im Internet Bildmaterial zu den unterschiedlichsten Konditionen veröffentlichen. Qualität, Komfort der Suche und Preis variieren dabei sehr stark von Anbieter zu Anbieter. Bevor Sie sich für eine spezielle Datei entscheiden, müssen Sie die Nutzungsrechte genauestens studieren, um vor Abmahnungen sicher zu sein. Ich möchte beispielhaft auf drei Möglichkeiten hinweisen, um komfortabel hochwertiges Bildmaterial für die Nutzung auf einer Website zu finden.

Flickr (*flickr.com*) ist eine internationale Fotocommunity, die es Ihren Nutzern ermöglicht, Bilder ins Internet zu stellen und sie dort zu diskutieren. Wer ein Bild bei Flickr hochlädt, hat die Möglichkeit, eine Creative-Commons-Lizenz auszuwählen, nach der andere Nutzer dieses Bild suchen und nutzen können. So ist es möglich, sehr schnell Bilder zu finden, die auf eignen Webseiten gezeigt werden dürfen, wo dann zum Beispiel nur der Name des Urhebers angegeben werden muss.

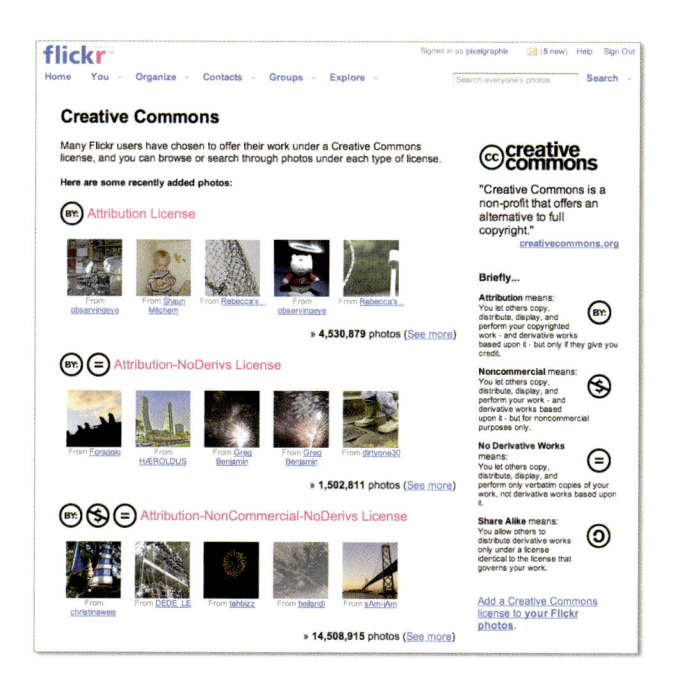

◀ **Abbildung 5.2**
Creative Commons bei Flickr
(*flickr.com/creativecommons*)

iStockphoto (*www.istockphoto.com*) ist eine komfortable Plattform, um Medien aller Art anzubieten und zu kaufen. Gearbeitet wird mit einem System, bei dem Sie für einen bestimmten Betrag Credits einkaufen und diese dann je nach Lizenz für ein Medium ausgeben. Gekaufte Medien werden online verwaltet und können auch zu einem späteren Zeitpunkt immer wieder heruntergeladen werden.

◀ **Abbildung 5.3**
iStockphoto
(*www.istockphoto.com*)

5.2 Wo Sie Grafiken, Illustrationen und Fotos finden

Fontshop (*www.fontshop.de*) hat, wie der Name schon sagt, ein umfassendes Angebot an Schriften. Zusätzlich können Sie qualitativ sehr hochwertige Bilder und CDs verschiedener anerkannter Agenturen mit lizenzfreien Fotos finden und bestellen. Die Nutzungsrechte variieren von Anbieter zu Anbieter.

▼ Abbildung 5.4
Fontshop (*www.fontshop.de*)

5.3 Animationen, Sounds und Musik finden

Im Folgenden möchte ich einige gute Quellen aufzeigen, wo Sie im Internet komfortabel nach lizenzfreiem Material suchen können.

The Freesound Project (*freesound.iua.upf.edu*) bietet basierend auf Creative-Commons-Lizenzen eine Vielzahl von unterschiedlichsten Sounds und Geräuschen aus den verschiedensten Bereichen für die eigene Verwendung an (siehe Abbildung 5.5).

Das **PodShow podsafe Music Network** (*music.podshow.com*) bietet eine Vielzahl an Titeln für die eigene Verwendung, Top-Listen und Playlisten (siehe Abbildung 5.6). **AudioFeeds.org** (*audiofeeds.org*) bietet verschiedene RSS-Feeds mit Musik zum Abonnement an und versorgt die Nutzer so mehr oder weniger automatisch mit neuer

Musik. Auch bei **GarageBand.com** (*garageband.com*) findet man freie Musik zur eigenen Weiterverwendung. Bitte beachten Sie jedoch stets die etwaigen individuellen Nutzungsbedingungen.

▼ **Abbildung 5.5**
The Freesound Project
(*freesound.iua.upf.edu*)

Flash Kit (*www.flashkit.com*) hat sich mit seinem Angebot von Animationen, Geräuschen und Schriftarten speziell auf die Bedürfnisse von Flash-Programmierern ausgerichtet und bietet eine sehr große Auswahl von Freeware bis Shareware.

▲ **Abbildung 5.6**
PodShow podsafe Music Network
(*music.podshow.com*)

5.3 Animationen, Sounds und Musik finden | **149**

Abbildung 5.7 ▶
Flash Kit (www.flashkit.com)

▲ Abbildung 5.8
Vektor- versus Rastergrafiken. Die Grafik ❶ wurde zweimal um 500 % vergrößert: Während die Formen in der Vektorgrafik ❷ verlustlos skalieren, werden die der Rastergrafik ❸ pixelig und unscharf.

5.4 Dateiformate und ihr Einsatz auf Webseiten

Auf Webseiten können verschiedene Dateiformate für Bilder oder Animationen eingebunden werden. Jedoch sind nicht alle auf einem Computer darstellbaren Dateien auch im Internet verwendbar. Außerdem werden einige Formate direkt im Webbrowser angezeigt, und andere werden automatisch vom Server auf den eigenen Rechner geladen, sollten sie verlinkt werden.

Welche Formate für welchen Zweck sinnvoll sind, wird im Folgenden dargestellt.

5.4.1 Bilder, Grafiken und Fotos

Eine Bilddatei kann im Vektor- oder im Rasterformat vorliegen. Für eine **Rastergrafik** wird jeder Pixel mit seiner Farbinformation in einer Datei gespeichert. Werden die Ausmaße dieser Datei erhöht, werden die Pixel unschön sichtbar. Formate sind zum Beispiel: GIF, TIFF, PNG und JPG. Bis auf TIFF können Sie jedes Format auch für Webseiten verwenden. In **Vektorgrafiken** wird nicht jeder Pixel selbst, sondern eine Beschreibung zum Errechnen der Grafik gespeichert. Formate sind z. B. EPS und SVG. Leider wird der Einsatz von Vektorgrafiken auf Internetseiten momentan nur von Safari und Firefox unterstützt.

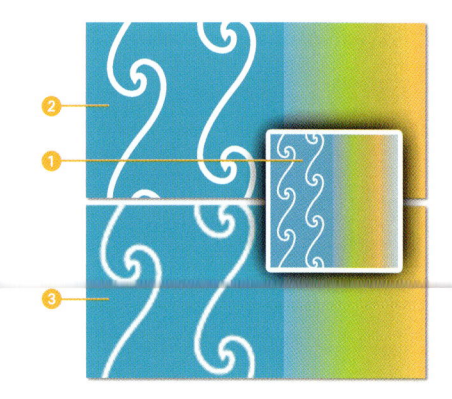

Für den Einsatz im Web bieten sich die folgenden Dateiformate an:
- **JPEG**-Dateien haben eine Farbtiefe von 24 Bit und eine stufenlos einstellbare Kompressionsrate. Das macht sie zur ersten Wahl, wenn es darum geht, Fotos im Netz zu zeigen.
- **PNG**-Dateien haben eine Farbtiefe zwischen 1 und 48 Bit und bieten eine verlustfreie Kompression mit Transparenzunterstützung. Leider haben Internet Explorer bis Version 6 Probleme mit der Darstellung der Transparenz von PNG-Dateien. In Abschnitt 9.7 finden Sie verschiedene Lösungswege für dieses Problem.
- **GIF**-Dateien unterstützen ebenfalls Transparenzbereiche, allerdings nur mit einer Farbtiefe von maximal 8 Bit oder 256 Farben. Sie können animiert werden.

> **Transparente PNGs auch im Internet Explorer 5.5x**
>
> Wie Sie auch Nutzer des Internet Explorers in den Genuss transparenter PNGs bringen bzw. welche alternativen Methoden es für den Einsatz von PNGs gibt, erfahren Sie in Abschnitt 8.7. Bei den Webkrauts beschäftigt sich der Artikel »Transparenzeffekte mit PNG-24 und CSS« (*www.webkrauts.de/2007/12/24/transparenzeffekte-mit-png-24-und-css*) ebenfalls mit diesem Schwerpunkt.

Einbindung im Quelltext | Bilder, die **echte Inhalte** weitergeben und nicht als Schmuck oder Teaser fungieren, sollten in den Quelltext geschrieben werden. Dazu zählen zum Beispiel Logos. Diese Grafiken müssen immer mit einem alternativen Erklärungstext versehen werden. Dies sollte je nach Funktion des Bildes eventuell eine URL oder eine Beschreibung sein:

```
<img src="pfad/zum/download.png" width="55" height="55" alt="Download und Test unserer Software" />
```

◀ **Listing 5.1**
Mit `alt` geben Sie eine Bildbeschreibung an.

Für Bilder, die keine Information und keine Funktion haben und nur als **Schmuck im Layout** fungieren und trotzdem in den Quelltext geschrieben werden müssen, können Sie die Beschreibung auch leer lassen. Screenreader und auch Suchmaschinen lassen diese Information dann außer Acht:

```
<img src="pfad/zum/schmuck.png" width="55" height="55" alt="" />
```

◀ **Listing 5.2**
Bei rein dekorativen Bildern kann `alt` leer bleiben.

Bilder wie Hintergründe für Inhaltsbehälter werden per CSS eingebunden und können auf die verschiedensten Weisen ausgerichtet und sogar übereinandergelegt werden. Mehr dazu erfahren Sie in Abschnitt 8.6 und in Abschnitt 12.1.3.

5.4.2 Flash auf Websites

Flash ist ein sehr beliebtes Format zur Anzeige multimedialer oder animierter Inhalte. Zur Anzeige von Flash-Inhalten ist ein entsprechendes Plug-in erforderlich, das in unterschiedlichen Versionen existiert. Als Entwickler steht man also nicht nur der Unsicherheit gegenüber, ob das notwendige Plug-in installiert und aktiviert ist, sondern weiß auch nicht, ob es auch in einer kompatiblen Version beim Betrachter vorliegt.

[Flash]
Flash ist ein Format, das es erlaubt, Multimediainhalte mit Text, Grafik, Ton und/oder Video zu erstellen und auf Internetseiten wiederzugeben. Es kommt in kleinen Filmen, Werbebannern und auch für komplette Webseiten zum Einsatz.

All diese Fälle sollte man bei der Planung und Realisierung von Flash-Seiten oder Flash-Inhalten bedenken. Leider kommt es aber viel zu oft vor, dass Flash-Dateien in der neuesten Version abgespeichert wurden, obwohl hierzu keine technische Notwendigkeit bestand.

Möchte man hingegen technisch anspruchsvolle Applikationen realisieren, die möglichst auch barrierearm zugänglich sind, dann kommt man um die neuesten Versionen von Flash nicht herum und sollte dies auf seiner Webseite auch offensiv kommunzieren.

Probleme mit der Zugänglichkeit | Flash wird häufig dazu verwendet, ganze Webseiten zu gestalten. Obwohl es mit den aktuellen Versionen immer besser wurde, ist Flash noch nicht so zugänglich wie »normales« (X)HTML, denn es funktioniert anders. Ein einfaches Beispiel: Die Navigation über den Zurück-Button des Browsers funktioniert bei Flash-Sites häufig nicht. Auch ist es häufig nicht möglich, Lesezeichen auf einzelne Seiten zu setzen. Auch die in Abschnitt 1.3.3 angesprochenen Möglichkeiten, das Aussehen einer Webseite zu beeinflussen, funktionieren bei Flash nicht. Einige Screenreader können mittlerweile Flash verarbeiten, jedoch bleibt es schlussendlich weniger zugänglich als (X)HTML, weshalb oft sogar komplette Alternativ-Versionen in (X)HTML gestaltet werden.

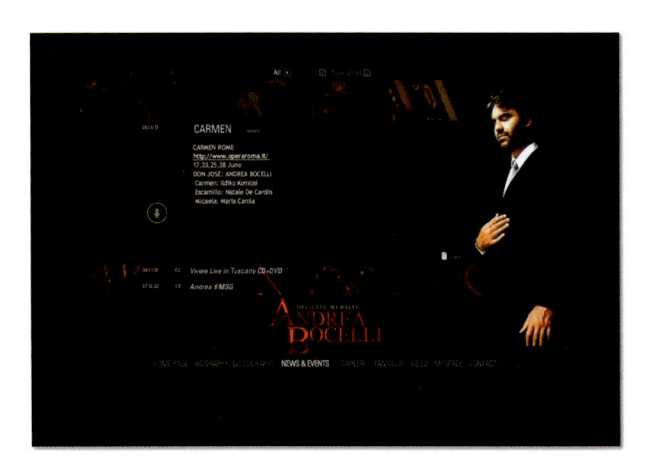

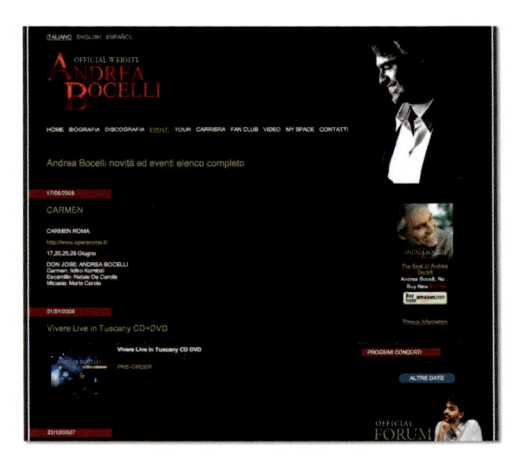

▲ **Abbildung 5.9**
Die Website von Andrea Bocelli *(www.andreabocelli.us)* bietet zwei komplett verschiedene Versionen: eine optisch sehr harmonische Flash-Version (links) und eine sehr abgespeckte HTML-Version (rechts).

Hier muss man sich fragen, ob ein solcher Aufwand jeweils gerechtfertigt ist. Eine zweite Einsatzmöglichkeit von Flash ist es, Animationen zu verwenden, um Akzente zu setzen und Teile einer Webseite optisch und/oder akustisch hervorzuheben. Diese Animationen können aus einem einfachen kleineren Effekt oder einem längeren Film bestehen. Der Kreativität sind keine Grenzen gesetzt. Hier liegt der echte Mehrwert des Formats, denn mit einer Animation lässt sich vieles leichter zeigen und erklären als mit Worten und Bildern.

Neben Filmen und Animationen könnten Sie auch eine Übersetzung in Gebärdensprache oder die Wiedergabe umfangreicher Tutorials anbieten. Mit der Einbindung von solchen Animationen in Webseiten befasst sich der nächste Abschnitt.

Keine Effekthascherei | Wird Flash lediglich dazu verwendet, Texte »effektvoller« zu verpacken, ist der Einsatz nicht zu empfehlen und zu überdenken. Das gilt zum Beispiel für Navigationen und Fließtexte. Wo aber ein echter Mehrwert vorhanden ist, sollte es eingesetzt werden. Prüfen Sie also immer die Angemessenheit des entsprechenden Formats. Je nachdem, wo Flash-Dateien eingesetzt werden, müssen sie entsprechend zugänglich sein. Die beim Erscheinen dieses Buches aktuelle Version 9 des Flash Players unterstützt den H.264-Codec und MPEG-4-Video- und AAC-Audio-Kompression. Außerdem wird nun die Microsoft Active Accessibility-Schnittstelle (MSAA) auch in allen Browsern unter Windows vollständig unterstützt.

5.4.3 Animationen und Ton

In diesem Abschnitt konzentriere ich mich vor allem auf die Einbindung von Multimediainhalten in Form von Film oder Ton. Dazu bieten sich vier Formate an.

MOV | QuickTime Movies (MOV) bieten sich für die Verbreitung von bewegten Inhalten im Internet an, denn sie haben eine vergleichsweise sehr gute Qualität bei akzeptabler Dateigröße. Sie starten sehr schnell und werden aus dem RAM gespielt, nicht vom Server. Das ermöglicht ein leichtes Hin- und Herspringen im Film. Dank der großen Verbreitung von Apples Musikverwaltung iTunes (*www.apple.com/de/itunes*) ist Quicktime auf zahlreichen Computern vorhanden.

SWF | Das zweite empfehlenswerte Dateiformat für die Verbreitung von Filmen ist das oben bereits erwähnte **Flash**. Bei der Qualität muss man gegenüber QuickTime Movies jedoch Abstriche machen: Die Bildqualität im Verhältnis zur benötigten Datenrate ist deutlich geringer als die von QuickTime Movies. Ihr Vorteil: Flash-Dateien sind interaktiv und können also Eingaben vom Nutzer entgegennehmen. Sie können außerdem nicht einfach heruntergeladen werden, was aus lizenzrechtlichen Gründen eine große Rolle spielt.

WMV | Das Windows-Format schlechthin ist **WMV**. Es ist ein Format, das auch noch ganz alte PCs ohne Probleme abspielen können. Für Nutzer von Linux und Mac OS X gibt es entsprechende Plug-ins. WMV-Dateien haben eine sehr gute Qualität, aber auch große Dateigrößen. Sie müssen erst komplett geladen werden, bevor man sie anschauen kann – es sei denn, Sie verwenden einen sehr teuren Windows Media Server zum Streamen der Daten.

> **Videoportale verwenden Flash**
> Etwas ausführlicher befasst sich Gerrit van Aaken unter *praegnanz.de/weblog/flash-video-youtube-warum* mit den Gründen, warum Flash es trotz schlechterer Bildqualität geschafft hat, zum Format der Wahl für Videoportale im Netz zu werden.

[Streaming]
Technologie, bei der Inhalte aus dem Internet angezeigt werden, während sie noch geladen werden. Dabei wird zunächst ein Pufferspeicher gefüllt, aus dem heraus die Anzeige erfolgt, während er gleichzeitig nachgeladen wird.

MP3 | Für die Übermittlung von Audio-Dateien – zum Beispiel als Podcast oder als Alternative für Videos für sehbehinderte Nutzer – hat sich heute das MP3-Format durchgesetzt, das eine optimale Kompression und Dateigröße erlaubt.

Einbettung der Daten | Zur Einbettung externer Inhalte, die vom Browser nicht nativ unterstützt werden, hat das W3C das Element `object` vorgesehen. Mittels `object` können Sie auf diese Weise Movies, Flash-Animationen, MP3-Dateien usw. einbetten. Doch wie immer ist das nicht so leicht, wie es auf den ersten Blick scheint, vor allem dann, wenn die Gestaltung valide und auch zugänglich sein soll.

Der Schlüssel für die erfolgreiche Nutzung alternativer Formate ist ihre Einbindung, und die ist gerade bei Flash-Dateien nicht unproblematisch, denn es gilt, mehrere Aspekte wie zum Beispiel Standardkompatibilität, übergreifende Browser-Unterstützung, die Anzeige alternativen Inhalts, die automatische Wiedergabe des Inhalts und nicht zuletzt die Einfachheit der Einbindung zu berücksichtigen.

▼ **Abbildung 5.10**
Sevenload (de.sevenload.com) ist eine Medienplattform zur Präsentation von Bildern und Videos. Valide sind die Seiten leider nicht.

Mögliche Probleme | Die Einbindung von Inhalten nur über den Quelltext bedingt u. a. Probleme mit älteren Plug-in-Versionen. Der Nutzer muss zumindest im Internet Explorer bis Version 7 klicken, um die Präsentation zu starten. Jedoch ist auch der Einsatz von JavaScript nicht unproblematisch, denn auch hier muss browserspezifisch vorgegangen werden. Die derzeit interessanteste Lösung bieten Bobby van der Sluis und Geoff Stearns mit der JavaScript-Bibliothek **SWFObject 2.0** (*code.google.com/p/swfobject*) zur Einbettung von Flash-Inhalten an. Eine andere empfehlenswerte Version ist die folgende, von David Grude (*latrine.dgx.cz/how-to-correctly-insert-a-flash-into-xhtml*) vorgestellte Variante:

```
<!--[if !IE]> -->
<object type="application/x-shockwave-flash"
 data="movie.swf" width="300" height="135">
<!-- <![endif]-->
<!--[if IE]>
<object classid="clsid:D27CDB6E-AE6D-11cf-96B8-444553540000" codebase="http://
download.macromedia.com/pub/shockwave/cabs/flash/swflash.cab#version=6,0,0,0"
width="300" height="135"> <param name="movie" value="movie.swf" /><!--><!--dgx-->
<param name="loop" value="true" />
<param name="menu" value="false" />
<p>Hier steht der <b>alternative</b> Inhalt.</p>
</object>
<!-- <![endif]-->
```

▲ **Listing 5.3**
Flash-Inhalte richtig einbinden

Einen umfassenden Überblick über Lösungsansätze und -wege finden Sie in »Flash Embedding Cage Match« unter *www.alistapart.com/articles/flashembedcagematch*.

Im Rahmen dieses Buches kann ich leider nicht alle Details behandeln, die mit Flash und dessen Einbindung zu tun haben. Ich hoffe jedoch, Sie für die Problematik sensibilisiert zu haben und gebe im Folgenden einige Hinweise zur weiteren Lektüre.

Flash richtig einbinden

- ▶ »Flash Embedding Cage Match« (*www.alistapart.com/articles/flashembedcagematch*)
- ▶ »Barrierefrei informieren und kommunizieren: Flash« (*www.bik-online.info/verfahren/bitvtest/2005/flash.php*)
- ▶ »Wie geht man mit Flash um?« (*www.barrierefreies-webdesign.de/knowhow/flash/richtlinien.php*)
- ▶ »Barrierefreies Multimedia – Flash MX und die WCAG-Richtlinien« (*www.einfach-fuer-alle.de/artikel/flash-barrierefrei*)

- »Accessibility in Flash bug and issue list« (*niquimerret.com/?p=94*)
- »SWFfix« (*www.swffix.org/devblog*)
- »Semantic Flash: Slippery When Wet« (*www.alistapart.com/articles/semanticflash*)
- »How to correctly insert a Flash into XHTML« (*latrine.dgx.cz/how-to-correctly-insert-a-flash-into-xhtml*)

Die anderen beiden angesprochenen Medientypen MOV und MP3 können Sie folgendermaßen einbinden:

So betten Sie ein **QuickTime Movie** korrekt ein (*wiki.dreamhost.com/index.php/Object_Embedding*):

▼ Listing 5.4
QuickTime richtig einbinden

```
<object codebase="www.apple.com/qtactivex/qtplugin.cab" width="320"
height="260"><param name="src" value="medien/movie.mov" /><param name="autoplay"
value="true" /><param name="pluginspage" value="www.apple.com/quicktime/download/"
/><param name="controller" value="true" /><!--[if !IE]> <--><object data="medien/
movie.mov" width="320" height="260" type="video/quicktime"><param name="pluginurl"
value="www.apple.com/quicktime/download/" /><param name="controller" value="true"
/></object<!--> <![endif]--></object>
```

So betten Sie eine **MP3-Datei** korrekt ein (*wiki.dreamhost.com/index.php/Object_Embedding*):

▼ Listing 5.5
MP3-Dateien richtig einbinden

```
<object codebase="www.apple.com/qtactivex/qtplugin.cab" width="200"
height="16"><param name="src" value="medien/audio.mp3" /><param name="autoplay"
value="true" /><param name="pluginspage" value="www.apple.com/quicktime/download/"
/><param name="controller" value="true" /><!--[if !IE]> <--><object data="medien/
audio.mp3" width="200" height="16" type="video/quicktime"><param name="pluginurl"
value="www.apple.com/quicktime/download/" /><param name="controller" value="true"
/></object <!--> <![endif]--></object>
```

5.4.4 Tabellen, Briefe, Handbücher und andere Dokumente

Während Bilder, Animationen und Podcasts direkt im Browser wiedergegeben werden können, müssen für andere Dateiformate wie zum Beispiel MS Word-Dokumente oder Excel-Spreadsheets externe Applikationen aufgerufen werden. Diese Dateien werden im Browser mit einem entsprechenden Hinweis über das title-Attribut verlinkt:

Listing 5.6 ▶
Dokumente verlinken

```
<a href="www.link-zum-dokument.de/umfrage.xls"
title= "Excel-Dokument - Öffnet in einem neuen
Fenster">Umfrage-Auswertung (XLS)</a>
```

Für Dokumente am besten PDF | Beachten Sie, dass Dokumentformate, wie etwa Word- und Excel-Dokumente, wegen ihrer Makrofähigkeiten unsicher und anfällig für Viren sind. Sie sollten diese Formate nur ausnahmsweise im Netz verwenden.

Verwenden Sie dann, wenn es um reiche Formatierungen von fertigen Texten geht, lieber das PDF-Format, oder verwenden Sie in Archive gepackte Dateien. Word- und Excel-Dateien können über einen Viewer unter Windows im Internet Explorer angezeigt werden, was aber aus den oben genannten Gründen vermieden werden sollte.

PDF-Dateien haben sich quasi zum Standard für die elektronische Informationsvermittlung für Briefe, E-Books oder Handbücher entwickelt. Sie können sowohl extern als auch im Browser angezeigt werden.

Sind sie sehr groß, kann das den Nutzer jedoch schnell einmal nerven. Sie sollten deshalb auf jeden Fall darauf hinweisen, dass es sich bei einem Link um ein PDF handelt, und die Dateigröße entsprechend mit angeben. Überlegen Sie, ob es auch möglich ist, den Text als HTML anzubieten. PDF-Dokumente, die mit Tags versehen wurden, können von aktuellen Screenreadern gelesen werden. Wenn Sie ein sehr umfangreiches und stark formatiertes Dokument oder Formular haben, das zum Beispiel viele Tabellen, Fußnoten oder Bilder enthält, ist ein PDF eine gute Wahl.

> **Automatische Hervorhebung**
>
> Wie Sie das Dateiformat über ein entsprechendes Icon per CSS automatisch hervorheben, erfahren Sie in Abschnitt 8.6.

> **Fakten und Meinungen zur Barrierefreiheit von PDF**
>
> Argumente pro und contra PDF sowie umfangreiche Informationen zur Gestaltung eines guten PDFs hat Joe Clarke in »Fakten und Meinungen zur Barrierefreiheit von PDF« (*www.einfach-fuer-alle.de/artikel/pdf-fakten-meinungen*) zusammengestellt.

5.5 Checkliste Medien

In Hinblick auf die Medien, die Sie für Ihr Projekt verwenden wollen, sollten Sie folgende Fragen geklärt haben:

▶ Besitzen Sie für alle Medien die Rechte, sie in der vorgesehenen Form zu verwenden?
▶ Haben Sie alle eingebundenen Medien von der Dateigröße her so gering wie möglich gehalten?
▶ Haben Sie für die eingebundenen Medien entsprechend alternative und effektive Beschreibungen über die Attribute `alt` und `title` verwendet?
▶ Können sich wiederholende Multimediainhalte gesteuert, also gestartet und gestoppt werden?
▶ Haben Sie für wichtige Inhalte Texte oder eine Image-Replacement-Technik verwendet, um den eigentlichen Inhalt zugänglich zu halten?
▶ Haben Sie für alle Links auf externe Dateien entsprechende Hinweise auf die Art der Datei und die Dateigröße eingebunden? Haben Sie die Dateien durch Packen so klein wie möglich gehalten?

6 Werkzeugkasten

6.1 Inspiration am Arbeitsplatz

Täglich kreativ zu sein ist nicht immer leicht. Es gibt die verschiedensten Tipps und Tricks diesbezüglich, die von Kreativitätstechniken über Tutorials bis hin zu Designgalerien im Netz reichen.

Doch wo und wie wir zur Kreativität inspiriert werden, ist sehr subjektiv. Was für den einen das Blättern in alten Bilderalben ist, kann für den anderen eine Pause im Park und für einen Dritten eine Stunde Surfen im Netz sein. Dort gibt es eine Vielzahl von Websites, die Webseitendesigns in sogenannten »Showcases« ausstellen. Diese können dort häufig bewertet und kommentiert werden. Wird dies ehrlich durchgeführt, kann man ungefähr ablesen, was bei einer Zielgruppe ankommt und was nicht.

Inspiration im Netz

Aggregator: Most Inspired (*www.mostinspired.com*)
CSS: CSS Mania (*cssmania.com*), CSSImport (*www.cssimport.com*), Netzfrühling (*www.netzfruehling.de*) Inspiration King (*www.inspirationking.com*),
Webdesign allgemein: screenfluent (*screenfluent.com*)
Logodesign: Logo Pond (*logopond.com*)

Design Snack | Eine dieser Sites mit sehr gutem Konzept ist Design Snack (*www.designsnack.com*): Alle Nutzer dort müssen sich anmelden, um Vorschläge und Kommentare zu veröffentlichen. Das sichert ein relativ hohes Niveau an guten Beispielen, das durchaus repräsentativ sein kann.

▼ **Abbildung 6.1**
Design Snack
(*www.designsnack.com*)

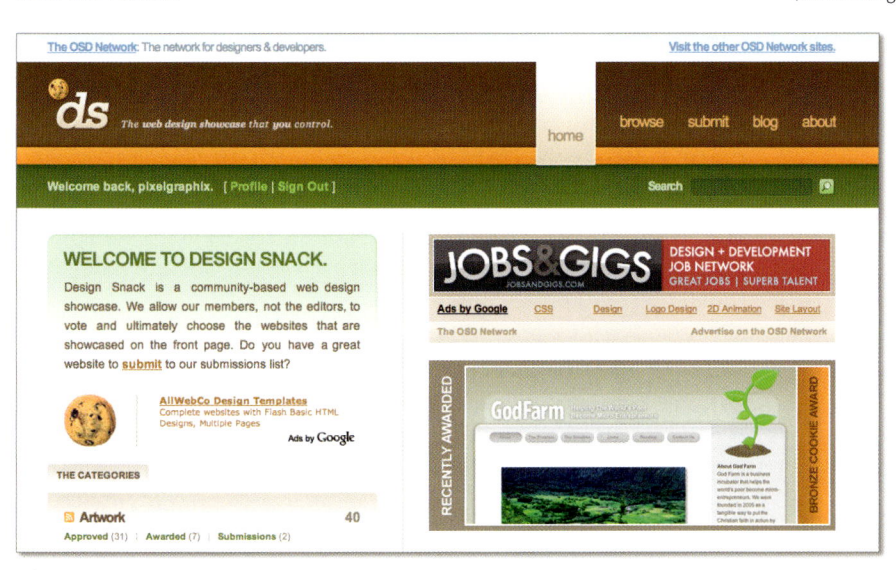

> **So arbeiten andere**
>
> Fotos von interessanten Arbeitsplätzen werden beim Online-Dienst Flickr in den Gruppen »My desktop« (*www.flickr.com/groups/33795555@N00/pool*) und »Annotated work spaces« (*www.flickr.com/groups/81853392@N00/pool*) gesammelt.

Ein kreatives Umfeld | Natürlich beeinflusst uns unsere Umgebung in der Art, wie wir denken und arbeiten. Das gilt in besonderer Weise für den Arbeitsplatz. Lassen Sie sich von den Dingen an Ihrem Arbeitsplatz inspirieren: Typografie in Zeitungen oder auf alten Bildern, die Erinnerung vom letzten Urlaub, das kleine Spielzeug, dass Sie nie weggeworfen haben? Gönnen Sie sich diese Dinge, um innezuhalten, Ihre Gedanken zu fokussieren und wieder frisch zu starten.

Wichtig ist es, dass Sie alle Ideen sammeln und ablegen. Dazu bietet es sich zum Beispiel an, immer ein kleines Notiz- oder Skizzenbuch dabeizuhaben oder auch eine Kollektion in Bridge, iPhoto oder einem ähnlichen Programm anzulegen. Viele Designer erarbeiten ihre Entwürfe auf Papier und gehen erst danach an den Rechner. Probieren Sie aus, was Ihnen am meisten liegt!

6.2 Bildbearbeitungsprogramme

Auch wenn die Bearbeitung von Code einen großen Teil der Arbeit an einer Webseite ausmacht, steht die Gestaltung von Grafiken und Bildelementen an erster Stelle, wenn es darum geht, wirklich »schöne« Seiten zu gestalten. Der Markt der Bildbearbeitungsprogramme ist groß, sodass ich hier nur einige Empfehlungen aussprechen kann.

Die Programme Photoshop CS3, Fireworks CS3, GIMP und Photoshop Lightroom finden Sie im Ordner Software • Bildbearbeitung.

Adobe | Das bekannteste Bildbearbeitungsprogramm der Welt ist Adobe Photoshop (*www.adobe.de*), mit dem sich neben Rastergrafiken auch Vektorgrafiken bearbeiten lassen. Grafiken für das Web können Sie in Photoshop direkt und optimiert abspeichern. Ebenfalls von Adobe entwickelt wird Adobe Fireworks (*www.adobe.com/de/products/fireworks*), das als Entwicklungsumgebung speziell für Webdesigner konzipiert wurde. Fireworks bietet unter anderem die Möglichkeit, Ebenen hierarchisch anzuordnen, unterstützt intelligente Skalierung und mehrseitige Dokumente.

Raster- und Vektorgrafiken
Der Unterschied zwischen Raster- und Vektorgrafiken wird in Abschnitt 5.4.1 erklärt.

GIMP | Aber auch mit dem kostenlosen GIMP (*de.wikipedia.org/wiki/GIMP*) können Sie problemlos Grafiken gestalten. Allerdings ist der Austausch von Grafiken zum Beispiel mit Kunden dann nicht unbedingt gewährleistet. Die meisten Designer im professionellen Umfeld setzen Adobe Photoshop ein.

Ordnung und Übersicht | Wenn es darum geht, Grafiken zu sortieren und auf dem eigenen Rechner schnell wiederzufinden, bieten sich Asset Manage (*www.extensis.com*) oder Microsoft Expression Media (*www.microsoft.com/germany/expression/media*) an. Mac-Nutzer können auch das hauseigene iPhoto verwenden. Besonders an Fotografen richtet sich Adobe Photoshop Lightroom (*www.adobe.*

com/de/products/photoshoplightroom) mit hervorragenden Entwicklungs- und Verwaltungsoptionen für Fotografien.

▲ **Abbildung 6.2**
Apple iPhoto gehört zu jedem Mac und bietet gute Möglichkeiten, Grafiken zu sortieren und zu verschlagworten.

6.3 Wireframes gestalten

Wireframes sind schematische Darstellungen, die Elemente des Layouts schematisch reduziert wiedergeben. Dabei kann es sich sowohl um die Verdeutlichung der Anordnung dieser Elemente als auch die der Funktion handeln. Sie dienen als Diskussionsbasis zwischen Kunde, Programmierer und Designer. Für die Gestaltung von Wireframes stehen zum Beispiel Programme wie
- Powerpoint (www.microsoft.de),
- Visio (office.microsoft.com/de-de/visio) oder
- Omnigraffle (www.omnigroup.com/applications/omnigraffle)

für Mac OS X zur Verfügung. Je nach Anforderung und zeitlicher Planung lassen sich aber auch Photoshop, CorelDraw oder sogar Word verwenden.

Schablonen | Wireframes verwenden sogenannte »Stencils«, um wiederkehrende Elemente abzubilden (siehe Abbildung 6.3). Viele verschiedene Sätze von »Stencils« sind im Netz kostenlos verfügbar, was Ihnen die Arbeit noch einmal erleichtert.

Drahtmodelle

Die Idee, mit Wireframes zu arbeiten, stammt aus der 3D-Gestaltung, wo zeitsparend mit Gitternetzmodellen statt in Vollansicht gearbeitet wird.

Eine Testversion von OmniGraffle liegt im Ordner SOFTWARE • WIREFRAMES.

Nachteile | Die Verwendung von Wireframes für die Planung einer Site hat jedoch auch Nachteile. Für manche Menschen ist es schwer, sich eine komplette Site aus einer abstrahierten Darstellung heraus vorzustellen. Es fällt ihnen schwer, die vorgeschlagene Struktur als Basis für Weiterentwicklungen zu nehmen. Stattdessen nehmen sie die gezeigte Struktur als gegeben hin. Ebenso fühlen sich manche Designer von allzu detaillierten Wireframes in ihrer Kreativität eingeengt. Viele Interaktionen, gerade, wenn es um Ajax geht, lassen sich mit Wireframes nur schwer oder auch gar nicht nachbilden.

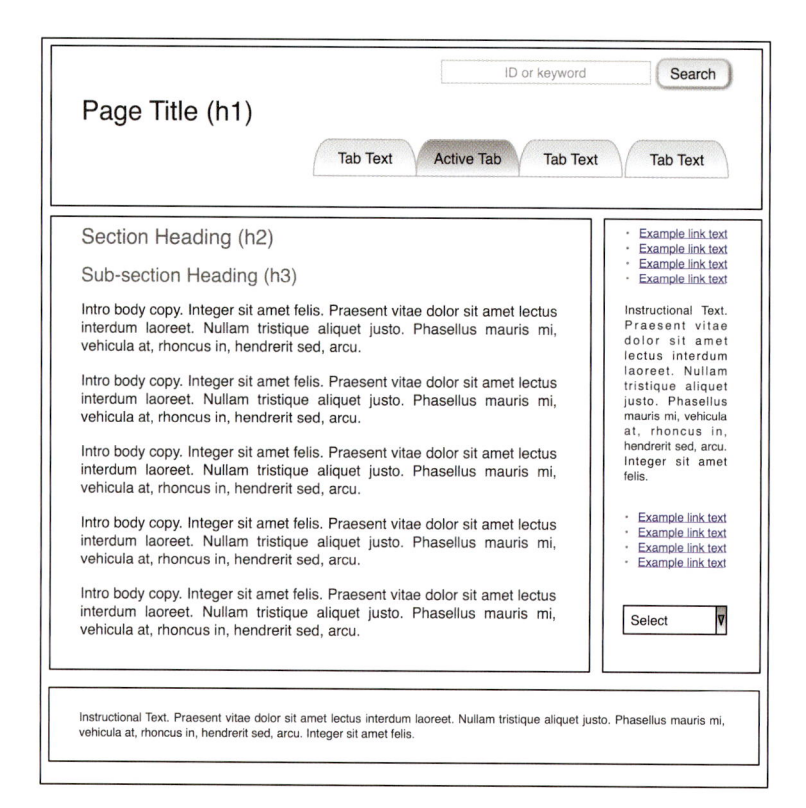

Abbildung 6.3 ▶
Beispiel für ein einfaches Wireframe für eine Webseite

[Ajax]
Ajax steht für Asynchronous JavaScript und XML, eine Technik, die es erlaubt, den Inhalt einer Seite zu aktualisieren ohne die Seite neu zu laden.

Graue Boxen | Die »**Methode der grauen Box**« wurde von Jason Santa Maria (*www.jasonsantamaria.com/archive/2004/05/24/grey_box_method.php*) vorgeschlagen. Er rät dazu, für die ersten Entwürfe vereinfachte graue Kästen zu verwenden, um die Platzierung der Elemente festzulegen. Sorgen um die beste Farbwahl oder den passenden Effekt fallen so in dem Stadium der Entwicklung einfach weg.

Das nimmt Ihnen die Last, sich schon in so frühen Stadien der Entwicklung mit so schwerwiegenden Fragen wie der richtigen Farbwahl befassen zu müssen. Der Designprozess wird dadurch erheblich beschleunigt, denn diese Methode ist weniger aufwändig als die Arbeit mit Wireframes oder gar komplett detaillierten Entwürfen.

Farben für Webseiten

Wie Sie Farben für Webseiten bestimmen und was es dabei zu beachten gilt, erfahren Sie in Kapitel 4, »Farbe«.

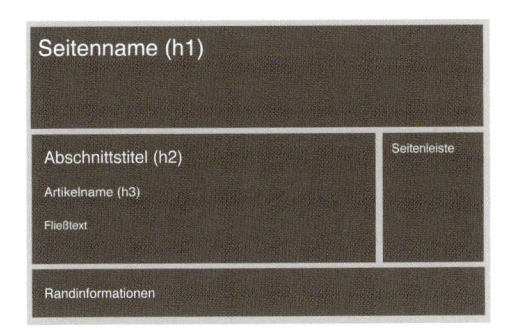

◄ **Abbildung 6.4**
Beispiel für die Methode der grauen Box

Vorher Aufwand und Nutzen klären | Der **Detailgehalt** eines Layoutvorschlags hängt von den unterschiedlichsten Faktoren ab. So ist es bei der Zusammenarbeit mit einigen Kunden unerlässlich, viele Details wie zum Beispiel Linien, Schlagschatten und erweiterte Typografie mit in den Entwurf einzuarbeiten. In anderen Fällen reicht es aus, die grundlegenden Elemente zu gestalten, einige Blindtexte einzufügen und den Entwurf dann weiterzugeben. Bevor Sie sich in die Entwurfsarbeit stürzen, sollten Sie genau abklären, was Ihr Kunde genau benötigt, und auch festlegen, was in welchem Stadium der Projektentwicklung überhaupt sinnvoll ist.

6.4 Editoren für Windows, Mac OS X und Unix im Überblick

Editoren sind Programme zum Schreiben und Bearbeiten von Quelltexten. Sie lassen sich in zwei Gruppen einteilen: solche, die einen visuellen Ansatz verfolgen, sogenannte **WYSIWYG-Editoren** (»What you see is what you get«), und reine **Text-Editoren**. Die erste Gruppe der Editoren stellt die visuelle Kontrolle in den Vordergrund, was jedoch auf Kosten der Quellcode-Kontrolle geht. Ganz wie in einem Design- oder Bildbearbeitungsprogramm »verschieben« Sie die Elemente des Layouts visuell; der Quelltext wird vom Programm erzeugt.

WYSIWYG | Die Verwendung eines WYSIWYG-Editors mag zwar auf den ersten Blick verlockend sein, da sie viele Gemeinsamkeiten mit der Nutzung der täglich benutzten Programme zur Gestaltung hat. Sie hat aber auch einen entscheidenden Nachteil: Es ist fast unmöglich, auf diese Weise semantischen Code zu schreiben. Und deshalb rate ich Ihnen, von Anfang an einen Text-Editor zu verwenden.

Dreamweaver | Der bekannteste Editor für Webseiten ist Adobe Dreamweaver (*www.adobe.com/de/products/dreamweaver*), der sowohl für Windows als auch für Mac OS X vertrieben wird und neben der

Semantischer Quellcode

Warum es wichtig ist, semantisch korrektes Markup zu schreiben, wird in Abschnitt 1.3.5 behandelt.

Im Ordner SOFTWARE • EDITOREN finden Sie die 30-Tage-Testversion von Dreamweaver CS3.

reinen Textansicht auch eine WYSIWYG-Vorschau und eine gute Integration mit Adobe Photoshop und Adobe Fireworks bietet.

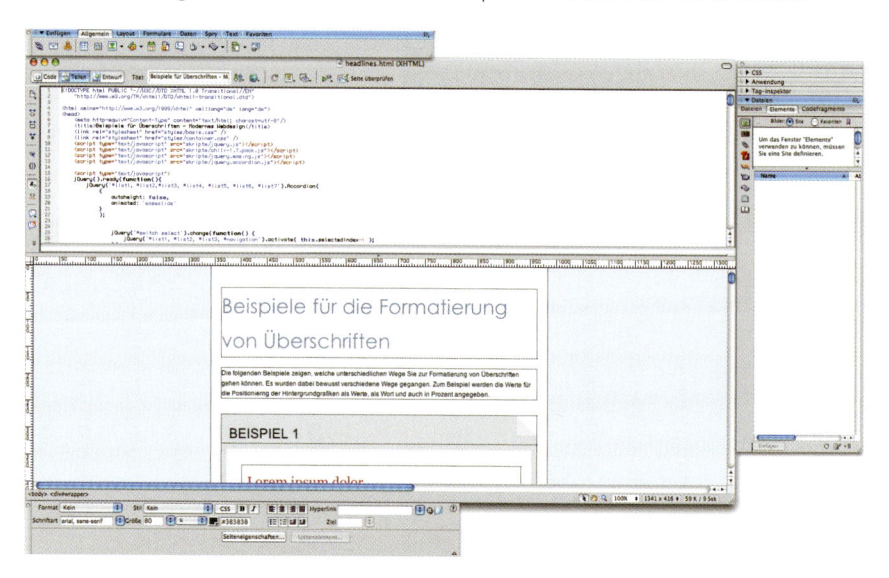

◄ **Abbildung 6.5**
Adobe Dreamweaver CS3 bietet neben der Quellcode-Ansicht auch eine WYSIWYG-Vorschau.

Für beide Plattformen stehen jedoch auch weitere und günstigere Editoren zur Verfügung, von denen ich im Folgenden vier Programme näher betrachten möchte. Das sind für Windows die Allrounder WeBuilder und Top-Style und für Mac OS X der Allrounder TextMate und der CSS-Editor CSSEdit.

Die 30-Tage-Testversion von WeBuilder finden Sie im Ordner SOFTWARE • EDITOREN.

WeBuilder | Dieses Programm (*www.blumentals.net/webuilder*) ist ein Text-, HTML-, CSS- und PHP-Editor, der Syntaxhervorhebung und Code-Vervollständigung unterstützt. Eine gute Projektverwaltung ermöglicht es Ihnen, Ordnung zu halten. Dateien können im Programm per FTP verwaltet werden.

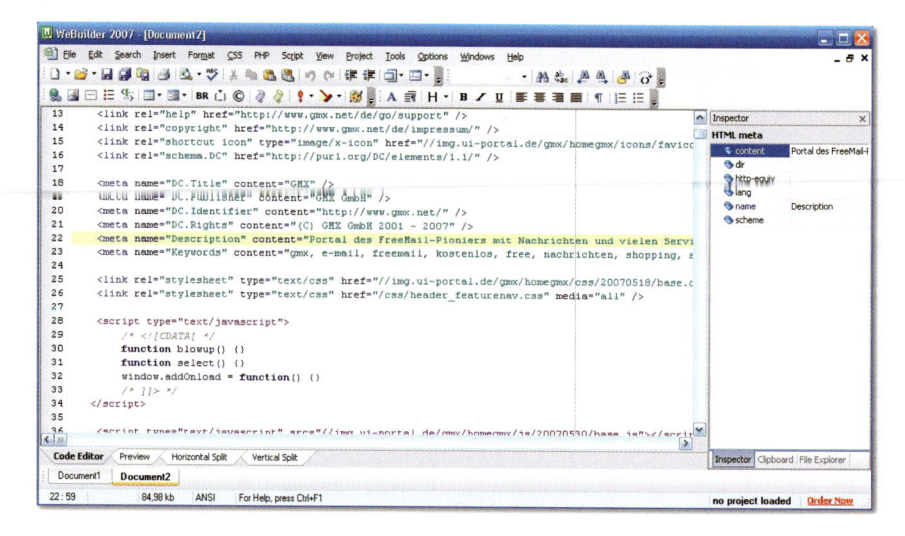

Abbildung 6.6 ►
WeBuilder ist ein günstiger Allrounder, der sich hervorragend zur Gestaltung von (X)HTML und CSS eignet.

164 | 6 Werkzeugkasten

TopStyle Pro | TopStyle Pro ist ein Editor für professionelle Ansprüche, der die Arbeit an HTML, (X)HTML und CSS erlaubt (*www.newsgator.com/Individuals/TopStyle*). Umfangreiche Möglichkeiten zum Testen von Seiten auf Validität stehen ebenso zur Verfügung wie eine CSS-Vorschau und ein Assistent, der beim Aktualisieren von veraltetem Code hilft.

Kostenlose Version
Mit TopStyle Lite steht auch eine kostenlose Version zur Verfügung.

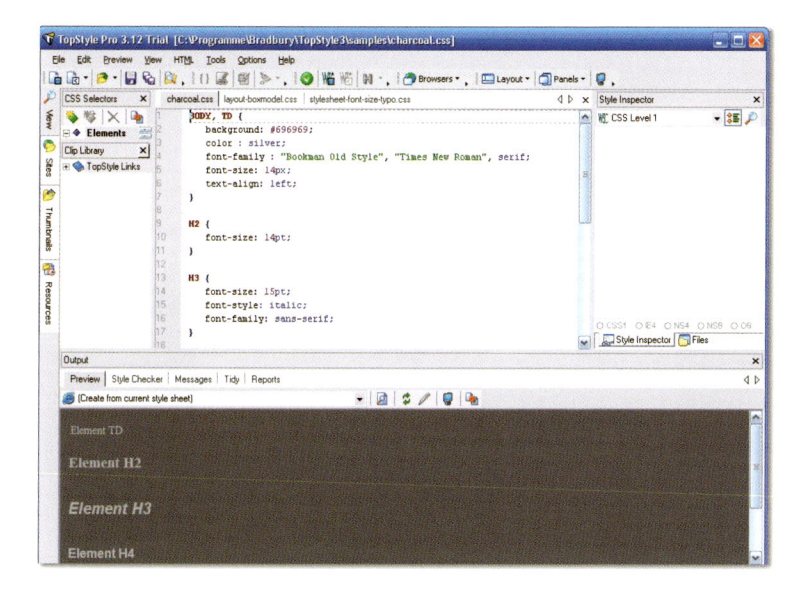

Editoren im Vergleich
Der Markt für Editoren ist sehr groß und ich kann in diesem Buch nur eine kleine, sehr subjektive Auswahl geben. Weitere Tipps finden Sie zum Beispiel bei den Webkrauts (*www.webkrauts.de/2006/12/09/css-editoren-im-vergleich*).

◄ **Abbildung 6.7**
TopStyle Pro bietet sehr viele Funktionen, um HTML und CSS schnell zu bearbeiten.

TextMate | TextMate (*macromates.com*) ist ein sehr umfangreicher Editor für Mac OS X, der über sogenannte Bundles so ziemlich jede Programmiersprache unterstützt, die es gibt. Diese Vorgaben können Sie jederzeit an Ihre eigenen Bedürfnisse anpassen. TextMate unterstützt mit vielen Features die Arbeit mit Projekten und bietet viele Tastaturkürzel für die schnelle Arbeit an Quelltexten.

TextMate für Windows
»E« (*e-texteditor.com*) ist ein Editor, der für Windows das bietet, was TextMate am Mac ist. Alle Bundles werden von E unterstützt.

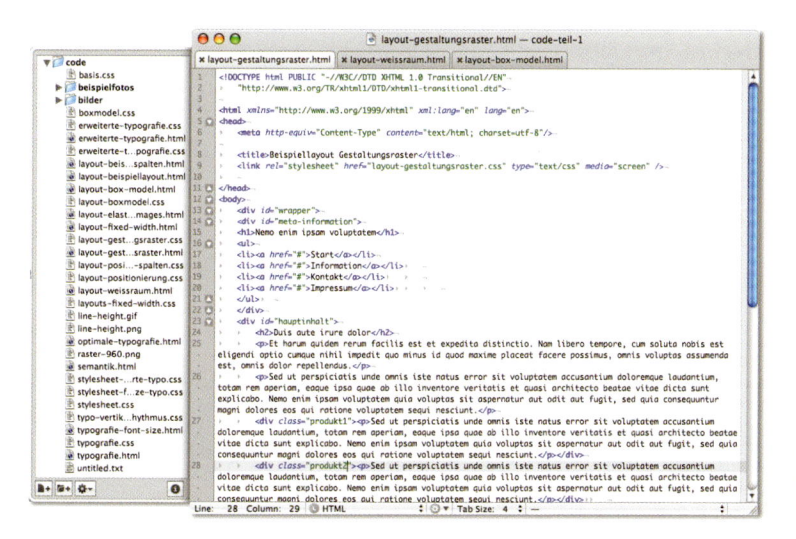

Sowohl Textmate als auch der E-Texteditor liegen als Testversion im Ordner SOFTWARE • EDITOREN.

◄ **Abbildung 6.8**
Ein geöffnetes Projekt in TextMate, einem sehr empfehlenswerten und leichtgewichtigen Editor für Mac OS X

6.4 Editoren für Windows, Mac OS X und Unix im Überblick

TextMate bietet neben der Möglichkeit, alle Dateien im Browser oder der internen Vorschau zu überprüfen, auch Tests zur Validierung an.

CSSEdit | CSSEdit (*macrabbit.com/cssedit*) ist ein reiner CSS-Editor für Mac OS X, der mit vielen interessanten Features und einem kleinen Preis aufwarten kann.

Abbildung 6.9 ▶
CSSEdit konzentriert sich auf CSS. HTML kann nicht geschrieben werden.

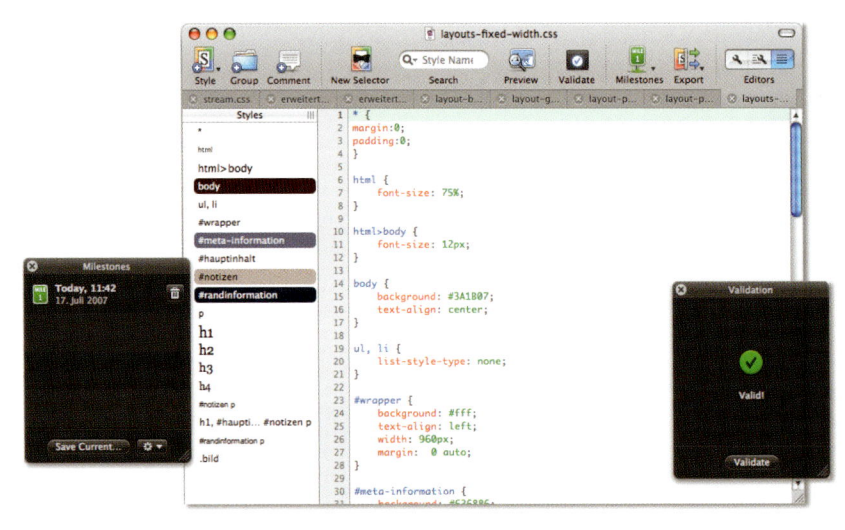

CSSEdit finden Sie im Ordner SOFTWARE • EDITOREN.

So kann man zum Beispiel verschiedene Versionen eines Stylesheets über sogenannte Milestones sichern und gegebenenfalls zu ihnen zurückkehren. Auch Tests über eine Validierung sind sehr gut gelöst. Das große Plus von CSSEdit ist seine Vorschaufunktion.

Mit dem Inspektor können Sie Elemente in lokalen oder entfernt auf anderen Servern gelagerten Dateien auswählen, prüfen und verändern. So wird jede Änderung an einer Formatierung schnell sichtbar.

Abbildung 6.10 ▶
Die Vorschaufunktion von CSSEdit

CSS-Röntgenblick für den Mac | Xyle Scope (*culturedcode.com/xyle*) ist ein hervorragendes Werkzeug, um CSS zu analysieren und so Probleme schnell aufzuspüren.

Xyle Scope finden Sie im Ordner SOFTWARE • EDITOREN.

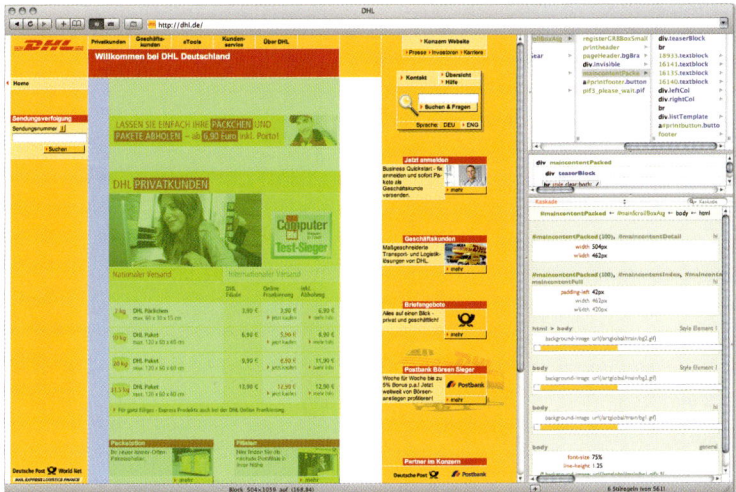

◂ **Abbildung 6.11**
Xyle Scope

6.5 Eine komfortable Arbeitsumgebung

Egal, für welchen Editor Sie sich entscheiden, es ist wichtig, eine Art Workflow zu entwickeln, dem Sie folgen können. Das beginnt bei der Einrichtung sinnvoller Speicherorte für Ihre Dateien, geht über kontinuierliche Sicherung und Dokumentation bis hin zur Abrechnung.

Eventuell haben Sie schon eine sinnvolle Ordner-Struktur entwickelt, dann lassen Sie sich von der folgenden einfach inspirieren. Wer für Kunden arbeitet, kann alle Daten im Ordner GESCHÄFTLICH beispielsweise in einem Ordner pro Kunde mit dem Namen des Kunden ablegen. Das erspart späteres Suchen. Sie können diesem Ordnernamen auch ein Datum voranstellen, nach dem es sich gut suchen lässt.

◂ **Abbildung 6.12**
Beispiel für eine sinnvolle Ordnerstruktur für Projekte, die Sie für Kunden bearbeiten

Ordnung zahlt sich aus | Im Beispiel aus Abbildung 6.12 werden alle Kundendateien in einem Order abgelegt, dessen Name sich aus

> **Versionisierung mit Subversion**
>
> Häufig stellt man nach verschiedenen Änderungen an einer Datei fest, dass man doch wieder zu einem bestimmten früheren Status zurückkehren möchte. Das ist mit dem Programm Subversion kein Problem. Subversion kann sowohl auf einem Remote Server als auch auf dem lokalen PC oder Mac installiert werden. Eine gute Anleitung für Windows finden Sie unter *www.danielgrunwald.de/coding/svn*. Ein Tutorial für Mac OS X finden Sie unter *www.yauh.de/article/5/subversion-unter-mac-os-x-benutzen*.

Monat, Tag, Jahr und Name des Kunden bzw. Projekts zusammensetzt. Das Projekt »Einkaufsführer-Blog« wurde am 2. September 2007 aufgenommen und hat deshalb den Namen 09-02-07-Einkaufsfuehrer-Blog. Das hat den Vorteil, dass die Projekte so nach dem Monat, in dem sie begonnen wurden, sortiert werden und dadurch schneller zu finden sind. Für jeden Kunden werden dann die Unterordner Angebote, Archiv, Code, Final, Konzepte, Outbox, Photoshop, Rechnungen und Texte erstellt. Das Archiv enthält alle jemals gesendeten Entwürfe. Die Outbox enthält die gerade aktuellen Daten und der Ordner Final den letzten Stand des Projekts.

Wenn Sie eine solche oder ähnliche Struktur verwenden, werden Sie sich auch nach Jahren noch schnell zurechtfinden und einen Kunden, der gerade seine Originale verloren hat, schnell wieder beruhigen können.

Dedizierter Server ist sinnvoll | Zur Bearbeitung von Projektdateien haben Sie die Möglichkeit, lokal auf dem eigenen Rechner bzw. Netzwerk oder direkt auf dem entsprechenden Projektserver zu arbeiten. Sinnvoll ist auch die Einrichtung eines eigenen Servers, auf dem Sie Kunden und Kollegen wahlweisen Zugang zu bestimmten Dateien und Projekten ermöglichen. Wenn Sie Dateien auf einem Remote-Server bearbeiten, sollten Sie Backup-Skripts installieren und diese regelmäßig laufen lassen, um auch lokal immer mit der aktuellsten Version zu arbeiten.

XAMPP oder MAMP | Möchten Sie Entwicklungsumgebungen wie zum Beispiel verschiedene Content-Management-Systeme lokal installieren, empfiehlt es sich, eine Umgebung wie XAMPP oder MAMP zu installieren. So können Sie für die Entwicklung eines Projekts Apache, MySQL und PHP mit einem Klick starten. Für Mac OS X steht das Paket MAMP (*www.mamp.info*) kostenlos zur Verfügung.

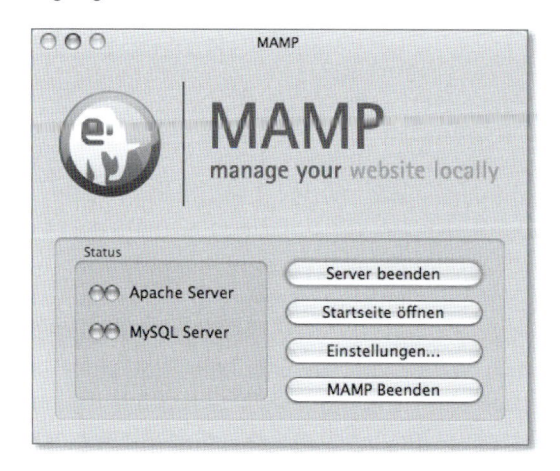

Im Ordner Software • Lokale Entwicklung liegen die beiden Pakete XAMPP und MAMP.

Abbildung 6.13 ▶
Apache, PHP und MySQL auf einen Klick mit MAMP

Weiterhin gibt es das Projekt XAMPP (*www.apachefriends.org/de/xampp.html*), das außerdem auch für Windows und Linux zur Verfügung steht und eine Perl-Unterstützung mitbringt. Die Installationen enthalten unter anderem Apache, MySQL, PHP & PEAR, SQLite, Perl, ProFTPD, phpMyAdmin, OpenSSL, GD, Freetype2, libjpeg, libpng, zlib, Ming, Webalizer, mod_perl, eAccelerator und phpSQLiteAdmin.

6.6 Firefox als Arbeitsbrowser und dessen Erweiterungen

Der Browser Firefox (*www.mozilla-europe.org/de/products/firefox*) bietet sich wegen seiner vielfältigen Erweiterungsmöglichkeiten als Standard-Browser für die Webentwicklung auf allen Plattformen an. Alle im Folgenden besprochenen Erweiterungen arbeiten auch mit anderen Mozilla-Browsern wie zum Beispiel Flock oder auch Seamonkey zusammen. Firefox ist der schnellste und »leichteste« dieser Browser. Sie sollten sich die wichtigsten Extensions installieren und Firefox während der Entwicklung und zum Testen verwenden. Alle Erweiterungen sind für Windows, Mac OS X und Linux verfügbar. Sind Sie mit dem Ergebnis der Tests in Firefox zufrieden, müssen Sie die Gestaltung in anderen Browsern testen.

Addons
Ein Blick auf die Seite *https://addons.mozilla.org/de/firefox/* lohnt sich. Sie finden dort zahlreiche Plug-ins und Erweiterungen für den Firefox-Browser.
Weitere Erweiterungen – auch für andere Mozilla-Produkte – finden Sie unter
http://www.erweiterungen.de.

Web Developer Extension | Wirklich unerlässlich ist die Web Developer Extension (*chrispederick.com/work/web-developer*), die über ein Menü und eine Werkzeugleiste verschiedene Werkzeuge zur Webentwicklung hinzufügt.

Sie finden die Web Developer Extension im Ordner SOFTWARE • FIREFOX-ERWEITERUNGEN.

Disable▼ Cookies▼ CSS▼ Forms▼ Images▼ Information▼ Miscellaneous▼ Outline▼ Resize▼ Tools▼ View Source▼ Options▼

Sie haben die Möglichkeit, über diese Leiste die Anzeige von Stylesheets und die Abarbeitung von Skripts zu erlauben oder zu verhindern, Cookies zu verwalten, CSS anzuzeigen, zu editieren, zu validieren, die Anzeige von Bildern zu unterdrücken, Elementinformationen anzuzeigen, Lineale zu verwenden und vieles mehr.

▲ **Abbildung 6.14**
Die Web Developer Extension für Mozilla-Browser

Firebug liegt im Ordner SOFTWARE • FIREFOX-ERWEITERUNGEN.

Firebug | Eine weitere Erweiterung, die in diese Richtung geht und sich vor allem an JavaScript-Entwickler wendet, ist Firebug (*www.getfirebug.com*).

(X)HTML und CSS können mit Firebug, DOM und CSS direkt manipuliert werden. Diese Änderungen werden schnell dargestellt. Alle Elemente können einfach dadurch aktiviert werden, dass man den Mauszeiger über sie zieht. Sie werden dann unmittelbar in der Konsole hervorgehoben. Beim Editieren von CSS werden Farben und

Firebug für den Internet Explorer 7

FireBug Lite ++ (IE7Pro) (*www.iescripts.org/view-scripts-17p1.htm*) bietet eine Firebug-ähnliche Funktionalität für den Internet Explorer 7.

▼ **Abbildung 6.15**
Firebug für Mozilla-Browser

Bilder in einem Tooltipp angezeigt und vieles mehr. Wer Webseiten gestaltet, braucht diese Erweiterung.

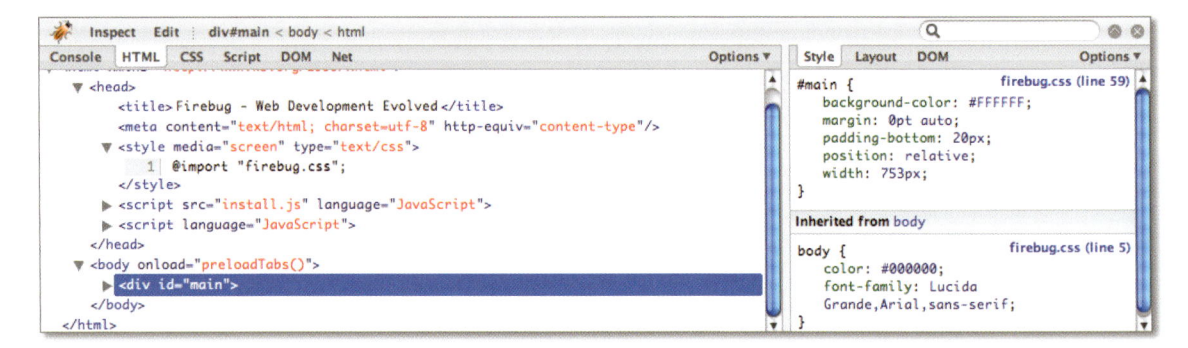

Im Ordner SOFTWARE • FIREFOX-ERWEITERUNGEN finden Sie ColorZilla und Reload Every.

ColorZilla | Auf der Seite *www.iosart.com/firefox/colorzilla* finden Sie die Erweiterung, mit der Sie über eine Pipette die Farbe eines beliebigen Webseitenelements aufnehmen können.

Über ein kleines Icon in der Statuszeile aktivieren Sie diese Erweiterung. Mit einem Rechtsklick öffnen Sie das Kontextmenü und kopieren sich die gewünschten Farbwerte in die Zwischenablage zur Weiterverwertung.

Erweiterungen zum Testen von Farben

Möglichkeiten, eine Webseite mit Firefox auf korrekte Farbkontraste zu prüfen, werden in Abschnitt 4.4.1. besprochen.

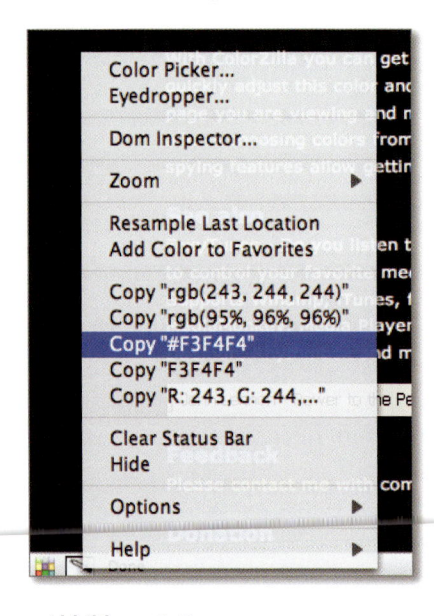

Refresh

Eine andere Möglichkeit, um eine Seite bei der Bearbeitung automatisch zu aktualisieren, ist die Verwendung des Meta-Tag-Werts `refresh`:
`<meta http-equiv="refresh" content="10; URL=test.html">`
Diese Angabe sorgt dafür, dass die Seite »test.html« alle 10 Sekunden neu aufgebaut wird.

▲ **Abbildung 6.16**
Die Erweiterung ColorZilla für Mozilla-Browser

Reload Every | Wenn Sie an einer Webseite arbeiten, möchten Sie Änderungen schnell sehen, ohne für eine Aktualisierung den entsprechenden Button klicken zu müssen. Hier hilft die Erweiterung Reload Every (relo*adevery.mozdev.org*), die es ermöglicht, einen Tab in Firefox nach einem festen Zeitintervall zu aktualisieren.

Die Erweiterung fügt dem Reload-Button ein neues Menü hinzu, über das Sie die entsprechende Zeitspanne auswählen können.

Die genannten Erweiterungen stellen natürlich nur eine kleine und subjektive Auswahl dar. Weitere Erweiterungen für Firefox finden Sie auf folgender Website: *www.erweiterungen.de*

▲ **Abbildung 6.17**
Die Erweiterung Reload Every

6.7 Ein Testbrowserpaket schnüren

Neben Firefox, der ja zu den standardkonformen Browsern gehört, müssen Sie Ihre Kreationen – auch wenn die Validatoren nichts auszusetzen haben – in weiteren Browsern testen. Das sind im Einzelnen Internet Explorer 5 bis 7, Opera und Safari. Internet Explorer 7 ist bei allen älteren Windows-Versionen über die Software-Aktualisierung zu beziehen, Windows Vista liegt er als Standardbrowser bei. Die älteren Browser können Sie dank einem Service von Tredosoft (*tredosoft.com/Multiple_IE*) ganz einfach neben dem Internet Explorer 7 installieren. Dem Paket liegen die Versionen 3.0, 4.01, 5.01, 5.5 und 6.0 bei.

Tredosoft finden Sie unter SOFTWARE • BROWSER.

▼ **Abbildung 6.18**
Vier Browser auf einen Streich dank Tredosoft und Parallels:
Internet Explorer 6 ❶,
Internet Explorer 7 ❷,
Internet Explorer 5.5 ❸
und Firefox 2 ❹

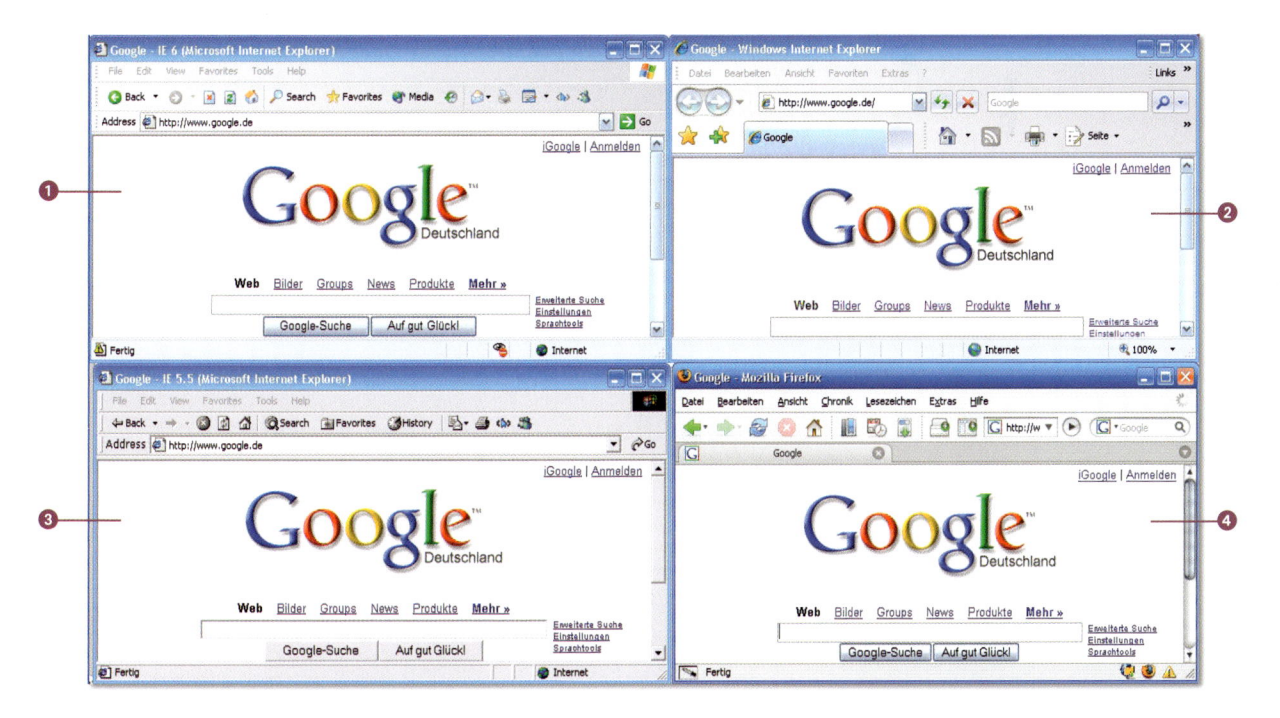

> **Mehrere Safari-Versionen auf einem Rechner**
>
> Multi-Safari (*michelf.com/projects/multi-safari*) stellt verschiedene Versionen von Safari zur Verfügung, die nebeneinander existieren können.

Safari | Safari ist der Standard-Browser für Apple-Rechner und seit Mitte 2007 auch in einer Windows-Version verfügbar. Die Darstellung ist auf beiden Systemen natürlich nicht identisch, aber vergleichbar, denn Safari ist wie der Internet Explorer unter Windows sehr eng mit dem Betriebssystem verzahnt.

Opera | Weitere Browser, die Sie testen können, sind die älteren Opera-Browser. Bei den aktuellen Versionen ist davon auszugehen, dass sie standardkonform sind.

Wer täglich Webseiten gestaltet, sollte sich die aufgezählten Browser installieren, um jede Gestaltung auf diese Weise schnell lokal testen zu können. Es bietet sich an, für diesen Zweck eine **Virtualisierungsumgebung** wie

- Parallels (*www.parallels.com*) für Mac OS X,
- VirtualPC (*www.microsoft.com/windows/products/winfamily/virtualpc/default.mspx*) oder
- VMware (*www.vmware.com/de*) zu installieren.

So können Sie mehrere Betriebssysteme auf einem Rechner laufen lassen und jeden Browser auf dem eigenen und ursprünglichen Betriebssystem testen – ein einmaliger Aufwand, der sich lohnt.

> **Online-Services**
>
> Wer weniger häufig testen muss, kann auf einen Online-Service zurückgreifen. Dort geben Sie eine oder mehrere URLs an, und das entsprechende System erstellt Screenshots von den geforderten Seiten.
> **Browsercam** (*www.browsercam.com*) unterstützt alle bekannten Browser, ist aber kostenpflichtig. Sie können den Service allerdings für jeweils 24 Stunden pro E-Mail-Adresse auch ganz kostenlos verwenden.
> **Browsershots** (*www.browsershots.de*) bietet diesen Service weniger komfortabel, aber kostenlos und in deutscher Sprache an.
> Möchten Sie nicht nur Screenshots erhalten, sondern Seiten live testen, empfiehlt sich **Browserpool** (*www.browserpool.de/kc/wob/portal.jsp*). So können Sie direkt auf echten Windows-, Mac- und Linux-Systemen arbeiten und echte Live-Tests für dynamische Seitenelemente wie Popup-Menüs u. a. durchführen.

6.8 Workflow für modernes Webdesign

Wie Sie die beschriebenen Werkzeuge nutzen sollten, um standardkonforme und moderne Webseiten zu gestalten, zeigen Ihnen die folgenden Abschnitte.

Abbildung 6.19 gibt einen Überblick über die acht Stadien des modernen Webdesigns.

```
1. Projektdefinition
        ↓
2. Analyse
        ↓
3. Konzept
        ↓
4. Entwurf
        ↓           ↑
5. Präsentation
        ↓
6. Umsetzung
        ↓           ↑
7. Test und Korrektur
        ↓
8. Abschluss
```

Abbildung 6.19
Workflow für modernes Webdesign

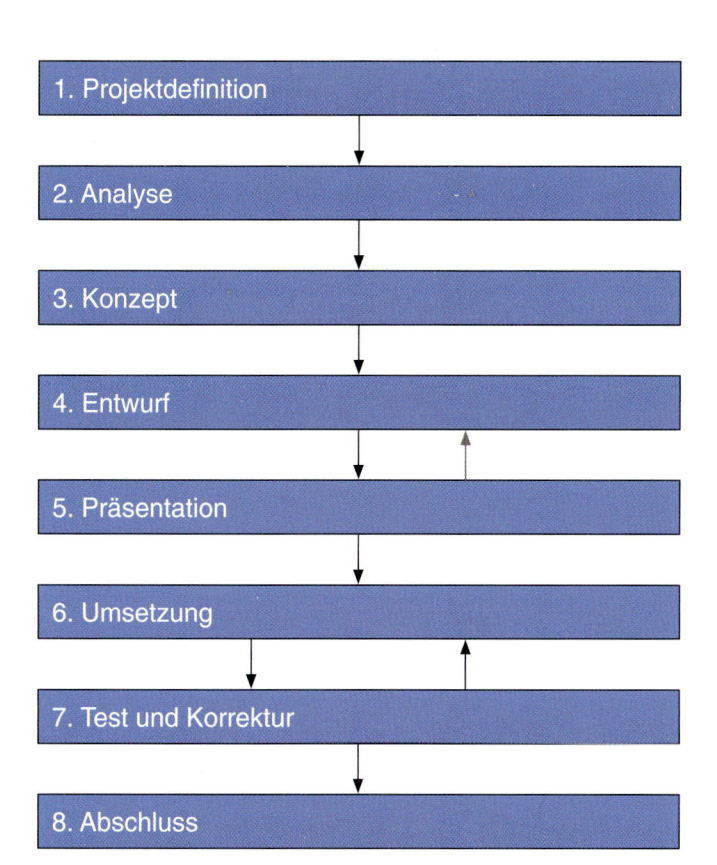

6.8.1 Projektdefinition

An erster Stelle steht die Projektdefinition mit der Informationssuche und -sammlung. Dieser Prozess verläuft bei einem Kundenprojekt Hand in Hand mit dem Kunden. Vorstellungen, Wünsche und Ziele werden definiert. Materialien werden erfragt, und die Rahmenbedingungen über den Umfang und die zu verwendenden Techniken werden festgeschrieben.

Auch der Grad der Detailtreue der Entwürfe muss in diesem Stadium bereits festgelegt werden: In welchem Format wird die Präsentation erfolgen? Sollen typografische Elemente schon im Bildbearbeitungsprogramm fein ausgearbeitet werden? Wird mit echten Texten (die der Kunde liefert) gearbeitet, oder werden Blindtexte verwendet?

Medien | Nützliche Medien für dieses Stadium sind Papier und Stift, Notizblöcke, Katalogisierungssoftware.

Ziel | Am Ende dieses Vorgangs sollte eine klare Definition des Projekts mit allen Anforderungen stehen, die zu erbringen sind. Diese Vorgaben müssen sowohl dem Gestalter als auch dem Auftraggeber bekannt sein.

[Blindtext]
Als Blindtext wird ein Text beschrieben, der beim Design als Platzhalter für den echten Text verwendet wird. Wo Sie Blindtexte finden und wie sie eingesetzt werden, lesen Sie in Abschnitt 7.2.8.

6.8.2 Analyse

Die Analyse ist das Zusammentragen aller Materialien und Informationen und die Verdeutlichung von Zusammenhängen und Funktionen in Schaubildern, Modellen, Skizzen, Collagen und Fotos.

Medien | Nützliche Medien für dieses Stadium sind Papier und Stift, Notiz- und Skizzenblöcke, Wireframes, Wikis und Writeboards.

Ziel | Am Ende dieses Stadiums haben Sie klare Vorstellungen über die notwendigen Bestandteile des Designs, ihre Funktionen und Interaktionen.

6.8.3 Konzept

In verschiedenen Konzepten werden alle in der Analyse definierten Elemente in Beziehung zueinander gesetzt. Anordnungen und Platzierungen von Elementen werden getestet.

Medien | Nützliche Medien für dieses Stadium sind Papier und Stift, Notiz- und Skizzenblöcke, Wireframes und Bildbearbeitungsprogramme.

Ziel | Am Ende dieser Phase steht der Grundriss für den Entwurf im Bildbearbeitungsprogramm.

6.8.4 Entwurf

Im Bildbearbeitungsprogramm wird mit den Ergebnissen der letzten Phasen ein Entwurf für die Gestaltung einer oder mehrerer Webseiten erstellt. Dabei soll der Entwurf nicht nur zeigen, wie die Gestaltung aussehen soll, sondern auch, welche Funktionen und Abläufe sich hinter den einzelnen Elementen und Abläufen verbergen. Elemente, die sich nicht sofort erschließen, müssen Sie in einer Handreichung entsprechend erläutern.

Medien | Nützliche Medien für dieses Stadium sind Bildbearbeitungs- und Notizprogramme.

6.8.5 Präsentation

Je nach dem definierten Umfang des Projekts haben Sie nun eine oder mehrere Grafiken und Handreichungen, die Sie dem Auftraggeber präsentieren können. Das kann je nach Projekt in einem Gespräch, in einem Anhang einer E-Mail oder auf einem Server stattfinden. Die Präsentation muss Ihre Lösung so überzeugend wie möglich darstellen und die getroffenen Entscheidungen bezüglich der Reduktion des Materials, der Elemente und ihrer Anordnung, des Layouts und der

---

Detailgehalt

Zu diesem Zeitpunkt ist es wichtig, über den Detailgehalt des folgenden Entwurfs nachzudenken und gegebenenfalls mit dem Kunden diesbezüglich Rücksprache zu halten.

Farben überzeugend darstellen. Eventuell müssen nach der Präsentation noch einmal Änderungen an den Entwürfen vorgenommen werden. Dieser Schritt ist durch den grauen Pfeil in Abbildung 6.19 gekennzeichnet.

Ziel | Am Ende einer erfolgreichen Präsentation ist der Weg frei für die praktische Umsetzung des grafischen Entwurfs in eine oder mehrere Webseiten.

6.8.6 Umsetzung

Für die Umsetzung der erfolgreichen Entwürfe greifen Sie auf **Basisvorlagen** zurück und bauen diese aus. Als Basisvorlage möchte ich (X)HTML- und CSS-Gerüste und Grafikvorlagen bezeichnen, in denen die wichtigsten und unabdingbaren Elemente für einen Entwurf bereits enthalten sind und die schnell an neue Projekte angepasst werden können. Durch die Verwendung eines solchen Templates sparen Sie viel Zeit und Mühe beim Schreiben von Standarddeklarationen und auch speziellen Browseranpassungen, die sonst immer wieder neu geschrieben bzw. nachgeschlagen werden müssten.

Der Aufbau der Basistemplates wird in den nächsten Kapiteln ausführlich beschrieben, der Umgang mit ihnen exemplarisch am Beispiel in Kapitel 10 gezeigt.

Die häufigsten Kundenwünsche

Martin Hömmerich berichtet über die »Die 10 häufigsten Kundenwünsche« in Bezug auf ein Design (*www.hoemmerich.com/2008/die-10-haufigsten-kundenwunsche*).

[Template]
Eine Vorlage für eine Webseite wird häufig als Template bezeichnet.

▼ **Abbildung 6.20**
Die Arbeit mit Basisvorlagen erspart eine Menge Arbeit. Diese Vorlage wird in den kommenden Kapiteln näher erläutert und angepasst.

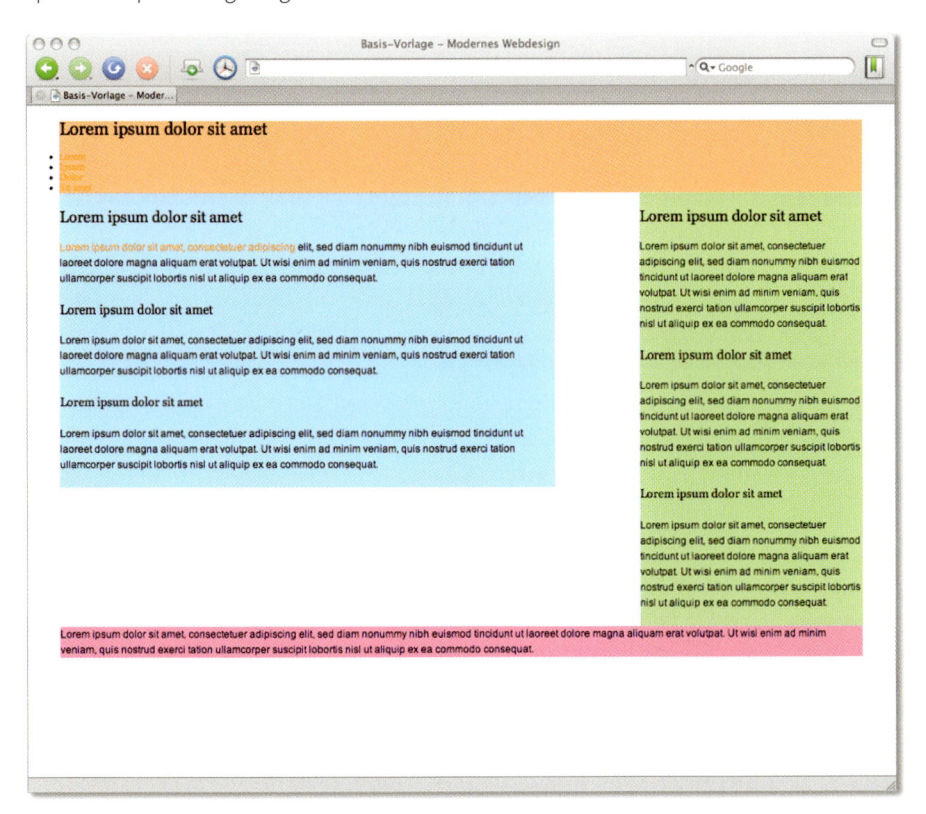

Zurück zum Thema Umsetzung: Bei der Übertragung des Layoutvorschlags in eine durch (X)HTML und CSS gesteuerte Webseite gehen Sie **von oben nach unten** und **von außen nach innen** vor.

Abbildung 6.21 ►
Umsetzung eines grafischen Entwurfs in eine Webseite

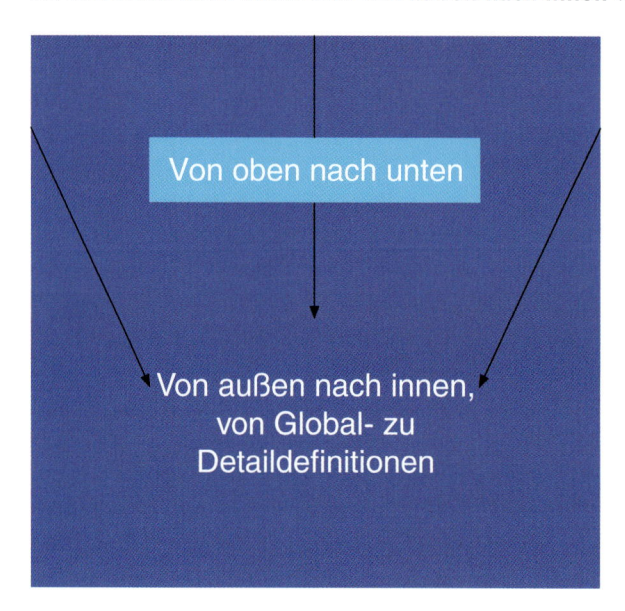

Abbildung 6.21 verdeutlicht die Umsetzungsrichtung. Sie beginnen mit den Grafiken und Farben für den Seitenhintergrund und arbeiten sich über die Hülle und die weiteren Layoutelemente vor bis zu den Detailformatierungen für den Lauftext, Überschriften, Listen und Formulare. Dabei beginnen Sie am oberen Seitenrand. Die Formatierungen für den Fußbereich der Seite erfolgen also zum Schluss.

Wenn Sie so verfahren, entsteht ein sehr übersichtliches Stylesheet, das dem Entwurf ähnelt und wenig Angriffspunkte für Fehldarstellungen aufgrund von überschriebenen Styles in der Kaskade bietet. Speichern Sie zunächst die wichtigsten Grafiken und Farben für die globalen Formatierungen, und schreiben Sie die (X)HTML- und CSS-Vorlagen entsprechend um. Gehen Sie dann zurück ins Bildbearbeitungsprogramm, und speichern Sie den nächsten Schwung Grafiken. Verfahren Sie in Etappen, bis Sie alle Elemente übernommen haben. Vergewissern Sie sich im Arbeitsbrowser nebenbei ständig, dass die Formatierungen stimmen.

6.8.7 Test und Korrektur

Haben Sie alle Formatierungen geschrieben, testen Sie das Konstrukt im Testbrowserpaket und nehmen gegebenenfalls weitere Anpassungen vor. Einige Tests sollten Sie in allen Ihnen zur Verfügung stehenden Browsern durchführen, andere lassen sich leicht mit Firefox und der Web Developer Toolbar durchführen. Beginnen wir mit dem Test, den Sie in allen Browsern durchführen sollten.

Alle Tests exemplarisch

Im Beispielprojekt aus Kapitel 10 können Sie diese Tests anhand von Screenshots praktisch nachvollziehen.

Die Schriftgröße erhöhen und reduzieren | Testen Sie in jedem Browser, wie sich das Layout verhält, wenn Sie die Schriftgröße reduzieren und erhöhen. Wie oft können Sie die Schriftgröße erhöhen, bis sich Bereiche überschneiden oder auseinanderfallen? Als Faustregel möchte ich sagen: Wenn Sie die Schriftgröße mehr als dreifach erhöhen können, ohne dass es Probleme gibt, brauchen Sie keine weiteren Anpassungen vornehmen.

Folgende Änderungen könnten anstehen:

- **Eventuell überschneiden sich schwebende Bereiche.**
  Überlegen Sie, ob Sie diese Floats auflösen können. Können Sie einen Container durch die Zuweisung der Eigenschaft `clear` und des Wertes `both` zu einem Zeilenumbruch zwingen? Können Sie einen umschließenden Container über die Eigenschaft `overflow` mit dem Wert `hidden` oder `scroll` dazu bewegen, automatisch »Platz zu machen«?

- **Schießen einige Zeichen über das Ziel hinaus?**
  Dies ist häufig der Fall, wenn Sie Code-Beispiele per `pre` oder `code` anzeigen. Geben Sie dem umschließenden Container die Eigenschaft `overflow` mit dem Wert `hidden` oder `scroll`.

- **Füllt ein Hintergrund eine Box nun bei sehr großen Schriftgraden nicht komplett aus?**
  Das ist ein Zeichen dafür, dass das umschließende Element nicht schwebt. Verwenden Sie die Eigenschaft `float`, um das Element zu schließen.

- **Stimmt bei einem verwendeten Hintergrundbild, das nun kleiner als die entsprechende Box ist, die Hintergrundfarbe nicht?**
  Definieren Sie die korrekte Hintergrundfarbe, mit der Ihr Hintergrundbild »aufhört«, oder setzen Sie die Hintergrundfarbe auf `transparent`.

Zum Umgang mit Hintergründen

Viele Beispiele zum korrekten Einsatz von Hintergrundfarben und -bildern finden Sie in Abschnitt 8.6.

(X)HTML und CSS überprüfen lassen | Wenn Sie es nicht schon im Editor getan haben, beauftragen Sie einen Validator, die Dokumente zu überprüfen. Verwenden Sie dazu zum Beispiel Firefox und die Web Developer Toolbar: Extras • Webdeveloper • Tools • Validate CSS bzw. Validate HTML.

Sollten Fehler angezeigt werden, korrigieren Sie diese entsprechend und führen die Tests dann noch einmal durch.

CSS abschalten | Schalten Sie die Anzeige aller CSS-Formatierungen komplett ab. Verwenden Sie dazu die Web Developer Toolbar und Firefox: Extras • Webdeveloper • CSS • Disable Styles • All Styles. Sind alle wichtigen Inhalte zugänglich? Verwenden Sie, um die Formatierungen je nach Ausgabemedium anzuzeigen, Extras • Webdeveloper • CSS • Display CSS by media type.

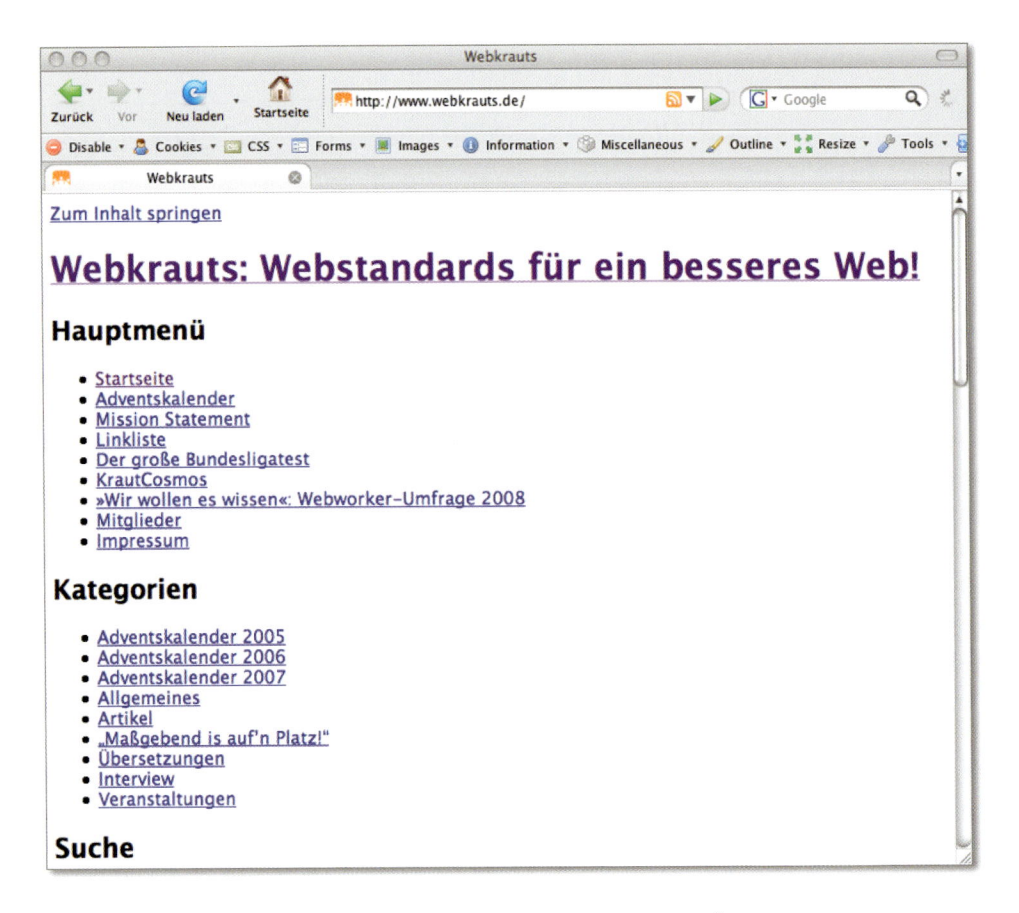

▲ **Abbildung 6.22**
Die Website der Webkrauts
(*www.webkrauts.de*) ohne CSS

Die Anzeige von Bildern unterbinden | Überprüfen Sie die korrekte Verwendung alternativer Texte für verwendete Bilder, indem Sie die Anzeige aller Bilder abschalten. Verwenden Sie dazu Firefox und die Web Developer Toolbar: EXTRAS • WEBDEVELOPER • IMAGES • DISABLE IMAGES • ALL IMAGES.

Die Unterstützung von JavaScript unterbinden | Überprüfen Sie die Gestaltung auf Funktion und Zugänglichkeit bei abgeschaltetem Verhalten. Verwenden Sie dazu Firefox und die Web Developer Toolbar: EXTRAS • WEBDEVELOPER • DISABLE JAVASCRIPT • ALL JAVASCRIPT.

Dokumentgrößen und Ladezeiten | Verwenden Sie Firefox und die Web Developer Toolbar (INFORMATION • VIEW DOCUMENT SIZE) oder Firefox und Firebug (FIREBUG • NET • ALL), um sich die Dateigrößen aller eingebundenen Elemente anzeigen zu lassen. Firebug zeigt Ihnen zusätzlich die Ladezeit an.

Alte Browser testen | Wie gehen ältere Browser wie der Internet Explorer 5.x mit der Gestaltung um? Welche Zielgruppe sprechen Sie an? Müssen Sie diesen Browser unterstützen? Je nachdem, wie Sie diese Fragen beantworten, müssen Sie Änderungen am Layout vornehmen. Grundsätzlich können Sie heute die Unterstützung des Internet Explorers 5.x aus den in Kapitel 2 genannten Gründen vernachlässigen.

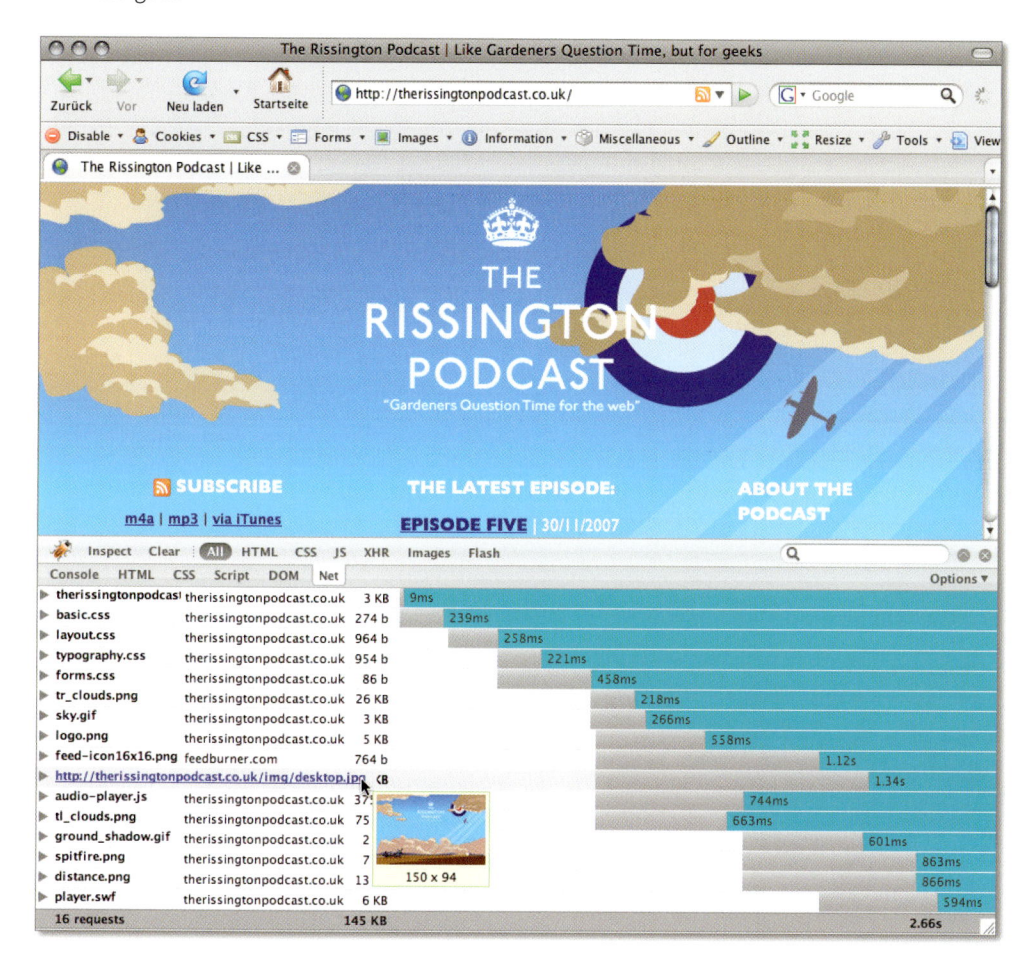

Diese grundsätzlichen Tests sollten Sie durch weitere ergänzen, die sich auch aus den Ergebnissen der eben vorgestellten Tests ergeben. Firefox zusammen mit der Web Developer Toolbar und Firebug bietet Ihnen, wie Sie in der Praxis feststellen werden, diesbezüglich viele sehr nützliche Werkzeuge.

▲ **Abbildung 6.23**
Die Anzeige von Dateigrößen der Webseite The Rissington Podcast (*therissingtonpodcast.co.uk*) in Firefox über die Erweiterung Firebug. Wenn Sie den Mauszeiger in der Liste über eine Grafik ziehen, wird ein Thumbnail angezeigt.

6.8.8 Browserspezifisches Vorgehen

Grundsätzlich sollten Sie immer versuchen, so browserübergreifend wie möglich zu arbeiten und deshalb weitestgehend auf browserspezifische Angaben zu verzichten. Wenn Sie ein Problem browserübergreifend korrigieren können, indem Sie eine Änderung an einer oder auch mehreren Deklarationen im CSS vornehmen, tun Sie dies.

Hacks | Sogenannte Hacks werden eingesetzt, um Fehler zu korrigieren, die in bestimmten Browserversionen auftreten. Vor allem geht es dabei um den Internet Explorer 5.x und den Internet Explorer 6. Da beide Browser nicht mehr weiterentwickelt werden, sind alle Hacks, die diesbezüglich verwendet werden können, »sicher«, denn die Browser ändern sich nicht mehr. Verwenden Sie allerdings einen Hack für einen aktuellen Browser, müssen Sie damit rechnen, dass die Entwickler des Browsers inzwischen den Fehler beseitigt haben, der einst das Problem verursachte. Somit kann der Hack eventuell sogar nach hinten losgehen und mehr schaden als nützen.

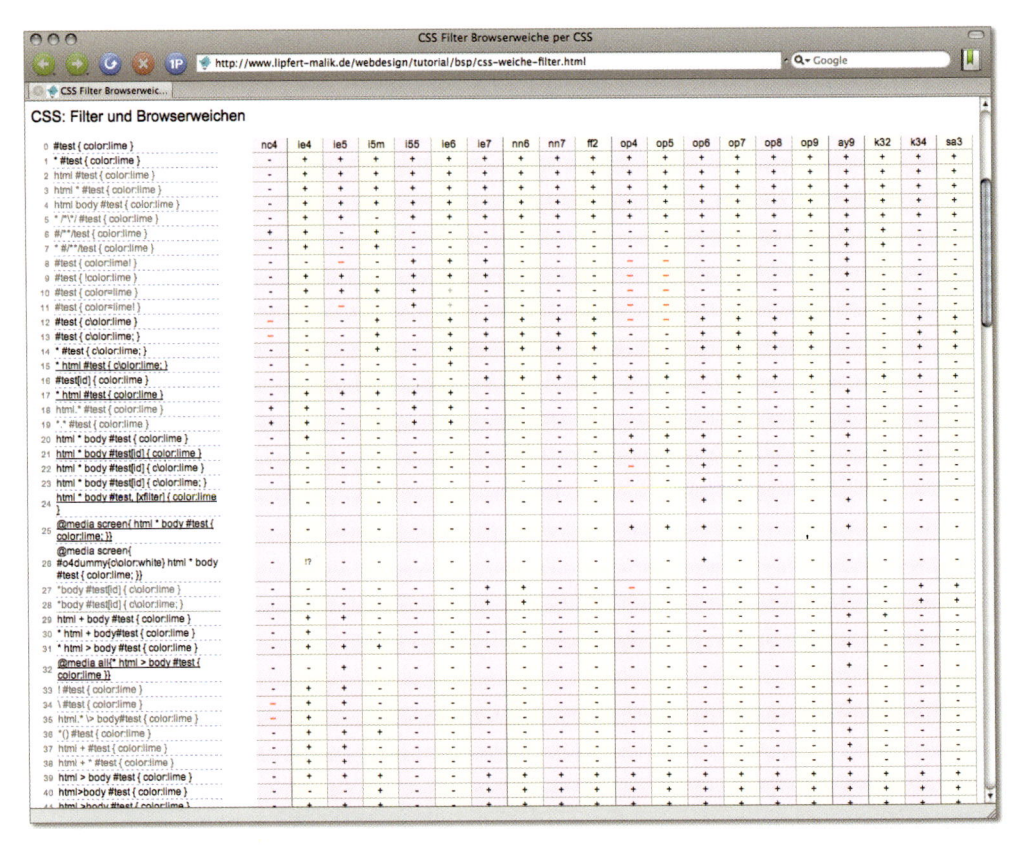

▲ **Abbildung 6.24**
Kristof Lipfert bietet unter *www.lipfert-malik.de/webdesign/tutorial/bsp/css-weiche-filter.html* eine Übersicht zu CSS-Filtern und Browserweichen per CSS.

Kein Padding und Border bei fester Breite | Viele Probleme können umgangen werden, indem vermieden wird, Innenabstände und Ränder zu Hauptlayoutelementen mit festen Breiten hinzuzufügen. Wenn Sie zum Beispiel für eine Gestaltung eine Hauptspalte und eine Randspalte haben, versehen Sie erst die in diesen Elementen auftretenden Texte und Medien mit padding und border und nicht schon diese Hauptlayoutelemente. Das hält Probleme mit dem Box-Modell fern.

Wenn Sie Hacks verwenden, setzen Sie diese eventuell in ein eigenes – browserspezifisches – Stylesheet oder an das Ende des Hauptstylesheets. Verwenden Sie mehrere Styleheets, achten Sie darauf, dass das Hack-Sheet nach den eigentlichen Formaten eingebunden wird. So können Sie leicht auf diese Abschnitte zugreifen. Kommentieren Sie alle browserspezifischen Formatierungen, sodass auch später noch klar wird, worum es sich bei der einen oder anderen Formatierung handelt und warum sie in diesem speziellen Falle verwendet wurde.

Box-Model-Hacks | Wenn es doch unumgänglich ist, einen Hack anzuwenden, dann verwenden Sie den **Simplified Box-Model-Hack** von Andrew Clover, gekoppelt mit dem **Star-HTML-Hack**, um sich speziell an Internet Explorer bis Version 6 zu wenden.

Zunächst wird das Element so formatiert, wie es sein soll, korrekt ist und von aktuellen Browsern auch korrekt angezeigt wird:

```
#container {
    width: 500px;
    padding: 20px;
    border: 10px;
}
```

Danach schreiben Sie den Star-HTML-Hack, indem Sie * html der Deklaration voranstellen und so alle Browser außer dem Internet Explorer bis zur Version 6 von der Interpretation ausschließen:

```
* html #container { /* nur fuer Internet Explorer */
```

Dann geben Sie den korrekten Wert für den Internet Explorer 5.x gemäß Box-Modell und anschließend die korrekte Breite für den Internet Explorer 6 an. Um den Wert für Version 5.x nicht zu überschreiben, verwenden Sie einen Backslash »\«:

```
width: 560px;    /* nur fuer Version 5.x */
w\idth: 500px;   /* nur fuer Version 6 */
}
```

Conditional Comments | Eine weitere Variante, browserspezifisch vorzugehen, ist die Verwendung von Conditional Comments (*www.quirksmode.org/css/condcom.html*), über die der Internet Explorer in der folgenden Form angesprochen werden kann:

```
<!--[if IE]>
Besondere Anweisungen für den
Internet Explorer.
<![endif]-->
```

Den Dino ausschließen

Wenn Sie Stylesheets über @import importieren, schließen Sie den »Dino« Netscape 4 automatisch von der Verarbeitung der Formatierungen aus, mit denen der Browser nicht klarkommen würde.

Browser-Übersicht

Welche Browser welche Regeln ausführen, können Sie in »Will the browser apply the rule(s)?« (*centricle.com/ref/css/filters*) nachschlagen.

◂ **Listing 6.1**
Schritt 1

◂ **Listing 6.2**
Schritt 2

◂ **Listing 6.3**
Schritt 3

Demonstration von Browserverhalten

Jeder Browser hat seine Eigenheiten, wenn es um die Anwendung bestimmter Formatierungen geht. Design Detector bietet unter *www.designdetector.com/demos.php* eine Vielzahl von Beispielen dazu.

> **Blitzschnelle Browserweiche**
>
> Einen unfassenden Einblick in deutscher Sprache finden Sie in »Blitzschnelle Browserweiche« (*drweb.de/html/conditional_comments.shtml*).

```
<!--[if IE 5]>
Besondere Anweisungen für den
Internet Explorer 5.
<![endif]-->
<!--[if IE 5.0]>
Besondere Anweisungen für den
Internet Explorer 5.0.
<![endif]-->
<!--[if IE 5.5]>
Besondere Anweisungen für den
Internet Explorer 5.5.
<![endif]-->
<!--[if IE 6]>
Besondere Anweisungen für den
Internet Explorer 6.
<![endif]-->
<!--[if IE 7]>
Besondere Anweisungen für den
Internet Explorer 7.
<![endif]-->
<!--[if gte IE 5]>
Besondere Anweisungen für den
Internet Explorer 5 und höher.
<![endif]-->
<!--[if lt IE 6]>
Besondere Anweisungen für den
Internet Explorer kleiner als Version 6.
<![endif]-->
<!--[if lte IE 5.5]>
Besondere Anweisungen für den Internet Explorer
bis einschliesslich Version 5.5.
<![endif]-->
<!--[if gt IE 6]>
Besondere Anweisungen für den Internet Explorer
neuer als Version 6
<![endif]-->
```

Listing 6.4 ▶
Conditional Comments

> **Weitere Informationen zum Thema Hack-Management und Conditional Comments**
>
> ▶ CSS Hacks (*www.quirksmode.org/css/csshacks.html*)
> ▶ Keep CSS Simple (*www.digital-web.com/articles/keep_css_simple*)
> ▶ Future-proof your CSS with Conditional Comments (*www.brucelawson.co.uk/index.php/2005/future-proof-your-css-with-conditional-comments*)
> ▶ Eine Auswahl von CSS-Hacks (*standards.webmasterpro.de/index-article-CSS+Hacks.html*)

6.8.9 Abschluss
Alle Projektdaten sollten nach Fertigstellung in ihrer aktuellen Form mit den entsprechenden Daten archiviert werden. Sehr häufig kommt es vor, dass man diese auch nach späteren Änderungen am Projekt noch einmal selbst nachschlagen oder dem Kunden senden möchte.

TEIL II
Die Technik

7 (X)HTML im Überblick

7.1 Mit Basisvorlagen schneller arbeiten

Wenn Sie viele Webseiten gestalten, müssen Sie nicht immer bei null anfangen. Neben den Elementen, die einfach in jedem (X)HTML- und CSS-Dokument vorhanden sein müssen, gibt es eine Reihe von Code-Schnipseln, die immer wieder gebraucht werden. Deshalb verwende ich für meine Arbeit gern Vorlagen, mit denen ich unmittelbar weiterarbeiten kann. Diese Vorlagen sind allerdings nicht »fertig«, so wie es viele Templates sind, die aus dem Internet heruntergeladen werden können. Moderne Webseiten sollten so schlank wie möglich sein und keine unnötigen Formatierungen enthalten.

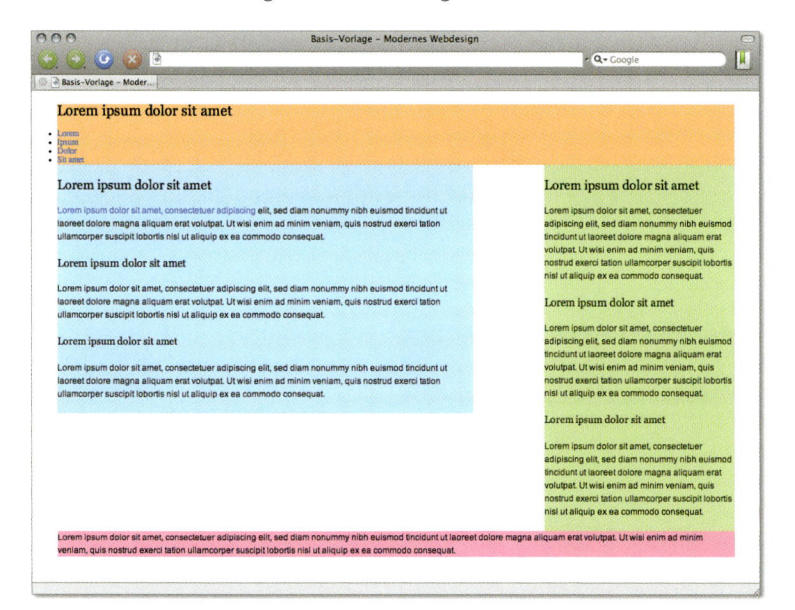

◄ **Abbildung 7.1**
Eine Basisvorlage. Solche Vorlagen können Ihnen die Arbeit enorm erleichtern.

Am Ende des folgenden Exkurses durch die wichtigsten Elemente von (X)HTML und Eigenschaften von CSS werden praktische Anwendungen und Tipps sowie die Entwicklung von zwei Basisvorlagen stehen. Diese werden nur einen Bruchteil der existierenden bzw. behandelten Elemente und Eigenschaften enthalten und so gute Ausgangspunkte für Ihre eigenen, neuen Projekte darstellen. Diese Vor-

Die Basisvorlagen finden Sie auf der DVD.

lagen sollen als Anregung oder Ausgangspunkt für Ihre eigenen Ideen dienen. Passen Sie die Vorlagen so an, dass Sie sie immer wieder als Basis für Ihre eigenen Produkte verwenden können.

7.2 (X)HTML

HTML (*HyperText Markup Language*) ist die Sprache, in der Webseiten geschrieben werden. Mit HTML bestimmen Sie, welche Elemente eine Webseite beinhalten soll, welche Struktur aufgebaut wird. Einige Elemente sind obligatorisch, andere sind optional. Ihre Verwendung ist abhängig vom Layout. Mit CSS formatieren Sie diese Elemente.

Unterschiede zwischen HTML und XHTML

Wer sich für die Entwicklung und die genaueren Unterschiede zwischen beiden Sprachen interessiert, findet bei SelfHTML einen sehr guten Einstieg:
de.selfhtml.org/html/xhtml/unterschiede.htm

HTML versus XHTML | Sicher haben Sie in den bisher verwendeten Beispieldateien festgestellt, dass nicht HTML, sondern »(X)HTML« oder »XHTML« verwendet wurde. Das »X« steht für das englische Wort »extensible«, also »erweiterbar«. (X)HTML entstand aus dem Wunsch heraus, HTML mithilfe des immer bedeutender werdenden XML zu definieren. Die Verwendung von (X)HTML ermöglicht es, Daten auch über andere Programmiersprachen auszulesen und zu verarbeiten. In diesem Buch wird der Begriff »(X)HTML« verwendet, um sowohl HTML als auch XHTML mit einzubeziehen.

Wie (X)HTML funktioniert | Die verschiedenen (X)HTML-Elemente beschreiben, worum es sich bei einer Text-, Bild- oder Multimedia-Datei genau handelt. Dazu werden die sogenannten **Tags** verwendet, die **Attribute mit zu definierenden Werten** haben können.

Abbildung 7.2 ▶
So funktioniert (X)HTML.

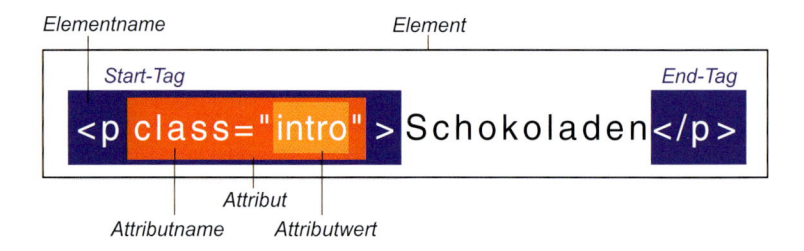

Das Element p für Englisch »paragraph« – also »Absatz« – trägt im Beispiel aus Abbildung 7.2 das Attribut class mit dem Wert intro:
`<p class="intro">Schokoladen</p>`

Tags werden immer mit einem Start-Tag, einer sich öffnenden spitzen Klammer (<), begonnen und mit einem End-Tag, einer sich schließenden Klammer mit vorangestelltem Schrägstrich (/>), geschlossen. Attribute werden im Start-Tag mit einem vorangestellten Leerzeichen geschrieben, und ihre Werte werden in doppelte ("") oder einfache ('') Anführungszeichen gesetzt.

Attribute sind Ergänzungen, die die Eigenschaften des jeweiligen (X)HTML-Elements näher bestimmen. Sie haben einen oder mehrere Werte. Mehrere Werte werden mit einem **Leerzeichen** getrennt:

```
<p class="urheber information">Bruno Webby</p>
```

Eine Website besteht immer aus dem folgenden Gerüst: `doctype`, `html`, `head` und `body`.

7.2.1 DOCTYPE

Mittels `doctype` geben Sie den Dokumenttyp für das Dokument an und geben dem Browser so vor, welches Regelwerk bei der Darstellung der Seite zu beachten ist. Die Angabe des Dokumenttyps ist sehr wichtig, um potenzielle Browserfehler zu vermeiden.

▼ **Listing 7.1**
Hier wird der Dokumenttyp angegeben.

```
<!DOCTYPE html PUBLIC "-//W3C//DTD XHTML 1.0 Transitional//EN"
    "http://www.w3.org/TR/xhtml1/DTD/xhtml1-transitional.dtd">
```

HTML 4.01

▼ **Listing 7.2**
Die HTML-Varianten

```
<!DOCTYPE HTML PUBLIC "-//W3C//DTD HTML 4.01//EN" "http://www.w3.org/TR/html4/strict.dtd">
<!DOCTYPE HTML PUBLIC "-//W3C//DTD HTML 4.01 Transitional//EN" "http://www.w3.org/TR/html4/loose.dtd">
<!DOCTYPE HTML PUBLIC "-//W3C//DTD HTML 4.01 Frameset//EN" "http://www.w3.org/TR/html4/frameset.dtd">
```

XHTML 1.0

▼ **Listing 7.3**
Die (X)HTML-Varianten

```
<!DOCTYPE html PUBLIC "-//W3C//DTD XHTML 1.0 Strict//EN" "http://www.w3.org/TR/xhtml1/DTD/xhtml1-strict.dtd">
<!DOCTYPE html PUBLIC "-//W3C//DTD XHTML 1.0 Transitional//EN" "http://www.w3.org/TR/xhtml1/DTD/xhtml1-transitional.dtd">
<!DOCTYPE html PUBLIC "-//W3C//DTD XHTML 1.0 Frameset//EN" "http://www.w3.org/TR/xhtml1/DTD/xhtml1-frameset.dtd">
```

XHTML 1.1

▼ **Listing 7.4**
XHTML 1.1

```
<!DOCTYPE html PUBLIC "-//W3C//DTD XHTML 1.1//EN" "http://www.w3.org/TR/xhtml11/DTD/xhtml11.dtd">
```

HTML, Namensraum und Sprache | HTML ist das sogenannte Root-Element, von dem alle weiteren Elemente abgehen, das Element, von dem sie ihre Eigenschaften erben. Das Attribut xmlns definiert den XML-Namensraum und muss angegeben werden:

```
<html xmlns="http://www.w3.org/1999/xhtml" xml:lang="de" lang="de">
```

7.2.2 HEAD

Im head werden Titel und Meta-Daten der Seite definiert; der Inhalt der Seite folgt im body.

```
<head>
<meta http-equiv="Content-type" content="text/html; charset=utf-8" />
<title>Standardvorlage</title>
<meta name="Robots" content="ALL" />
<meta name="Keywords" content="__KEYWORDS__" />
<meta name="Description" content="__DESCRIPTION__" />
<meta name="Copyright" content="(c) 2008 Copyright content: Manuela Hoffmann, Copyright design: Manuela Hoffmann" />
```

Listing 7.5 ▶
Der Kopf der Standardvorlage

Gute Platzierung bei Google

Es gibt eine Vielzahl an Tutorials, die beschreiben, wie eine Website für Googles Index zu optimieren ist. In einer Umfrage wurden viele Experten für Suchmaschinenoptimierung zu diesem Thema befragt. Ganz oben standen auf der Liste die Nutzung von Keywords im Titel, die globale Linkpopularität der Site und der Titel eines eingehenden Links. Siehe dazu auch: *www.pixelgraphix.de/log/2007-04/die-wichtigsten-faktoren-fuer-eine-gute-platzierung-im-google-index.php*

Die Meta-Angaben | Über die Meta-Angaben werden sozusagen die Hintergrundinformationen zur Webseite angegeben, also zum Beispiel zugelassene oder ausgesperrte User-Agenten (Robots), wichtige Stichwörter (Keywords), die die Seite charakterisieren, die Beschreibung der Seite (Description), der Anbieter (Copyright) oder auch der zu verwendende Zeichensatz (charset). Diese Angaben sind einerseits für den Browser wichtig, um die Seite richtig darzustellen. Andererseits sind die meta-Tags die Verbindung zu den Suchmaschinen, denn sie werden neben dem title-Tag dazu verwendet, eine Seite/Site korrekt in den vielen Verzeichnissen zu listen. Äußerst wichtig in diesem Zusammenhang ist der title-Tag, der den Titel der Seite angibt. Er wird in der Browsertitelleiste und in Lesezeichen dargestellt und setzt sich sinnvollerweise aus mehreren Elementen zusammensetzt:

Der Titel | Bei Start- oder Übersichtsseiten sollten Sie den Titel der Site vor einer Beschreibung angeben, die möglichst eine kurze Aufzählung wichtiger Schlagwörter enthalten sollte. Beides trennen Sie durch einen Bindestrich.

```
<title>CSSHilfe - Webdesign mit (X)HTML und CSS</title>
```

Listing 7.6 ▶
Titel und Schlagwörter sind durch einen Bindestrich getrennt.

Bei individuellen Artikelseiten sollten Sie zuerst den Titel des Artikels zeigen, dann die Kategorie oder wichtige Schlagwörter und erst zum Schluss, wenn nötig, den Titel der Site. Diese Bausteine trennen Sie durch Bindestriche.

Suchmaschinen werten dadurch den Titel des Beitrags besonders hoch. Auch Nutzer von Browsern mit mehreren Tabs werden Ihnen diese Reihenfolge danken: Sie sehen einen Anriss des Titels und nicht mehrmals einen unbedeutenden Seitentitel.

> **Ausnahme Safari**
>
> Apples Standardbrowser zeigt immer den Titel der jeweils geladenen Einzelseite an, ganz unabhängig davon, wie der Titel zusammengesetzt wurde.

```
<title>cssNeustart - Moderne Webseiten mit Stil -
Inspiration - CSSHilfe</title>
```

◂ **Listing 7.7**
Titel individueller Seiten

▴ **Abbildung 7.3**
Vier Tabs in Firefox. Hier wird deutlich, dass die Anordnung wohlüberlegt werden sollte.

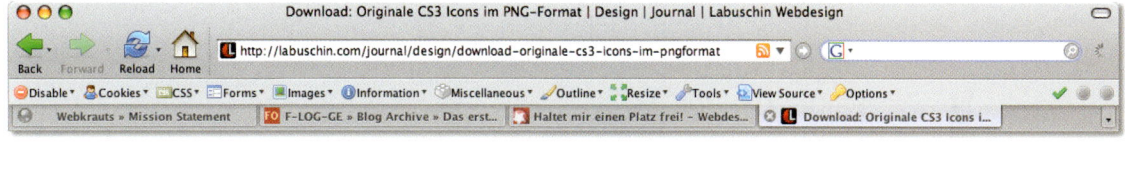

Abbildung 7.3 zeigt Firefox mit vier Einzelbeitragsseiten, die jeweils in einem Tab geöffnet sind. Im ersten Tab ist der Name der Site dem Namen des Beitrags vorangestellt worden. Im zweiten steht der Name der Site vor dem Sammelbegriff »Blog Archive«, und im dritten und vierten stehen jeweils die Titel der Beiträge an erster Stelle. Im zweiten Tab kann man den Titel des Beitrags bereits jetzt nicht mehr lesen.

▴ **Abbildung 7.4**
Für jede der in Firefox gezeigten Sites wurde ein weiterer Reiter geöffnet.

Abbildung 7.4 zeigt nun acht offene Tabs, und es ist bei den ersten vier nicht mehr zu sehen, welcher Beitrag geöffnet ist. Die letzten vier Beiträge lassen sich anhand des Textes im Tab immer noch sicher identifizieren.

Sie sollten also bei der Fertigstellung der Site sehr genau auf die Vergabe des `title`-Tags achten. Wenn Sie ein CMS verwenden, können Sie die Reihenfolge der Bausteine meist über eine Vorlage bestimmen.

7.2.3 BODY

Aller Inhalt der Webseite in Form von Text, Bild und Multimedia wird in den `body`, den Körper einer Seite, geschrieben. Das Gerüst unserer Standardvorlage sollte nun wie folgt aussehen:

```
<!DOCTYPE html PUBLIC "-//W3C//DTD XHTML 1.0 Transitional//EN"
"http://www.w3.org/TR/xhtml1/DTD/xhtml1-transitional.dtd">
<html xmlns="http://www.w3.org/1999/xhtml" xml:lang="de" lang="de">
<head>
<meta http-equiv="Content-type" content="text/html; charset=utf-8" />
<title>Standardvorlage</title>
<meta name="ROBOTS" content="ALL" />
<meta name="Keywords" content="__KEYWORDS__" />
<meta name="Description" content="__DESCRIPTION__" />
</head>
<body>
...
</body>
</html>
```

▲ Listing 7.8
Das Grundgerüst unserer Standardvorlage

7.2.4 Kommentare
(X)HTML und auch CSS erlauben es, Kommentare in den Quelltext zu schreiben. Kommentare sind nützlich, um Informationen zum Projekt, zum Autor oder zu spezifischen Konstruktionen im Design festzuhalten.

Kommentare in (X)HTML | Kommentare werden in (X)HTML in der folgenden Form geschrieben:

```
<!-- Kommentare sind sinnvoll -->
```

CSSDOC
Die Initiative CSSDOC macht sich für standardisierte Kommentare im CSS-Code stark: *www.cssdoc.net*

Kommentare in CSS | Kommentare werden in CSS in der folgenden Form geschrieben:

```
/* Kommentare in CSS sind ebenso sinnvoll und wichtig */
```

7.2.5 Identifizierung mit »class« und »id«
Um ein Element genauer zu beschreiben, können Sie die Universalattribute `id` und `class` verwenden, die wie immer dem Start-Tag des HTML-Elements zugeordnet werden.

ID | Der eindeutige Bezeichner `id` darf auf einer Webseite im Gegensatz zu einer Klasse **nur einmal auftreten** und kann zum Beispiel als Definition eines Zielankers für einen Link, als ID für einen ID-Selektor oder als Strukturhilfe für einen sauberen Quelltext funktionieren.

```
<div id="wrapper"> ... </div>
```

Class | Das Attribut `class` gibt einem oder mehreren Elementen einen Klassennamen und kann beliebig vielen unterschiedlichen Elementen zugeordnet werden:

```
<span class="street-address">Musterstrasse 25</span>
```

7.2.6 DIV

Mit dem Element `div`, englisch für »division«, teilen Sie Seiten in Bereiche ein. In den bisher gezeigten Beispielen wurde meist die folgende Struktur verwendet:

```
<div id="wrapper">
   <div id="meta-information">
      <h1>Nemo enim ipsam voluptatem</h1>
   </div>
   <div id="hauptinhalt">
      <h2>Duis aute irure dolor</h2>
      <p> ... </p>
   </div>
   <div id="notizen">
      <h2>Ut enim ad minim veniam</h2>
      <p>...</p>
   </div>
   <div id="rand-information">
      <p>...</p>
   </div>
</div>
```

> **Mehrere Klassen zuweisen**
>
> Sie können auch mehrere Klassennamen angeben. Diese werden dann einfach durch Leerzeichen voneinander getrennt:
> `class="gravatar links"`

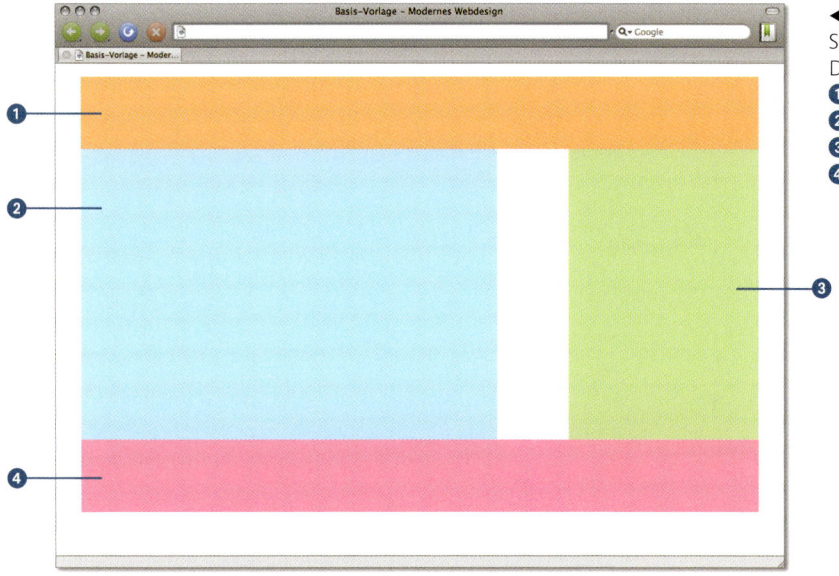

◄ **Abbildung 7.5**
So sieht die Seitenaufteilung durch DIVs schließlich aus:
❶ `#meta-information`
❷ `#hauptinhalt`
❸ `#notizen`
❹ `#rand-information`

Alle Elemente werden von einer äußeren Hülle, dem `wrapper`, umschlossen. Durch diese Hülle lassen sich die gesamten umschlossenen Elemente leichter gesammelt aufgreifen, formatieren und platzieren. Schauen Sie sich dazu Abschnitt 2.2.7 an! Die Bereiche `meta-information`, `hauptinhalt`, `notizen`, `rand-information` lassen sich per CSS ansprechen und formatieren. Innerhalb dieser Seitenbereiche werden dann Überschriften, Absätze, Bilder, Tabellen oder Formulare untergebracht.

> **Selektieren per CSS**
>
> Wie Sie auf diese Elemente per CSS zugreifen, erfahren Sie in Abschnitt 8.1.

Vorsicht vor Divitis und Klassitis | Verwenden Sie ganz nach den Richtlinien der Webstandards (siehe Abschnitt 1.3.4) nur so viele DIVs und Klassen, wie unbedingt notwendig sind. Denken Sie immer daran, dass Sie jedes Element per CSS formatieren können und dazu oft keine extra Klassen brauchen. Durch zusätzliche DIVs und Klassen wird der Quellcode unnötig aufgebläht, unübersichtlich und schwer zu warten.

Wenn Sie sich den Quelltext oben anschauen, stellen Sie fest, dass zum Beispiel `h1` von einem `div` umschlossen wird. Dieses wäre im vorliegenden Fall noch nicht notwendig. Es können aber weitere Elemente folgen, die unter `meta-information` zusammengefasst werden. Das wäre zum Beispiel für eine Navigation der Fall. Somit ist das `div` vorsorglich für die Basisvorlage berechtigt. Auch bei der Arbeit mit einem CMS oder zur besseren Seitenstrukturierung kann es notwendig sein, `div` zu verwenden. Der Einsatz muss aber in jedem Fall genau bedacht werden.

> **Die Überschriften-Hierarchie**
>
> Sie sollten darauf achten, die semantische Hierarchie der Überschriften einzuhalten. Dazu gehört auch, dass h1 nur einmal benutzt werden sollte. So hat sich teilweise z. B. durchgesetzt, den Namen einer Site in eine h1 zu schreiben, auch wenn diese eventuell gar nicht angezeigt wird. Ein Beispiel dazu finden Sie in Abschnitt 1.3.5. Im Gegensatz dazu steht der Vorschlag, h1 zur Gliederung von Hauptinhaltsbereichen gleich mehrmals zu verwenden, wie es Jan Eric Hellbusch in »Struktur von Überschriften« (*www.webkrauts.de/2007/12/02/struktur-von-ueberschriften*) vorschlägt.

7.3 Die wichtigsten (X)HTML-Elemente

Im Folgenden werden die wichtigsten (X)HTML-Elemente vorgestellt und in ihrer Funktion erläutert. Wie sie formatiert werden, erfahren Sie in Kapitel 8. Bedenken Sie, dass die Elemente immer ihrer Funktion nach verwendet und nie ihrem Aussehen nach verwendet werden, wie das auch schon in Abschnitt 1.3.5 erläutert wurde.

7.3.1 H1 bis H6

Texte werden durch Überschriften, Absätze und Listen gegliedert. Das gibt dem Auge Halt und dem Screenreader und der Suchmaschine Informationen über die Art des dargestellten Inhalts. Überschriften sind in (X)HTML in sechs Hierarchieebenen vorgesehen: `h1` bis `h6`. Denken Sie daran, die Überschriften so einzusetzen, dass sie Sinn machen. Das Aussehen ist zweitrangig, denn das gestalten Sie später per CSS.

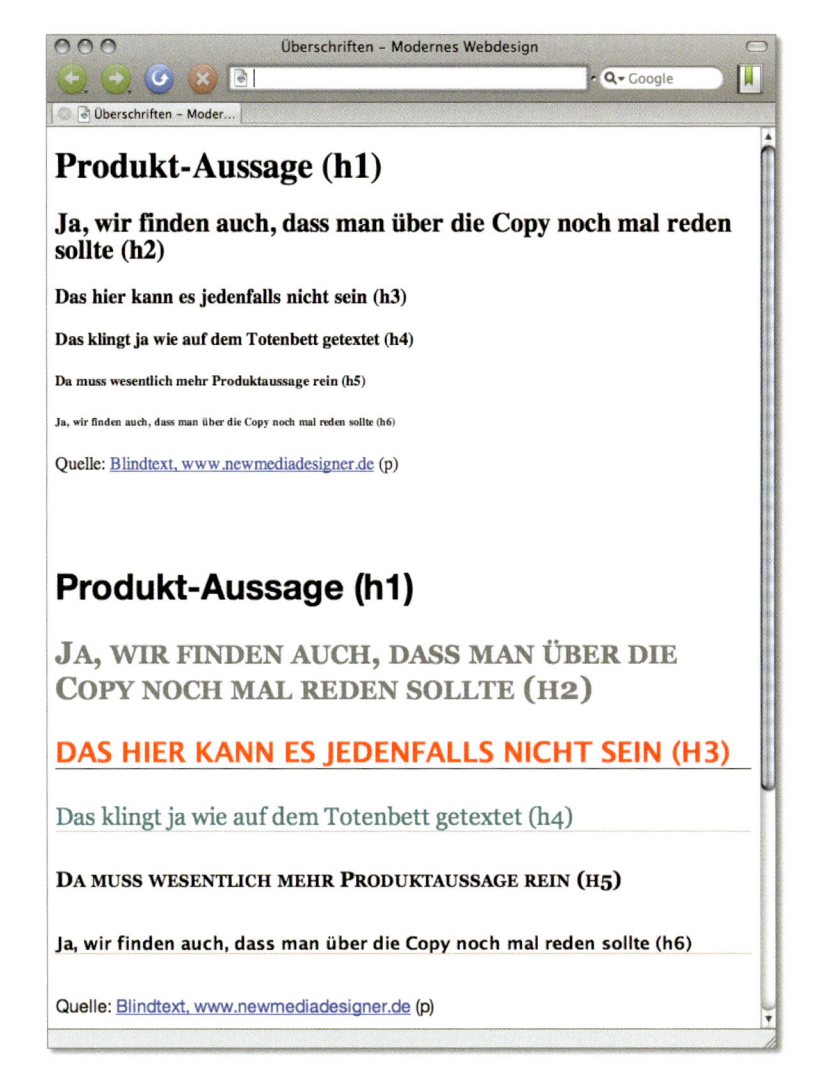

◄ **Abbildung 7.6**
Auch ohne Formatierungen durch CSS (oben) stellt der Browser die Überschriften h1 bis h6 in einer Hierarchie dar. Diese können Sie beliebig per CSS formatieren (unten).

7.3.2 P, EM, STRONG und CODE

Fließtext kleiden Sie in einen Absatz p, (englisch »paragraph«). Dies ist wahrscheinlich das meistverwendete (X)HTML-Element auf einer Webseite. Absätze sind Block-Elemente. Sie können nicht verschachtelt werden. Sie können also keinen Absatz oder keine Überschrift in einen Absatz schreiben.

Um Abschnitte in Texten hervorzuheben, stehen Ihnen em für eine Betonung (englisch »emphasis«) und strong für eine starke Betonung des Geschriebenen zur Verfügung. Während em in den meisten Browsern *kursiv* dargestellt wird, wird strong **fett** dargestellt. Das können Sie aber per CSS jederzeit ändern, wenn Sie möchten. Verwenden Sie diese Elemente also nicht nach ihrem Aussehen! Möchten Sie Quellcode auf einer Webseite wiedergeben, verwenden Sie code.

> **Was sind Block-Elemente?**
>
> Block-Elemente erzwingen immer einen neuen Absatz. Lesen Sie dazu auch Abschnitt 2.2.5.

7.3.3 Zitate mit BLOCKQUOTE

Für die Wiedergabe von Zitaten stehen Ihnen zwei Möglichkeiten zur Verfügung: Für kurze Zitate, die keine neue Zeile nach sich ziehen sollen, könnten Sie das Element q verwenden. Da die Regelungen zur Verwendung des Elements strittig sind und auch die Unterstützung durch die Browserhersteller sehr dürftig ist, sollten Sie es nicht verwenden und sich auf die Verwendung von blockquote beschränken, das ein längeres Zitat auszeichnet:

```
<blockquote cite="http://www.newmediadesigner.de">
  <p>
  Sie erinnern sich. Der Blindtext-Fall im vorigen Jahr.
  Nun will Karl noch nach Canossa. Und Claudia heiratet
  zur Buße Copperfield ...
  </p>
</blockquote>
```

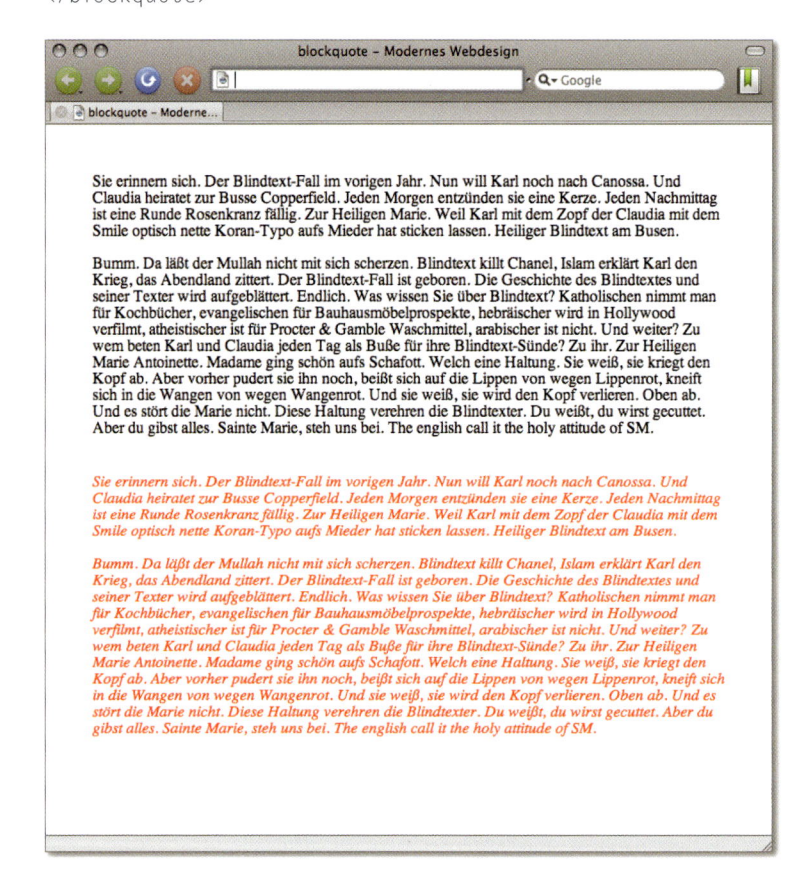

Listing 7.9 ▶
Ein längeres Zitat

Abbildung 7.7 ▶
Zweimal blockquote im Browser: unformatiert oben und per CSS formatiert unten.

blockquote erzeugt immer eine neue Zeile und muss Blockelemente wie zum Beispiel einen Absatz p enthalten. Die Quelle geben Sie über das Attribut cite an.

7.3.4 Hyperlinks mit A

Warum sind viele Webseiten einer Website leichter zu durchforsten als ein dickes Buch? – Sie sind miteinander über Hyperlinks verbunden, dem Sockel des Internets. Hyperlinks werden mithilfe des HTML-Elements a erzeugt:

```
<a href=" ... " title=" ... ">Ankertext</a>
```

Zielanker müssen aber nicht nur andere Webseiten sein, Ziel können auch Bilder, Überschriften, Listen, ein Download – kurz: jedes (X)HTML-Element – sein. Möchten Sie zum Beispiel einen Querverweis innerhalb eines Dokuments setzen, verwenden Sie zum Auszeichnen dieses Elements das Attribut name:

```
<h1><a name="#uebersicht">Übersicht</a></h1>
```

Als Verweis schreiben Sie dann einen normalen Link zu der entsprechenden Seite und hängen den Namen des Ankers mit vorangestellter Raute # an:

```
<a href="mein.html#uebersicht">Zur Übersicht</a>
```

Sprungmarken

Die Angabe der Seite in der Sprungmarke kann auch weggelassen werden, wenn es sich um dieselbe Seite handelt:
`<a href="#uebersicht">Zur Übersicht</a>`

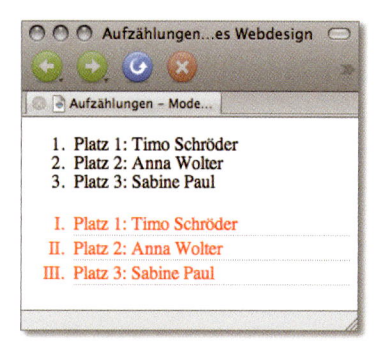

7.3.5 Aufzählungen in Listen

Bevor ich begann, mich mit Webdesign nach Webstandards zu befassen, hatte ich mir gar nicht klargemacht, wie oft uns Aufzählungen im Netz begegnen. Das sind zum Beispiel die Navigationspunkte einer Navigationsleiste, die Rubriken eines Menüs, die gelesenen Bücher oder die gerade online gestellten Fotos. Alle sind Aufzählungen oder Aneinanderreihungen von Links oder Elementen, die thematisch zusammengehören.

OL – geordnete Listen | Wenn Sie diese Dinge in einer bestimmten Reihenfolge aufzählen wollen, verwenden Sie eine geordnete Liste ol.

```
<ol>
   <li>Platz 1: Timo Schröder</li>
   <li>Platz 2: Anna Wolter</li>
   <li>Platz 3: Sabine Paul</li>
</ol>
```

▲ **Abbildung 7.8**
Eine geordnete Liste: unformatiert im Browser (oben) und per CSS

◄ **Listing 7.10**
Eine geordnete Liste

UL – ungeordnete Listen | Spielt die Reihenfolge keine Rolle, verwenden Sie eine ungeordnete Liste ul. Diese Tags umschließen die eigentlichen Listenelemente li.

Listing 7.11 ▶
Eine ungeordnete Liste

▲ **Abbildung 7.9**
Eine ungeordnete Liste:
unformatiert im Browser (oben)
und per CSS formatiert (unten)

```
<ul>
  <li><a href="#">Übersicht</a></li>
  <li><a href="#">Platzierungen</a></li>
  <li><a href="#">Fotos</a></li>
  <li><a href="#">Kontakt</a></li>
</ul>
```

Verschachtelte Listen | Sie können diese Listen natürlich auch untereinander verschachteln:

```
<ul>
  <li><a href="#">Übersicht</a></li>
  <li><a href="#">Platzierungen</a>
    <ol>
      <li>Platz 1. Timo Schröder</li>
      <li>Platz 2. Anna Wolter</li>
      <li>Platz 3. Sabine Paul</li>
    </ol>
  </li>
  <li><a href="#">Fotos</a></li>
  <li><a href="#">Kontakt</a></li>
</ul>
```

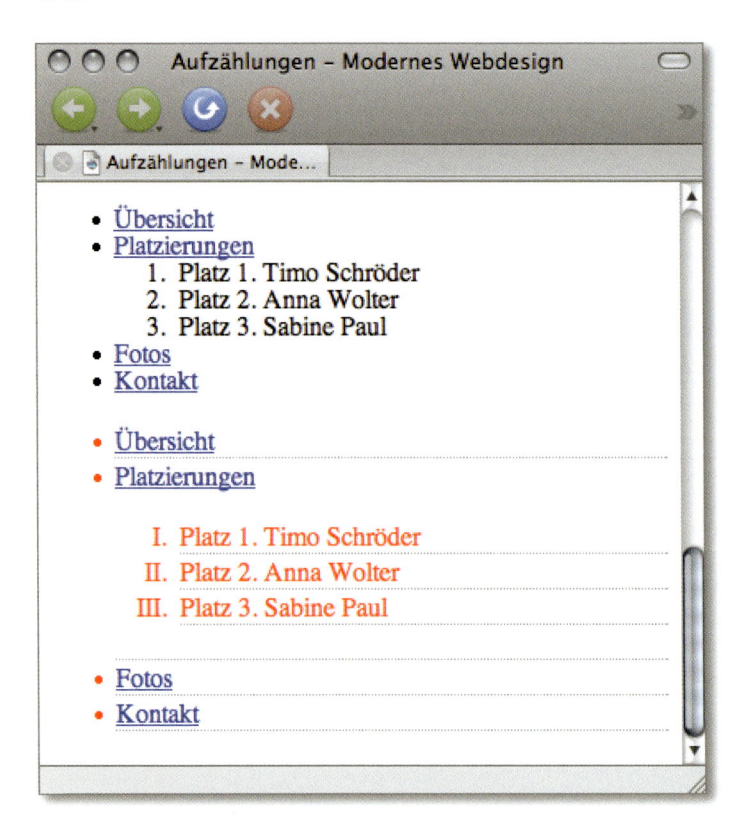

Listing 7.12 ▶
Zwei Listen verschachtelt

Abbildung 7.10 ▶
Die verschachtelten Listen der letzten Beispiele unformatiert (oben) und per CSS formatiert (unten)

Beispielformatierung per CSS | Die Illustrationen der Beispiele wurden über die folgenden Angaben per CSS formatiert:

```
ul, ol {
   margin: 20px 0;
}
ol {
   list-style-type: upper-roman;
   list-style-position: outside;
}
li {
   color: #ff0000;
   margin: 4px 0;
   border-bottom: 1px dotted #aaa;
}
dd {
   color: #ff0000;
   margin: 4px 0;
   border-bottom: 1px dotted #aaa;
}
dt {
   font-weight: bold;
}
```

◀ **Listing 7.13**
So sieht die Formatierung im Bespiel aus.

DL – Definitionslisten | Eine weitere Listenform sind die Definitionslisten, die aus drei Teilen bestehen: dem Beginn der Auflistung dl, dem zu definierenden Begriff dt und der Definition dd. Diese Art der Listen eignet sich zum Beispiel für Glossare, Produkte und Produktbeschreibungen oder für Galerien mit Informationen zu den Bildern.

```
<dl>
   <dt>Definitionslisten</dt>
   <dd>Definitionslisten bestehen aus drei Teilen:
   &lt;dl&gt;, &lt;dt&gt; und &lt;dd&gt;</dd>
   <dt>&lt;dl&gt;</dt>
   <dd>Umschließt die Listenelemente</dd>
   <dt>&lt;dt&gt;</dt>
   <dd>Umschließt den zu definierenden Begriff</dd>
   <dt>&lt;dd&gt;</dt>
   <dd>Umschließt die Definition des Begriffs<dd>
</dl>
```

(X)HTML-Entities

»Entities« sind definierte Kürzel, mit denen benannte Zeichen in (X)HTML beschrieben werden. So schreiben Sie z. B. wie im Beispiel links zu sehen < für eine öffnende spitze Klammer und stellen so sicher, dass ein Browser das Zeichen beschreibt und nicht auswertet. Eine Auflistung von Entities finden Sie in der HTML-Zeichenreferenz, de.selfhtml.org/html/referenz/zeichen.htm.

◀ **Listing 7.14**
Definitionspaare im Quellcode

Abbildung 7.11 ▶
Ergebnis des in Listing 7.14 dargestellten Beispiels für Definitionslisten im Browser: unformatiert (oben) und per CSS formatiert (unten)

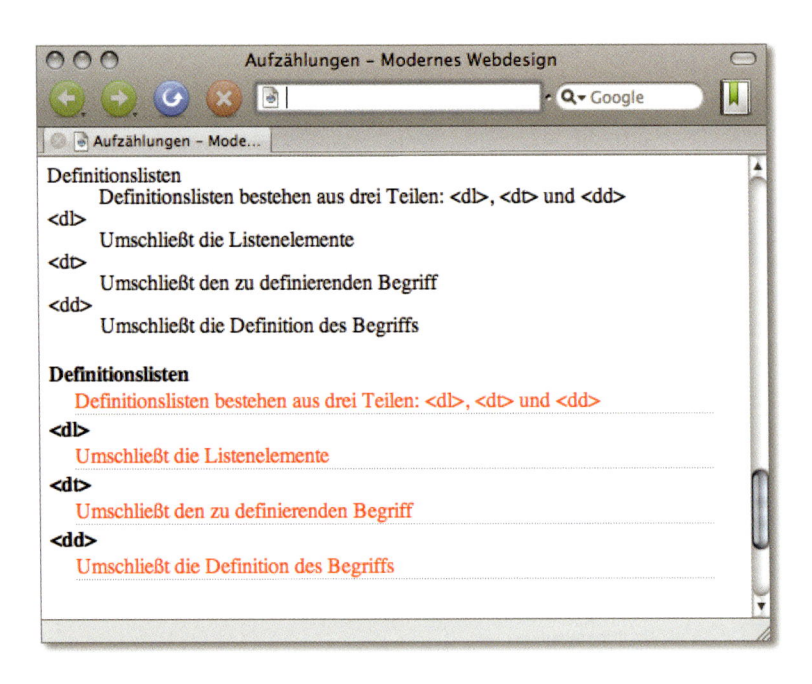

7.3.6 Bilder im Quelltext mit IMG

Es gibt grundsätzlich zwei Methoden, Bilder einzubinden: über (X)HTML oder über CSS. Grafiken, die wirkliche Inhalte vermitteln (wie zum Beispiel ein Firmenlogo, eine Landkarte oder eine grafische Auswertung von Datenbeständen), sollten Sie immer in den Quelltext eines Dokuments schreiben. Grafiken, die dagegen rein illustrierende Funktion haben (wie Hintergründe für Seiten oder Boxen oder Listenzeichen für Aufzählungen), sollten Sie per CSS als Hintergrundgrafik einbinden. Das hält den Quelltext sauber und übersichtlich und erleichtert es, umfassende Änderungen am Layout der Seite(n) durchzuführen.

Einbinden über (X)HTML | Wenn Sie Bilder in den Quelltext eines Dokuments schreiben möchten, verwenden Sie das Element img mit den Attributen src, width, height und alt.

```
<img src="http://www.die-adresse-des-Bildes.de/bild.png"
width="200px" height="200px" alt="Firmenlogo der Firma
Weber. Es zeigt den Namen in Grün auf weißem Grund." />
```

Nie ein Leerzeichen!
In das alt-Attribut dürfen Sie niemals ein Leerzeichen eintragen! Schreiben Sie stattdessen einfach gar nichts zwischen die Anführungszeichen, falls eine Beschreibung nicht sinnvoll ist.

Das alt-Attribut müssen Sie immer angeben. Bei Bildern, die inhaltlich wichtig sind, sollten Sie aussagekräftige Beschreibungen finden, die es Screenreadern und Suchmaschinen erlauben, das Bild in Beziehung zum restlichen Inhalt zu setzen. Bei reinen Layoutgrafiken, die Sie nicht über CSS einbinden können, dürfen Sie die Attributbeschreibung auch leer lassen: alt="".

Wie Sie Bilder per CSS einbinden und zum Beispiel als Hintergrund verwenden können, erfahren Sie im nächsten Kapitel.

7.3.7 Formulare mit FORM

Wenn Daten vom Nutzer entgegengenommen werden sollen, verwenden Sie das Element form, um ein Formular zu erzeugen. Ein Paradebeispiel für die Anwendung eines Formulars wäre ein **Kontaktformular**, das auf keiner Website fehlen darf. Ein solches Formular enthält Steuerelemente wie zum Beispiel Optionsfelder zur Abfrage von Auswahlmöglichkeiten, Schaltflächen oder Kontrollkästchen.

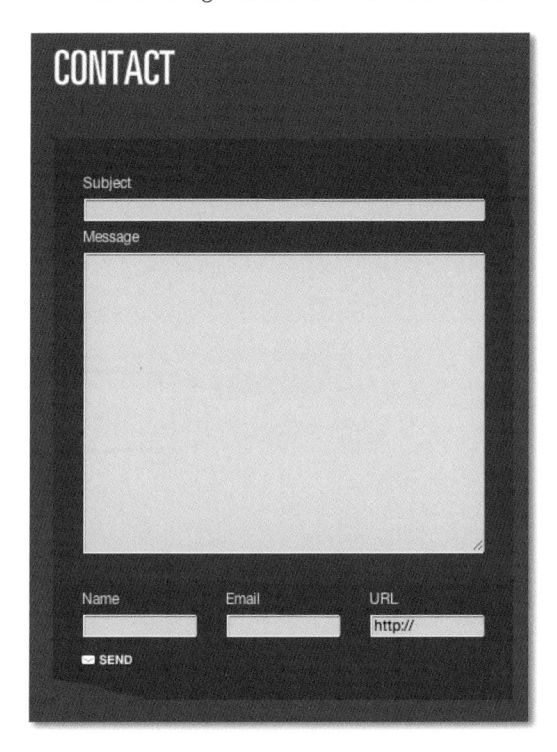

◄ **Abbildung 7.12**
Ein übersichtlich und ansprechend gestaltetes Kontaktformular
(*shauninman.com/contact*)

Shaun Inman
Der Designer Shaun Inman gehört zu den Ikonen des Webdesigns. Schauen Sie doch einmal auf seiner Website vorbei:
www.shauninman.com

Das Element form wird häufig mit den Elementen action und method verwendet. Das Element action gibt die Empfangsadresse der Daten an und method die Methode der Übertragung der Daten an diesen Empfänger.

```
<form action="http://www.beispieladresse.de/skript"
method="post" />
   ...
</form>
```

LABEL | Steuerelemente werden mit dem Element label beschriftet. So ist es möglich, einen direkten logischen Bezug zwischen Beschriftung und Element herzustellen. Wird auf den Inhalt eines Labels geklickt, wird in aktuellen Browsern das Formularelement ausgewählt, auf das sich die Beschriftung bezieht. Diesen Bezug stellt man her, indem man dem Formularelement eine ID gibt und den Wert dieser ID in das `for`-Attribut des Label-Elements einträgt. So können zum Beispiel Checkboxen einfacher ausgewählt werden.

Listing 7.15 ▶
Label und Textfeld

```
<p>
  <label for="autor">Name:</label>
  <input type="text" id="autor" name="autor" size="16" />
</p>
```

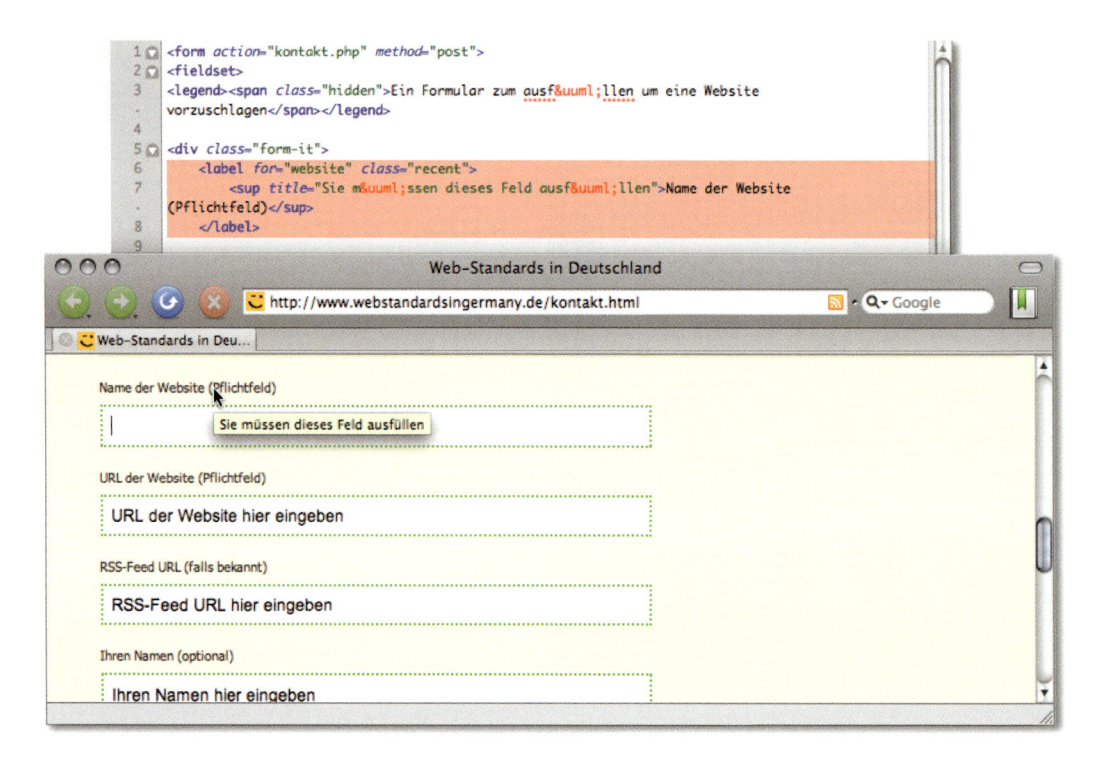

Abbildung 7.13 ▲
Das `label`-Element (*webstandardsingermany.de/kontakt.html*): Durch einen Klick auf das Label (»Name der Website ...«) wird automatisch das zugehörige Input-Feld aktiviert.

Das `name`-Attribut wird bei der Weiterverarbeitung über eine serverseitige Sprache wie z. B. PHP oder ASP ausgelesen und in eine Variable geschrieben.

INPUT | Um die Daten vom Nutzer zu übernehmen, verwenden Sie einzeilige Eingabefelder mit `input` und dem Attribut `type="text"`, zum Beispiel um Name und Wohnort abzufragen.

```
<p>
  <label for="email">E-Mail-Adresse:</label>
  <input type="text" id="email" name="email" size="16" />
</p>
```

Listing 7.16 ▶
Label und E-Mail-Feld

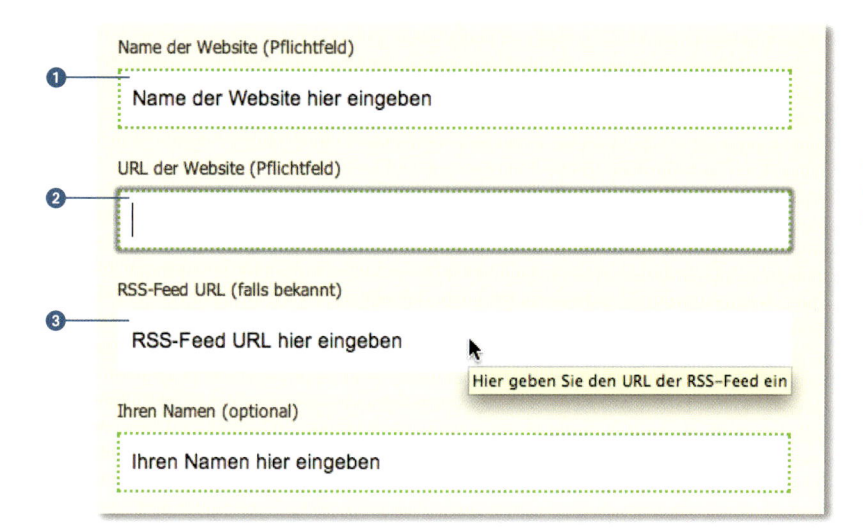

◀ **Abbildung 7.14**
Drei Beispiele (*webstandardsin-germany.de/kontakt.html*) für die Hervorhebung der Aktivität von `input`-Elementen per CSS:
❶ Normalzustand,
❷ ausgewählter Zustand,
❸ Hover-Effekt beim Überfahren mit der Maus

Wenn ein Nutzer in einem Formular eine Auswahl treffen soll, bietet sich die Verwendung der folgenden Varianten an: `checkbox`, `radio`, `select`.

Kontrollkästchen, die es dem Nutzer erlauben, eine Fragestellung durch Ankreuzen zu beantworten, gestalten Sie mit `type="checkbox"`:

```
<p>
  <label for="kopie">Kopie der Nachricht senden? </label>
  <input type="checkbox" id="kopie" name="kopie"
  checked="checked" />
</p>
```

◀ **Listing 7.17**
Label und Kontrollkästchen

Mithilfe des Attributs `checked` können Sie das Kontrollkästchen vorselektieren lassen.

Optionsfelder, die dem Nutzer die Wahl lassen, sich schnell für eine von mehreren Optionen zu entscheiden, gestalten Sie mit `type="radio"`:

```
<p>
  <label for="herr">Herr</label>
  <input type="radio" name="anrede" id="herr"
  value="herr" />
  <label for="frau">Frau</label>
  <input type="radio" name="anrede" id="frau"
  value="frau" checked="checked" />
</p>
```

▲ **Abbildung 7.15**
Checkboxen erlauben die Auswahl keines, eines oder mehrerer Elemente.

◀ **Listing 7.18**
Label und Optionsfelder

7.3 Die wichtigsten (X)HTML-Elemente | **203**

Abbildung 7.16 ▶
Es kann immer nur einer von mehreren Radio-Buttons ausgewählt sein.

SEMANTIK IST DIE LEHRE VON DER ...

- ⦿ Bedeutung.
- ○ Anschauung.
- ○ Umsetzung.

SELECT | Möchten Sie dem Nutzer sehr viele Auswahlmöglichkeiten bieten, empfiehlt sich die Verwendung von Auswahl- oder Selectboxen mittels `select`:

Listing 7.19 ▶
Eine Auswahlbox

```
<select name="browser" size="1">
    <option>Firefox 2</option>
    <option>Internet Explorer 5</option>
    <option>Safari 2</option>
</select>
```

Abbildung 7.17 ▶
Eine Dropdown-Liste

WELCHER BROWSER IST VERALTET?

- ✓ Firefox 2
- **Internet Explorer 5**
- Safari 2

Das Attribut size gibt die Größe der Box an. Verwenden Sie `size="1"`, wird eine sogenannte »Dropdown-Liste«, also ein Klappmenü verwendet. Wählen Sie, wie oben angegeben, einen kleineren Wert für `size`, als es Optionen gibt, wird im Browser ein Scrollbalken dargestellt.

Abbildung 7.18 ▶
Über das Attribut `multiple` erlauben Sie, mehrere Optionen auszuwählen:
`multiple="multiple"`.

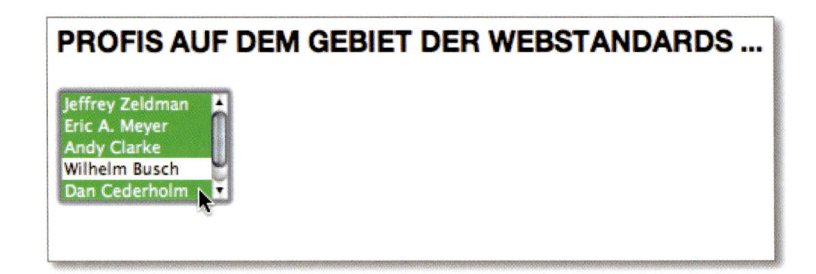

PROFIS AUF DEM GEBIET DER WEBSTANDARDS ...

- Jeffrey Zeldman
- Eric A. Meyer
- Andy Clarke
- Wilhelm Busch
- Dan Cederholm

TEXTAREA | Mehrzeilige Eingaben, wie zum Beispiel das Anliegen des Schreibens, nehmen Sie mit `textarea` entgegen. Mit den Attributen `rows` und `cols` können Sie die Größe dieses Eingabebereichs über die Anzahl der Zeilen und Spalten definieren.

```
<p>
   <label for="nachricht">Nachricht:</label>
   <textarea id="nachricht" name="nachricht" rows="8"
   cols="40"></textarea>
</p>
```

◀ **Listing 7.20**
Höhe und Breite über rows und cols angeben

◀ **Abbildung 7.19**
Mehrzeilige Eingabefelder können Sie – wie alle anderen Elemente auch – per CSS formatieren: In diesem Beispiel werden ein Rand und ein Hintergrundbild mit leichtem Verlauf von der oberen Kante aus verwendet.

Eine Schaltfläche zum Absenden der Daten gestalten Sie über `type="submit"`. Die Möglichkeit, abzubrechen und alle Daten erneut einzugeben, schaffen Sie mit `type="reset"`:

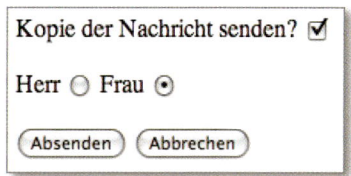

```
<p>
   <input type="submit" name="Senden" value="Absenden"/>
   <input type="reset" name="Abbrechen"
   value="Abbrechen"/>
</p>
```

▲ **Abbildung 7.20**
Werden keine Angaben zur Formatierung eines Feldes gemacht, verwendet der Browser Standards.

◀ **Listing 7.21**
Senden und Abbrechen

Um grafische Buttons zu gestalten, verwenden Sie das Attribut `src` mit Angabe eines Dateinamens und das Attribut `type` mit dem Wert `image`:

```
<p>
   <input type="image" src="senden.png" name="Senden"
   value="Absenden"/>
   <input type="image" src="abbrechen.png"
   name="Abbrechen" value="Abbrechen"/>
</p>
```

◀ **Listing 7.22**
Grafische Buttons statt Standardformatierung

▲ **Abbildung 7.21**
Grafische Buttons

FIELDSET | Werden viele Formularelemente verwendet, können diese mit dem Element `fieldset` gruppiert werden. Jede dieser Gruppen kann dann über das Element `legend` beschriftet werden.

Sehr wichtig für den Umgang mit Formularen mit der Tastatur ist die Tabulator-Reihenfolge, die über das Attribut `tabindex` angegeben wird. So ist es möglich, in aktuellen Browsern mithilfe der Tabulator-Taste nacheinander alle Elemente eines Formulars anzuspringen. Die Elemente `input`, `textarea`, `select` und `button` können dieses Attribut tragen. Vergeben Sie für `tabindex` Zahlen in der Reihenfolge, mit der die Elemente angesprungen werden sollen.

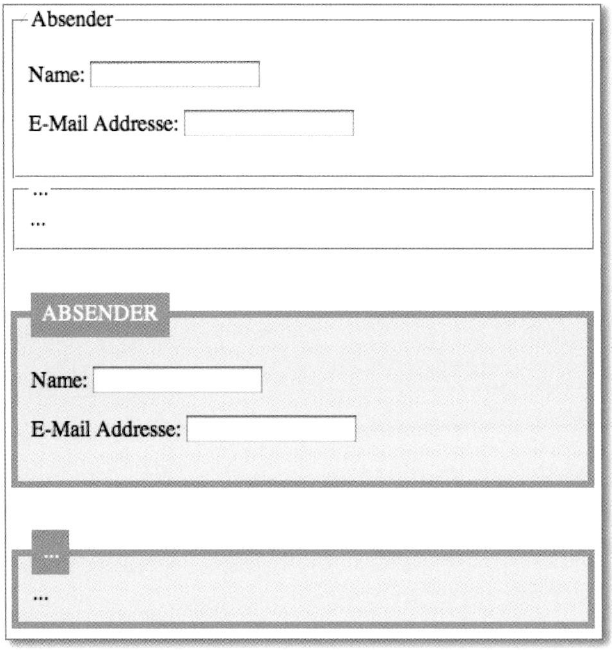

Abbildung 7.22 ▶
Die Darstellung von `fieldset` im Browser unformatiert (oben) und per CSS formatiert (unten)

Listing 7.23 ▶
So sieht ein mit `fieldset` strukturiertes und übersichtliches Formular aus.

```
...
<fieldset>
    <legend>Absender</legend>
    <p>
        <label for="author">Name:
        <input name="autor" id="autor" tabindex="1"
        size="16" />
        </label>
    </p>
    <p>
        <label for="email">E-Mail-Adresse:
        <input name="email" id="email" tabindex="2"
        size="16" />
        </label>
    </p>
</fieldset>


<fieldset>
    <legend>...</legend>
    ...
</fieldset>
...
```

TABLE – Tabellen für Daten | Tabellen (`table`) zeigen geordnete Daten in mehreren Zeilen (`tr`) und Spalten oder Zellen (`td`):

```
<table>
   <tr>
      <th>Kopfzeile</th>
      <th>Kopfzeile</th>
   </tr>
   <tr>
      <td>Daten</td>
      <td>Daten</td>
   </tr>
   <tr>
      <td>Daten</td>
      <td>Daten</td>
   </tr>
</table>
```

◀ **Listing 7.24**
Eine Tabelle mit Kopf und Datenzeilen und -zellen

Das Element `th` definiert die eine Zelle, die Kopfinformationen enthält.

CAPTION | Mit dem Element `caption` können Sie der Tabelle eine Überschrift hinzufügen. Soll diese unter der Tabelle als Beschriftung stehen, lösen Sie das per CSS. Wie das geht, lesen Sie in Abschnitt 8.10.

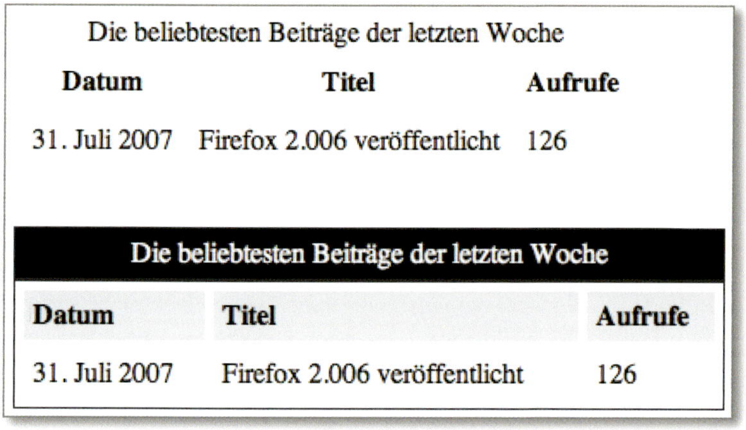

◀ **Abbildung 7.23**
Das Beispiel im Browser: ohne (oben) und mit Formatierung per CSS (unten)

```
<table border="0" cellspacing="5" cellpadding="5">
   <caption>Die beliebtesten Beiträge der letzten
   Woche</caption>
   <tr>
      <th>Datum</th>
      <th>Titel</th>
```

Listing 7.25 ▶
Tabellenbeschreibung mit `Caption`

```
      <th>Aufrufe</th>
   </tr>
   <tr>
      <td>31. Juli 2007</td>
      <td>Firefox 2.006 veröffentlicht</td>
      <td>126</td>
   </tr>
   ...
</table>
```

Möchten Sie mehrere Zellen miteinander verbinden, verwenden Sie `colspan` für die Verschmelzung von Spalten und `rowspan` für die Verschmelzung von Zeilen:

```
<table border="0" cellspacing="5" cellpadding="5">
   <caption>Die beliebtesten Beiträge der letzten
   Woche</caption>
   <tr>
      <th>Datum</th>
      <th colspan="2">Titel, Aufrufe</th>
   </tr>
   <tr>
      <td>31. Juli 2007</td>
      <td colspan="2">Firefox 2.006 veröffentlicht,
      126</td>
   </tr>
   ...
</table>
```

Listing 7.26 ▶
Mehrere Zellen zu einer verschmelzen

Blindtext-Widgets

Widgets sind kleine Programme, die sich auf dem Desktop oder im »Dashboard« (Mac OS X) befinden. Mit den folgenden Widgets können Sie schnell Blindtexte generieren:
Corporate Ipsum (*www.apple.com/downloads/dashboard/developer/corporateipsum.html*), Designers Toolbox (*www.qxm.de/widget/20060615-100206/designers-toolbox*)

7.3.8 Praxis: Blindtexte für die Vorlagen erstellen

Ein **Blindtext** ist ein Text, der bei der Gestaltung als Platzhalter für den eigentlichen Text steht. Sie werden sich zu Recht fragen, ob es gerechtfertigt ist, auf der einen Seite mit Blindtexten zu arbeiten und auf der anderen Seite nach dem semantischen Web der Webstandards zu rufen. Ja, denn es geht manchmal einfach nicht anders. Sehr oft sind die eigentlichen Texte noch nicht fertig, und Platzhalter müssen für sie herhalten. Sie sollten natürlich so früh wie möglich mit den wahren Texten arbeiten. Die Verwendung von Blindtexten hat auf die Gestaltung semantischen Markups wenig Einfluss, denn es ist ja von Anfang an klar, welche Funktion der Platzhalter erfüllen wird.

▲ **Abbildung 7.24**
Die Designers Toolbox (*www.qxm.de/widget/20060615-100206/designers-toolbox*) ist ein nützliches Widget für Webdesigner, das neben einem Blindtext-Generator auch Bildrechner/Papierformate, Einheiten-Konvertierer, Up-/Downloadzeit-Kalkulierer, HTML-Entitäten-Konverter und px-zu-em-Konvertierer ist.

Wenn Sie etwas mehr Abwechslung ins Spiel bringen möchten, finden Sie im Blindtext-Archiv (*www.newmediadesigner.de*) viele fertige Texte und auch einen »Blindtext-Generator«, der es erlaubt, eine feste Anzahl von Zeichen für diese Texte festzulegen. Der Vorteil:

Diese Texte sind realistischer, denn sie enthalten auch Umlaute und normale Wortlängen. Der ans Lateinische angelehnte »Lorem Ipsum« verwendet recht kurze Wörter. Firefox-Nutzer finden in der Erweiterung »Dummy Lipsum« (addons.mozilla.org/de/firefox/addon/2064) einen nützlichen Helfer, der die Erstellung von Blindtexten aus dem Browser heraus erlaubt.

Der wohl bekannteste Blindtext
Lorem ipsum dolor sit amet, consetetur sadipscing elitr, sed diam nonumy eirmod tempor invidunt ut labore et dolore magna aliquyam erat … Diesen Blindtext kennen Sie wahrscheinlich. Doch wussten Sie, dass der Text gar kein korrektes Latein ist? Er besteht vielmehr aus zusammengestückelten Textteilen eines Originals von Cicero. Bereits im 16. Jahrhundert wurde er als Platzhaltertext genutzt.

7.4 Mikroformate ergänzen (X)HTML

Wie bereits erwähnt wurde, reichen die durch (X)HTML bereitgestellten Elementtypen nicht aus, um alle Inhalte einer Webseite semantisch korrekt zu beschreiben. Und so wurden mit den sogenannten »Microformats« oder Mikroformaten zusätzliche Möglichkeiten geschaffen, Inhalte feiner zu strukturieren. Mikroformate sind vor allem zur besseren Maschinenlesbarkeit von Informationen gedacht, denn sie ergänzen die Semantik von (X)HTML um fehlende Details. Es ist zum Beispiel für eine Maschine schwer bis unmöglich, die genauen Details einer Adresse zu erfassen. Denken Sie diesbezüglich an die vielen länderspezifischen Schreibweisen. Nur ein sehr komplexes Programm könnte diese Informationen richtig einlesen. Zeichnet man allerdings eine Adresse nach einem vorgegebenen Muster aus, ist es leicht, die Inhalte korrekt zuzuordnen.

(X)HTML komplett
Ausführliche und umfassende Informationen zu allen (X)HTML-Elementen und ihren Eigenschaften finden Sie unter anderem bei *SelfHTML* unter *de.selfhtml.org* und in der »Einführung in XHTML, CSS und Webdesign« von Michael Jendryschik unter *jendryschik.de/wsdev/einfuehrung*. Alle Richtlinien finden Sie beim W3C unter *www.w3.org*.

Mikroformate sind sehr flexibel, weil sie hauptsächlich Attributen zugeordnet sind. Der Einsatz geschieht über drei Attribute: `class`, `rel` und `rev`.

Das Attribut `class` weist einem Element einen oder mehrere Klassennamen zu. Rel und rev werden mit Verweisen dazu verwendet, Vor- bzw. Rückwärtsbeziehungen herzustellen.

In der letzten Zeit wurden zahlreiche Formate entwickelt. Die bekanntesten von ihnen sind **hCard**, **hCalender** und **XFN**. Das Mikroformat `hCard` ist eine Auszeichnungsmöglichkeit für Kontaktinformationen, die den bereits viele Jahre bekannten `vCard`-Standard auf Webseiten überträgt. `hCalendar` orientiert sich an dem bekannten `vCalendar`-Format und eignet sich für die Auszeichnung von Kalendern, wie zum Beispiel Veranstaltungskalendern. Über das Format XFN schließlich können Sie soziale Beziehungen auszeichnen, also zum Beispiel, ob die angegebene Person ein Kollege oder Freund ist.

hCard in der Praxis
Im Beispielprojekt sehen Sie ein praktisches Anwendungsbeispiel in 11.6.4.

Die Arbeit mit Mikroformaten ist sehr logisch und eingängig. Daher sollten Mikroformate, wenn es möglich ist, für die Auszeichnung der Inhalte auf heutigen Webseiten verwendet werden.

Umfassende Informationen und Anleitungen hat Michael Jendryschik unter *mikroformate.de* zusammengestellt. In englischer Sprache informiert *microformats.org*.

Glücklicherweise müssen Sie den Code für diese Formate nicht selbst schreiben. Es gibt praktische Online-Werkzeuge, die Ihnen helfen, so zum Beispiel den offiziellen hCard Creator (*microformats.org/code/hcard/creator*), mit dem Sie im Handumdrehen den Quelltext für eine hCard erhalten.

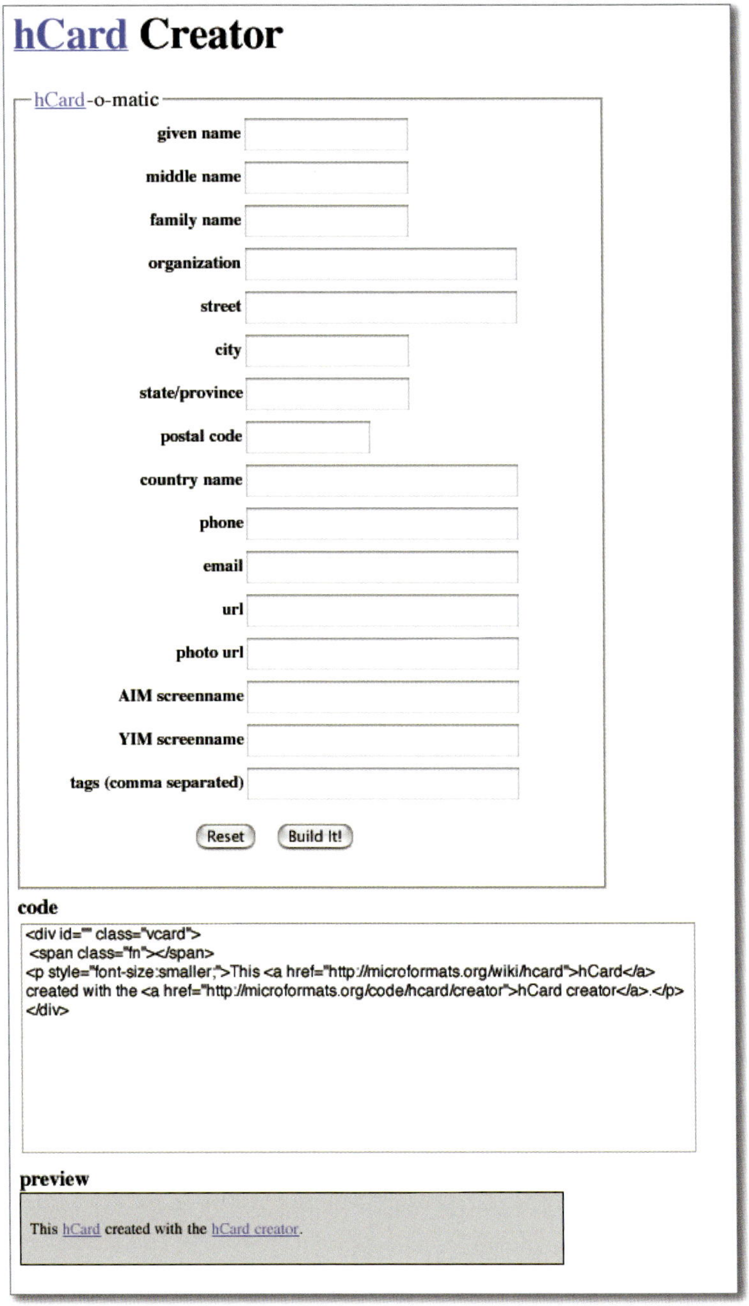

Abbildung 7.25 ▶
hCard Creator (*microformats.org/code/hcard/creator*)

Weitere Werkzeuge zur automatischen Generierung finden Sie unter *microformats.org*. Diese Generatoren sind als Vorschläge zu verstehen; die Semantik der Elemente kann in den meisten Fällen noch angepasst werden.

Mikroformate sind in ständiger Entwicklung. Es gibt heute Diskussionen für weitere Formate, wie zum Beispiel `hRecipe`, mit dessen Hilfe Kochrezepte ausgezeichnet werden können. Mikroformate können dabei helfen, die Unzahl an Suchmaschinentreffern auf bestimmte Ergebnisse einzugrenzen. So könnte man zum Beispiel nur Buchbesprechungen, die über `hReview` ausgezeichnet wurden, finden und andere Erwähnungen der Bücher außer Acht lassen. In den kommenden Jahren wird sich auf diesem Gebiet sicher viel Interessantes tun.

8   CSS im Überblick

Über CSS kann ein Autor bestimmen, wie ein Element in einem (X)HTML-Dokument aussehen soll. Dazu werden Formatanweisungen verwendet, die aus einem Selektor (z. B. h1) und einem Deklarationsblock in geschweiften Klammern (z. B. {color: #111;}) bestehen. Eine Deklaration besteht aus einer Eigenschaft (z. B. color), einem Doppelpunkt und einem Wert (z. B. #111), gefolgt von einem Semikolon.

Selektoren legen über einen Mustervergleich fest, auf welche Elemente im Dokumentbaum eine Formatierung angewendet wird; sie wählen diese Elemente aus. Dabei werden fünf große Gruppen von Selektoren unterschieden:

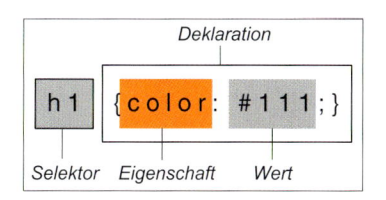

▲ **Abbildung 8.1**
So funktioniert CSS.

Element-Selektoren | Diese Selektoren beziehen sich direkt auf ein oder mehrere (X)HTML-Elemente (h1, h2, h3, p, span). Sie können gekoppelt werden:

```
h1, h2, h3, p, span {color: #111;}
```

Der Element-Selektor in diesem Beispiel wählt alle Überschriften h1, h2, h3, alle Absätze p und span-Elemente aus und legt fest, dass diese in der Farbe #111 dargestellt werden.

Übersicht Selektoren

Es gibt fünf Gruppen von Selektoren:
▶ Element-Selektoren
▶ Kontextsensitive Selektoren
▶ ID-Selektoren
▶ Klassen-Selektoren
▶ Pseudo-Selektoren

Kontextsensitive Selektoren | Diese Selektoren definieren die Formate nach der Struktur des Inhalts, also nach der Stellung der Elemente im Dokument.

```
#inhalt p { background: #eee;}
```

In diesem Beispiel werden alle Absätze des Containers inhalt ausgewählt und mit der Hintergrundfarbe #eee dargestellt.

Beachten Sie | Während *Element-Selektoren* durch Kommata voneinander getrennt werden, steht zwischen *kontextsensitiven Selektoren* ein Leerzeichen.

ID-Selektoren und **Klassen-Selektoren** weisen Formate je nach der dem (X)HTML-Element zugeordneten ID bzw. Klasse zu:

```
#header, ul.list { margin: 20px 0;}
```

Der Container `header` sowie alle ungeordneten Listen der Klasse `list` werden mit einem Außenabstand dargestellt, der oben und unten 20 Pixel beträgt. Auch diese Angaben können Sie über die Verwendung eines Kommas auf mehrere Selektoren anwenden.

Die fünfte und letzte Gruppe der Selektoren sind die **Pseudo-Selektoren**:

```
a:hover { background: red; }
p:first-letter { font-size: 2em; }
```

Allen Hyperlinks im gesamten Dokument wird die Hintergrundfarbe Rot zugewiesen. Alle ersten Buchstaben jedes Absatzes im gesamten Dokument werden mit der Schriftgröße `2em` formatiert.

Welche Werte Sie für die jeweiligen Eigenschaften der Selektoren verwenden können, hängt von der entsprechenden Eigenschaft ab und wird im Folgenden besprochen.

8.1 CSS einbinden

Stylesheets können in ein (X)HTML-Dokument importiert oder eingebettet werden. Außerdem können Inline-Styles im (X)HTML-Dokument selbst definiert werden. Es hat sich durchgesetzt, umfassende CSS-Formatierungsregeln im Allgemeinen nicht in den Kopf des (X)HTML-Dokuments zu schreiben, denn wie Sie bereits wissen, hat die Trennung von Struktur und Formatierung große Vorteile. Es gibt zwei Möglichkeiten, ein externes Stylesheet in das `head`-Element einzubinden, die sich auch dazu eignen, das Ausgabemedium entsprechend zuzuweisen:

- über das Element `link`
- über das Element `@import`

Über das HTML-Element `link` werden Verbindungen zu anderen Dateien hergestellt:

```
<link rel="stylesheet" type="text/css" href="pfad/zum/stylesheet.css" media="screen" />
```

Die Eigenschaft `media` trägt standardmäßig den Wert `all` und kann auch `screen`, `tty`, `tv`, `projection`, `handheld`, `print`, `braille` und

---

Pseudo-Elemente

Pseudo-Elemente werden ausführlich in Abschnitt 8.5, »Pseudoklassen und -elemente«, behandelt.

Listing 8.1 ▶
Die Pseudo-Selektoren `:hover` und `:first:letter`

ACHTUNG: Internet Explorer!

Erst in der Version 7 unterstützt der Internet Explorer Pseudo-Selektoren. Die älteren Versionen kannten nur `:hover`, und das auch nur für Hyperlinks. Sie können jedem Element diesen Pseudo-Selektor zuweisen.

Listing 8.2 ▶
Ein verlinktes Stylesheet

aural annehmen. Wenn Sie also die Eigenschaft `media` nicht verwenden, gilt die Eigenschaft `all`, was heißt, die Formatierungen werden auf alle Medien angewendet. Wenn Sie z. B. ein Stylesheet für den Druck definieren möchten, schreiben Sie:

```
<link rel="stylesheet" type="text/css" href="pfad/zum/druck-stylesheet.css" media="print" />
```

◀ **Listing 8.3**
Ein Extra-Stylesheet für die Druckausgabe

Die `@import`-Regel in CSS erlaubt es, externe CSS-Dateien einzulesen. Sie wird im `style`-Element des HTML-Dokuments aufgerufen:

```
<style>
 @import url("pfad/zum/stylesheet.css");
</style>
```

◀ **Listing 8.4**
Über `@import` eingebundenes Stylesheet

Auch hier können Sie den Medien-Typ entsprechend angeben:

```
<style>
 @import url("pfad/zum/stylesheet.css") screen;
 @import url("pfad/zum/print.css") print;
</style>
```

◀ **Listing 8.5**
`@import` auch für das Druck-Stylesheet

Die `import`-Methode ist sehr empfehlenswert, denn so umgehen Sie potentielle Probleme mit dem Internet Explorer.

> **HINWEIS zur IMPORT-Methode**
>
> Beachten Sie, dass ganz alte Browser wie der Internet Explorer vor Version 5 sowie Netscape 4 die `import`-Variante **nicht** unterstützen. Beide Browser zählen zu den Dinosauriern und müssen deshalb heute nicht mehr berücksichtigt werden.

8.2 Werte in CSS definieren

Für die Definition von Werten stehen Ihnen fünf Arten zur Verfügung: Schlüsselwörter, Längenmaße, Prozentwerte, Farben und URLs.

Schlüsselwörter | `dotted`, `inline` oder `inherit` sind Beispiele für Schlüsselwörter. Diese müssen Sie lernen, oder Sie überlassen das Nachschlagen Ihrem Editor.

Längenmaße | Sie können absolute Einheiten wie Inches (`in`), Zentimeter (`cm`), Millimeter (`mm`), Punkt (`pt`), Pica (`pc`) oder relative Einheiten wie Em (`em`), Pixel (`px`) oder X-Höhe (`ex`) angeben. In der Praxis kommen **Em** und **Pixel** zum Einsatz sowie **Punkt** in Stylesheets für den Ausdruck. Alle anderen Einheiten sind nur mit Vorsicht anzuwenden.

Prozentwerte | Angegeben mit einem folgenden % können Prozentwerte wie auch die Längenmaße positive oder negative Zahlenwerte sein, also z. B. `width: 80%` oder `margin: -80%`. Sie verhalten sich immer **relativ** zu anderen Werten.

Beispiele für Farbwerte
Beispiele für Farbwerte sind:
- `color: #ffffff;`
- `color: rgb(255,255,255);`
- `color: white;`

Farben | Für die Definition von Farben stehen Ihnen die Möglichkeiten zur Verfügung, die in Kapitel 4 schon behandelt wurden: das hexadezimale System, RGB und Schlüsselwörter.

URLs | Hintergrundgrafiken werden durch einen Link in das Dokument eingebunden. Im Gegensatz zu (X)HTML wird in CSS kurz und knapp die URL absolut oder relativ notiert:

```
background-image: url('/pfad/zum/bild.jpg');
```

Listing 8.6 ▶
Hintergrundgrafik einbinden

8.3 Die Rangfolge von Formatvorlagen

Wenn Sie mehrere Stylesheets verwenden, so können die Definitionen miteinander in Konflikt geraten und überschrieben werden. Die Lösung für derartige Probleme ist eine Prozedur, die **Kaskade** genannt wird. Wie bei einem mehrstufigen Wasserfall durchlaufen die Deklarationen eines Stylesheets mehrere Stufen. Über diese Stufen werden die anzuwendenden Deklarationen bestimmt. Die Reihenfolge verläuft wie folgt:

Finde alle Deklarationen, die dem Ausgabemedium entsprechend für das jeweilige Element angewandt werden müssen.

Von Selektoren über Kaskade zur Praxis
Über Entwicklung, Praxis und Umgang mit der Kaskade berichtet Jens Meiert unter meiert.com/de/publications/articles/20040420/.

Sortiere diese Deklarationen aufsteigend nach ihrer Wichtigkeit. An erster Stelle stehen dabei die Deklarationen des jeweiligen Browsers, gefolgt von eventuell vorhandenen User-Stylesheets. Daran anschließend werden die Deklarationen des Autors, daraufhin die mit einem `!important` gekennzeichneten Deklarationen des Autors und abschließend die mit einem `!important` versehenen Deklarationen des User-Stylesheets abgearbeitet. Damit wird klar: Der Nutzer bestimmt letztendlich, wie eine Webseite formatiert wird!

Alle Deklarationen werden nach Gewicht, entsprechend der Spezifität ihrer Selektoren sortiert.

Die Deklarationen werden in der vorgegebenen Reihenfolge sortiert.

Verhältnis der Regeln | Für das Verhältnis der Regeln zueinander sind **Spezifität** und **Vererbung** zuständig: Alle Elemente in einer (X)HTML-Datei sind in einer Hierarchie angeordnet, in der das HTML-Element als Wurzel oder *Root* am Anfang steht. Niedriger angeordnete Elemente sind Nachfahren (Kinder), höher angeordnete – wenn sie existieren – heißen Vorfahren (Eltern). Wenn eine Formatierung auf ein Element angewendet wird, gilt sie automatisch auch für dessen Nachfahren. Allerdings vererben sich einige Eigenschaften, andere nicht: Hintergründe, Außen- und Innenabstände sowie Ränder vererben sich zum Beispiel nicht. Was vererbt wird, sind zum Beispiel Vordergrundfarbe, Schriftgröße, Schriftausrichtung und Schriftart. Einzelheiten entnehmen Sie bitte der folgenden Tabelle.

	Wird immer vererbt	Wird nicht vererbt
allgemein		`padding`, `border`, `margin`, `width`, `min-width`, `max-width`, `height`, `min-height`, `max-height`, `vertical-align`, `display`, `position`, `top`, `right`, `bottom`, `left`, `float`, `clear`, `z-index`, `unicode-bidi`, `overflow`, `clip`, `visibility`
Farben und Hintergründe	`color`	Alle `background`-Eigenschaften
Schrift und Text	Alle `font`-Eigenschaften, `word-spacing`, `letter-spacing`, `text-transform`, `text-align`, `text-indent`, `white-space`	`text-decoration`, `text-shadow`
Tabellen	`caption-side`, `text-align`, `empty-cells`, `border-collapse`, `border-spacing`	`display`, `table-layout`, `vertical-align`, `visibility`, `border-style`
Generierte Inhalte	`list-style`-Eigenschaften, `quotes`.	`content`, `counter`-Eigenschaften, `marker-offset`
Aurale Eigenschaften	`azimuth`, `elevation`, `pitch`-Eigenschaften, `richness`, `speak`-Eigenschaften, `speech-rate`, `stress`, `voice-family`, `volume`.	`cue`-Eigenschaften, `pause`-Eigenschaften, `play-during`

Anweisungen mit einem höheren **Rangordnungswert** haben Vorfahrt, haben also eine höhere **Spezifität**, gegenüber solchen mit niedrigeren Werten. Für jeden Selektor wird ein Wert berechnet, der das Gewicht, d.h. die Durchsetzungskraft dieses Selektors bestimmt.

Was Andy Clarke in »*CSS: Specificity Wars*« (*www.stuffandnonsense.co.uk/archives/css_specificity_wars.html*), wie in Abbildung 8.2 gezeigt, *Star-Wars*-freundlich aufbereitet hat, kann schon ab und an ein Stirnrunzeln beim Gestalten hervorrufen. Kurz gesagt funktioniert die Spezifität folgendermaßen: Ein ID-Selektor hat die Spezifität 1,0,0

▲ **Tabelle 8.1**
Die Vererbung von Eigenschaften nach *www.thestyleworks.de/basics/inheritance.shtml*

(also 100), ein Klassen-Selektor hat die Spezifität 0,1,0 (also 10), und ein Element-Selektor hat mit 0,0,1 (also 1) die kleinste Spezifität. Diese Werte funktionieren kumulativ.

Abbildung 8.2 ▶
CSS: Specificity Wars von Andy Clarke

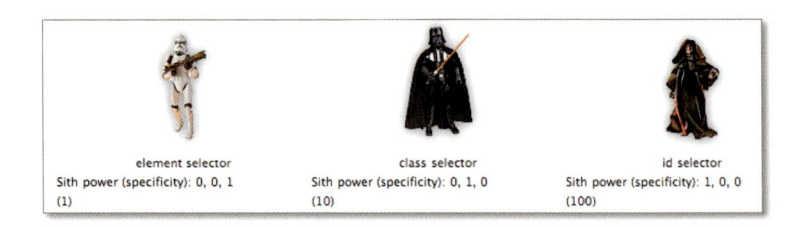

element selector	class selector	id selector
Sith power (specificity): 0, 0, 1 (1)	Sith power (specificity): 0, 1, 0 (10)	Sith power (specificity): 1, 0, 0 (100)

Ein Selektor, der aus drei Element-Selektoren und einem Klassen-Selektor besteht, hat also die Spezifität 0,1,3. Die Gewichtung des Wertes ergibt sich aus der Verteilung der Werte von links nach rechts.

Abbildung 8.3 ▶
Übersicht über die unterschiedliche Spezifität verschiedenster Selektoren: ID-Selektoren (grün) haben einen höheren Rang als Klassen- und Pseudo-Klassen-Selektoren (orange), diese wiederum als Element-Selektoren (grau).

ID-Selektor	Klassen- und Pseudo-Klassen-Selektor	Element-Selektor
#wichtiger 1,0,0	.wichtig 0,1,0	h1 0,0,1
#wichtig .start h2 1,1,1	.start p strong 0,1,2	body p em 0,0,3
#head h2.ende.abschnitt 1,2,1	ul.liste li.start 0,2,2	ul li em 0,0,3

Zum Beispiel hat in `#titel h1 span { color: #111; }` der Selektor zwei Element-Selektoren (`h1` und `span`) und einen ID-Selektor (`#titel`) und einen Rangordnungswert von 1,0,2. Er hat damit einen höheren Rangordnungswert als `h1.start { color: #111; }` mit 0,1,1 und »gewinnt« bei der Zuweisung der Stile.

Ein Beispiel aus der Praxis | Sie schreiben die folgenden Anweisungen:

Listing 8.7 ▶
Ein Beispiel

```
<p class="beispiel">
    Das ist ein <strong>Test</strong>.
</p>
```

Und weisen anschließend folgende CSS zu:

Listing 8.8 ▶
Der zugehörige CSS-Code

```
strong { color: red; }
p strong { color: green;}
p.beispiel strong { color: blue;}
```

Der Element-Selektor `strong` hat die Spezifität 0,0,1. Die zwei Element-Selektoren `p strong` haben 0,0,2, und der Klassen-Selektor `p.beispiel strong` hat mit 0,1,2 die höchste Spezifität: Der Text wird in blauer Farbe dargestellt. Die Reihenfolge des Auftretens im Stylesheet spielt hierbei keine Rolle!

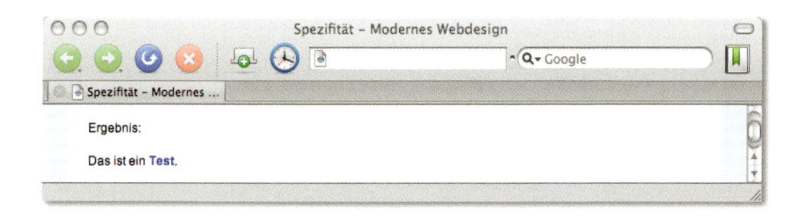

◀ **Abbildung 8.4**
Das Ergebnis im Browser

!IMPORTANT | Mit dem Befehl `!important` weisen Sie einem Selektor Vorrang gegenüber allen anderen Anweisungen zu. `!important` muss am Ende der Deklaration stehen und mit einem Leerzeichen abgetrennt sein.

Im verwendeten Beispiel sähe das dann so aus:

```
strong { color: red !important; }
p strong { color: green;}
p.beispiel strong { color: blue;}
```

◀ **Listing 8.9**
Vorrangiger Selektor

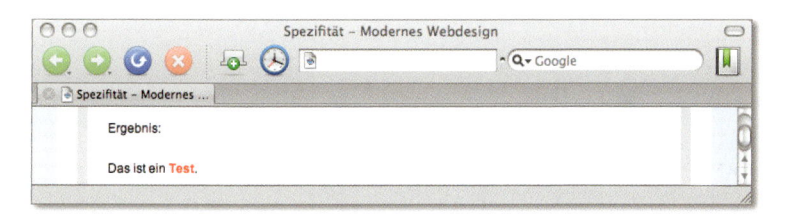

◀ **Abbildung 8.5**
Die `!important`-Regel hat die vorhandenen Regeln überstimmt: Der Text ist rot.

Haben Sie `!important` mehrmals für einen Selektor verwendet, gewinnt der Selektor, der weiter unten im Stylesheet steht. Sie müssen sich über die Kraft der ID-Selektoren im Klaren sein und diese sehr bewusst einsetzen.

8.4 Ordnung im Stylesheet

Es gibt viele Tipps, die sich damit befassen, wie Stylesheets optimiert werden können. Diese zielen zum einen auf die Reduktion der Dateigröße zum anderen auf die einfache Bearbeitung und Überarbeitung ab. Einige sinnvolle Tipps habe ich für Sie zusammengestellt:

Verwenden Sie Kommentare! | Gerade bei temporären Konstrukten, bei älteren Stylesheets oder bei solchen, die von mehreren Men-

CSSDOC, ein Standard für den Aufbau von Stylesheets?
CSSDOC (cssdoc.net) wird von Tom Klingenberg, Timo Derstappen und Dirk Jesse entwickelt und ist ein Ansatz, spezielle Kommentare im CSS zu verwenden, um den Code möglichst effektiv zu dokumentieren.

schen bearbeitet werden, ist es sehr sinnvoll, über einen Kommentar zu erklären, worum es sich im bestimmten Falle handelt.

```
/* ----- Das ist ein Kommentar ----- */
```

Aus Gründen der Übersichtlichkeit sollten Sie Deklarationen in externen Stylesheets immer einrücken.

```
a:hover {
    text-decoration: underline;
}
```

▶ Listing 8.10
Deklarationen einrücken

Verwenden Sie Umbrüche | Pro Zeile steht nur eine Deklaration. Jede Deklaration wird mit einem Semikolon abgeschlossen, auch wenn das für die letzte nicht zwingend notwendig ist.

Verwenden Sie immer Kurzschrift! | Unnötig lang ist die folgende Deklaration:

```
p {
    padding-top: 40px;
    padding-right: 20px;
    padding-bottom: 40px;
    padding-left: 20px;
}
```

▶ Listing 8.11
Unnötig kompliziert

Kurzschrift wird immer im Uhrzeigersinn gelesen. Merken Sie sich die Eselsbrücke *TRouBLe* (siehe Abschnitt 2.2.2). Gekürzt und viel praktischer schreiben Sie:

```
p {
    padding: 40px 20px;
}
```

▶ Listing 8.12
Kürzer und praktischer

Kurzschrift im Überblick
Dustin Diaz hat auf seiner Website *www.dustindiaz.com/css-shorthand* einen ausführlichen kommentierten Überblick über alle Möglichkeiten der Kurzschrift veröffentlicht.

Wenn Sie nur einen Wert angeben, wie in ❶ in Abbildung 8.6 gezeigt ist, wird dieser oben, rechts, unten und links gleichermaßen angewendet. Geben Sie zwei Werte an, wie in ❷ gezeigt, wird der erste Wert für die oberen und unteren Bereiche und der zweite Wert für die rechten und linken Bereiche verwendet.

Geben Sie drei Werte an, wie in ❸ gezeigt, wird der erste für den oberen Bereich, der zweite für die Bereiche links und rechts und der dritte für den unteren Bereich verwendet.

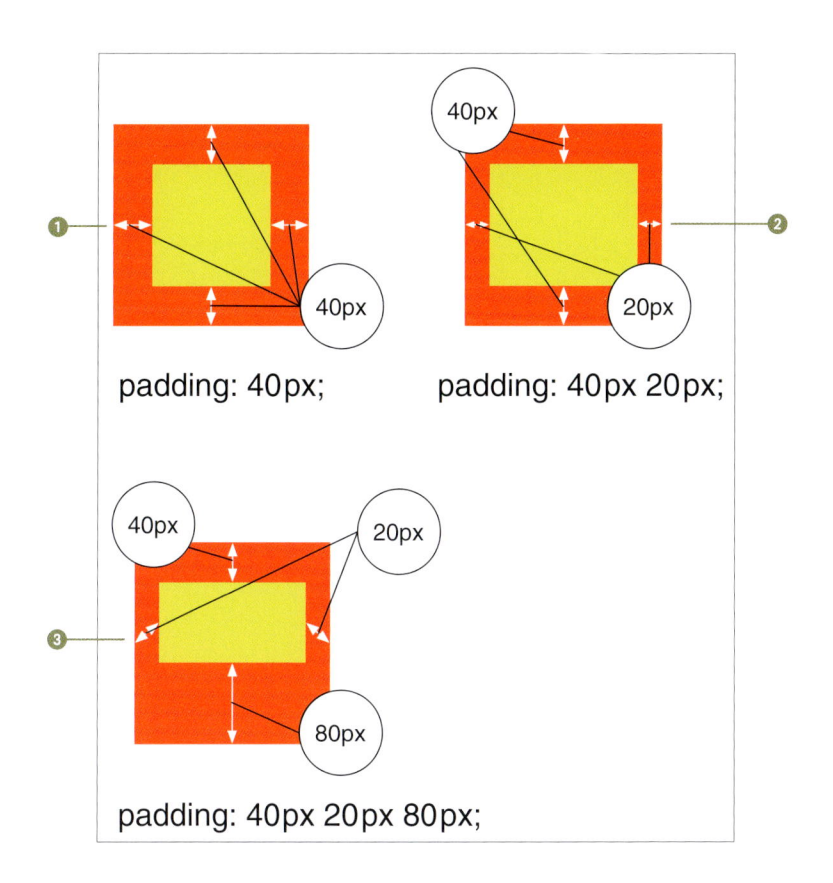

Abbildung 8.6
Kurzschrift für die Eigenschaften padding und margin

Achtung bei Vererbung | Da CSS eine Vererbungssprache ist, sollten Sie immer auf der Hut sein und sich die Regeln der Vererbung zunutze machen. Wo es also angebracht ist, sollten Sie keine Kurzschrift verwenden. Das wäre zum Beispiel der Fall, wenn Sie allen Textabsätzen mit `padding: 1.5em;` einen Innenabstand von 1.5 em zugewiesen haben und nun einen besonderen Absatz so formatieren wollen, dass er 2 em Innenabstand an der linken Seite hat. Würden Sie Kurzschrift verwenden, müssten Sie die ursprüngliche Formatierung übernehmen: `padding: 1.5em 1.5em 1.5em 2em;`. Ein einfaches `padding-left: 2em` ist hier passender.

Reihenfolge der Deklarationen | Einige Autoren regen an, Deklarationen untereinander **alphabetisch** zu sortieren. Sie schreiben also nicht:

```
p {
   font-size: 1em;
   line-height: 1.7em;
   margin: 0.5em 0;
   clear: both;
}
```

Listing 8.13
Es geht so

sondern:

```
p {
   clear: both;
   font-size: 1em;
   line-height: 1.7em;
   margin: 0.5em 0;
}
```

Listing 8.14 ▶
Alphabetische Reihenfolge der Deklarationen

Global Reset | Verwenden Sie ganz am Anfang einen *Global Reset*, der die Eigenschaften bestimmter Elemente auf null setzt und so die browser-eigenen Deklarationen überschreibt. Sie können dabei verschiedene Wege gehen.

```
* {
padding:0;
margin:0;
}
```

> **Reset der Abstände**
> Es empfiehlt sich, über den Universalselektor * die Innen- und Außenabstände aller Elemente auf null zu setzen.

Listing 8.15 ▶
Abstände zurücksetzen

CSS-Guru Eric Meyer geht viel weiter und bietet mit *Reset Reloaded* (*meyerweb.com/eric/thoughts/2007/05/01/reset-reloaded*) eine Kombination von Anweisungen zum Reset mehrerer Eigenschaften an. Das **kann** sinnvoll sein. Die Gefahr bei diesem Verfahren besteht darin, dass versäumt werden kann, allen Elementen einen entsprechenden neuen Stil zuzuweisen, und den Browser dann mit Nullwerten arbeiten zu lassen.

Exemplarisch
Ausführlicher und spezieller diskutiert Meyer das Reset in »Verrückte Formulare«. Eine Übersetzung finden Sie bei den Webkrauts unter *www.webkrauts.de/2007/05/31/verrueckte-formulare.*

Love-Hate und Trouble | Pseudo-Elemente sollen immer nach der »*LoVe-HAte*«-Reihenfolge geschrieben werden:

```
:link, :visited, :hover, :active
```

Für die Angabe von Eigenschaften können Sie sich die Eselsbrücke *TRouBLe* merken:

```
margin: top right bottom left;
```

Alles in einem | Verwenden Sie zum Beispiel die @-Regel, um Formatierungen nach dem Ausgabemedium zu gruppieren und so mit einem Stylesheet auszukommen:

```
@media all {
/* Deklarationen, die für alle Medien gelten sollen */
}
```

Listing 8.16 ▶
Kombinierte Angabe der Ausgabemedien

Auch eine kombinierte Angabe ist natürlich möglich:

```
@media screen, projection, print {
/* Deklarationen, die für die Ausgabemedien Bildschirm-
anzeige, Datenprojektor und Druck gelten sollen. */
}
```

◄ **Listing 8.17**
Beispielsyntax

Im Folgenden werden wichtige CSS-Eigenschaften, gruppiert nach ihrem Einsatzbereich, vorgestellt und anhand vieler Beispiele aus der Praxis erläutert.

8.5 Pseudoklassen und -elemente

Mit Pseudoklassen können Elemente anhand von Informationen identifiziert werden, die mit anderen Selektoren und auch über die Dokumentstruktur nicht gefunden werden können.

CSS-Eigenschaft	Aufgabe
Format von Verweisen	
`:link`	Für Verweise noch nicht besuchter Seiten oder Sprungmarken
`:visited`	Für Verweise zu bereits besuchten Seiten oder Sprungmarken
`:hover`	Für Elemente, die sich gerade unter dem Mauszeiger befinden.
`:focus`	Für Elemente, die den Fokus erhalten, wenn zum Beispiel mit der Tatstatur navigiert wird
`:active`	Für gerade angeklickte Elemente
Gestaltung von automatisch generiertem Inhalt. Sie können bestimmen, dass nach oder vor einem Element ein bestimmter Inhalt eingefügt wird. Internet Explorer bis Version 7 ignorieren diese Pseudoklassen.	
`:before`	Der Inhalt wird **vor** dem definierten Element eingefügt.
`:after`	Der Inhalt wird **nach** dem definierten Element eingefügt.
Auszeichnung von Sprachinhalten	
`:lang(en)`, `:lang(de)`	Elemente, deren Sprachinhalt en = Englisch oder de = Deutsch ist.
Pseudo-Elemente, die über die Position in der Dokumentenstruktur angesprochen werden können	
`:first-letter`	Gibt die Formatierung für den ersten Buchstaben eines Abschnitts an.
`:first-child`	Meint den ersten Nachfahren eines Elements.
`:first-line`	Gibt die Formatierung für die erste Zeile eines Abschnitts vor.

Alle Internet Explorer bis Version 7 ignorieren diese Pseudoklassen bis auf `:hover`.

▲ **Tabelle 8.2**
CSS-Pseudoklassen und -elemente

Da die Formatierung dieser Elemente im Buch schon häufig angesprochen wurde und auch noch erwähnt werden wird, soll es an dieser Stelle nun mit der Behandlung der nächsten Elemente, die für die Gestaltung der Basisvorlage wichtig sind, weitergehen.

8.6 Farben und Hintergründe

Jedem Element kann per CSS eine Vordergrundfarbe (`color`) und eine Hintergrundfarbe (`background-color`) zugewiesen werden. Wie Sie Farben definieren, haben Sie bereits in Kapitel 4 erfahren. Deshalb kann sich dieses Kapitel voll und ganz dem kreativen Umgang mit Farbe und vor allem den Hintergründen widmen. Die folgende Tabelle gibt Ihnen einen Überblick über die wichtigsten Eigenschaften diesbezüglich, die im Anschluss exemplarisch erläutert werden.

CSS-Eigenschaft	Aufgabe	Werte
`background-color`	Definiert die Hintergrundfarbe eines Elements. Füllt den Inhaltsbereich auch dann, wenn eventuelle Hintergrundbilder ihn nicht mehr füllen.	Farbangaben `transparent` `blue` `#0000ff`
`background-image`	Legt das zu verwendende Hintergrundbild fest.	`url()` `none`
`background-repeat`	Legt fest, ob und wie das definierte Hintergrundbild wiederholt wird.	`repeat-x` `repeat-y` `no-repeat`
`background-attachment`	Legt fest, ob der Hintergrund mit dem Inhalt verschoben werden soll oder nicht.	`scroll` `fixed`
`background-position`	Setzt die Startposition eines Hintergrundbildes fest. Es ist möglich, verschiedene Arten von Werten miteinander zu verknüpfen. Schlüsselwörter dürfen jedoch nicht mit Längenangaben oder Prozenten gemischt werden.	`top` `left` `%` `px` ...
`background`	Kurzschreibweise für die einzelnen Eigenschaften	

▲ **Tabelle 8.3**
Die CSS-Eigenschaften für Hintergründe

Sie sollten für die Angabe von Hintergründen für ein Element im Allgemeinen die in Tabelle 8.3 genannte Eigenschaft `background` verwenden und alle Eigenschaften so entsprechend bündeln:

Listing 8.18 ▶
Reihenfolge der Eigenschaften für die Hintergründe

```
p { background: background-color background-image back-
ground-position background-repeat; }
```

So können Sie zum Beispiel den folgenden Code verwenden, um das Bild *bild.png* ohne Hintergrundfarbe in einer Box oben links auszurichten und sich über die X-Achse wiederholen zu lassen:

Listing 8.19 ▶
Konkretes Beispiel

```
p { background: transparent url('pfad/zum/bild.png') top
left repeat-x; }
```

Über die Y-Achse ließe sich der Hintergrund mittels `repeat-y` wiederholen. So richtig Spaß macht der Umgang mit Hintergründen erst, wenn Sie die verschiedenen CSS-Eigenschaften in Kombination verwenden.

Praxis: Bilder aufhängen | Im folgenden Beispiel sollen zwei Bilderrahmen mit Fotos an eine Wand mit »Tapete« gehängt werden. Dazu sollen die Bilder (img) in einer ungeordneten Liste (ul) zusammengefasst werden. Diese Liste wird als Hintergrund die Tapete zeigen, und die Listenelemente (li) zeigen als Hintergrund die Bilderrahmen. Dazu werden in Photoshop die Grafiken so zusammengestellt, wie in Abbildung 8.7 gezeigt ist.

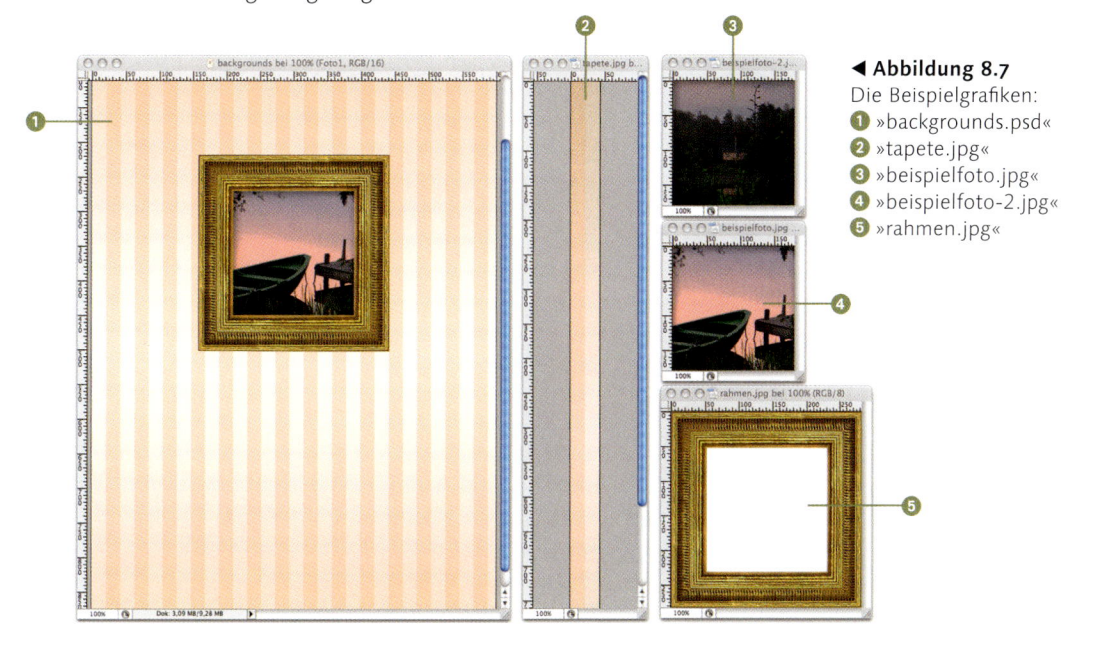

◄ **Abbildung 8.7**
Die Beispielgrafiken:
❶ »backgrounds.psd«
❷ »tapete.jpg«
❸ »beispielfoto.jpg«
❹ »beispielfoto-2.jpg«
❺ »rahmen.jpg«

Der Quellcode:

```
<ul class="galerie">
   <li>
   <img src="grafiken/beispielfoto.jpg" width="179" height="179" alt="Beispielfoto" />
   </li>
   <li>
   <img src="grafiken/beispielfoto-2.jpg" width="179" height="179" alt="Beispielfoto 2" />
   </li>
</ul>
```

▲ **Listing 8.20**
HTML-Quellcode der Galerie

Zunächst wird der Hintergrund für die gesamte Tapete so formatiert, dass die Grafik »tapete.jpg« über die X-Achse wiederholt (repeat-x) wird und sowohl horizontal als auch vertikal mittig (50%) ausgerichtet wird, um den Beleuchtungseffekt der Tapete nicht zu verlieren.

Listing 8.21 ▶
Formatierung des Containers

> **Probleme im Vorfeld erkennen**
>
> Eine alternative Methode zur Anordnung der Fotos im Rahmen wäre die Verwendung eines einfachen Innenabstands gewesen (padding: 52px 0 0 52px).
> In diesem Fall hätten die Fotos selbst (img) nicht mehr formatiert werden müssen. Leider kommt es dann im Internet Explorer 5.x zu den bekannten Problemen bei der Berechnung der korrekten Breiten und Höhen. Um diese Methode zu verwenden, müssten also spezielle Hacks eingesetzt werden.

Listing 8.22 ▶
Hintergrund für die Listenelemente

Listing 8.23 ▶
Ausrichtung der Fotos

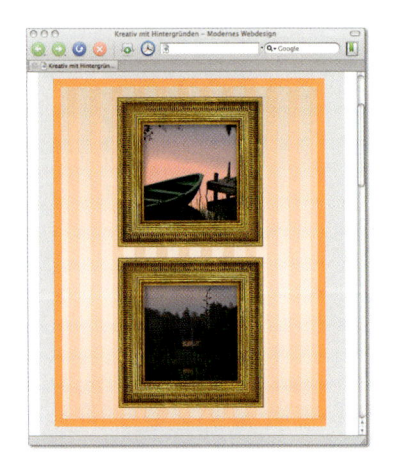

▲ **Abbildung 8.8**
Die fertigen Bilderrahmen

```
.galerie {
    background: #F5DBC2 url('grafiken/tapete.jpg') 50% 50%
    repeat-x;
    width: 500px;
    border: 15px solid #F0A255;
    text-align: center;
}
```

Die Eigenschaft text-align stellt sicher, dass die umschlossenen Bilderrahmen auch im Internet Explorer 5.x zentriert angeordnet werden.

Jedem Listenelement wird nun der Bilderrahmen als Hintergrund zugeordnet. Dieser wird oben links ausgerichtet und nicht wiederholt.

```
.galerie li {
    background: #B79C50 url('grafiken/rahmen.jpg')
    top left no-repeat;
    width: 283px;
    height: 283px;
    margin: 20px auto;
}
```

Zu guter Letzt werden die Fotos (img) innerhalb des Listenelements mit einem oberen Außenabstand von 52 px ausgerichtet.

```
.galerie li img {
    width: 181px;
    height: 181px;
    margin: 52px 0 0 0;
}
```

Die fertige Konstruktion ist in Abbildung 8.8, aufgerufen im Browser Camino, zu sehen.

Praxis: Automatische Hervorhebung der Linktypen | In Abschnitt 5.4.4 wurde angesprochen, dass es sinnvoll ist, bei bestimmten Linkarten auf das Ziel gesondert hinzuweisen, etwa wenn es sich um Verweise auf PDF-Dateien oder Word-Dokumente handelt. Viele Webmaster kennzeichnen auch Links, die zu Zielen außerhalb der eigenen Site führen. Dazu kann ein kleines Icon verwendet werden, das dem eigentlichen Linktext vor- oder nachgestellt wird.

Um Formatierungen gemäß einer speziellen Dateiendung zuzuweisen, verwendet man **Attribut-Selektoren** der Form a[href$= "Wert"] und a[href^="Wert"]. Es werden also alle Instanzen des

Elements a mit dem Attribut href angesprochen, die mit Wert enden ($) oder beginnen (^).

Das kann dann in der Praxis so aussehen:
```
<p>
   Beispiellink: Das ist ein <a href="test.pdf">Link zu
   einem PDF</a>.
</p>
```

Attribut-Selektor

Ein Attribut-Selektor dient zur Zuweisung von Formatierungen an einzelne (X)HTML-Elementinstanzen über deren Attribut.

◀ **Listing 8.24**
Ein verlinktes PDF

Per CSS wird der Link mit einer entsprechenden Hintergrundgrafik hinterlegt:

```
a[href$='.pdf'] {
   padding: 5px 20px 5px 0;
   background: transparent url('grafiken/icon-pdf.png')
   no-repeat center right;
}
```

◀ **Listing 8.25**
Icons für Links, die auf ein PDF verweisen

Beispiellink: Das ist ein Link zu einem PDF.

◀ **Abbildung 8.9**
Das Ergebnis im Browser

Möchten Sie eine Grafik voranstellen, können Sie das über die Ausrichtung des Hintergrunds ebenfalls tun:

```
<p>Beispiellink: <a href="mailto:hallo@einfach-modernes-
webdesign.de">Schreiben</a> Sie mir!</p>

a[href ^="mailto:"] {
   padding: 5px 0 5px 20px;
   background: transparent url('grafiken/icon-mail.png')
   no-repeat center left;
}
```

Das komplette Paket

»Iconize Textlinks with CSS« (*pooliestudios.com/projects/iconize*) bietet Ihnen ein komplettes Paket mit CSS-Formatierungen und den entsprechenden Grafiken zur Auszeichnung von Links zum kostenlosen Download an.

◀ **Listing 8.26**
Vorangestelltes Icon

Beispiellink: Schreiben Sie mir!

◀ **Abbildung 8.10**
Das Ergebnis im Browser

Durch den Wert left und den Innenabstand links richtet sich das Icon im Gegensatz zum PDF-Icon vor dem Linktext aus.

Leider kann der Internet Explorer 6 diese Technik nicht anzeigen. Inwieweit es sinnvoll ist, darauf Rücksicht zu nehmen, hängt vom Projekt, der Zielgruppe und der Wichtigkeit der jeweiligen Elemente ab. Wie ich bereits häufig betont habe, ist es kein Problem, sondern natürlich, dass Webseiten nicht in jedem Browser gleich aussehen müssen. Ein Grund, auf praktische Techniken der Formatierung zu verzichten, sollte die Unterstützung alter Browser nicht sein.

Iconsammlung

Die Icons dieser Beispiele stammen von Rimshot Design:
rimshotdesign.com/goodies.php

8.7 Die Verwendung transparenter PNGs

> **ACHTUNG bei älteren Browsern!**
>
> Alle modernen Browser können PNGs in vollem Umfang darstellen. Das gilt leider nicht für den Internet Explorer vor der Version 7. Für diese und andere ältere Browser müssen Alternativen bereitgestellt werden.

Durch die Verwendung des PNG-Formats im Web können die Vorzüge von JPG und GIF vereint werden: PNGs können mit bis zu 48-Bit-Farben abgespeichert und dabei verlustfrei komprimiert werden – und das mit hoher Qualität und 256 Transparenzstufen. Das GIF-Format, als Alternative für die Einbindung von Grafiken mit Transparenz, bietet nur die Möglichkeit, 8-Bit wiederzugeben. Somit ist es möglich, Gestaltungen zu bauen, die auf Transparenzen setzen, indem zum Beispiel mehrere Elemente übereinandergelegt werden. Im folgenden Beispiel werden drei farbige Quadrate verwendet, die mit einem Schattenwurf und einer Transparenz von 60% in Photoshop als PNG gespeichert wurden. Sie werden für das folgende Beispiel als Hintergründe für eine geordnete Liste verwendet:

Abbildung 8.11 ▶
❶ png-test-holz.jpg
❷ png-gruen.jpg/png
❸ png-blau.jpg/png
❹ png-orange.jpg/png

```
<div class="png-bg">
   <ol>
      <li class="blau"><a href="#">Blau</a></li>
      <li class="gruen"><a href="#">Grün</a></li>
      <li class="orange"><a href="#">Orange</a></li>
   </ol>
</div>
```

Listing 8.27 ▶
Das HTML-Grundgerüst: Eine Liste

Die folgenden CSS-Anweisungen bewirken eine horizontale Aufreihung der Verweise in den Listenelementen auf einem »hölzernen« Hintergrund.

```
#beispiel .png-bg {
   background: #DDD url('grafiken/png-test-holz.jpg')
     no-repeat top left;
   width: 500px;
   height: 180px;
   float: left;
   margin: 0 auto;
}
```

```css
#beispiel a:link, #beispiel a:visited {
    color: #fff;
    font-size: 2em;
    display: block;
    width: 83px;
    height: 83px;
}

#beispiel li.blau {
    background: transparent url('grafiken/png-blau.png')
    top left no-repeat;
    float: left;
}

#beispiel li.gruen {
    background: transparent url('grafiken/png-gruen.png')
    top left no-repeat;
    float: left;
}

#beispiel li.orange {
    background: transparent url('grafiken/png-orange.png')
    top left no-repeat;
    float: left;
}
```

◄ **Listing 8.28**
Per CSS werden die Listenelemente mit Hintergrund versehen und positioniert

◄ **Abbildung 8.12**
Das Ergebnis in Safari: Die Transparenz des Schattens und der verschiedenen Hintergründe wird wunderbar umgesetzt.

Elemente stapeln mit z-index | Noch schöner ist es, die Elemente auch noch zu »stapeln«, um so die einzelnen Elemente überlappen zu lassen. Dazu werden die Listenelemente bei gleichem Markup wie folgt per CSS nach links und unten verschoben. Die Stapelreihenfolge können Sie über die Eigenschaft `z-index` bestimmen. Diese Eigenschaft ermöglicht es, absolut oder relativ **positionierte Elemente** zu stapeln. Es sind positive und negative Werte (z. B. `z-index: -999;`) möglich. Ein Element, dessen `z-index` eine höhere Zahl hat, liegt über dem positionierten Objekt mit dem niedrigeren Index.

8.7 Die Verwendung transparenter PNGs

Listing 8.29 ▶
Stapelung mit z-index

▲ **Abbildung 8.13**
Das Ergebnis der Verschiebung im Browser. Die transparenten Hintergründe überlagern sich. Das blaue Quadrat liegt dabei unter dem grünen und dieses wiederum unter dem orangen.

Listing 8.30 ▶
Das oberste Element hat den höchsten z-index

▲ **Abbildung 8.14**
Die Veränderung der Werte für die Eigenschaft z-index bewirkt eine umgekehrte Stapelreihenfolge zu der in Abbildung 8.12 gezeigten Anordnung.

Listing 8.31 ▶
Und die umgekehrte Reihenfolge

```
#beispiel li.blau {
...
    z-index: 1;
    position: relative;
}

#beispiel li.gruen {
...
    top: 50px;
    left:-80px;
    z-index: 2;
    position: relative;
}
```

Das Element `#beispiel li.gruen` wird über dem Element `#beispiel li.blau` platziert.

```
#beispiel li.orange {
...
    top: 100px;
    left:-150px;
    z-index: 3;
    position: relative;
}
```

Das Element `#beispiel li.orange` wird über dem Element `#beispiel li.gruen` platziert.

Im nächsten Beispiel, dessen Ergebnis in Abbildung 8.14 zu sehen ist, wurden wie Werte entsprechend umgekehrt:

```
#beispiel li.blau {
    z-index: 3;
...
}

#beispiel li.gruen {
    z-index: 2;
...
}

#beispiel li.orange {
    z-index: 1;
...
}
```

Transparente PNGs im Internet Explorer 5 und 6 | Wie bereits in Abschnitt 5.4.1 erwähnt wurde, ist der Internet Explorer bis Version 6 nicht in der Lage, Alphakanäle in transparenten PNGs korrekt darzustellen. Die transparenten Bereiche werden im Internet Explorer 5.x und Internet Explorer 6 leider einfach grau gefüllt, wie Abbildung 8.15 zeigt.

Es gibt verschiedene Ansätze, um diesem Problem zu begegnen. So verwenden einige Autoren einfach keine transparenten PNGs für ihre Gestaltungen. Diese Zurückhaltung ist heute nicht unbedingt angebracht, denn beim IE 5.x und IE 6 handelt es sich um veraltete Browser, die vom Hersteller aktualisiert wurden und die auch beim Nutzer aktualisiert werden sollten.

IE PNG Fix | Ein Weg, den betroffenen Browsern die korrekte Darstellung der Alphakanäle beizubringen, führt über verschiedene Filter. Eine einfache Variante ist der sogenannte »IE PNG Fix« (*www.twinhelix.com/css/iepngfix*). Dieser erfordert es, zwei Dateien (*iepngfix.htc* und *blank.gif*) auf den Server zu laden und das folgende JavaScript einzubinden:

```
<script type="text/javascript">
if (document.all && document.styleSheets && document.
styleSheets[0] && document.styleSheets[0].addRule)
{
    document.styleSheets[0].addRule('*', 'behavior:
    url(iepngfix.htc)');
}
</script>
```

▲ **Listing 8.32**
Transparente PNGs in alten IEs per JavaScript

Durch diesen kleinen Trick werden alle PNGs entsprechend korrekt angezeigt wie Abbildung 8.16 zeigt.

Alternative Tricks | Alternativ können Sie Conditional Comments oder den folgenden kleinen Trick verwenden, um IE 5.x und IE 6 gesondert anzusprechen und ihnen eine alternative Grafik (hier JPG-Dateien) zu bieten. Verwenden den Stern-HTML-Hack, der nur vom Internet Explorer bis einschließlich Version 6 interpretiert wird, und stellen Sie so ein alternatives Bild zur Anzeige zur Verfügung, das keine Transparenz aufweist. Bei diesem Hack wird der Eigenschaft ein `*html` vorangestellt. Im Folgenden wird für jedes Quadrat eine alternative JPG-Version ohne Transparenz zur Verfügung gestellt.

▲ **Abbildung 8.15**
Das bisher verwendete und in Abbildung 8.14 dargestellte Beispiel im Internet Exlorer 6

Weitere Ansätze, PNGs in IE 5.x und IE 6 zu behandeln

Zwei Ansätze für alternative Lösungen für ältere Brwoser finden Sie hier:
▶ »Wie kann man PNG-Alphatransparenz im IE nutzen?« von Jeena Paradies: *jeenaparadies.net/weblog/2007/jun/png-alphatransparenz-im-ie-nutzen*
▶ PNG8 – The Clear Winner: *www.sitepoint.com/blogs/2007/09/18/png8-the-clear-winner*

▲ **Abbildung 8.16**
Die durch »IE PNG Fix« korrigierte Darstellung im Internet Explorer 6

So geht's
Wie Sie verschiedene IE-Versionen über Conditional Comments ansprechen, erfahren Sie in Abschnitt 6.8.8.

```
*html #beispiel-4 li.blau {
   background: transparent url('grafiken/png-blau.jpg') top left no-repeat;
}

*html #beispiel-4 li.gruen {
   background: transparent url('grafiken/png-gruen.jpg') top left no-repeat;
}

*html #beispiel-4 li.orange {
   background: transparent url('grafiken/png-orange.jpg') top left no-repeat;
}
```

▲ **Listing 8.33**
Statt PNG hier JPG für den alten IE

Welche Variante Sie verwenden, hängt vom jeweiligen Projekt ab. Beachten Sie, dass PNG-Grafiken mit 24-Bit grundsätzlich eine höhere Dateigröße haben als JPGs und GIFs.

▲ **Abbildung 8.17**
Während standardkonforme Browser die PNG-Variante (links) anzeigen, zeigt der Internet Explorer (rechts) die JPG-Variante an.

8.8 Schrift und Text

Zur Formatierung von Schrift stehen in CSS die folgenden Eigenschaften zur Verfügung, die auf jedes Element angewendet werden können: `font-family`, `font-size`, `font-style`, `font-weight`, `font-variant`. Ebenso dazuzählen möchte ich `line-height`, `word-spacing`, `letter-spacing`, `text-decoration`, `text-transform`, `text-shadow` und `color`. Die folgende Tabelle gibt Ihnen einen Überblick über die wichtigsten Eigenschaften, die im Anschluss anhand von Beispielen näher erläutert werden.

Schrift		
CSS-Eigenschaft	**Aufgabe**	**Werte**
`font-family`	Gibt die zu verwendende Schriftfamilie an.	z.B. `font-family: "Lucida Grande", Lucida, Verdana, sans-serif;`
`font-size`	Gibt die Schriftgröße an.	Absolute oder relative Werte wie Längenmaße oder Prozentangaben wie z.B. `12px`, `12pt`, `1.2em`, `110%` Schlüsselwörter wie `xx-small`, `x-small`, `small`, `medium`, `large`, `x-large`, `xx-large`, `smaller`, `larger`
`font-style`	Legt die Schrifteigenschaften kursiv oder normaler Text fest.	`normal` `italic` `oblique`
`font-weight`	Definiert die Schriftstärke. Der Wert 400 entspricht `normal`, der Wert 700 entspricht `bold`.	Numerische Werte (100, 200, 300, 400, 500, 600, 700, 800, 900) `normal` `bold`

CSS-Eigenschaft	Aufgabe	Werte
		bolder lighter
font-variant	Legt fest, ob der Text in Kapitälchen dargestellt werden soll.	normal small-caps
font	Kurzschreibweise für die einzelnen Eigenschaften.	
color	Wie Sie Farben definieren, haben Sie bereits in Abschnitt 3.2 erfahren.	

Text

CSS-Eigenschaft	Aufgabe	Werte
line-height	Legt die Zeilenhöhe fest. Weitere Informationen dazu finden Sie in Abschnitt 3.2.4	Längenangabe (pt, px, em)
word-spacing	Definiert den Abstand zwischen einzelnen Wörtern. Der Wert »0« entspricht dem Schlüsselwort normal.	Längenangabe (pt, px, em) normal
text-align	Legt die horizontale Ausrichtung von Text fest.	left right center justify
text-indent	Definiert die Einrückung der ersten Zeile eines Elements.	Längenangabe (pt, px, em) Prozentangabe (%)
letter-spacing	Gibt den Abstand zwischen den einzelnen Buchstaben an. Der Wert »0« entspricht dem Schlüsselwort normal.	Längenangabe (pt, px, em) normal
text-decoration	Definiert verschiedene Effekte wie z. B. Unterstreichungen (underline).	none underline overline line-through blink
text-transform	Bestimmt, ob für den Text Klein- oder Großschreibung verwendet wird.	none capitalize uppercase lowercase
text-shadow	Definiert einen Textschatten. Dieser wird jedoch aktuell in CSS 2.1 nur von Apples Safari unterstützt.	Numerische Werte (px) oder Schlüsselwörter für Farbangaben
white-space	Definiert, wie Leerzeichen in einem Dokument behandelt werden.	normal pre nowrap

Die in Tabelle 8.4 gelisteten Eigenschaften können Sie verwenden, um Texte zu formatieren. Sie sollten dabei wie immer auf Kurzschrift setzen. Die Eigenschaft font setzt sich wie folgt zusammen:

▲ **Tabelle 8.4**
Die CSS-Eigenschaften für die Formatierung von Schriften und Texten

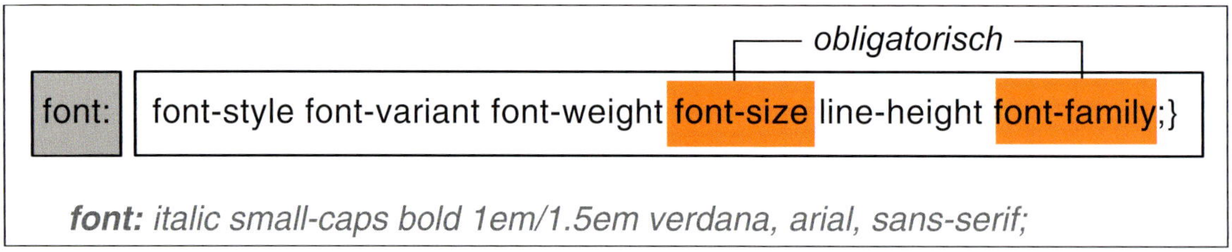

```
                              ┌─── obligatorisch ───┐
font:  │ font-style font-variant font-weight font-size line-height font-family;}

font: italic small-caps bold 1em/1.5em verdana, arial, sans-serif;
```

▲ **Abbildung 8.18**
Die Eigenschaft font

Alle Eigenschaften in font (bis auf font-size und font-family) sind optional. Da die in Abbildung 8.18 gezeigte Anordnung genau eingehalten werden muss, arbeiten viele Autoren bei font verständlicherweise nicht mit Kurzschrift.

ACHTUNG!

Die meisten Browser machen keinen Unterschied zwischen italic und oblique und stellen beide Werte fast immer gleich dar.

Aus dem Beispiel

```
p {
    font-family: Georgia, "Times New Roman", Times, serif;
    font-size: 1.5em;
    font-style: italic;
    font-weight: bold;
    font-variant: uppercase;
    line-height: 1.5em;
    color: #111;
    background: #eee;
}
```

Listing 8.34 ▶
Die Eigenschaften ausführlich

wird in Kurzschrift:

```
p {
    font: italic uppercase bold 1.5em/1.5em Georgia,
    "Times New Roman", Times, serif;
    color: #111;
    background: #eee;
}
```

Listing 8.35 ▶
Eigenschaften von font in Kurzschrift

8.8.1 Praktische Beispiele für die Formatierung von Texten und Überschriften

Im Folgenden werden verschiedene Kombinationen und Ideen der Text- und Hintergrundformatierung in Bezug auf Überschriften und Absätze gezeigt. Diese dienen einerseits als Beispiele und andererseits als Anregung und Inspiration für eigene Kreationen.

Relevanter Code

Für diese Beispiele wird aus Gründen der Übersichtlichkeit nur der für die Formatierung relevante Quelltext wiedergegeben. Komplette Listings finden Sie auf der DVD und auf der Webseite.

Für die Beispiele wird jeweils das folgende Markup verwendet:

```
<h3>Lorem ipsum dolor</h3>
```

```
<p>Lorem ipsum dolor sit amet, consectetuer adipiscing
elit, sed diam nonummy nibh euismod tincidunt ...</p>
```

◀ **Listing 8.36**
Das Grundgerüst: ein Blindtext

Eine einfache Art der Formatierung ist es, die Schriftgröße, Schriftfarbe und Unterstreichung zu bestimmen:

```
h3 {
    font: normal 2.1em/1.3 georgia, palatino,
    "Times New Roman", serif;
    color: #b71221;
    border-bottom: 1px solid #d2dde4;
    letter-spacing: -0.03em;
    margin: 10px 0 0 10px;
    padding-left: 10px;
    background: #fff;
}
```

◀ **Listing 8.37**
Stile für h3

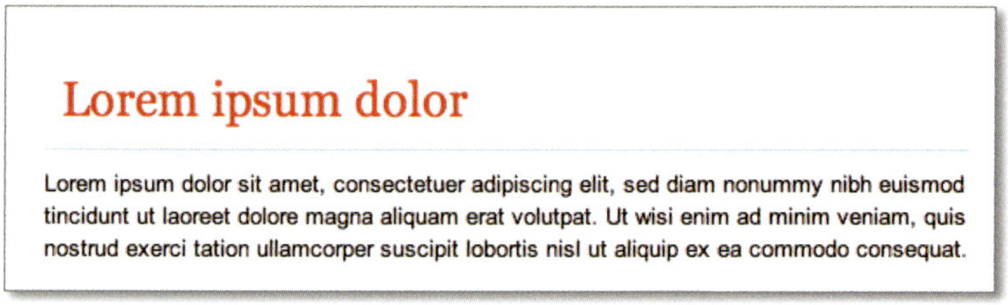

◀ **Abbildung 8.19**
Das Ergebnis: eine einfache Überschrift

LETTER-SPACING | Über die Eigenschaft `letter-spacing` (siehe Abschnitt 4.1) wird der Abstand der Buchstaben in diesem Fall etwas verringert.

Hintergrund-Farbe | Im nächsten Beispiel wird beiden Elementen (h3 und p) eine Hintergrundfarbe zugewiesen.

```
h3 {
    font: normal 1.67em/1 georgia, palatino,
    "Times New Roman", serif;
    background: #F1F5F8;
    border-bottom: 1px solid #DADDE0;
    letter-spacing: -0.02em;
    ...
}
```

◀ **Listing 8.38**
Stile für h3

Linie hinzufügen | Den Abschluss der Überschrift bildet eine dunkle Linie in der Farbe `#DADDE0`. Der folgende Absatz beginnt mit einer weißen Linie. Durch diesen Trick wird eine dünne Haarlinie erzeugt, die beide Elemente optisch effektiv trennt.

Listing 8.39 ▶
Absatz-Formatierung

```
p {
    background: #F1F5F8;
    border-top: 1px solid #fff;
    ...
}
```

Abbildung 8.20 ▶
Über eine einfache Formatierung mit zwei Rändern wurde ganz ohne den Einsatz von Grafiken eine dreidimensionale Wirkung erreicht.

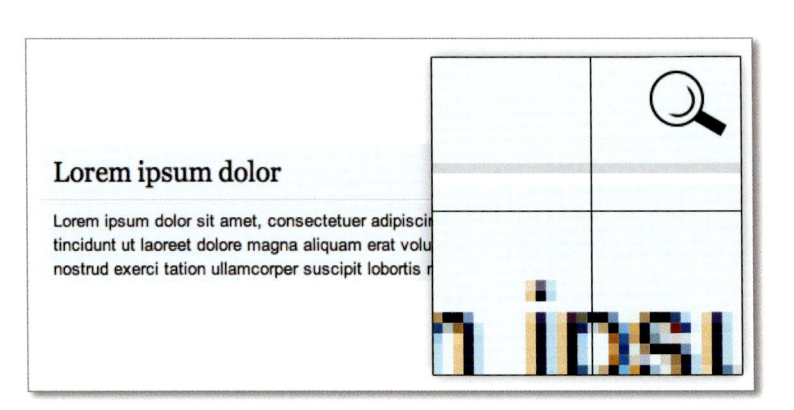

Die gleiche Technik, jedoch durch einen Verlauf unterstützt, wurde im nächsten Beispiel verwendet. Die Grafik für den Verlauf wurde am unteren linken Rand ausgerichtet und über die X-Achse wiederholt.

Listing 8.40 ▶
Verlauf statt nur Farbe

```
h3 {
    font: normal 1.5em/1 arial, sans-serif;
    background: #E9B730 url('grafiken/verlauf-orange.jpg')
    bottm left repeat-x;
    border-bottom: 1px solid #ac6606;
    color: #fff;
    text-transform: uppercase;
    ...
}
```

Abbildung 8.21 ▶
Die Formatierung der Überschrift über eine Hintergrundgrafik mit Verlauf

Großbuchstaben | Zusätzlich wurde die Schrift über die Eigenschaft `text-transform` in Großbuchstaben gesetzt. Wird die Schriftgröße im Browser vergrößert, wächst das Element h3 in die Hintergrundfarbe (#E9B730) hinein, wie Abbildung 8.22 zeigt. Über diese Technik ist es möglich, mit wenigen, Bandbreite sparenden Grafiken interessante Effekte zu erzielen.

◀ **Abbildung 8.22**
Die Grafik für den Hintergrund »verlauf-orange.jpg« wird am unteren linken Rand des Elements ausgerichtet und über die X-Achse wiederholt. Wächst das Element über die Grenzen der Grafik hinaus, wie hier in Firefox bei fünffacher Vergrößerung, wird es über die definierte Hintergrundfarbe gefüllt.

Hintergrundfarbe und -bilder | Sie können die entsprechende Hintergrundfarbe entweder im Bildbearbeitungsprogramm oder über Werkzeuge wie *Color Schemer Studio* (siehe Abschnitt 4.5.1) oder *ColorZilla* (siehe Abschnitt 6.6) mit der Pipette aufnehmen.

Hintergrundbilder müssen nicht immer wiederholt werden. Sie können dem Element über die Angabe eines entsprechenden Innenabstands voran- oder nachgestellt oder auch komplett und einmal hinterlegt werden.

```
h3 {
    background: transparent
    url(grafiken/sprechblase-gelb.gif) 0 50% no-repeat;
    padding: 10px 0 0.3em 60px;
    ...
}
```

◀ **Listing 8.41**
Die Hintergrundgrafik wird vorangestellt.

◀ **Abbildung 8.23**
Die Hintergrundgrafik wurde dem Text vorangestellt.

Durch die vertikale Zentrierung des Hintergrundbildes wird dieses auch bei Schriftvergrößerung zentriert ausgerichtet.

Im nächsten Beispiel liegt der Überschrift, die im ungewöhnlichen Font »American Typewriter« formatiert ist, die Grafik *strich-blau.jpg* zugrunde. Die Ausrichtung des Textes wird über den Innenabstand geregelt.

Listing 8.42 ▶
Hintergrund und ausgefallene Schriftart werden festgelegt.

```
h3 {
    background: transparent url('grafiken/strich-blau.jpg')
    0 50% no-repeat;
    font: normal 2em/1 "American Typewriter", "Marker
    Felt", courier, sans-serif;
    padding: 40px 0 50px 50px;
    ...
}
```

Abbildung 8.24 ▶
Das Ergebnis des letzten Beispiels in einem Browser, dessen System den Font *American Typewriter* installiert hat. Wäre dieser nicht vorrätig, würde er durch das ebenso seltene *Marker Felt* und dann durch Courier ersetzt.

Das folgende Beispiel (Abbildung 8.25) zeigt, wie eine Grafik als Hintergrund dem Text nachgestellt wird.

Abbildung 8.25 ▶
Beispiel für eine nachgestellte Hintergrundgrafik

Die Hintergrundgrafik *ecke.gif* wird am oberen rechten Rand der h3 ausgerichtet und nicht wiederholt.

Listing 8.43 ▶
Eine Grafik hinter dem Text

```
h3 {
    background: #e9e9e9 url('grafiken/ecke.gif') top right
    no-repeat;
    padding: 10px 15px 10px 10px;
    display: inline;
}
```

Abbildung 8.26 ▶
Eine abgeknickte Ecke als Abschluss der Überschrift

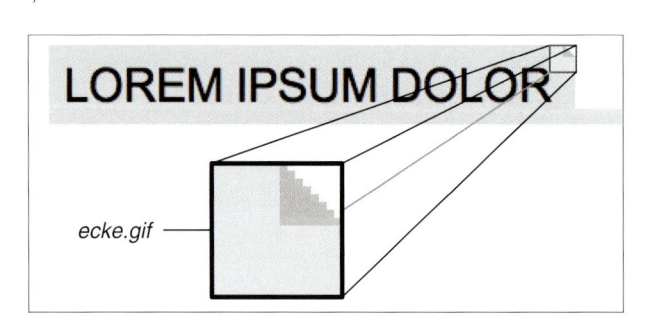

Die Abstände zum Text werden wiederum über den Innenabstand geregelt. Die Eigenschaft `display` macht das Element in diesem Fall zum Inline-Element, das sich nicht über die gesamte Breite des Elternelements zieht.

Das nächste und letzte Beispiel für diese Kategorie zeigt die Verwendung von zwei Verlaufsgrafiken für die Hintergründe von Überschrift und Text.

Inline- und Block-Elemente
Möchten Sie Ihr Wissen zu diesen Elementen auffrischen? In Abschnitt 2.2.5 haben Sie die Möglichkeit dazu.

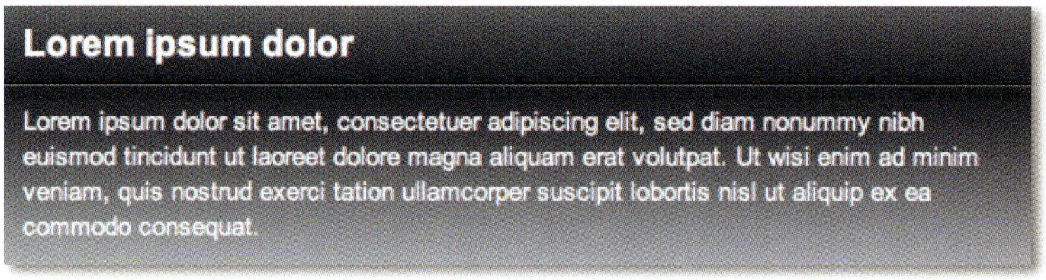

◀ **Abbildung 8.27**
In diesem Beispiel werden zwei Hintergrundgrafiken verwendet.

```
h3 {
    background: #b4bcc7 url('grafiken/verlauf-dunkel.jpg')
    0 100% repeat-x;
    border-bottom: 0.04em solid #111;
    ...
}
p {
    background: #b4bcc7 url('grafiken/verlauf-dunkel-
    gespiegelt.jpg') 0 0 repeat-x;
    border-top: 0.04em solid #67717a;
    ...
}
```

◀ **Listing 8.44**
Verlaufsgrafiken für Überschrift und Text

Angabe der Größeneinheit
Die Höhe für die zusammenfallenden Ränder von Überschrift und Absatz wurde in diesem Fall in em angegeben. So wird sie bei einer Schriftvergrößerung sichtbar vergrößert.

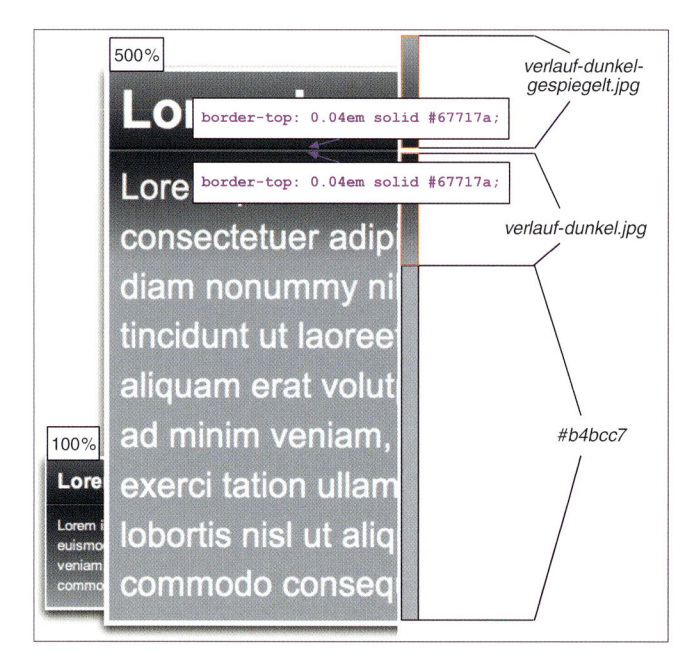

◀ **Abbildung 8.28**
Bei einer Schriftgrößenänderung wachsen beide Elemente in ihre Hintergrundfarbe hinein, und auch die Trennlinien skalieren mit.

8.8 Schrift und Text | **239**

Ausführlich erklärt

Jens Meiert gibt in seinem Artikel »Übersicht: Image-Replacement-Techniken« (meiert.com/de/publications/articles/20050513) einen ausführlichen Überblick über die bekanntesten Methoden und die Vor- und Nachteile ihres Einsatzes.

8.8.2 Exkurs: *Image-Replacement*-Techniken

Mittels »Image Replacement« (IR) werden (X)HTML-Elemente auf Webseiten durch Bilder ersetzt. Dabei geht der eigentliche Textinhalt nicht verloren, wird aber auch nicht angezeigt. So ist es möglich, größere Freiheiten beim typografischen Gestalten zu genießen. Der Vorteil dieser Techniken gegenüber der Einbindung eines normalen Bildes ist, dass Semantik und Struktur des Dokuments nicht verloren gehen. Es gibt verschiedene Ansätze, die von der Verwendung von Bildern bis hin zur Verwendung von Flash-Elementen gehen. Großes Augenmerk bei der Auswahl einer Technik muss auf den Aspekt der Barrierefreiheit gelegt werden.

Die Phark-Methode | Aufgrund ihrer Einfachheit möchte ich die Verwendung der Phark-Methode empfehlen, die zwar die älteste, jedoch auch die einfachste IR-Methode darstellt (siehe *phark.typepad.com/phark/2003/08/accessible_imag.html*). Der Text wird über die CSS-Eigenschaft `text-indent` »versteckt«.

Möchten Sie die folgende Überschrift durch eine Grafik ersetzen, können Sie wie folgt vorgehen:

```
<h3>Image Replacement ist praktisch</h3>
```

Weisen Sie der Überschrift einen Hintergrund mit der entsprechenden Grafik zu, und »verstecken« Sie den Text entsprechend:

```
h3 {
    background: url('grafiken/ir-h3.gif');
    height: 30px;
    width: 379px;
    text-indent: -999em;
}
```

Listing 8.45 ▶
Alt aber einfach: die Phark-Methode

Abbildung 8.29 ▶
Das Ergebnis im Browser

Image Replacement im Test

Dave Shea stellt unter *www.mezzoblue.com/tests/revised-image-replacement* Quellcode zum Testen der einzelnen Methoden bereit.

Der Text wird durch die Grafik *ir-h3.gif* ersetzt. Wenn Sie die Anzeige von CSS im Browser abschalten, wird der Text der H3 angezeigt, wie Abbildung 8.30 zeigt, die verdeutlicht, dass die Zugänglichkeit in diesem Falle gewahrt wurde.

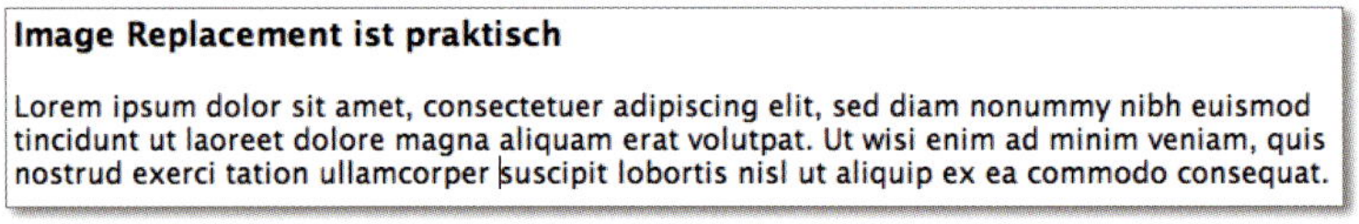

Abbildung 8.30 ▶
Das Ergebnis bei abgeschaltetem CSS: Alle Texte bleiben lesbar.

8.9 Listen

Die folgende Tabelle stellt die wichtigsten Eigenschaften zur Formatierung von Listen vor. Im Anschluss daran wird gezeigt, wie diese Eigenschaften verwendet werden können, um anspruchsvolle Navigationsleisten zu gestalten.

CSS-Eigenschaft	Aufgabe	Werte
list-style-type	Definiert die Formatierung des Listen-Zeichens vor jedem Listenelement.	
	Für geordnete Listen (ol): decimal (1., 2., 3., ...) lower-roman (i., ii., iii., ...) upper-roman (I., II., III., ...) lower-alpha oder lower-latin (a., b., c., ...) upper-alpha oder upper-latin (A., B., C., ...)	
	Für ungeordnete Listen (ul): disc circle square none	
list-style-position	Definiert die Einrückung des Listenpunktes.	inside (eingerückt) outside (ausgerückt)
list-style-image	Definiert eine Listenpunktgrafik.	url(pfad/zum/bild) none

▲ Tabelle 8.5
Die CSS-Eigenschaften für Listen

8.9.1 Praxis: Gestaltung einer vertikalen Navigationsleiste

Ein Paradebeispiel für den Einsatz einer ungeordneten Liste sind Navigationsleisten, die horizontal oder vertikal angeordnet werden können. Im Folgenden möchte ich vorstellen, wie diese Menüs erstellt werden können. Es wird jeweils der folgende Quelltext verwendet:

```
<ul id="navigation">
   <li><a href="#">Lorem</a></li>
   <li><a href="#">Ipsum</a></li>
   <li><a href="#">Dolor</a></li>
   <li><a href="#" class="active">Lorem</a></li>
   <li><a href="#">Ipsum</a></li>
   <li><a href="#">Dolor</a></li>
</ul>

#navigation li {
   background: #525D69;
}
```

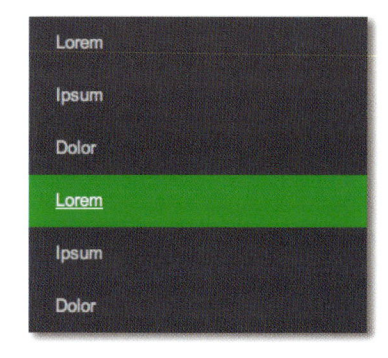

▲ Abbildung 8.31
Beispiel für die Gestaltung einer vertikalen Navigationsleiste

◀ Listing 8.46
HTML und CSS einer vertikalen Navigation

In Blöcke verwandeln | Über die Eigenschaft `display:block` werden die Verweise in Blockelemente umgewandelt, die eine neue Zeile beanspruchen. So wird die Navigation zugänglicher.

```
#navigation li a {
    color: #DFE1E2;
    display: block;
    padding: 10px 20px;
}
```

Listing 8.47 ▶
Ein Link als Block

Die aktuelle Seite | Der aktuell ausgewählte Menüpunkt wurde mit der Klasse `active` markiert und wird optisch farblich und durch Unterstreichung hervorgehoben.

```
#navigation li a.active {
    background: #459d44;
    color: #fff;
    text-decoration: underline;
}
```

Listing 8.48 ▶
Die Seite, auf der sich der Nutzer befindet.

Wenn man mit dem Mauszeiger über die Menüpunkte fährt, wird der entsprechende Menüpunkt farblich verändert und unterstrichen.

```
#navigation li a:hover {
    background: #2f588d;
    color: #fff;
}
```

Listing 8.49 ▶
Mausverhalten beim überfahrenen Link

Trennlinien hinzufügen | Der Leiste in Abbildung 8.31 fehlt die optische Trennung zwischen den Menüpunkten. Der erste und der abschließende Listenpunkt der ungeordneten Liste wurde mit den Klassen `start` bzw. `ende` versehen. Diese Klassen bewirken, dass die jeweils abschließenden Linien nicht angezeigt werden.

```
<ul id="navigation">
    <li class="start"><a href="#">Lorem</a></li>
    ...
    <li class="ende"><a href="#">Dolor</a></li>
</ul>
```

Listing 8.50 ▶
Die Navigation ist eine Liste.

Per CSS wird jedem Listenpunkt über die Eigenschaft `border` eine helle Linie oben und eine dunkle Linie unten hinzugefügt und beim ersten und letzten Punkt durch `border-top: 0` bzw. `border-bottom: 0` entfernt. Außerdem wird die Breite der Listenelemente über die Eigenschaft `width` auf 250 Pixel reduziert.

```
#navigation li {
    border-top: 1px solid #707F90;
    border-bottom: 1px solid #3C444D;
    width:250px;
    ...
}
```

◀ **Listing 8.51**
Trennlinien und Breite werden hinzugefügt.

Das Ergebnis in Abbildung 8.32 kann als Navigationsleiste bereits eingesetzt werden. Noch interessanter wird es natürlich durch die Verwendung von Hintergrundgrafiken. Im Gegensatz zum vorhergehenden Beispiel werden Hintergrundbilder für die drei Stadien der Navigation per CSS definiert.

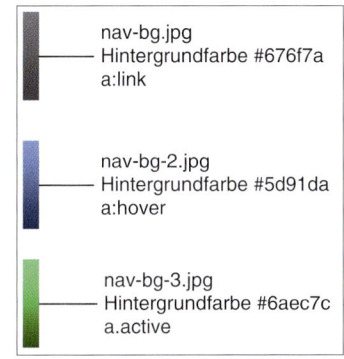

◀◀ **Abbildung 8.32**
Die vertikale Navigation mit Hintergrundfarben und Trennbalken

◀ **Abbildung 8.33**
Die verwendeten Grafiken mit den Hintergrundfarben für die Elemente und dem jeweiligen Navigationsstatus

Diese in Abbildung 8.33 dargestellten Grafiken werden jeweils am unteren linken Rand des Elements platziert und über die X-Achse wiederholt. Bei einer Schriftvergrößerung laufen sie in die definierte Hintergrundfarbe aus, die jeweils der Farbe entspricht, die den Beginn des Verlaufs definiert.

▼ **Listing 8.52**
Die Hintergründe werden zugewiesen.

```
#navigation li {
    background: #676f7a url(grafiken/nav-bg.jpg) bottom left repeat-x;
    ...
}

#navigation li a:hover {
    background: #5d91da url(grafiken/nav-bg-2.jpg) bottom left repeat-x;
    ...
}

#navigation li a.active {
    background: #6aec7c url(grafiken/nav-bg-3.jpg) bottom left repeat-x;
    ...
}
```

Abbildung 8.34 ▶
Die fertige vertikale Navigationsleiste

8.9.2 Praxis: Gestaltung einer horizontalen Navigationsleiste

Ganz ähnlich verfahren Sie, wenn es darum geht, eine horizontale Navigation aus einer ungeordneten Liste zu gestalten. Im folgenden Beispiel wird die gleiche (X)HTML-Struktur verwendet wie im letzten Exkurs.

Um die Listenelemente nebeneinander anzuordnen, wird ihnen über die Eigenschaft `float` der Wert `left` zugeordnet. Wenn Sie dann den folgenden Code verwenden, der dem für das obige Beispiel entspricht und nur um die Eigenschaft `float` erweitert wurde, haben Sie **im Handumdrehen** eine horizontale Navigation, wie sie in Abbildung 8.35 dargestellt ist. Die Breite der Elemente wird durch die Breite des verlinkten Wortes bestimmt. Sie müssen keine feste Breite angeben.

▼ **Listing 8.53**
Nur eine kleine Änderung des Quellcodes macht aus der vertikalen eine horizontale Navigation.

```
#navigation li {
    background: #676f7a url(grafiken/nav-bg.jpg) bottom left repeat-x;
    border-left: 1px solid #707F90;
    border-right: 1px solid #3C444D;
    float: left;
}

#navigation li a {
    color: #DFE1E2;
    float: left;
    padding: 10px 20px;
}

#navigation li a:hover {
    background: #5d91da url(grafiken/nav-bg-2.jpg) bottom left repeat-x;
    color: #fff;
}
```

```css
#navigation li a.active {
    background: #6aec7c url(grafiken/nav-bg-3.jpg) bottom
left repeat-x;
    color: #fff;
    text-decoration: underline;
}

#navigation li.start {
    border-left: 0;
}

#navigation li.ende {
    border-right: 0;
}
```

◀ **Abbildung 8.35**
Ein Beispiel für eine horizontale Navigation

Eine erweiterte Form dieser Technik stellt die im Folgenden vorgestellte Idee dar, bei der Sie für jeden Navigationspunkt zwei Hintergrundgrafiken verwenden. Der Vorteil: Sie können so abgerundete Ecken oder andere Formatierungen gestalten und trotzdem sichergehen, dass die Navigationspunkte bei einer Schriftvergrößerung »mitwachsen«.

8.9.3 Praxis: Reiter-Navigation per Sliding Doors

Die sogenannte »Sliding Doors«-Technik (*www.alistapart.com/articles/slidingdoors2*) wurde von Douglas Bowman vorgestellt und besteht neben der Verwendung zweier Hintergrundgrafiken darin, dem Verweis das Element `span` hinzuzufügen, um es entsprechend zusätzlich zum Link-Element formatieren zu können.

```html
<ul id="navigation">
    <li><a href="#"><span>Lorem</span></a></li>
    <li><a href="#"><span>Ipsum</span></a></li>
    <li><a href="#"><span>Dolor</span></a></li>
    <li><a href="#" class="active"><span>Lorem</span>
    </a></li>
    <li><a href="#"><span>Ipsum</span></a></li>
    <li><a href="#"><span>Dolor</span></a></li>
</ul>
```

◀ **Listing 8.54**
Die Liste wird zusätzlich mit span-Elementen ausgezeichnet.

Hier wird also wegen des optischen Effektes ein semantisch unnötiges und in diesem Falle sogar sinnfreies Element hinzugefügt. Das

> **CSS-Sprites**
>
> Einen Überblick über die Nutzung der Technik finden Sie in »Hovereffekte mit CSS-Sprites« unter *www.webkrauts.de/2007/10/20/ hovereffekte-mit-css-sprites* und in »CSS Sprites: Image Slicing's Kiss of Death« unter *www.alistapart. com/articles/sprites*. Martin Kliehm hat sich die Sprites-Idee auch für Vordergrundbilder zunutze gemacht: *learningtheworld.eu/ 2007/foreground-sprites*

ruft keine Fehler bei der Validierung hervor, ist aber ganz streng genommen auch nicht perfekt, denn unser oberstes Ziel ist es, semantischen Code zu schreiben. Andererseits möchten wir auch möglichst schöne Designs gestalten und umsetzen, was es erforderlich macht, mit den gegebenen Elementen kreativ pragmatisch und praxisorientiert umzugehen.

Im aktuellen Beispiel wird eine abgerundete Ecke an der oberen linken Kante und der oberen rechten Kante des Verweises verwendet. Zusätzlich wird ein Verlauf für jedes der drei Navigationsstadien verwendet. Ein unschöner Effekt bei der Verwendung von Einzelgrafiken für diese Stadien ist ein mögliches Flackern, wenn man mit dem Mauszeiger über den Verweis fährt. Dieses Flackern wird durch das Nachladen der Grafik für den nächsten Status ausgelöst.

Wenn Sie nur sehr kleine Grafiken verwenden, wie das in den Beispielen bereits getan wurde, fällt dieses Nachladen nicht auf. Bei größeren Grafiken, wie sie im aktuellen Beispiel verwendet werden, wird das Flackern jedoch sichtbar. Das Problem wird gelöst, indem alle Stadien in einer einzigen Grafik untereinander angelegt und gespeichert werden. Diese Technik ist auch unter dem Namen *CSS-Sprites* bekannt. Die Grafik wird dann per CSS entsprechend verschoben. Abbildung 8.36 zeigt den Aufbau der Grafiken.

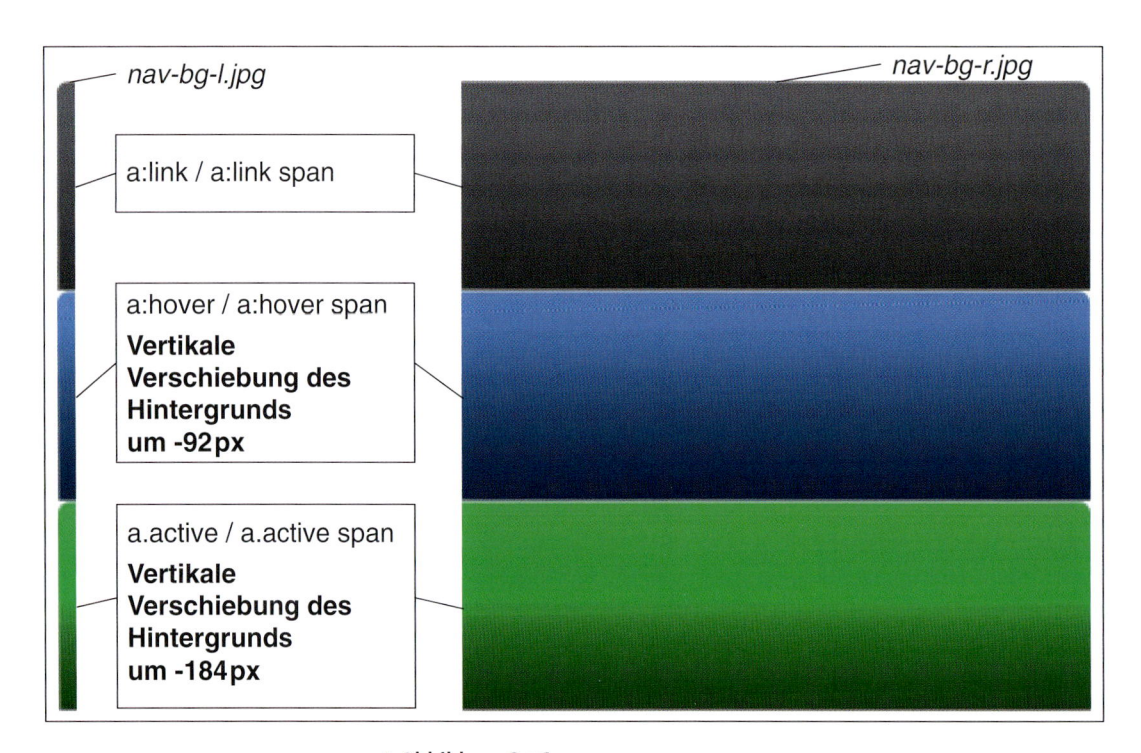

▲ **Abbildung 8.36**
Für die Navigation werden zwei Grafiken mit je drei Navigationsstadien benötigt.

Für das Element a definieren Sie nun die Grafik *nav-bg-l.jpg* als Hintergrund und für das Element span die Grafik *nav-bg-r.jpg*:

```
#navigation li a {
    background: #676f7a url(grafiken/nav-bg-l.jpg)
    top left no-repeat;
    ...
}

#navigation li a span {
    background: #676f7a url(grafiken/nav-bg-r.jpg) top
    right no-repeat;
    ...
}
```

◄ **Listing 8.55**
Zwei unterscheidliche Grafiken werden zugewiesen.

Um die Verschiebung des Hintergrunds für die Stadien hover und .active zu definieren, muss nun nur noch die entsprechende Position des Hintergrunds über die Eigenschaft background-position angegeben werden.

```
#navigation li a:hover {
    background-position: 0 -92px;
    ...
}

#navigation li a:hover span {
    background-position: 100% -92px;
    ...
}

#navigation li a.active {
    background-position: 0 -184px;
    ...
}

#navigation li a.active span {
    background-position: 100% -184px;
    ...
}
```

◄ **Listing 8.56**
Positionen der Grafik angeben

Die einzelnen Komponenten müssen ausreichende Höhe und Breite haben, sodass sie auch einer Vergrößerung der Schriftgröße entsprechend Rechnung tragen.

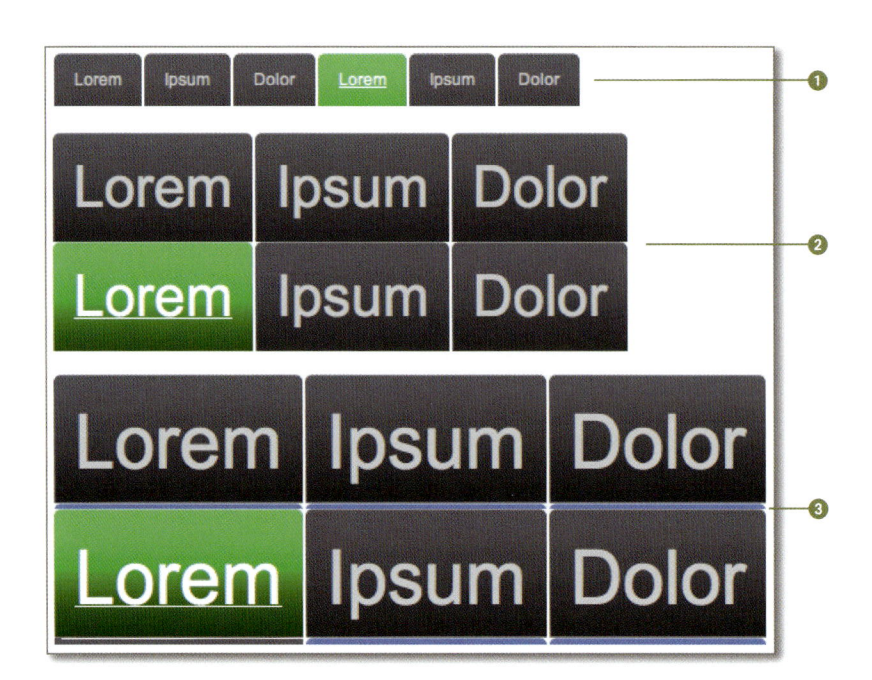

Abbildung 8.37 ▶
Die fertige Leiste im Browser bei
❶ Schriftgrad normal,
❷ Schriftvergrößerung neunfach,
❸ Schriftvergrößerung zwölffach

Wie in Abbildung 8.37 gezeigt ist, fällt die Leiste erst dann auseinander, wenn der Nutzer die Schrift zwölfmal vergrößert, was in der Realität nicht häufig vorkommen dürfte.

8.10 Tabellen

Die wichtigsten Eigenschaften für die Formatierung von Tabellen sind in der folgenden Tabelle zusammengefasst. Im Anschluss daran wird der Umgang mit ihnen exemplarisch gezeigt.

▼ **Tabelle 8.6**
Die CSS-Eigenschaften für Tabellen

CSS-Eigenschaft	Aufgabe	Werte
caption-sidea	Die Überschrift wird als Block-Element formatiert und vor oder nach der Tabelle angezeigt. Internet Explorer bis Version 6 unterstützen diese Eigenschaft nicht.	top bottom left right
border-collapse	Bestimmt, ob Einzelrahmen von Tabellenzeilen zusammenfallen (collapse) oder nicht (separate).	collapse separate
border-spacing	Die Eigenschaft bestimmt den Abstand zwischen dem Rahmen und dem sichtbaren Gitternetz einer Tabelle.	Numerische Angaben pt px em ...
empty-cells	Definiert, ob leere Tabellenzellen einen Rahmen erhalten (show) oder nicht (hidden).	show hidden
speak-header	Bestimmt, ob bei der Sprachausgabe der Inhalt von Kopfzellen für jede Datenzelle ausgegeben werden soll oder nicht.	always once

Tabellen browserübergreifend zu formatieren, ist nicht leicht, denn der Internet Explorer kennt einige Eigenschaften nicht. Natürlich können Sie auch alle anderen CSS-Eigenschaften zusätzlich zu den in Tabelle 8.6 angegebenen verwenden, um Tabellen zu formatieren. Die hier vorgestellten Eigenschaften sind allerdings speziell auf Tabellen bezogen:

```
<table summary="Diese Tabelle zeigt die Rangliste des
Wettlaufs.">
   <caption>
   Tabelle 1: Gewinner des Wettlaufs
   </caption>
   <tr>
      <th>Platz</th>
      <th>Name</th>
      <th>Zeit</th>
   </tr>
   <tr>
      <td>1.</td>
      <td>Rainer Renner</td>
      <td>05:07</td>
   </tr>
   <tr>
      <td>2.</td>
      <td>Konrad Kenner</td>
      <td>05:45</td>
   </tr>
   <tr>
      <td>3.</td>
      <td>Arno Amrum</td>
      <td>06:01</td>
   </tr>
</table>
```

◀ **Listing 8.57**
Das Grundgerüst

Galerie für CSS-Tabellen

Wie vielfältig Tabellen per CSS formatiert werden können, zeigt die CSS Table Gallery unter *icant.co.uk/csstablegallery*.

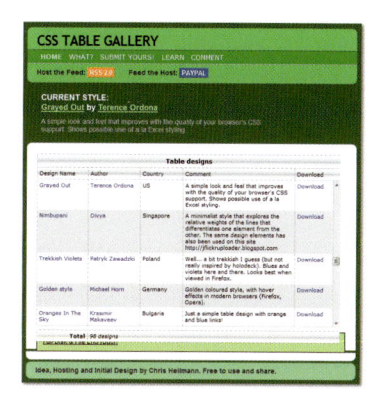

▲ **Abbildung 8.38**
Die CSS Table Gallery

Der CSS-Code dazu sieht so aus:

```
table {
   caption-side: top;
   width: 90%;
   text-align: left;
   margin: 10px 0;
   background: #eee;
   padding: 10px;
   border: 1px solid #000;
}
```

◀ **Listing 8.58**
CSS für die Tabelle

> **»caption-side« im Internet Explorer**
>
> Der Internet Explorer ignoriert diese Eigenschaft auch in Version 7 leider völlig bzw. verwendet immer den Ausgangswert.

Zunächst einmal werden die wichtigsten Eigenschaften wie Breite, Innenabstand etc. formatiert. Die Überschrift wird so formatiert, dass sie über den Daten steht und an der rechten Seite ausgerichtet wird:

```css
caption {
    text-align: right;
    text-transform: uppercase;
    font-weight: bold;
}
```

Listing 8.59 ▶
Die Tabellenüberschrift

Alle Bestandteile des Tabellenkopfes werden fett dargestellt:

```css
th {
    font-weight: bold;
}
```

Listing 8.60 ▶
Der Tabellenkopf wird fett ausgezeichnet.

Alle Zellen werden mit Hintergrund und Innenabstand versehen:

```css
td {
    background: #fff;
    padding: 10px;
}
```

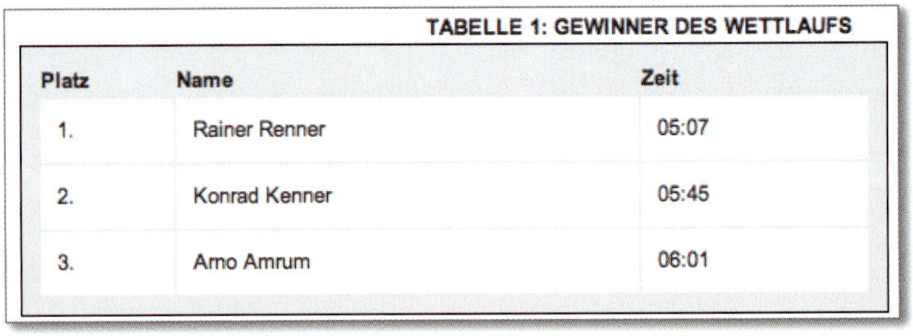

Listing 8.61 ▶
Die Zellen haben weißen Hintergrund und Innenabstand.

TABELLE 1: GEWINNER DES WETTLAUFS			
Platz	**Name**		**Zeit**
1.	Rainer Renner		05:07
2.	Konrad Kenner		05:45
3.	Arno Amrum		06:01

Abbildung 8.39 ▶
Das Ergebnis im Browser

Eine andere Möglichkeit ist es, die Überschrift unter der Tabelle anzuzeigen, was über `caption-side: bottom;` erreicht werden kann.

```css
table {
    caption-side: bottom;
    border-collapse: collapse;
    border-spacing: 15px 10px;
}
```

Listing 8.62 ▶
Die Überschrift wird zur Unterschrift.

Die Einzelrahmen der Tabellenzeilen fallen in diesem Beispiel dank `border-collapse: collapse;` zusammen.

Über die Eigenschaft `border-spacing` lässt sich der Abstand zwischen dem Rahmen und dem sichtbaren Gitternetz einer Tabelle bestimmen. Dieser wird im vorliegenden Beispiel mit je 15 Pixel für den oberen und unteren Abstand und je 10 Pixel für den linken und rechten Abstand definiert. Allen Tabellenzeilen wird außerdem ein unterer Rand hinzugefügt.

```
td {
    border-bottom: medium solid #000;
    ...
}
```

◀ **Listing 8.63**
Die Zellen bekommen einen unteren Rand.

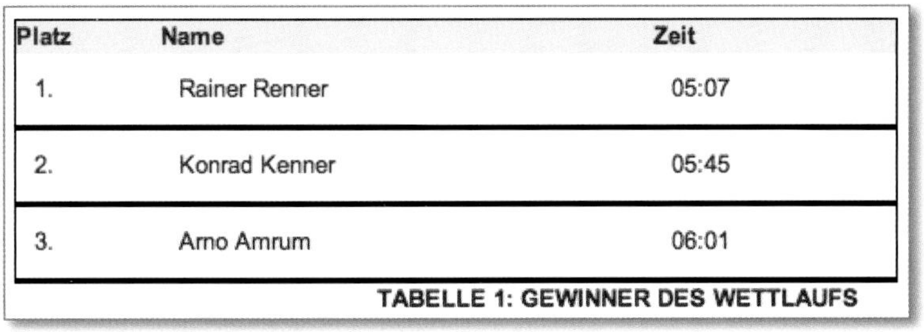

◀ **Abbildung 8.40**
Das Ergebnis im Browser

Das gegenteilige Ergebnis, nämlich die Darstellung der Einzelrahmen ist der Ausgangswert, den Sie über `border-collapse: separate;` erreichen. Im folgenden Beispiel wurden außerdem die Abstände zwischen dem Rahmen und dem sichtbaren Gitternetz auf 5 Pixel gesetzt.

```
table {
    border-collapse: separate;
    border-spacing: 5px;
    ...
}
```

◀ **Listing 8.64**
Die Zellen werden mit Abstand dargestellt.

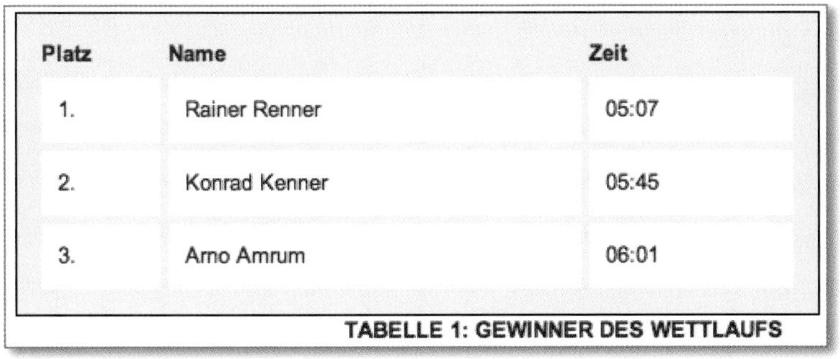

◀ **Abbildung 8.41**
Das Ergebnis im Browser

9 Arbeitsvorlagen gestalten

Nach diesem Exkurs durch (X)HTML und CSS möchte ich zwei Basisvorlagen vorschlagen, die Ausgangspunkte für eigene Projekte darstellen sollen. Sie sollen nicht besonders clever und schön, sondern einfach ausbaufähig und damit sinnvoller als Startpunkt eines Projekts sein als das pure Template, das Ihnen Ihr Editor bieten mag.

9.1 Basisvorlage (X)HTML

Elemente, die sich als Ausgangspunkte als sinnvoll erwiesen haben:
1. `html, head, title, link, meta, body`
2. `#wrapper, #header, #navigation, #content, #sidebar, #footer`
3. `h1, h2, h3, h4, p, a, ul, li`

Der Quelltext (die Blindtexte der Absätze wurden durch »...« aus Platzgründen gekürzt):

▼ **Listing 9.1**
Die HTML-Basisvorlage (ohne eingebundenes CSS)

```
<!DOCTYPE html PUBLIC "-//W3C//DTD XHTML 1.0 Transitional//EN"
"http://www.w3.org/TR/xhtml1/DTD/xhtml1-transitional.dtd">
<html xmlns="http://www.w3.org/1999/xhtml" xml:lang="de" lang="de">
<head>
<title>Basis-Vorlage - Modernes Webdesign</title>
<meta http-equiv="content-type" content="text/html; charset=utf-8" />
<meta name="robots" content="index,follow" />
<meta name="copyright" content=" ... " />
<meta name="keywords" content=" ... " />
<meta name="description" content=" ... " />
<link rel="shortcut icon" href="favicon.ico" />
</head>
<body id="start"><!-- - - - Seitenwrap - - - -->
<div id="wrapper"><!-- - - - Kopfbereich inkl. H1 und Navigation - - - -->
<div id="header">
```

```html
        <h1>Lorem ipsum dolor sit amet</h1>
<!-- - - - - - - - - - - Navigation - - - - - - - - - - -->
        <ul id="navigation">
            <li><a href="#" title="">Lorem</a></li>
            <li><a href="#" title="">Ipsum</a></li>
            <li><a href="#" title="">Dolor</a></li>
            <li><a href="#" title="">Sit amet</a></li>
        </ul><!-- Ende  Navigation -->
</div><!-- Ende  Kopfbereich -->
<div id="content"><!-- - - - - - - - - - - Hauptbereich - - - - - - - - - - - -->
        <h2>Lorem ipsum dolor sit amet</h2>
        <p><a href="#" title="">Lorem ipsum dolor sit amet, consectetuer adipiscing</a>
            elit, sed diam nonummy nibh euismod tincidunt ut laoreet dolore magna
            aliquam erat volutpat. Ut wisi enim ad minim veniam, quis nostrud exerci
            tation ullamcorper suscipit lobortis nisl ut aliquip ex ea commodo
            consequat.</p>
        <h3>Lorem ipsum dolor sit amet</h3>
        <blockquote cite="">
            <p>Lorem ipsum dolor sit amet, consectetuer adipiscing elit, sed diam nonummy
                nibh euismod tincidunt ut laoreet dolore magna aliquam erat volutpat ...</p>
        </blockquote>
        <h4>Lorem ipsum dolor sit amet</h4>
        <p>Lorem ipsum dolor sit amet ...</p>
</div><!-- Ende Hauptbereich -->
<div id="sidebar"><!-- - - - - - - - - - - Seitenleiste - - - - - - - - - - - -->
        <h2>Lorem ipsum dolor sit amet</h2>
        <p>Lorem ipsum dolor sit amet ...</p>
        <h3>Lorem ipsum dolor sit amet</h3>
        <p>Lorem ipsum dolor sit amet ...</p>
        <h4>Lorem ipsum dolor sit amet</h4>
        <p>Lorem ipsum dolor sit amet ...</p>
</div><!-- Ende  Seitenleiste -->
<div id="footer"><!-- - - - - - - - - - - Seitenfuss - - - - - - - - - - - -->
        <p>Lorem ipsum dolor sit amet ...</p>
</div><!-- Ende Seitenfuss -->
</div><!-- Ende Seitenwrap  -->
</body>
</html>
```

Abbildung 9.1 zeigt die Darstellung der Seite im Browser ohne eine entsprechende Einbindung des CSS. Die einzelnen Seitenbereiche sind hervorgehoben. Bei der Gestaltung eines Projekts auf Basis dieser Vorlage müssen Sie über die Umbenennung der repräsentativen

Namen der Seitenbereiche (`#wrapper`, `#header`, `#navigation`, `#content`, `#sidebar`, `#footer`) in semantisch adäquate Namen nachdenken.

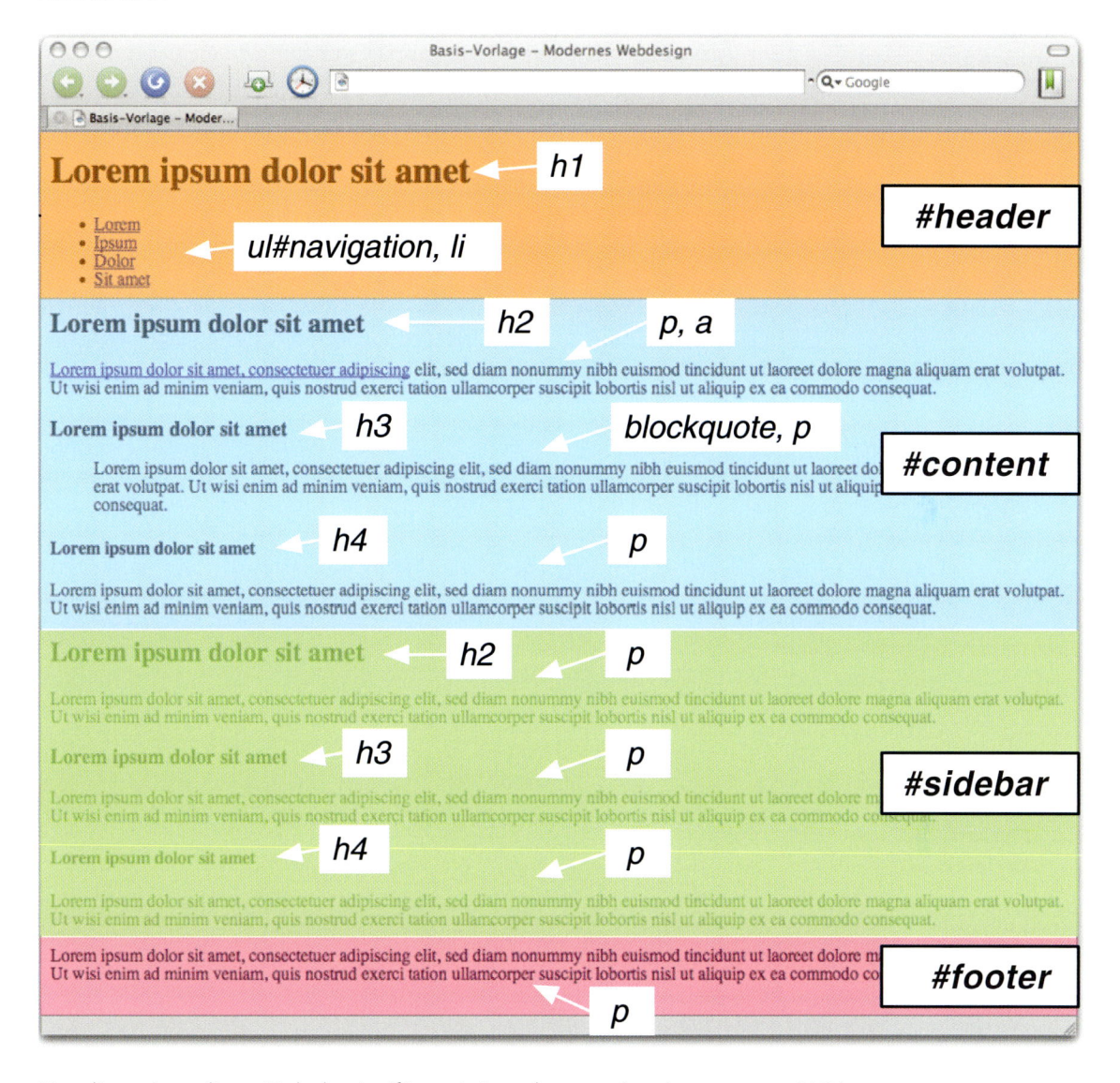

▲ **Abbildung 9.1**
Die Basisvorlage für (X)HTML im Browser mit den entsprechenden Elementen

Um die notwendigen Stylesheets (für `print` und `screen`) entsprechend einzubinden, fügen Sie vor `</head>` im letzten Listing den folgenden Code ein:

```
<link rel="stylesheet" type="text/css" media="print"
href="druck.css" />
<style type="text/css" media="screen">
   @import url( css.css );
</style>
```

◀ **Listing 9.2**
CSS einbinden

9.1 Basisvorlage (X)HTML

9.2 Basisvorlage CSS

Die Basisvorlage für CSS enthält neben den allgemeinen grundlegenden Formatierungen für die bereits genannten Elemente die grundlegenden Formatierungen, die in Kapitel 8 bereits beschrieben wurden.

▼ Listing 9.3
Die CSS-Basisvorlage

```css
/* Basisvorlage CSS, Modernes Webdesign
www.projektname.de
Start: 00.00.20xx
Letzte Aenderung: 00.00.20xx
*/

/* Farbschema
-------------------------------------- */
/*
Farbton (Element): #xxxxxx
Farbton (Element): #xxxxxx
Farbton (Element): #xxxxxx
Farbton (Element): #xxxxxx
Farbton (Element): #xxxxxx
*/

/* Reset
-------------------------------------- */
* {
    padding: 0;
    margin: 0;
    border: 0;
}
/* Globals und Typo
-------------------------------------- */
html {
/* Wahlweise Grid-Hintergrund
Rasterhintergrund, der die Breite bis 1000 Pixel und eine Höhe bis 950 Pixel anzeigt. Die Breite von 960 Pixel ist markiert. Der Hintergrund ist transparent, muss also nicht nur mit #fff verwendet werden. Es wird eine Schriftgröße von 75% oder 12px festgelegt.
background: #fff url('bilder/grid.png') top left no-repeat;
*/
background: #fff;
}
```

```css
body {
/* Wahlweise Linienhintergrund
Linienhintergrund abgestimmt auf eine Schriftgröße von 12px.
background: transparent url('bilder/line-height.gif') top left;
*/
background: #fff;
font-size: 75%;
}

html>body {
    font-size: 12px;
}

a:link {
    color: #0066FF;
    text-decoration: none;
}

    a:visited {
    color: #FF9B00;
    text-decoration: none;
}

a:hover {
    text-decoration: underline;
}


/* Macht die gepunktete Linie um geklickte Links unsichtbar
-------------------------------------- */
a:focus {
    outline: none;
}


/* Vertikaler Rhythmus basierend auf 12px Basisgröße für den Fließtext
-------------------------------------- */
p {
    font: 1em/1.5em Arial, Tahoma, Verdana, sans-serif;
    margin-top: 1.5em;
    margin-bottom: 1.5em;
}
```

```css
h1 {
    font: 1.67em/0.9em Georgia, "Times New Roman", Times, serif;
    margin-top: 0.9em;
    margin-bottom: 0.9em;
}

h2 {
    font: 1.5em/1em Georgia, "Times New Roman", Times, serif;
    margin-top: 1em;
    margin-bottom: 1em;
}

h3 {
    font: 1.33em/1.13em Georgia, "Times New Roman", Times, serif;
    margin-top: 1.13em;
    margin-bottom: 1.13em;
}

h4 {
    font: 1.17em/1.29em Georgia, "Times New Roman", Times, serif;
    margin-top: 1.29em;
    margin-bottom: 1.29em;
}

/* Bilder und verlinkte Bilder ohne Rahmen
------------------------------------- */
img, a img {
    border: 0;
}


/* Links- bzw. Rechtsausrichtung für Elemente
------------------------------------- */
.links {
    float: left;
    margin: 0 0.5em 0.5em 0;
}

.rechts {
    float: right;
    margin: 0 0 0.5em 0.5em;
}
```

```css
/* Layoutelemente
Verwenden Sie overflow: hidden; um nötige Floats aufzulösen.
-------------------------------------- */

#wrapper {
   margin: 0 auto;
   width: 80em;
   max-width: 100%;
}

#header {
   clear: both;
   background: #FEBE7E;
}

#navi {
   clear: both;
}

#content {
   clear: both;
   float: left;
   display: inline;
   width: 49.2em;
   max-width: 70%;
   background: #C1EAFF;
}

#sidebar {
   float: right;
   display: inline;
   width: 29.2em;
   max-width: 28%;
   background: #DDFFA6;
}

#footer {
   clear: both;
   background: #FF8ACD;
}
```

Die Layoutelemente wurden im Stylesheet entsprechend der in Abbildung 9.2 verwendeten Farben markiert.

Abbildung 9.2 ▶
Die Basisvorlagen für (X)HTML und CSS im Browser mit Markierungen für die entsprechenden Layoutelemente

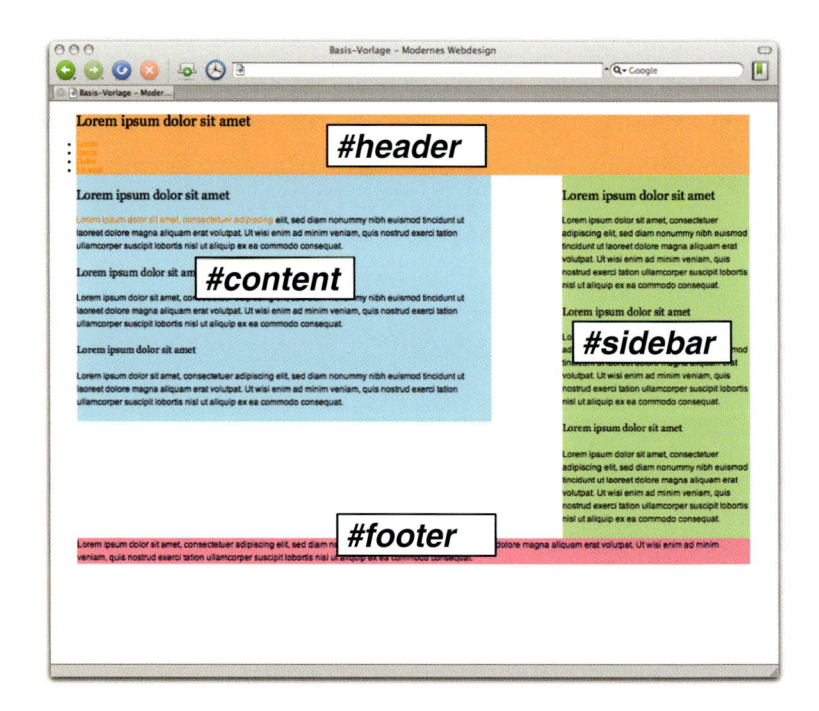

Die Vorlage bietet Ihnen zusätzlich die Möglichkeit, ein Raster, ein Liniennetz oder beides zu unterlegen, wie in Abbildung 9.3 zu sehen ist.

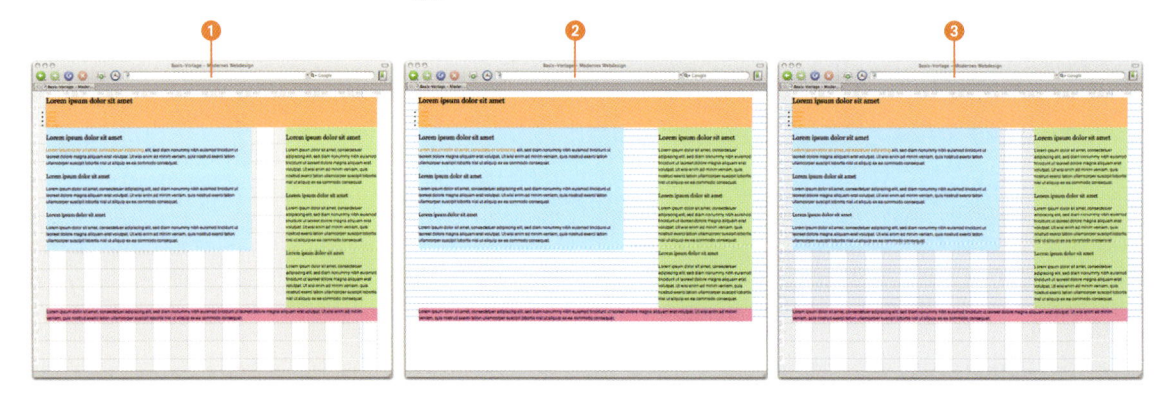

▲ **Abbildung 9.3**
Die Basisvorlagen im Browser mit ❶ eingeblendetem Hintergrundraster, ❷ eingeblendetem Linienhintergrund, ❸ einer Kombination von beidem

Listing 9.4 ▶
Grid-Hintergrund aktivieren

Um den in Abbildung 9.3 in ❶ dargestellten Zustand zu erreichen, aktivieren Sie im Stylesheet die folgende Zeile für den Hintergrund des HTML-Elements:

```
html {
    background: #fff url('bilder/grid.png') top left
    no-repeat;
    ...
}
```

Um alternativ einen linierten Hintergrund zu haben, wie es in Abbildung 9.3 in ❷ dargestellt ist, aktivieren Sie die folgende Zeile für das Body-Element:

```
body {
   background: transparent url('bilder/line-height.gif')
   top left;
   ...
}
```

Um beides zu kombinieren, so wie Sie es in Abbildung 9.3 in ❸ sehen, aktivieren Sie beide Formatierungen gleichzeitig.

9.3 Basisvorlage für das Druckstylesheet

Auch für den Ausdruck können Sie bereits vor dem Projektbeginn ein allgemeines Stylesheet vorsehen, das die Formatierungen für Vorder- und Hintergrundfarben der einzelnen Elemente regelt und zum Beispiel die Schriftgröße festlegt. Hier verwenden Sie die Einheit pt, die nur für den Ausdruck Verwendung findet. Verwenden Sie die Eigenschaft display mit dem Wert none, um Bereiche vom Ausdruck auszunehmen. Diese Bereiche, wie im Beispiel die ID navigation, müssen Sie bei Projektbeginn auf jeden Fall anpassen.

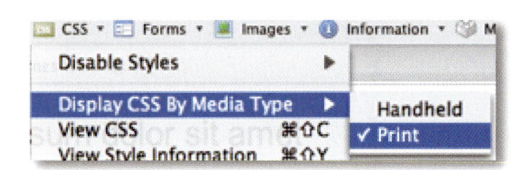

◀ **Abbildung 9.4**
Stylesheets per Medientyp im Browser

```
/* Basisvorlage CSS / Druck
Modernes Webdesign
www.projektname.de
Start: 00.00.20xx
Letzte Aenderung: 00.00.20xx
*/
body {
   background: white;
   font-size: 12pt;
   font-family: Arial, Helvetica, sans-serif;
   color: #000;
}
#navigation {
   display: none;
}
```

◀ **Listing 9.5**
Formatierungen für den Druck

> **Druckstylesheet im Browser anzeigen**
>
> Das Resultat eines besonderen Stylesheets für den Druck oder ein Handheld können Sie sich über die *Web Developers Toolbar* in *Firefox* anzeigen lassen. Wählen Sie dazu EXTRAS • WEB DEVELOPER • CSS • DISPLAY CSS BY MEDIA TYPE, oder gehen Sie über die Werkzeugleiste!

Listing 9.5 ▶
Formatierungen für den Druck (Fortsetzung)

```css
#wrapper {
    width: auto;
    margin: 0 5%;
    padding: 0;
    border: 0;
    float: none !important;
    color: #000;
    background: transparent none;
}
h1, h2,h3, h4, h5, h6 {
    padding-top:2pt;
    padding-bottom:2pt;
}
h1{
    font-family: Arial, Helvetica, sans-serif;
    font-size:20pt;
    font-weight:normal;
}
h2{
    font-family: Arial, Helvetica, sans-serif;
    font-size:18pt;
    font-weight:normal;
}
h3{
    font-family: Arial, Helvetica, sans-serif;
    font-size:16pt;
    font-weight:normal;
}
h4{
    font-size:14pt;
}
p, ul{
    font-size:12pt;
    line-height:14pt;
}
textarea, input[type=text] {
    border:none;
    border-bottom: 2px #000 dashed;
}
```

Mit diesen grundlegenden Formatierungen sollten Sie für zukünftige Projekte und weitere Entwicklungen gewappnet sein. Verwenden Sie diese Vorlage als Basis, die Sie je nach Projekt und eigenen Vorlieben schnell erweitern können. Im Live-Einsatz werde ich die Entwicklung eines Projekts auf der Basis dieser Vorlagen in Kapitel 10 zeigen.

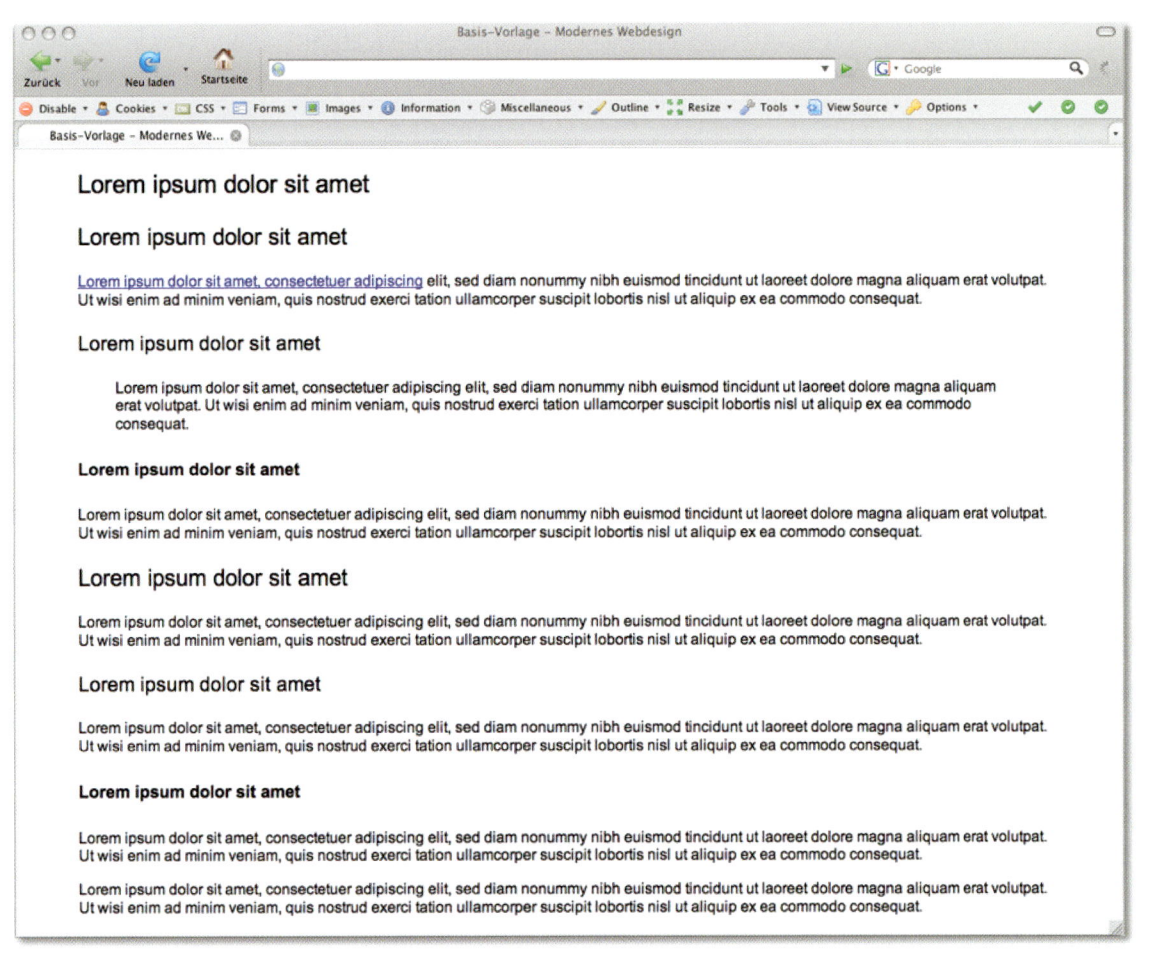

▲ **Abbildung 9.5**
Die Basisvorlage für das Druck-Stylesheet in Firefox

9.4 Photoshop

Auch für die Arbeit mit *Photoshop* oder jedem anderen Bildbearbeitungsprogramm können und sollten Sie sich eine Basisvorlage gestalten, um so schnell mit der Gestaltung beginnen zu können.

Bestandteile einer solchen Vorlage können zum Beispiel wichtige Layoutelemente, Blindtexte oder Schaltflächendummies sein. Im Folgenden möchte ich Ihnen ein Beispiel für Photoshop vorstellen, das Sie auch auf der DVD und der Website zum Buch finden und das Sie Ihren Wünschen entsprechend anpassen können.

9.5 Basisvorlage Photoshop

Zur Ansicht der Basisvorlage öffnen Sie die Datei *basisvorlage-photoshop.psd* in Photoshop. Die Vorlage enthält verschiedene Ebenengruppen, die den einzelnen Bestandteilen eines typischen Layouts entsprechen.

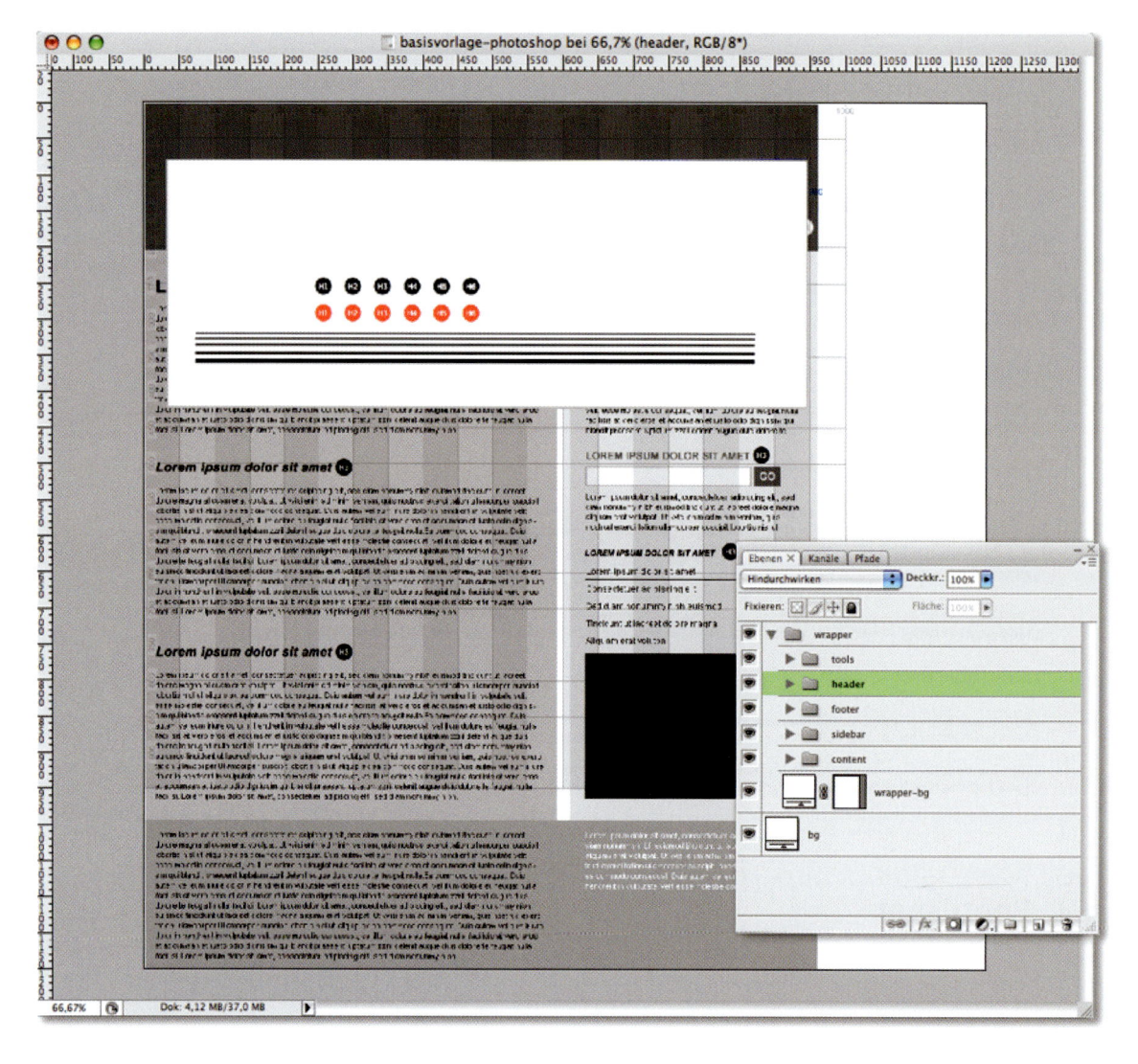

▲ **Abbildung 9.6**
Basisvorlage für Photoshop

Alle Elemente, die Sie in der Vorlage finden, wurden nach der Methode der grauen Box (siehe Abschnitt 6.3) in Schwarz, Weiß oder Grau als Vektorebenen angelegt und haben eine entsprechende Hintergrundfarbe. Das ermöglicht ein schnelles und verlustfreies Bearbeiten dieser Elemente. Durch einen Doppelklick auf die Thumbnail-Vorschau in der Ebenenpalette können Sie die Farben sehr schnell anpassen.

Sie sehen in Abbildung 9.6 die eingeblendete Ebenenpalette mit der Gruppe »wrapper«, die die Gruppen »tools«, »header«, »footer«, »sidebar« und »content« beinhaltet. Ihr Inhalt wird im Folgenden kurz beschrieben.

9.5.1 Ebenengruppe »content«

Beispielelemente für den Haupttextbereich wie Überschriften (h2, h3 und Absätze p) befinden sich in dieser Gruppe.

Ebenen ein- und ausblenden

Sie können die Elemente einer Gruppe komplett aus- und einblenden, indem Sie in der Ebenenpalette auf das kleine Auge der jeweiligen Gruppe klicken.

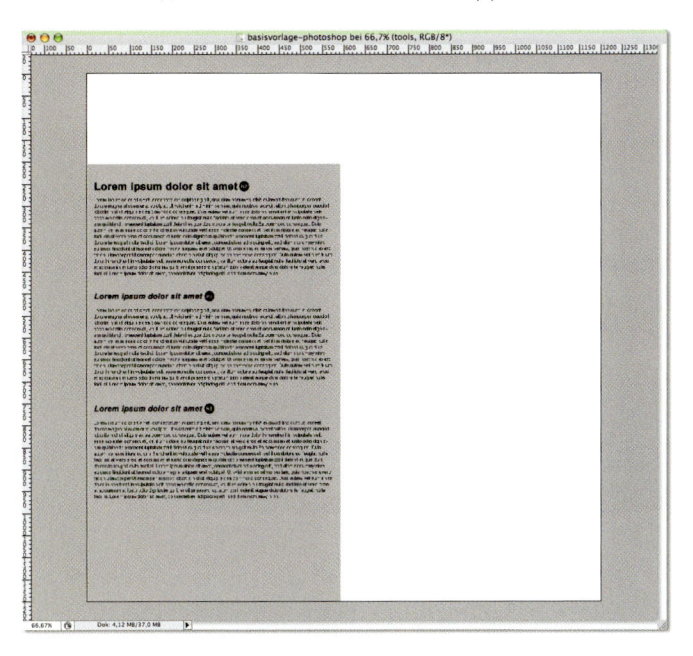

◀ **Abbildung 9.7**
Photoshop-Basisvorlage:
die Ebenengruppe »content«

9.5.2 Ebenengruppe »sidebar«

Die Gruppe »sidebar« enthält Demo-Elemente für Texte (h2, h3, h4, p), für eine Subnavigation (ul, li), ein Suchformular und ein Banner im Format 300 x 200 Pixel.

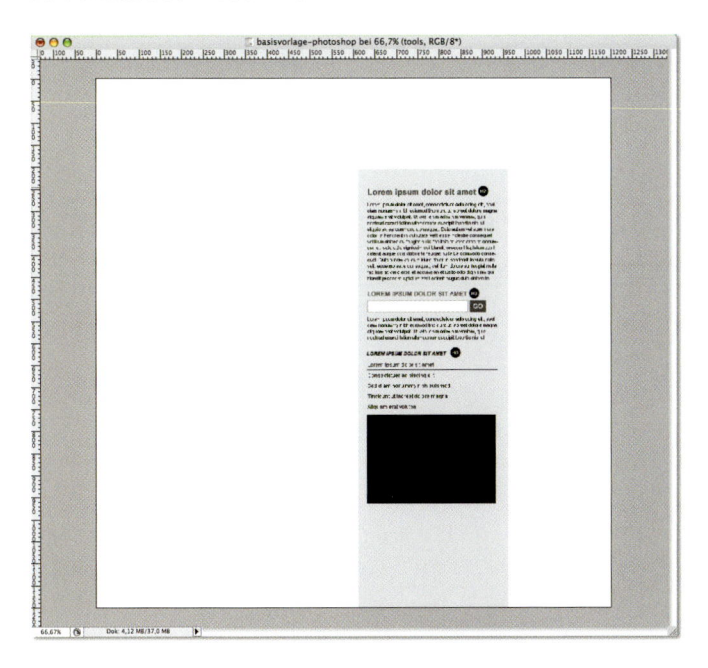

◀ **Abbildung 9.8**
Photoshop-Basisvorlage:
die Ebenengruppe »sidebar«

9.5.3 Ebenengruppe »footer«

Die Gruppe »footer« sieht zwei verschiedene Absatzformatierungen (p) für Texte vor.

Abbildung 9.9 ▶
Photoshop-Basisvorlage:
die Ebenengruppe »footer«

9.5.4 Ebenengruppe »header«

Die Gruppe »header« sieht eine Navigationsleiste (ul, li) und eine Siteüberschrift (h1) als Basiselemente vor.

Abbildung 9.10 ▶
Photoshop-Basisvorlage:
die Ebenengruppe »header«

Bereits vorgesehen sind die verschiedenen farblichen Hervorhebungen der gerade aktuellen Seite auf der späteren Website und auch des Hover-Effekts beim Überfahren mit der Maus.

9.5.5 Ebenengruppe »tools«

Die Ebenengruppe »tools« beinhaltet verschiedene kleine »Helfer« für die Gestaltung. Das sind zum Beispiel *HTML Stamps*, mit denen

Abbildung 9.11 ▶
Photoshop-Basisvorlage:
die Ebenengruppe »tools«

HTML-Stamps
Sie finden die aktuellste Version der HTML-Stamps im Netz unter *www.twinsparc.com/a/updated-htmlstamps*.

Sie die Überschriften h1 bis h6 hervorheben können. Verschiedene Linien mit unterschiedlichen Linienstärken geben Ihnen die Möglichkeit, diese schnell zu kopieren, einzufärben und in Ihre Gestaltung zu integrieren. Das schon in 2.3 verwendete Raster bietet Ihnen die Möglichkeit, alle Elemente genauer zu positionieren.

9.5.6 Mit der Basisvorlage in Photoshop arbeiten

Speichern Sie die Basisvorlage in einem entsprechenden Ordner auf Ihrer Festplatte. Beim Start eines neuen Projekts öffnen Sie die Datei und speichern sie unter einem anderen Namen im entsprechenden Projektordner wieder ab. Nun können Sie die Ebenengruppen nach Herzenslust und Projektbedingungen verschieben, löschen und anpassen. Wie das praktisch aussehen kann, lesen Sie im folgenden Kapitel.

> **Projektverwaltung**
>
> Vorschläge zur Verwaltung von Arbeiten und Projekten finden Sie in Abschnitt 6.5.

9.5.7 Mögliche Erweiterungen dieser Vorlage

Wenn Sie Ihren Kunden einen noch rein grafischen Entwurf in einem oder verschiedenen Browsern gerahmt präsentieren möchten, können Sie auf die vorgefertigten Sets des Webdesigners Toolkit (www.webdesignerstoolkit.com) zurückgreifen. In Photoshop-Dateien verpackt, erhalten Sie Screenshots und Elemente verschiedener Browser.

Ebenfalls sehr praktisch sind die vom gleichen Hersteller ebenfalls kostenlos angebotenen Formularelemente verschiedener Browser.

▼ **Abbildung 9.12**
Formularelemente verschiedener Browser für die Verwendung in Photoshop bekommen Sie unter www.webdesignerstoolkit.com/forms.php.

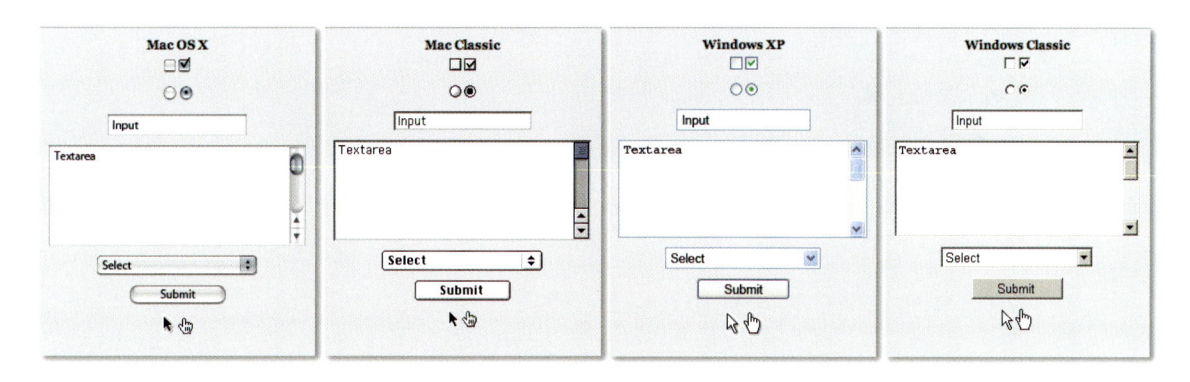

Der Einsatz sollte jedoch immer genau überdacht werden: Ist es wirklich zu diesem Zeitpunkt notwendig, den Aufwand in der Bildbearbeitung nachzustellen, wenn die Umsetzung später auf jeden Fall in allen Browsern entsprechend getestet wird?

TEIL III
Die Praxis

10 Ein Beispielprojekt

Mit einem kompletten Beispielprojekt möchte ich Sie einladen, dem Gestalter sozusagen über die Schulter zu schauen und mitzumachen. Ich werde Ihnen zeigen, dass Design sich in vielen kleinen Schritten vollzieht, von der Planung bis zur Umsetzung. Auch die Umsetzung ist ein Schritt, der in verschiedenen Zyklen vor sich geht. Anstatt ein geradlinig ausgeschnittenes Layout zu sehen, werden Sie auch die verschiedenen Schritte der Anpassung und Nachbesserung nachvollziehen.

Fragebogen zum Download
Viele Designer bieten einen Fragebogen zum Download auf ihrer Website an. So kann sich der potenzielle Kunde schon vorher informieren, worauf sie Wert legen.

10.1 Brainstorming für den Projektstart

Beim Projektstart ist es sinnvoll, so viele Informationen wie möglich über das neue Projekt und die Vorstellungen des Kunden zu gewinnen. Auch bei internen Projekten sollten Sie eine Checkliste ausfüllen, um den vielen Ideen und Vorstellungen einen Rahmen zu geben.

▼ **Tabelle 10.1**
Checkliste für die Konzeption einer Website

Basisinformationen	Name der Firma, des Produkts oder gegebenenfalls der Website, kurze Firmenbeschreibung bzw. Beschreibung des Produkts oder Service. Wer ist als Ansprechpartner wie erreichbar? Wer wird das Projekt später weiterbetreuen?
Technische Anforderungen	Gibt es bereits einen Domainnamen? Wenn es ein CMS gibt: Soll es erhalten bleiben? Wenn nicht, warum nicht? Was gefällt am jetzigen System, was gefällt gar nicht?
Gründe für das Update	Wenn es schon eine Präsenz gibt: Was soll mit dem Update erreicht werden? Was gefällt an der jetzigen Site, was gar nicht? Welche Bereiche sind erfolgreich, welche nicht?
Zielgruppe	Welche Eigenschaften hat die Zielgruppe? Was sucht die Zielgruppe bei Ihnen in erster Linie?
Blick über den Tellerrand	Gibt es Sites, die sich im gleichen Umfeld befinden? Was machen sie gut, was machen sie schlecht?
Vorstellungen	Welche Websites gefallen dem Kunden und vor allem, warum? Hat er Ideen, Vorstellungen und Wünsche für das neue Layout (Farben, Stil, CMS, Techniken) …?
Anforderungen	Welche Leistungen sollen erbracht werden?
Zeitraum	Wann sollte das Projekt starten, und wann muss es fertiggestellt sein?
Budget	Welches Budget steht zur Verfügung, falls das schon feststeht?
Grundlagen	Inhalte, Struktur, Umfang, Material (Texte, Bilder, Farben), Technik, Lieferbedingungen
Sonstiges	Was noch fehlt …

Eine Liste mit relevanten Fragen aus diesem Katalog sollten Sie an Ihre potentiellen Kunden weiterleiten oder bei Eigenprojekten auch kurz selbst beantworten. Das schriftliche Abarbeiten der vielen Vorstellungen hilft deutlich bei der Fokussierung und Synthese wirklich wichtiger Komplexe.

10.2 Die Konfiserie »Schokoladen«

Das Beispielprojekt, für das ich im Folgenden den im Buch vorgeschlagenen Workflow von Start bis Übergabe nachvollziehen werde, ist die Website einer Berliner Konfiserie namens »Schokoladen«.

Projektdefinition und Analyse | In der Projektdefinition werden zunächst alle Informationen zusammengetragen, die für die Durchführung der Aufgabe notwendig sind. Dazu folgen zunächst die Antworten des Kunden auf die oben vorgeschlagenen Fragen.

▼ Tabelle 10.2
Checkliste für den Projektablauf der Konfiserie »Schokoladen«

Basisinformationen	Name der Firma: »Schokoladen«
	Kurze Firmenbeschreibung: Ein Familienunternehmen, das seit 1863 in Berlin Konfiserie-Produkte vertreibt. Heute gibt es in Berlin einen Laden mit Café. Ansprechpartner ist der Geschäftsführer, der die Website über ein kleines CMS selbst erweitern und füllen möchte und WordPress im Auge hat.
Technische Anforderungen	Es gibt eine registrierte Domain, allerdings noch keine Website. Alle Voraussetzungen für eine Installation von Wordpress sind gegeben.
Zielgruppe	Es sollen Berliner mittleren Alters, Familien und auch Touristen angesprochen werden, die einmal »vorbeikommen« sollen. Die Site ist als Visitenkarte gedacht, ein Shop ist nicht geplant.
Blick über den Tellerrand	Etwas in der Art (Farben, Navigation) von www.rausch-schokolade.de gefällt uns gut. Der minimalistische Ansatz von *das-suesse-leben-berlin.de* gefällt uns. Auch die »goldige Schrift«.
Vorstellungen	Eine standardkonforme Website, die edel und gediegen wirkt und den Nutzer indirekt auffordert, uns einmal zu besuchen. Braune Farbtöne, goldige Schrift für das Signet. Templates für Start- und Unterseiten mit Blindtexten. Kommentierte Quellcodes.
Anforderungen	Entwurf einer Website und Umsetzung des Entwurfs in ein Wordpress-Template. Installation von Wordpress mit den wichtigsten Plug-ins auf dem Kundenserver. Einarbeitung und Support optional.
Zeitraum	So bald als möglich. Termine bestehen nicht.
Grundlagen	Inhalte werden vom Kunden bereitgestellt. Logo und Bildmaterial sind vorrätig, werden per Mail geschickt und müssten eventuell durch Stockfotografien ergänzt werden. Mit dem Kunden wurde daraufhin vereinbart, die Entwürfe unter Verwendung der bisher bekannten Materialien in Photoshop mithilfe von Blindtexten zu gestalten und diese als PNG zur Vorschau vorzustellen. Nach erfolgreicher Abnahme der Layoutvorschau durch den Kunden erfolgt eine Zwischenabrechnung und die Umsetzung in ein valides (X)HTML- und CSS-Set. Dieses Set wird dann in einem weiteren Schritt in eine Wordpress-Vorlage umgesetzt.

◀ **Abbildung 10.1**
Vom Kunden bereitgestelltes Material: Logo und Fotografien in »demo-site-material.psd«

10.3 Konzept

Nach Materialsichtung, Konkurrenzanalyse und in Absprache mit dem Kunden wurden die folgenden Inhaltsbereiche für den Aufbau der einzelnen Webseiten isoliert:

- ▶ Kopfbereich mit Logo und Navigation
- ▶ Navigation mit den Listenpunkten (und Sitebereichen) »Home«, »Über uns«, »Produkte«, »Laden«, »Kontakt«
- ▶ Hauptinhaltsbereich: Begrüßung und Information des Nutzers. Information zum aktuellen Katalog, zum Laden und zu dessen Angebot
- ▶ Weitere Informationen: Suche, Informationen zu aktuellen Produkten oder Aktionen. »So finden Sie uns«: Verweis auf Adresse und Straßenkarte
- ▶ Fußbereich mit Adresse und Ansprechpartnern.

Erste Skizzen | Praktisch ist es, erste Ideen einfach per Hand mit Zettel und Stift zu skizzieren.

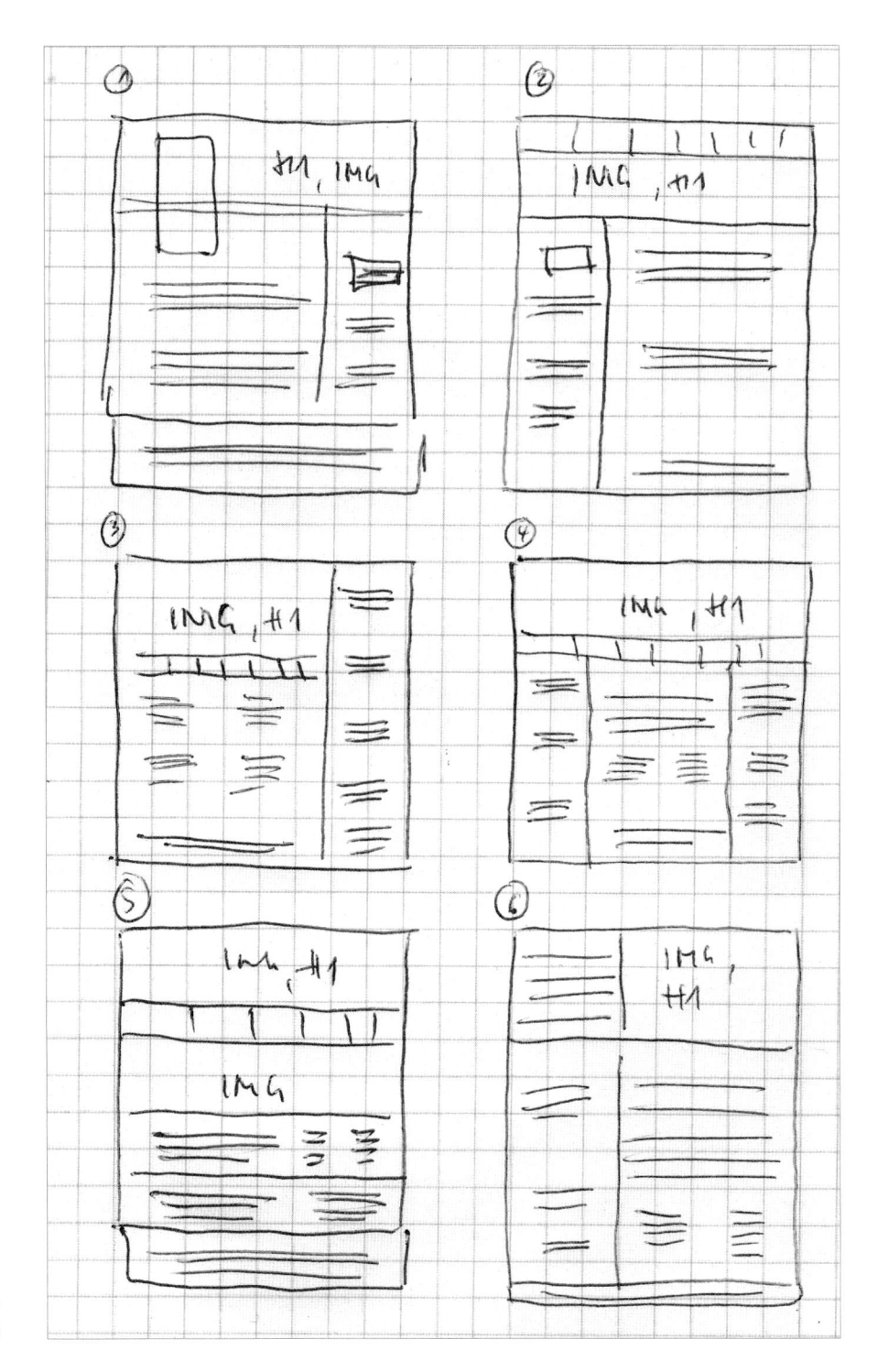

Abbildung 10.2 ▶
Skizze verschiedener
Layoutmöglichkeiten

Wireframes | Als weitere Ausarbeitung der Skizzen aus 1 und 5 in Abbildung 10.2 wurden Modelle nach der Methode der grauen Box erstellt, die in Abbildung 10.3 zu sehen sind.

Vorschlag ❶ in Abbildung 10.3 links geht von einem alternativen Layout der Startseite im Vergleich zu den Folgeseiten aus. Es ist keine Seitenleiste für diese Seite geplant. Für die Folgeseiten wäre sie jedoch notwendig, um eventuelle Untermenüs unterzubringen. Aus Gründen der Usability hat sich der Kunde entschieden, das Layout der Startseite in zwei Spalten anzulegen und das auch auf den Folgeseiten so weiterzuführen, wie es in ❷ angedacht ist. Das führt zu weniger Verwirrung beim potenziellen Besucher.

▲ **Abbildung 10.3**
Zwei Modelle der wichtigsten Bereiche der Startseite

10.4 Entwürfe

Im erweiterten Entwurf wird die grobe Aufteilung in die einzelnen Layoutbereiche bereits mit einbezogen.

Abbildung 10.4 zeigt einen verfeinerten Entwurf der Startseite. Bereits vorgesehen sind die grobe Einteilung der Layoutelemente, die Navigationspunkte und die Teaser. Dieser Entwurf bildet den Ausgangspunkt der Detailarbeiten in Photoshop auf der Grundlage der Basisvorlage.

Die Hauptinhaltsbereiche werden in zwei Hauptspalten untergliedert, von denen die Hauptspalte links wiederum in zwei Spalten aufgeteilt wird. Die Spaltenbreiten für die zwei Hauptspalten berechnen wir in diesem Beispiel nach dem »Goldenen Schnitt«, um eine spannende Asymmetrie der Gestaltung aufzubauen. Bei einer Breite von 960 Pixel ergeben sich 593 Pixel und 367 Pixel für die zwei Spalten. Mit 40 Pixel Weißraum zwischen den Spalten ergeben sich 570 Pixel und 330 Pixel.

Goldener Schnitt
Mehr zum Goldenen Schnitt lesen Sie in Abschnitt 2.1.2.

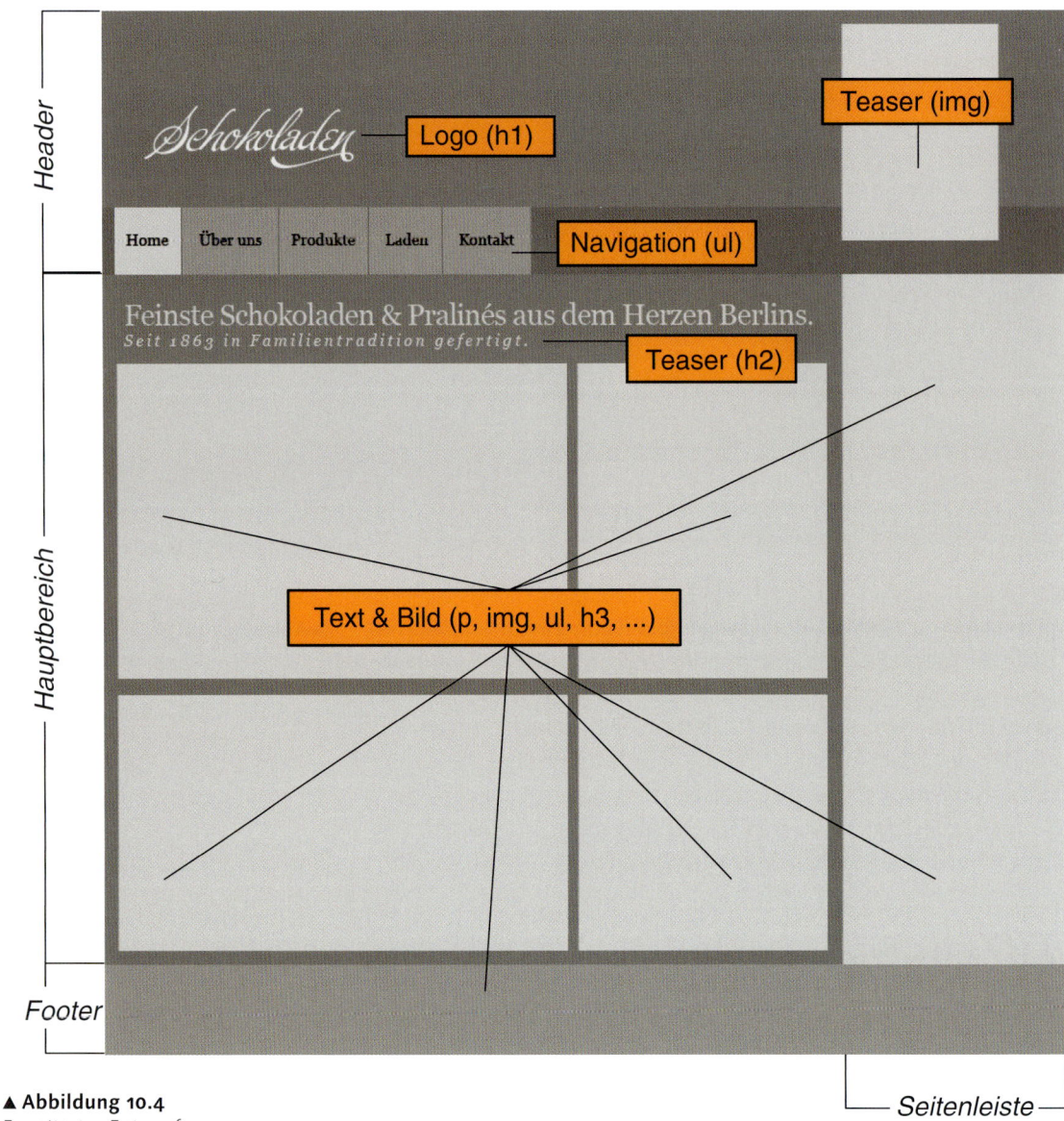

▲ **Abbildung 10.4**
Erweiterter Entwurf
(graue-Box.psd)

10.5 Das Farbschema gestalten

> **Ein Farbschema gestalten**
>
> Grundlagen zum Umgang mit Farben auf Webseiten finden Sie in Kapitel 4.

Im nächsten Schritt sollte ein Farbschema mit drei bis acht Farben zusammengestellt werden. Der Kunde hatte sich für warme Farben und braune Töne ausgesprochen. Notwendig sind Werte für die Hintergrundfarbe der Seite, Überschriften und Texte, die Hintergrundfarbe für die Hülle, eine dunkle Kontrastfarbe für die Kopf- und Fußbereiche und Texte und dunkle und helle Schriftfarben.

Als Ausgangspunkt verwenden Sie das Bild *Fotolia_2752133_X.jpg* und öffnen es in Color Schemer Studio, um die Farben auszuwählen.

◀ **Abbildung 10.5**
Das Beispielbild in Color Schemer Studio

ColorSchemer Studio finden Sie auch auf der DVD zum Buch.

Farben auswählen | Wählen Sie fünf Farben aus, indem Sie zunächst das Farbkästchen klicken und dann den über eine Linie verbundenen Wähler mit der Maus entsprechend verschieben, so wie es in Abbildung 10.5 zu sehen ist.

Klicken Sie dann auf ADD ALL TO FAVORITES.

◀ **Abbildung 10.6**
Favoriten zusammenfassen

Das Programm erstellt nun eine Farbliste mit den von Ihnen ausgewählten Farben.

Auswahl speichern | Speichern Sie Ihre Auswahl über File • Save As • »farbschema«. Exportieren Sie das Schema dann als Photoshop-Palette über File • Export Wizard als *farbschema.aco*, wie in Abbildung 10.7 gezeigt wird.

▼ **Abbildung 10.7**
Export des Farbschemas

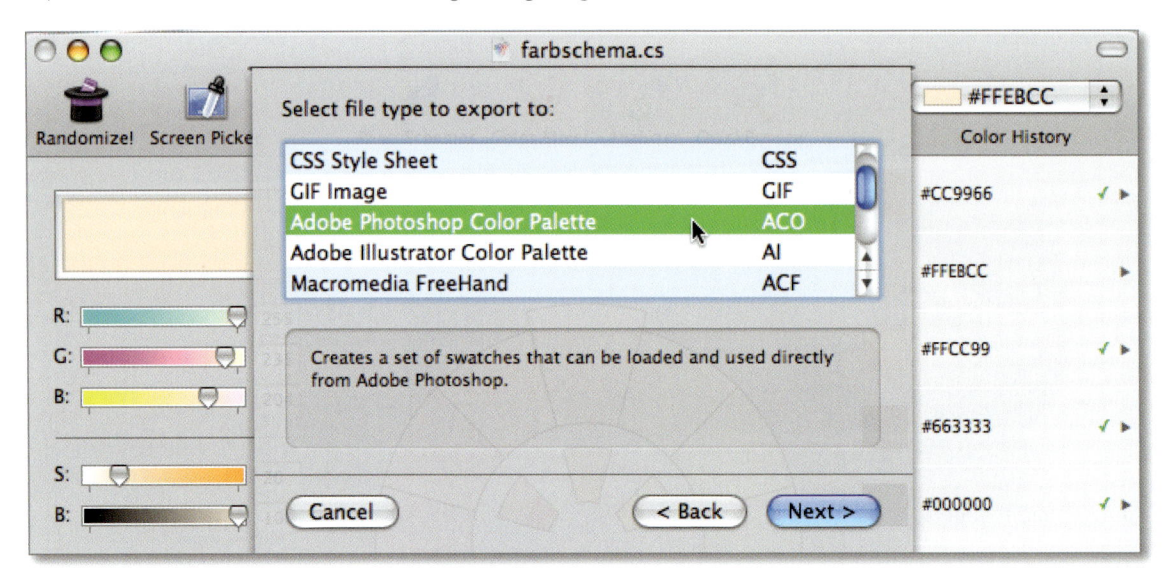

Schema importieren | Importieren Sie dieses Schema dann in Photoshop über die Farbpalette.

Abbildung 10.8 ▶
Import eines Farbschemas in Photoshop CS3

Websichere Farben

Als Rechner nur 256 Farben anzeigen konnten, wurde eine Palette der websicheren Farben entwickelt. Die Verwendung von websicheren Farben ist heute optional. Über das Kontextmenü des Programms ColorSchemer Studio, das Sie über die rechte Maustaste erreichen, können Sie die Farben websicher machen.

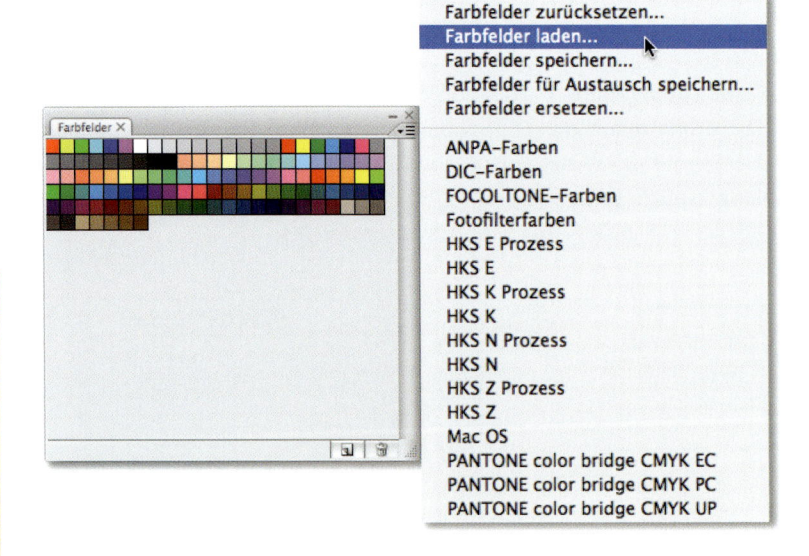

Öffnen Sie dazu über die Optionen der Farbpalette Farbfelder laden… das Schema *farbschema.aco*. Bei geöffneter Arbeitsdatei in

Photoshop ändern Sie nun zunächst die Hintergrundfarben in der Datei über einen Doppelklick auf das Farbfeld in der Ebenenminiatur (siehe *1.psd* auf der DVD). Dann wählen Sie über die Pipette die entsprechende Farbe aus.

▼ **Abbildung 10.9**
Anpassung der Farbwerte an das Farbschema

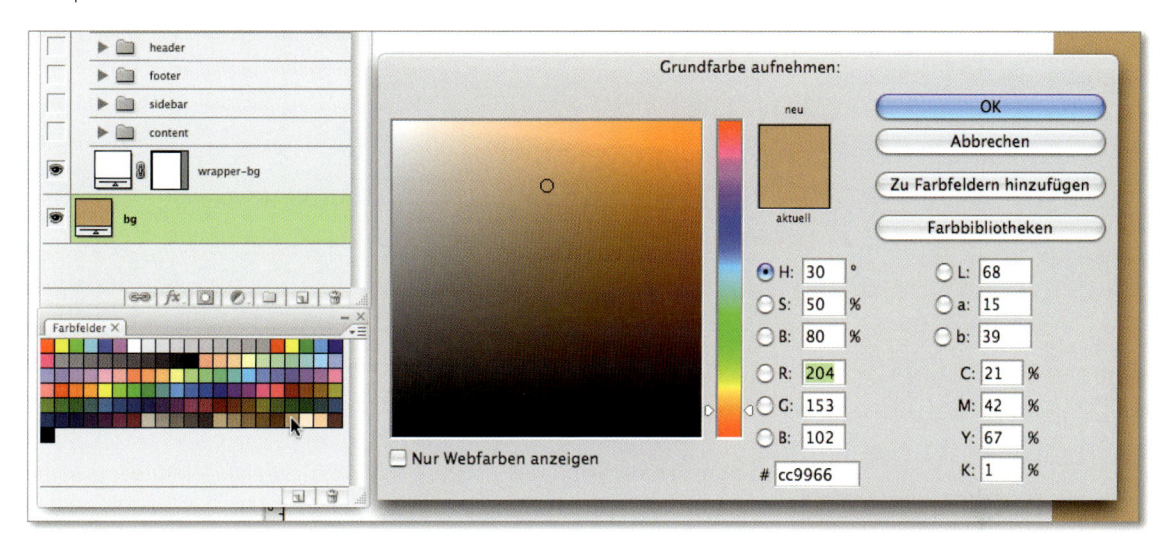

Wiederholen Sie diesen Vorgang für die Hauptlayoutbereiche. Entfernen Sie dabei auch die Elemente, für die jetzt schon klar ist, dass sie für die Gestaltung nicht gebraucht werden. Das sind z. B. die `h1` im Header, denn diese Überschriftsebene wird durch das Signet ersetzt.

Goldüberzug | Im nächsten Schritt wird dem vom Kunden gelieferten Signet ein Goldüberzug hinzugefügt. Öffnen Sie dazu die Datei *demo-site-material.psd*. Wählen Sie in der Ebenenpalette das Logo aus, und ziehen Sie es in die Gruppe »Header« der Arbeitsdatei. Rufen Sie durch Doppelklick die Ebenenstile auf, und geben Sie die folgenden Werte ein:

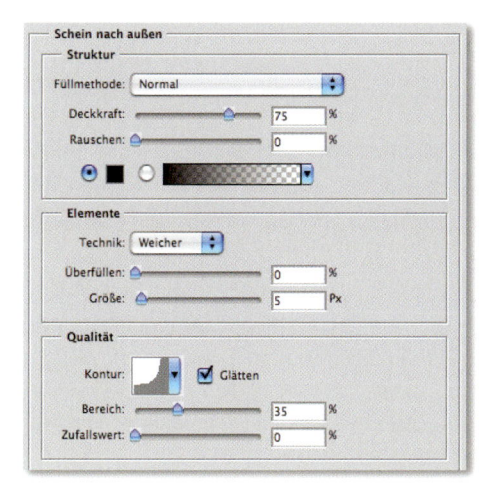

Ebenenstile statt Plug-ins

Der Vorteil der Verwendung von Ebenenstilen gegenüber einigen Plug-ins besteht darin, dass die Stile vielseitiger sind und skalieren.

◀ **Abbildung 10.10**
Die Werte für die Option
Schein nach aussen:
Füllmethode: Normal,
Deckkraft: 75 %,
Überfüllen: 0, Grösse: 5 Px.

Als Werte für den Goldverlauf tragen Sie die folgenden Daten ein:
Füllmethode: normal, Verlauf von #d1aa62 zu #fdeed6, Art: linear,
Winkel: 90°.

Abbildung 10.11 ▶
Die Werte für den Stil »Verlauf«

Ebene transformieren | Verwenden Sie nun die Tastatur, um die Ebene in ihren Abmessungen zu verkleinern: Mit [Strg] + [T] (oder [⌘] + [T]) können Sie die Ebene auf die passende Größe transformieren. Im Beispiel wurde eine Breite von 234 Pixel und eine Höhe von 73 Pixel gewählt.

Teaser einfügen | Im nächsten Schritt fügen Sie das vorgesehene Teaser-Bild ein, formatieren und platzieren es. Öffnen Sie dazu gegebenenfalls demo-site-material.psd, wählen Sie »Ebene 4« aus der Gruppe »Originalgröße« aus, und ziehen Sie diese Ebene mit der Maus in die aktuelle Datei. Mit den Tasten [Strg] + [T] oder [⌘] + [T] transformieren Sie die Ebene auf die passende Größe.

Die obere Werkzeugleiste, die Optionen für die Transformation zeigt, gibt standardmäßig die Werte in Prozent aus. Sie können das ändern und auf Pixel umstellen, indem Sie diese Option über das Kontextmenü (Rechtsklick) auswählen.

Verkleinern Sie das Foto auf eine Breite von 170 Pixel. Die Höhe reduziert sich automatisch auf 261 Pixel.

Platzieren Sie die Ebene entsprechend dem Modell an der linken Abschlusskante der gedachten Sidebar. Ändern Sie den Namen der Ebene in »Teaserfoto«. Doppelklicken Sie dazu in der Ebenenpalette auf den bisherigen Namen.

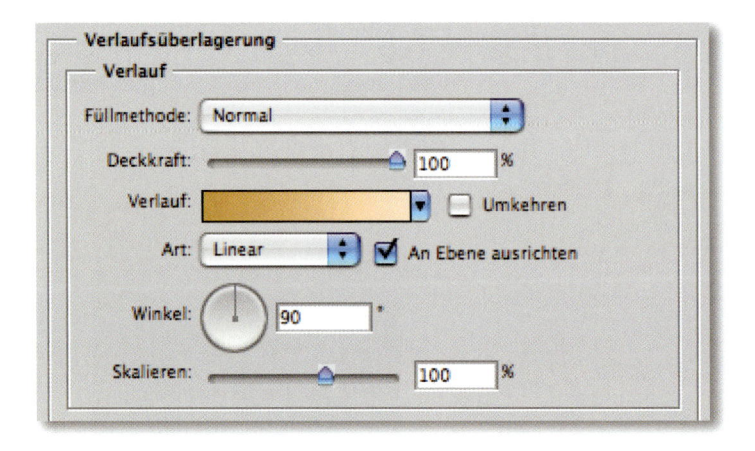

▲ **Abbildung 10.12**
Transformation der Ebene »Logo«

▲ **Abbildung 10.13**
Umstellung der Einheit von Prozent auf Pixel

Rahmen und Schatten | Um dem Foto einen Rahmen und einen Schatten hinzuzufügen, verwenden Sie wieder die Ebenenstile. Fügen Sie zunächst einen Schein nach Aussen hinzu: Füllmethode: Normal, Deckkraft: 43 %, Farbwert: #402203, Überfüllen: 14 %, Grösse: 10 Px.

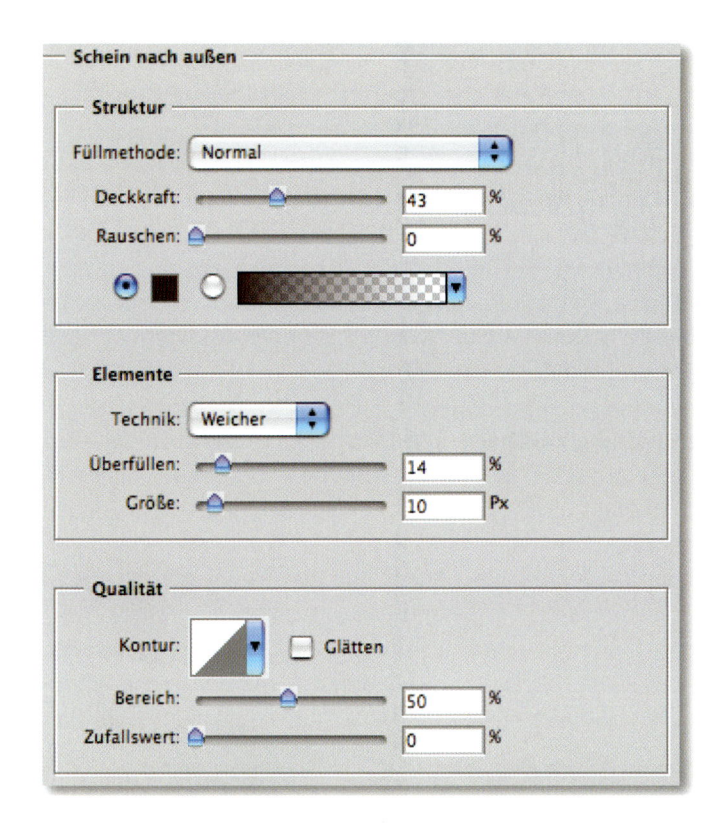

Das Ziel
So soll das Teaserfoto formatiert werden:

◀ **Abbildung 10.14**
Die Option SCHEIN NACH AUSSEN für das Teaser-Bild

Das Foto soll zusätzlich eine KONTUR erhalten, die Sie mit den folgenden Werten erreichen: GRÖSSE: 10 Px, POSITION: Innen, FÜLLART: VERLAUF mit einem Verlauf von #945555 zu #663333.

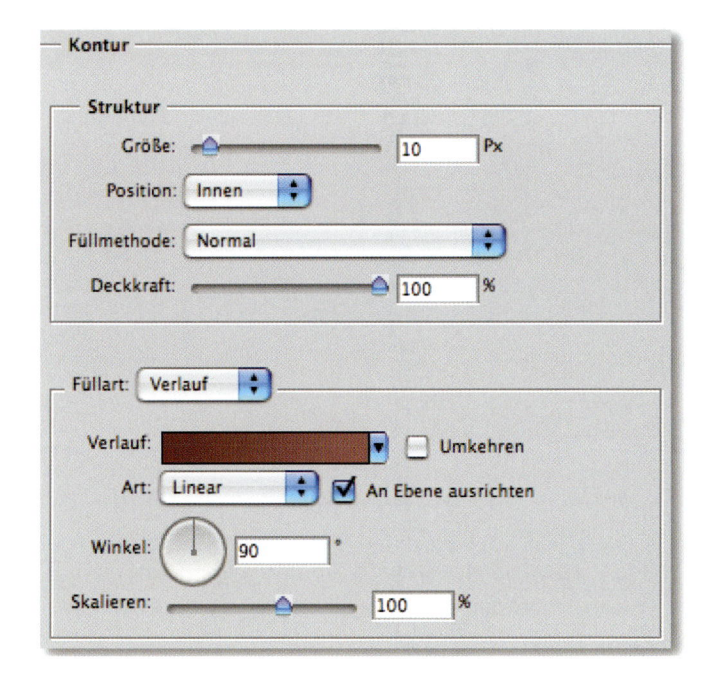

◀ **Abbildung 10.15**
Der Stil SCHEIN NACH AUSSEN

10.5 Das Farbschema gestalten

Passen Sie nun die Höhe der Ebene »Hintergrund« aus der Gruppe »Header« auf einen Wert von 230 Pixel analog zur beschriebenen Vorgehensweise bei der Änderung der Logogröße an.

Verschieben Sie die Gruppe »Navigation« entsprechend nach unten. Um einen Hintergrund für die Navigationsleiste zu gestalten, kopieren Sie einfach die Ebene »Tab« über Strg + J oder ⌘ + J und benennen sie in »Tab-BG« um. Ziehen Sie diese mit der Maus in der Ebenenpalette unter die Ebene »Tab«, und vergrößern Sie diese über die gesamte Breite. Weisen Sie diesem Element über den bekannten Weg die Farbe #cc9966 zu.

Farben zuweisen
Wie Sie Farben zuweisen, sehen Sie auf Abbildung 10.9.

Hintergrundfarbe zuweisen | Weisen Sie nun nacheinander allen Reitern der Navigation die Hintergrundfarbe #ffebcc zu. Eine plastischere Wirkung erreichen Sie, indem Sie den einzelnen Ebenen zusätzlich einen Verlauf zuweisen. Um die Navigation später mit Effekten für den Mouse-Over-Status und den Aktive-Seite-Status zu versehen, benötigen Sie insgesamt je drei Versionen für einen Navigationspunkt. Weisen dazu Sie zunächst dem »Tab-BG« und allen Tabs den folgenden Verlauf zu: Füllmethode: Multiplizieren, Transparenter Verlauf von #663333 nach #cc9966.

▲ **Abbildung 10.16**
Ein Verlauf für alle Reiter der Navigation

Für die Ebene »Tab-Highlight« kehren Sie den Verlauf einfach um. Dazu klicken Sie neben der Vorschau für den Verlauf auf das Kästchen neben Umkehren.

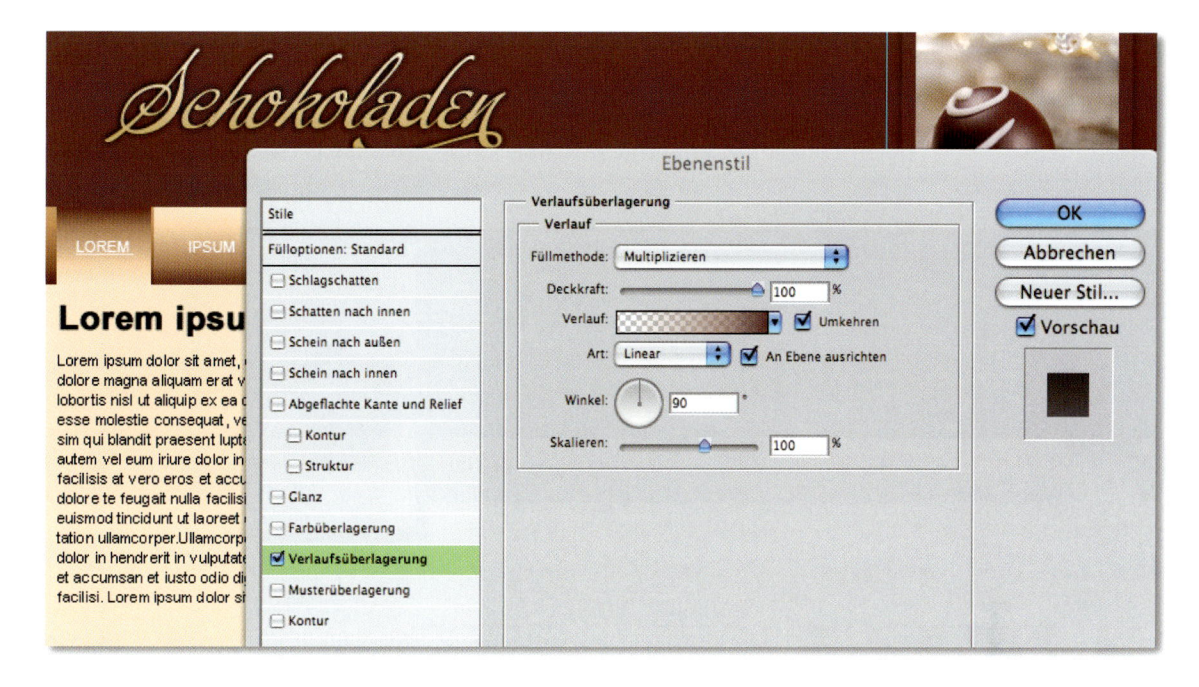

Headerhintergrund bearbeiten | Nachdem die gesamte Navigationsleiste formatiert wurde, wenden Sie sich dem braunen Headerhintergrund zu. Dieser soll durch eine Art Tapete plastischer und ansprechender gestaltet werden. Außerdem soll das aufliegende Logo leicht angestrahlt werden. Dazu wurde im Netz ein Hintergrundmuster (www.k10k.net/sections/pixelpatterns/f_item.aspx?id=982) gesucht und in der Datei *pattern.psd* gespeichert.

Öffnen Sie diese Datei in Photoshop. Wählen Sie dann BEARBEITEN • MUSTER FESTLEGEN, und geben Sie dem Muster den Namen »Tapete«. Wieder in der Arbeitsdatei, legen Sie dieses Muster als Stil nun über »Hintergrund« in der Gruppe »Header«, indem Sie diese Ebene per Mausklick auswählen.

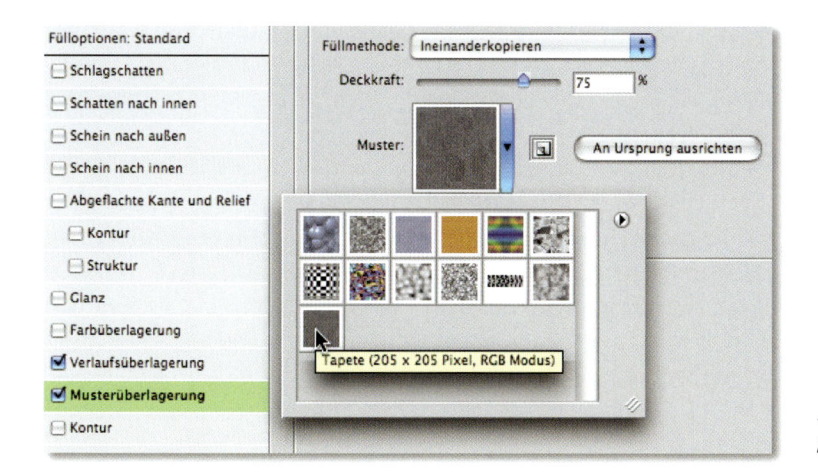

▲ **Abbildung 10.17**
Die gerade aktuelle Seite wird später über einen »umgekehrten« Verlauf optisch hervorgehoben.

Quellen für Muster

Hervorragende Quellen für Hintergrundmuster sind die Seiten *squidfingers.com/patterns* und *www.k10k.net/pixelpatterns*.

◀ **Abbildung 10.18**
Musterzuweisung in Photoshop

10.5 Das Farbschema gestalten | **283**

Verwenden Sie die Füllmethode Ineinanderkopieren und eine Deckkraft von 75%. Weisen Sie zusätzlich einen Verlauf zu: Füllmethode: Multiplizieren, Deckkraft: 61 Px, Art: Radial, Verlauf: #663333 nach #fff; Umkehren, Winkel: 162°, genauso wie es in Abbildung 10.19 zu sehen ist.

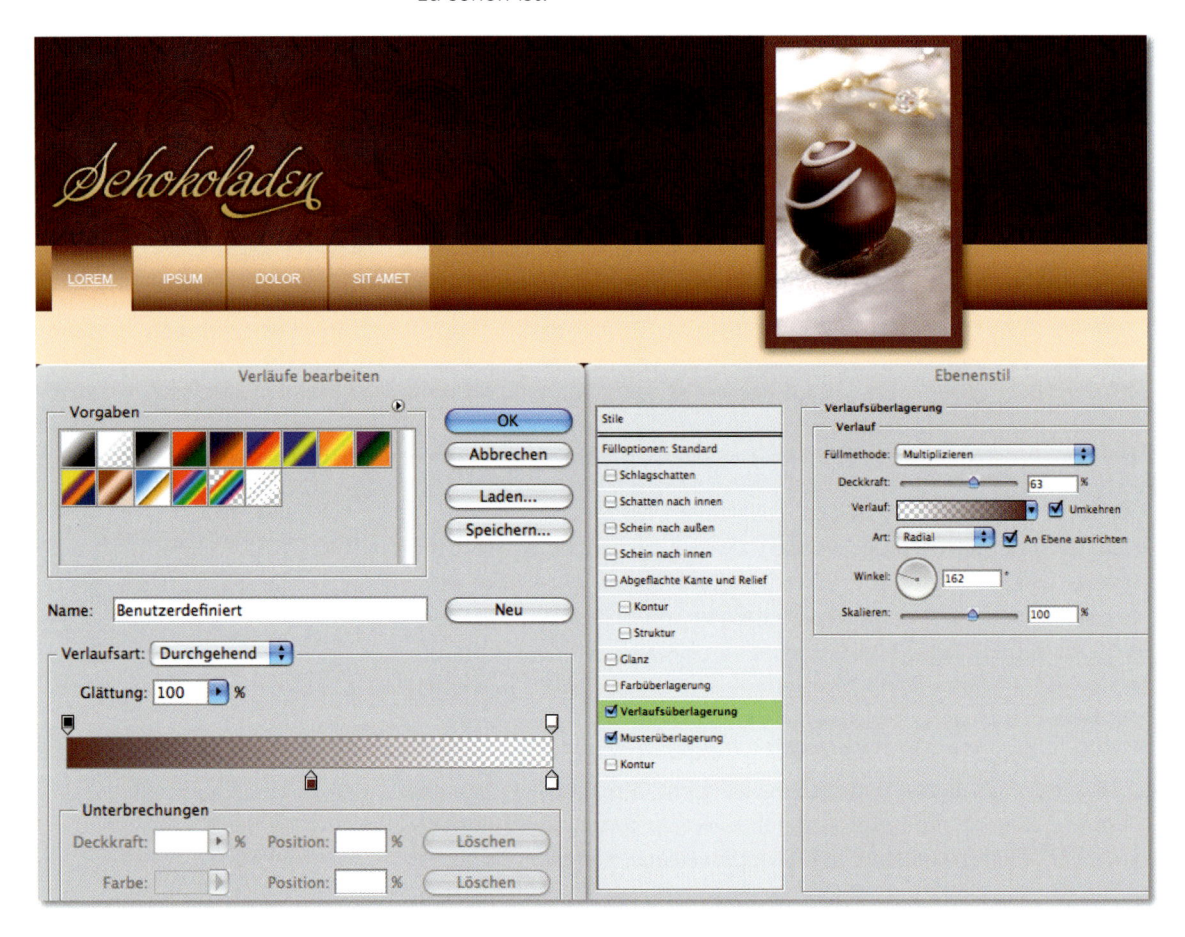

▲ **Abbildung 10.19**
Die Stile für den Hintergrund des Headers

Ziehen Sie nun mit der Maus die Gruppen »content« und »Sidebar« weiter nach unten. Dazu markieren Sie diese in der Ebenenpalette, halten die Shift-Taste gedrückt und ziehen die Elemente mit der Maus nach unten.

Überschrift formatieren | Ändern Sie den Inhalt von »content h2« in »Feinste Schokoladen & Pralinés aus dem Herzen Berlins. Seit 1863 in Familientradition gefertigt.«, indem Sie das Text-Werkzeug ⊤ auswählen und auf die Ebene klicken. Wählen Sie als Schriftart »Georgia« und als Farbe #cc9966. Den ersten Satz der Überschrift setzen Sie in 24 px, den zweiten in 18 px mit einem Zeilenabstand von 24 px.

▲ **Abbildung 10.20**
Die Teaser-Überschrift H2

Zweispaltigkeit | Um das geplante zweispaltige Design des Haupttextteils zu gestalten, duplizieren Sie »content«, indem Sie die Gruppe über das Icon NEUE EBENE ERSTELLEN ziehen. Benennen Sie »content« nun in »Spalte1« und »content Kopie« in »Spalte2« um. Transformieren Sie den Hintergrund von »Spalte1« auf eine Breite von 354 px. Verfahren Sie ebenso mit dem Hintergrund von »Spalte2«, und ändern Sie die Breite auf 216 Pixel.

Sie können sich die Anordnung erleichtern, indem Sie die Hintergrundfarben verändern oder/und Hilfslinien einfügen. Hilfslinien lassen sich wie folgt anzeigen: Wählen Sie ANSICHT • EINBLENDEN • HILFSLINIEN. Eine neue Hilfslinie fügen Sie über ANSICHT • NEUE HILFSLINIE und die Eingabe der Werte ein.

Passen Sie nun die Texte, Absätze etc. Ihren Vorstellungen entsprechend an, und platzieren Sie diese Elemente.

Aus Platzgründen werden die nun folgenden Schritte nicht mehr in aller Einzelheit vorgeführt. Die wichtigsten Techniken haben Sie in den letzten Abschnitten gelernt. Das Ergebnis, das Sie in *4.psd* nachvollziehen können, entspricht Abbildung 10.22. Nutzen Sie dabei die Möglichkeiten von verlinkten Ebenen, Hilfslinien und Farben.

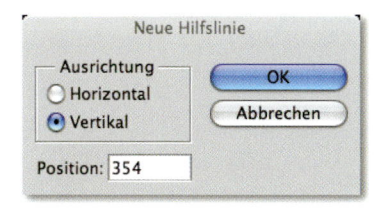

▲ **Abbildung 10.21**
Pixelgenaue Platzierung von Hilfslinien

10.5 Das Farbschema gestalten

▲ Abbildung 10.22
Erster Layoutvorschlag in Photoshop

Zeit für eine Rücksprache | Dieses Stadium ist ein guter Zeitpunkt, um Ihren Entwurf Ihrem Kunden vorzustellen. Wenn dieser seine Zustimmung gibt, kann die Umsetzung beginnen. Wenn nicht, führen Sie die Änderungen aus und stellen den Entwurf erneut vor.

10.6 Umsetzung des Entwurfs in (X)HTML und CSS

Für die Umsetzung sollten Sie alle drei Basisvorlagendateien geöffnet haben: die Photoshop-Datei, die (X)HTML-Datei und die CSS-Datei.

Fehler werden vermieden und Arbeitsabläufe beschleunigt, wenn Sie nun nicht Datei für Datei umsetzen, sondern **Element für Element, von außen nach innen und von oben nach unten**. Wenn im Folgenden von Änderungen und Ergänzungen an (X)HTML-Code gesprochen wird, ist damit immer die Datei *index.html* gemeint. Stil-Deklarationen beziehen sich immer auf Änderungen im Stylesheet *css.css*, wenn es nicht anders angegeben ist. Grafiken schneiden Sie immer aus der Photoshop-Datei *4.psd* aus.

Zunächst bekommen die individuell benannten Hauptlayoutelemente in den (X)HTML- und CSS-Dateien neue, sinnvolle Namen. Dazu öffnen Sie Ihren Editor. In meinem Beispiel ist das TextMate. Passen Sie die Elementnamen entsprechend Abbildung 10.23 an.

Öffnen Sie die Dateien *4.psd*, *index.html* und *css.css* von der Begleit-DVD. Auch den Editor TextMate finden Sie auf der DVD.

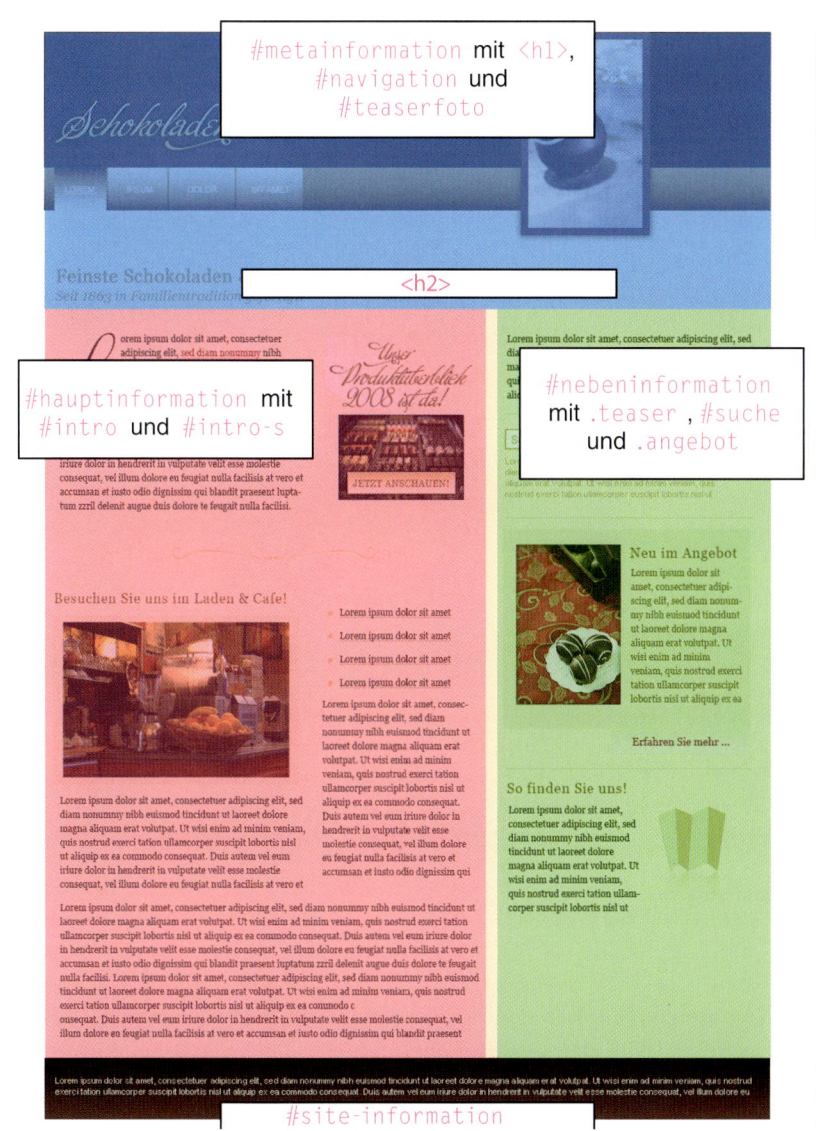

Schritt für Schritt

Auf der DVD und im Netz finden Sie die (X)HTML- und CSS-Dateien nummeriert, sodass dieses Projekt Sie Schritt für Schritt nachvollziehen können.

◀ **Abbildung 10.23**
Hauptlayoutbereiche für das Beispiel »Schokoladen«

10.6 Umsetzung des Entwurfs in (X)HTML und CSS

10.6.1 Schritt 1: Umbenennen und einfärben

Die Namen können Sie selbst festlegen oder die Bezeichnungen aus der Basisvorlage verwenden. Ich verwende hier bewusst »neue« Namen, denn dieser Schritt bleibt einem in der Praxis auch nicht erspart:

Element der Basisvorlage	Wird zu
#header	#metainformation
#navigation	bleibt
#content	#hauptinformation
#sidebar	#nebeninformation
#footer	#siteinformation

Tabelle 10.3 ▶ Namensgebung der Hauptlayoutelemente

Ändern Sie zunächst den Kopfbereich mit h1, h2 und die Navigation in der (X)HTML-Datei:

```
<div id="#metainformation">
<h1>
<a href="#" title="zur Startseite">Schokoladen</a>
</h1>
<!-- - - - - - - - - - - Navigation - - - - - - - - - - - -->
<ul id="navigation">
   <li><a href="#" title="">Home</a></li>
   <li><a href="#" title="">Über uns</a></li>
   <li><a href="#" title="">Produkte</a></li>
   <li><a href="#" title="">Laden</a></li>
   <li><a href="#" title="">Kontakt</a></li>
</ul>
<!-- Ende  Navigation -->
<h2>
Feinste <em>Schokoladen</em> &amp; <em>Pralinés</em> aus dem  Herzen Berlins.
Seit 1863 in Familientradition gefertigt.
</h2>
</div>
<!-- Ende  Kopfbereich -->
```

▲ **Listing 10.1**
So ändern Sie den Kopfbereich.

Nun wenden Sie sich dem Stylesheet zu und tragen die Farben des Farbschemas in den vorgesehenen Bereich des Stylesheets und für die einzelnen Elemente ein.

```
/* Farbschema
...
/*

Farbton (Hintergrund): #cc9966
Farbton (Hüllenhintergrund): #ffcc99
Farbton (Dunkleres Braun, Schrift): #ffcc99
Farbton (Brau, Schrift, Footer): #663333
Farbton (Text): #000
*/

body {
    background: #cc9966;
}

a:link {
    color: #663333;
}

a:visited {
    color: #ffcc99;
}

#wrapper {
    background: #ffcc99;
}

#metainformation {
    background: #663333;
}

#siteinformation {
    background: #663333;
}
```

◀ **Listing 10.2**
So fügen Sie die Farbwerte in das Stylesheet ein. Über Kommentare notieren Sie die wichtigen Farben.

Ändern Sie auch die Schriftfamilie für den Fließtext in »Georgia«.

```
p {
    font-family: Georgia, "Times New Roman", Times, serif;
}
```

◀ **Listing 10.3**
Schriftfamilie für die Absätze

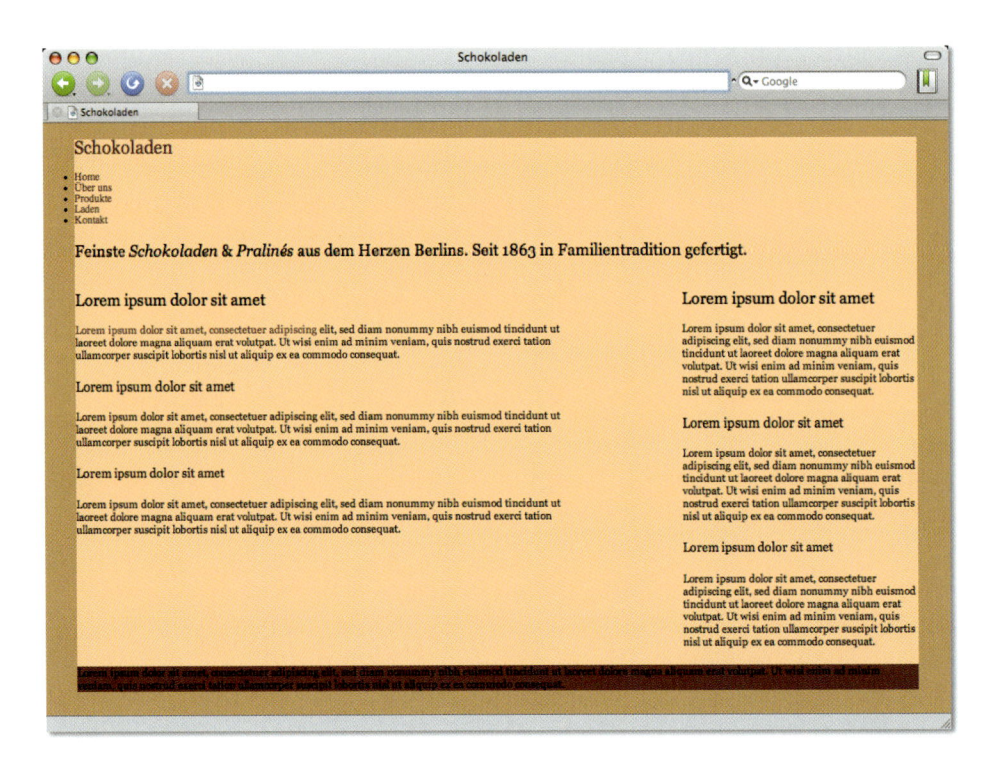

▲ Abbildung 10.24
Das Ergebnis von Schritt 1 im Browser

Wie bereits im letzten Kapitel besprochen wurde, berechnen wir die Spaltenbreiten nach dem »Goldenen Schnitt« (siehe Abschnitt 2.1.2). Bei einer Breite von 960 Pixel ergeben sich 593 Pixel und 367 Pixel für die zwei Spalten. Mit 40 Pixel Weißraum zwischen den Spalten ergeben sich 570 Pixel und 330 Pixel.

Für die linke Spalte werden für die Gesamtbreite von 570 Pixel mit einem linken Innenabstand von 20 Pixel also die folgenden Werte angesetzt:

Listing 10.4 ▶
Die linke Spalte

```
#hauptinformation {
    clear: both;
    float: left;
    width: 550px;
    padding: 0 0 20px 20px;
}
```

Für die rechte Spalte mit 330 Pixel und 20 Pixel Innenabstand schreiben Sie entsprechend:

Listing 10.5 ▶
Die rechte Spalte

```
#nebeninformation {
    float: right;
    width: 310px;
    padding: 0 20px 20px 0;
}
```

Beide Spalten haben einen unteren Innenabstand von 20 Pixel erhalten, der einen angemessenen Abstand zum Fußbereich sichert.

10.6.2 Schritt 2: Der Kopfbereich

Header | Zurück zu Photoshop: Blenden Sie Logo, Teaserfoto und Navigation in der Gruppe »Header« aus, und aktivieren Sie den Hintergrund des Headers per Mausklick. Kopieren Sie das Ergebnis – auf eine Ebene reduziert – in eine neue Datei. Speichern Sie diese für das Web mit der Qualität 80 als *header.jpg* in den Ordner *bilder* in das Arbeitsverzeichnis.

Öffnen Sie die Datei *logo.psd* auf der Begleit-DVD. Sie enthält das freigestellte Logo mit allen Ebenenstilen. Speichern Sie diese Datei als PNG mit Transparenz unter dem Namen *logo.png*. Verfahren Sie ebenso mit der Teasergrafik in *teaser.psd*. Speichern Sie diese als *teaser.png*.

▲ **Abbildung 10.25**
logo.png mit Transparenz

Navigation | Nun müssen Sie die Grafiken für die Navigation erstellen. Blenden Sie diese in Photoshop wieder ein. Zoomen Sie weit in das Bild hinein, und kopieren Sie einen 5 Pixel breiten Streifen aus dem Navigationshintergrund »Tab-BG«. Speichern Sie diesen als neue Datei *nav-bg.jpg*. Spiegeln Sie den Hintergrund vertikal über BEARBEITEN • TRANSFORMIEREN • VERTIKAL SPIEGELN, und speichern Sie das Ergebnis als *nav-hover.jpg* ab. Kopieren Sie nun einen 5 Pixel breiten Streifen aus der Ebene »Tab Highlight«, und speichern Sie diese Grafik als *tab-active.jpg*. So haben Sie im Handumdrehen die Grafiken für den Kopfbereich abgespeichert, ohne das gesamte Layout »zerschneiden« zu müssen. Sie arbeiten mit relativ wenigen Grafiken, die ein »Zerschneiden« des gesamten Layouts nicht erfordern. Sie können auch mit Hilfslinien arbeiten.

Logo | Wieder im Editor fügen Sie zunächst das Logo der `h1` hinzu:

```
<h1>
    <a href="#" title="Zur Startseite"><img src="bilder/logo.png" width="240" height="70" alt="Logo" /><span>Schokoladen</span></a>
</h1>
```

Um den Text entsprechend »verstecken« zu können, wickeln Sie ihn in ein `span`-Element ein.

▲ **Listing 10.6**
So wird das Logo der Überschrift hinzugefügt.

Listing 10.7 ▶
H1 und SPAN

Die Formatierungen für h1 im Stylesheet ersetzen Sie durch:

```
h1 {
    padding: 61px 0 29px 20px;
    margin: 0;
}

h1 span {
    display: none;
}
```

Dadurch wird das Logo positioniert und die Anzeige des Textes unterbunden.

Binden Sie den Hintergrund *header.jpg* für das Element `metainformation` entsprechend ein:

```
#metainformation {
    background: #663333 url('bilder/header.jpg') top left
    no-repeat;
    overflow: hidden;
}
```

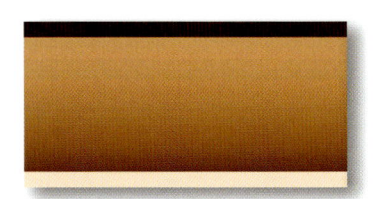

▲ **Abbildung 10.26**
So soll es aussehen.

Navigationsleiste | Im nächsten Schritt wird die Navigationsleiste formatiert, indem ihr zunächst der Verlaufshintergrund zugewiesen wird. Analog zu dem in Abschnitt 8.8.1. vorgestellten Weg wird #CD995D als Füllfarbe definiert.

Listing 10.8 ▶
Die Navigationsleiste mit Füllfarbe

```
#navigation {
    background: #CD995D url('bilder/nav-bg.jpg') bottom
    left repeat-x;
    float: left;
    padding: 0 20px;
    width: 920px;
}
```

Float | Die Eigenschaft `float` und die feste Breite sorgen dafür, dass das Element sich – die Listenelemente umschließend – über die ganze Breite erstreckt.

Links und rechts wurde ein Innenabstand von 20 Pixel vorgesehen. Um die Listenelemente horizontal anzuordnen, erhalten sie ebenfalls die Eigenschaft `float: left`:

Listing 10.9 ▶
So stehen die Listenelemente nebeneinander.

```
#navigation li {
    float: left;
    list-style-type: none;
}
```

Große Klickbereiche | Die Anzeige eines Listentyps wird ebenso unterbunden. Für möglichst große Klickbereiche definieren Sie nun die Verweise – und nicht die Listenelemente – entsprechend über Innenabstände: Als `padding` werden jeweils 20 Pixel Innenabstand vom oberen und unteren und 10 Pixel vom linken und rechten Rand definiert.

▼ **Listing 10.10**
Die weitere Formatierung der Verweise

```
#navigation li a, #navigation li a:visited {
    background: #CF9B5F url('bilder/nav-bg.jpg') bottom left repeat-x;
    color: #ffcc99;
    float: left;
    margin: 0;
    padding: 20px 10px;
    text-align: center;
    text-transform: uppercase;
    border-left: 1px solid #663333;
    border-right: 1px solid #ffcc99;
}

#navigation li a:hover {
    background: #58210c url('bilder/nav-hover.jpg') bottom left repeat-x;
    text-decoration: underline;
}
```

◀ **Abbildung 10.27**
So soll es aussehen.

Aktive Seite hervorheben | Für die Hervorhebung der aktuellen Seite führen Sie eine neue Klasse `active` ein und formatieren diese entsprechend:

▼ **Listing 10.11**
Die Hervorhebung der aktuellen Seite

```
<li><a href="#" title="" class="active">Home</a></li>

#navigation li a.active {
    background: #6a3022 url('bilder/nav-active.jpg') bottom left repeat-x;
    color: #000;
    text-decoration: underline;
}
```

Teaserbild einbinden | Als letztes Element für den Kopfbereich wird das Teaserbild über eine absolute Positionierung eingebunden. Dazu ergänzen Sie den Quelltext vor `h1` um ein `DIV` mit der ID `teaserfoto`:

```
<div id="teaserfoto"></div>
```

Formatieren können Sie das Element wie folgt:

▼ Listing 10.12
So formatieren Sie das Teaserbild.

```css
#teaserfoto {
    background: transparent url('bilder/teaser.png') top left no-repeat;
    width: 208px;
    height: 297px;
    position: absolute;
    top: -30px;
    left: 590px;
    z-index: 999;
}
```

So eingebunden, richtet sich das Element durch die absolute Positionierung am Root-Element (`html`-Element) aus, was nicht gewollt ist.

> **Wiederholung Absolute Positionierung**
>
> In Abschnitt 3.2.7 finden Sie detaillierte Erklärungen zur absoluten und relativen Positionierung.

Das Teaser-Foto relativ positionieren | Wenn Sie es probieren, werden Sie sehen, dass sich das Bild so bei Vergrößerung und Verkleinerung des Browserfensters durch das Layout bewegt. Um es korrekt am Kopf auszurichten, benötigt `#metainformation` die Eigenschaft `position: relative`:

```css
#metainformation {
    background: #663333 url('bilder/bg.jpg') top left repeat;
    overflow: hidden;
    position: relative;
}
```

Listing 10.13 ▶
Nur mit relativer Positionierung des Elternelements funktioniert es richtig.

Abbildung 10.28 ▶
Die bisherige Umsetzung im Browser Camino

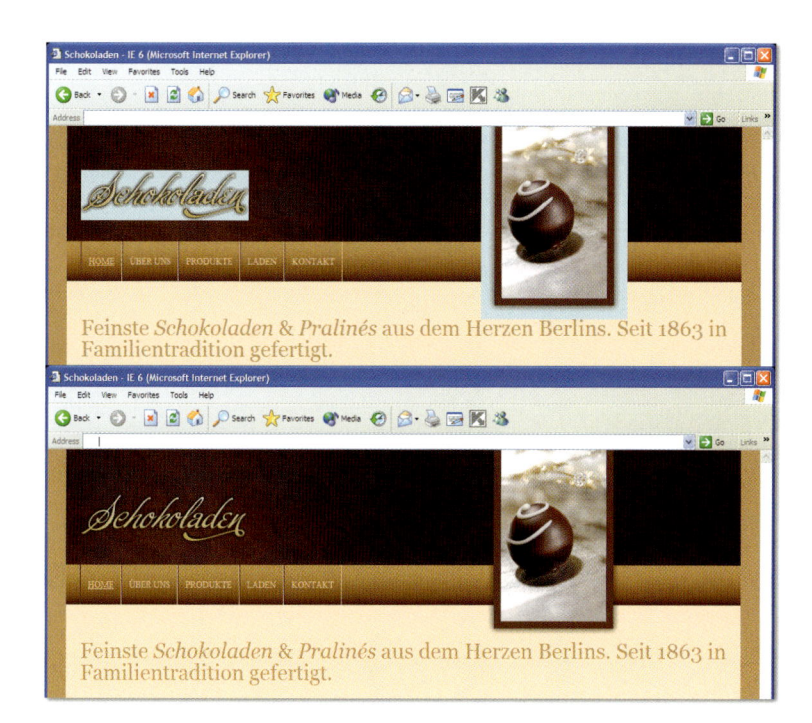

◀ **Abbildung 10.29**
Transparente PNGs für Logo und Teasergrafik im Internet Explorer 6 vor (oben) und nach dem Fix (unten)

Da transparente PNGs verwendet werden, um Logo und Teaser anzuzeigen, muss für den Internet Explorer vor Version 7 eine alternative Lösung gefunden werden. In diesem Fall wird auf die in Abschnitt 8.7 vorgestellte Lösung zurückgegriffen. Das Ergebnis sehen Sie in der Abbildung 10.29 unten.

10.6.3 Schritt 3: Der Hauptinhaltsbereich

Der Hauptinhaltsbereich teilt sich in zwei vertikal angeordnete Themenschwerpunkte, die jeweils auf zwei Spalten (`.intro`, `.intro-s`) aufgeteilt werden. Sie werden durch eine Trennergrafik vertikal voneinander abgegrenzt. Speichern Sie dazu zunächst die Grafiken für das Banner und den Trenner als *banner.jpg* und *trenner.jpg* in Photoshop ab.

Goldener Schnitt | Für die Berechnung der Breite der jeweiligen Blöcke wird wie bei der Gesamtuntergliederung auch auf den Goldenen Schnitt zurückgegriffen:

Bei einer Gesamtbreite von 550 Pixel ergeben sich bei einem Weißraum von 20 Pixel 329 Pixel für die linke Spalte mit der Klasse `intro` und 201 Pixel für die rechte mit der Klasse `intro-s`. Es wurden Klassen und keine IDs verwendet, da es notwendig ist, die Elemente mehrmals zu verwenden.

Im Quellcode vermerken Sie die folgenden Elemente für den ersten oberen Bereich:

Goldener Schnitt
Mehr zum goldenen Schnitt lesen Sie in Abschnitt 2.1.2.

```
<div class="intro">
    <p><span class="initial l">L</span>orem ipsum dolor sit amet,
    <a href="#">consectetuer adipiscing elit</a>, sed diam ...</p>
</div>
<div class="intro-s">
    <p><a href="#" title="Link zur Übersicht über unsere neuen Produkte">
    <img src="bilder/banner.jpg" width="200" height="220" alt="Katalogbanner" />
    </a></p>
</div>

.intro {
    float: left;
    width: 329px;
}
.intro-s {
    float: right;
    width: 201px;
}
```

▲ **Listing 10.14**
HTML und CSS-Code für den Hauptbereich

▲ **Abbildung 10.30**
Beispiel für die Verwendung der Schriftart »*Buffet Script*« als Initiale

Listing 10.15 ▶
Image Replacement für den ersten Buchstaben

[Initialen]
Initialen sind Buchstaben, die größer als der Lesetext und eventuell in einem anderen Schriftstil bzw. -schnitt gesetzt sind.

Listing 10.16 ▶
CSS der Klasse `.initial`

Initialen | Als »Hingucker« ist vorgesehen, für den ersten Buchstaben im Text Initialen zu verwenden. Möchten Sie diese Gestaltungstechnik sicher verwenden, speichern Sie zunächst alle Buchstaben des Alphabets in der gewünschten Formatierung als Grafik ab. Im Beispiel wurde der Buchstabe »L«, in »Buffet Script« gesetzt, abgespeichert.

Binden Sie diese Grafik dann wie folgt ein:

```
<p>
    <span class="initial l">L</span>orem ipsum dolor sit
    amet, <a href="#">consectetuer adipiscing elit</a>,
    sed diam nonummy nibh euismod ...
</p>
```

Die Klasse `initial` sorgt für die korrekte Ausrichtung der Grafik und blendet den eigentlichen Text über die Eigenschaft `text-indent` aus.

```
.initial {
    display: block;
    float: left;
    margin: 2px 0 0 0;
    padding: 0 5px 0 0;
    text-indent: -6000px;
}
```

Die Klasse l steht für den jeweiligen Buchstaben und bindet das entsprechende Bild als Hintergrund ein.

```
.l {
    background: transparent url('bilder/l.jpg') top left
    no-repeat;
    width: 75px;
    height: 66px;
}
```

◀ **Listing 10.17**
Der Hintergrund für den jeweiligen Buchstaben

first-letter
Theoretisch ist es mit CSS möglich, über die Pseudoklasse `first-letter` den ersten Buchstaben eines Abschnitts anzusprechen. Leider sind die Ergebnisse browserübergreifend jedoch alles andere als zufriedenstellend, sodass ich leider in diesem Zusammenhang von der Nutzung abraten muss.

◀ **Abbildung 10.31**
Die fertige Konstruktion im Browser

Trennlinien | Als optisches Mittel der Gliederung soll eine horizontale Trennlinie zwischen den vertikalen Inhaltsblöcken wirken. Das Element, mit dem man Bereiche semantisch korrekt trennen kann, ist das hr-Element. Es fügt eine Trennlinie ein. Möchten Sie dieses Element per CSS mit einem Hintergrund versehen oder sogar ersetzen, so wie es hier geplant ist, müssen Sie das Element hr in ein zusätzliches Element, wie zum Beispiel ein div, einbetten. Der Grund: Internet Explorer und Opera stellen das Element immer mit einem unerwünschten Rand dar, wie die Abbildung 10.32 zeigt.

▲ **Abbildung 10.32**
Das hr-Element mit Hintergrund in Camino (oben) so, wie es sein soll, und im Internet Explorer 7 (unten) fehlerhaft mit Rand

```
hr {
    background: transparent url('bilder/trenner.jpg')
    50% 50% no-repeat;
    height: 36px;
    clear: both;
    padding: 10px;
}
```

◀ **Listing 10.18**
CSS für die Trennlinie

10.6 Umsetzung des Entwurfs in (X)HTML und CSS | **297**

Die korrigierte Version schaut wie folgt aus:

Listing 10.19 ▶
Korrigierter CSS-Code für die Trennlinie

```
<div class="trenner"><hr/></div>

div.trenner {
    background: transparent url(bilder/trenner.jpg)
    50% 50% no-repeat;
    height: 36px;
    clear: both;
    padding: 10px;
}
div.trenner hr {
    display: none;
}
```

Es folgt der zweite vertikale Inhaltsabschnitt, die Vorstellung des Ladengeschäfts mit Foto und Listing, für die die Klassen `intro` und `intro-s` wiederverwendet werden.

▼ **Listing 10.20**
Der folgende Inhalte in (X)HTML

```
<div class="intro">
<h3>Besuchen Sie uns!</h3>
<p>
    <img src="bilder/laden.jpg" width="312" height="207" alt="Der Schokoladen"
    class="illustrativ" />
</p>
<p>
    Lorem ipsum dolor sit amet, consectetuer adipiscing elit, sed diam nonummy nibh
    euismod ...
</p>
</div>
<div class="intro-s">
<p>
    Lorem ipsum dolor sit amet, consectetuer adipiscing elit, sed diam nonummy nibh
    euismod ...
</p>
<ul class="liste">
    <li>Lorem ipsum dolor sit amet</li>
    ...
</ul>
</div>
```

Rahmen | Für die Formatierung aller dekorativen Fotos im Fließtext, wie dem Foto vom Laden, wird die Klasse `illustrativ` eingeführt, die eine Rahmung in Form eines bräunlichen Hintergrunds mit dunklem Rand schafft.

```
.illustrativ {
   background: #CC9966;
   border: 1px solid #FFF6E8;
   padding: 10px;
}
```

◄ **Listing 10.21**
Rahmen für Bilder

Aufzählung | Für die Nennung von Stichwörtern wird die Klasse `liste` verwendet, durch die allen Listenelementen eine Grafik vorangestellt wird. Außerdem erhalten alle Elemente einen unteren Rand.

▼ **Listing 10.22**
Listenkennzeichnung über ein Hintergrundbild

```
.liste li {
   background: transparent url('bilder/bullet.jpg') 0 8px no-repeat;
   padding: 5px 0 5px 20px;
   border-bottom: 1px solid #ffcc99;
   list-style-type: none;
}
```

Der Hintergrund wird um 8 px vom oberen linken Rand verschoben. Eine Ausrichtung vertikal mittig ist in diesem Fall nicht zu empfehlen, denn die formatierten Elemente können zweizeilig werden.

◄ **Abbildung 10.33**
Der fertig formatierte Haupttextbereich

10.6 Umsetzung des Entwurfs in (X)HTML und CSS | **299**

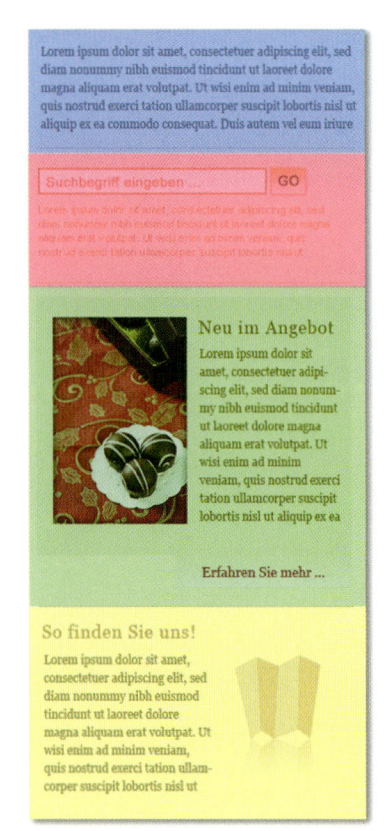

Abbildung 10.34
Die Seitenleiste teilt sich in vier Bereiche, die hier farblich hervorgehoben sind.

Listing 10.23 ▶
HTML und CSS der Seitenleisten-Liste

10.6.4 Schritt 4: Der Seitenleistenbereich

Die Seitenleiste teilt sich in vier aufeinanderfolgende Bereiche. Zunächst wird eine Information, so z. B. ein Willkommensgruß oder ein Rubrikhinweis ausgegeben. Es schließt sich die Suche an. Darauf folgend wird ein aktuelles Produkt mit Bild und Link vorgestellt. Abschließend wird per Illustration auf die Anfahrt hingewiesen, wie Sie in Abbildung 10.34 sehen.

Die einzelnen Grafiken erstellen | Speichern Sie dazu zunächst die relevanten Grafiken über die Photoshop-Datei. Das sind im Einzelnen der Sende-Button des Formulars als *senden.jpg* und der Hintergrund der Schaltfläche »Erfahren Sie mehr« im Angebotsbereich als *verlauf-angebot.jpg*. Speichern Sie das Foto als *angebot.jpg*. Zu guter Letzt speichern Sie die Illustration für den Stadtplan als *plan.jpg*.

Die drei Bereiche sind im Entwurf durch eine Haarlinie getrennt worden. Es bleiben dafür mehrere Möglichkeiten der Umsetzung:

▶ Sie können ebenso wie im Haupttextbereich mit einer `hr`-Trennlinie arbeiten.
▶ Sie können jedes Element in ein `div` hüllen und dies mit Innenabstand unten und Rand unten versehen.
▶ Sie verwenden eine ungeordnete Liste für jedes Element.

Umsetzung mit einer ungeordneten Liste | In diesem Beispiel wählen wir den letztgenannten Weg. Wir nutzen eine Liste aus den folgenden Gründen: Die Informationen in der Seitenleiste sind eine Auflistung von Nebeninformationen. Die Wahl ist also semantisch gerechtfertigt. Rein technisch lässt sich die Auflistung der Informationen per `ul` und `li` mittels CSS aber auch hervorragend effizient formatieren: Anstatt verschiedene Absätze, Überschriften und DIVs so auszurichten, dass »es« passt, formatieren wir einfach einmal die Liste. Zunächst also fügen Sie den Quellcode für die Liste ein:

```
<ul>
    <li></li>
    <li></li>
    <li></li>
    <li></li>
</ul>
```

Per CSS fügen Sie die Formatierungen hinzu:

```
#nebeninformation ul li {
    list-style-type: none;
    border-bottom: 1px solid #cc9966;
    padding: 15px 0;
    overflow: hidden;
}
```

Alle Absatzformatierungen sollen nun von der Liste übernommen werden und müssen entsprechend zurückgesetzt werden, denn sie würden zusätzliche Einrückungen verursachen.

```
#nebeninformation p {
   margin: 0;
   padding: 0;
}
```

Abbildung 10.35
Die Suchfunktion

Listing 10.24
Absatzformatierung in der Seitenleiste

Listing 10.25
Das Listenelement erhält die ID

Die ersten zwei Listenelemente bestehen aus einem Absatz, der keiner weiteren Formatierung bedarf, und einem Suchformular:

```
<li>
   <p>
      Lorem ipsum dolor sit amet, consectetuer adipiscing elit, sed diam nonummy ...
   </p>
</li>
<li id="suchen">
   <form action="#">
      <fieldset>
         <input type="text" name="suche" id="suche" value="Suchbegriff
         eingeben ..." />
         <input type="image" src="bilder/senden.jpg" alt="GO!" />
      </fieldset>
   </form>
   <p>
      Lorem ipsum dolor sit amet, consectetuer adipiscing elit, sed diam nonummy
      nibh euismod ...
   </p>
</li>
```

Listenelemente per ID ansprechbar machen | Um alle Elemente des Suchformulars per CSS besser ansprechen zu können, erhält das Listenelement die ID suchen:

Listing 10.26
Formatierung des Eingabefeldes

```
#suchen input {
   background: #fff;
   padding: 5px;
   color: #cc9966;
   border: 2px solid #cc9966;
   font: 1.1em "Helvetica Neue", Arial, Helvetica, Geneva, sans-serif;
```

```
    margin: 3px 3px 3px 0;
    width: 220px;
    float: left;
}
```

Zum Umgang mit Formularen

Wie Sie input-Elemente verwenden, lesen Sie in Abschnitt 7.2.7.

Da alle `input`-Elemente momentan mit einer festen Breite von 220 Pixel und einem Rand von 2 Pixel formatiert werden, muss das Element zum Senden der Daten entsprechend anders formatiert werden. Das wird über die Zuweisung der Klasse `button` mit den folgenden Formatierungen erreicht:

```
#suchen input.button {
    margin: 0;
    padding: 0;
    background: none;
    border: none;
    float: right;
    width: 43px;
    height: 35px;
}
```

Listing 10.27 ▶
Formatierung des Sende-Buttons für das Suchformular

Der erklärende Absatz unter dem Eingabefeld soll in geringerer Schriftgröße, anderer Schriftart und anderer Farbe formatiert werden.

```
#suchen p {
    font: 0.9em "Helvetica Neue", Arial, Helvetica,
    Geneva, sans-serif;
    color: #cc9966;
    padding: 10px 0 0 0;
}
```

Listing 10.28 ▶
Der das Suchfeld erklärende Absatz

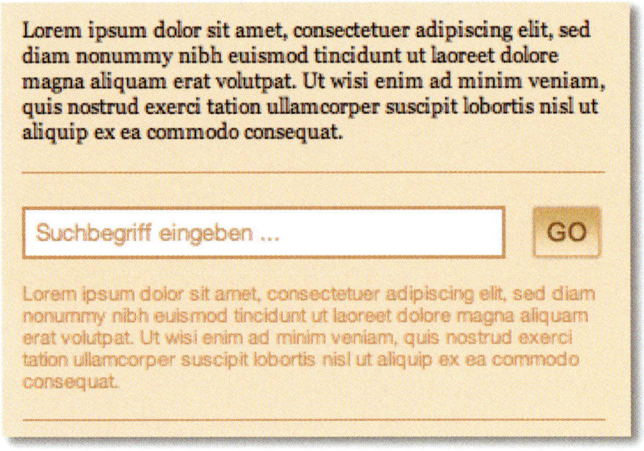

Abbildung 10.36 ▶
Einleitung und Suche der Seitenleiste im Browser

Bereiche hervorheben | Ein spezielles Produkt soll im Angebot besonders hervorgehoben und so in der Seitenleiste entsprechend wirksam platziert werden. Es kann später über eine Datenbank entsprechend gewechselt werden. Deshalb wird es in einer gesonderten Box in zwei Absätzen formatiert. Der erste Absatz mit der Klasse `angebot` bildet eine optisch abgesetzte Box, der zweite eine kleinere Box der Klasse `details`, die den Verweis auf die weiteren Informationen auf einer anderen Seite trägt.

▼ **Listing 10.29**
Der Quellcode des Angebots

```
<li>
   <p class="angebot">
      <img src="bilder/angebot.jpg" width="138" height="206" alt="Neu im Angebot:
      Pralien mit 75% Kakaoanteil" class="foto" />
      <strong>Neu im Angebot</strong>
      Lorem ipsum dolor sit amet, consectetuer adipiscing elit, sed diam nonummy
      nibh euismod ...
   </p>
   <p class="details">
      <a href="#" title="Link zu Detailinformationen">Erfahren Sie mehr ...</a>
   </p>
</li>
```

Ersten Absatz absetzen | Der erste Absatz wird mit einer speziellen Hintergrundfarbe mit einem Rahmen versehen.

```
p.angebot {
   color: ##cc9966;
   background: #f3debd;
   padding: 20px !important;
   margin: 20px 20px 0 20px;
   border-top: 1px solid #f3debd;
   border-left: 1px solid #f3debd;
   border-right: 1px solid #f3debd;
}
```

Abstand für Fotos | Das eingebundene Foto wird über die Klasse `foto` links mit entsprechendem Abstand ausgerichtet.

```
.angebot .foto {
   padding: 0 10px 0 0;
   float: left;
}
```

Die Angebotsbox

So soll das Angebot aussehen:

!WICHTIG

Sie fragen sich, warum für den Innenabstand ein `!important` gewählt wurde? So werden einfach die bestehenden Formatierungen für Absätze außer Kraft gesetzt.

◀ **Listing 10.30**
Formatierung des Bildes

10.6 Umsetzung des Entwurfs in (X)HTML und CSS | **303**

Abbildung 10.37 ▶
»Neu im Angebot« im Browser

Wörter hervorheben | Durch strong betonte Wörter werden mit größerer Schrift und Farbgebung besonders hervorgehoben.

Listing 10.31 ▶
Formatierung des Elements STRONG für diesen Bereich

```
.angebot strong {
    font: 1.5em/1em Georgia, "Times New Roman", Times,
    serif;
    color: #ae620e;
    display: block;
    margin: 0 0 5px 0;
}
```

Details | Die Klasse details sorgt hier für einen Zeilenumbruch und eine harmonische Rahmung des Hyperlinks.

Listing 10.32 ▶
Die Box und enthaltene Links werden formatiert.

```
.details {
    clear: both;
    float: right;
    background: #f3debd url('bilder/verlauf-angebot.jpg')
    bottom left repeat-x;
    padding: 10px 20px !important;
    margin: 0 0 20px 0;
    border-left: 1px solid #f3debd;
    border-right: 1px solid #f3debd;
}

.details a:link, .details a:visited {
    color:  #aa0034;
}
```

Als Besonderheit wird der »Erfahren Sie mehr ...«-Link als Box mit Verlauf in einer Signalfarbe formatiert. Nur in diesem besonderen Fall werden besuchte und nicht besuchte Links in der gleichen Farbe formatiert.

Das letzte Element in der Seitenleiste bildet der Link zum Stadtplan mit Adressangabe. Diese Angabe verpacken wir als **hCard**. Zum Einsatz kommen die Elemente url, fn, org, photo, email, adr, street-address, postal-code, country-name und tel.

> **hCard-Generator**
>
> Um schnell die Informationen im hCard-Format zusammenzustellen, können Sie einfach den hCard-Creator unter *microformats.org/code/hcard/creator* verwenden.

```
    <li>
        <h3>So finden Sie uns!</h3>
        <p>
            <img src="bilder/plan.jpg" width="101" height="131" alt="Karte"
            class="rechts" />
            Lorem ipsum dolor sit amet, consectetuer adipiscing elit, sed diam nonummy
            ... <a href="#" title="Auswärtiger Link zum Stadtplan">Link zum Stadtplan</a>.
        </p>
<div class="vcard">
    <a class="url fn" href="http://www.einfach-modernes-webdesign.de/schokoladen"></a>
    <div class="org">
        <strong>Schokoladen</strong>
    </div>
    <img src="http://einfach-modernes-webdesign.de/schokoladen/bilder/schokoladen.jpg"
    alt="photo" class="photo"/>
    <a class="email" href="mailto:hallo@einfach-modernes-webdesign.de">hallo@einfach-
    modernes-webdesign.de</a>
    <div class="adr">
        <div class="street-address">Oderberger Strasse 162</div>
        <span class="postal-code">10435</span>
        <span class="locality">Berlin</span><br/>
        <span class="country-name">Deutschland</span></div>
        <div class="tel">+49 (30) 123 456 789</div>
        <p>
            <a href="http://feeds.technorati.com/contacts/http://www.einfach-modernes-
            webdesign.de/schokoladen">vCard herunterladen</a>
        </p>
    </div>
</li>
```

Mikroformate | Beachten Sie, dass über den Link zu *technorati.com/contacts* die Möglichkeit besteht, die Karte als vCard, einem Format, in dem z. B. Outlook Adressen speichern kann, herunterzuladen und in das eigene Adressbuch zu speichern.

▲ **Listing 10.33**
Achten Sie auf die korrekte Einbindung der Mikroformate.

Sie können diese Angaben entsprechend formatieren. Für unser Beispiel soll ein einfacher Abstand genügen.

Listing 10.34 ▶
Abstand für die vcard

```
.vcard {
    margin: 10px 0;
}
```

Abbildung 10.38 ▶
Die Adressangabe im Browser

hCards im Browser

Um hCards im Browser abzurufen, verwenden Sie die Erweiterung Tails für Firefox, die Sie unter *www.codeeg.com/tails* finden.

Wie Sie sehen, wird das als Foto angegebene Signet nicht auf der Webseite angezeigt. In der hCard ist es jedoch vorhanden, wie Abbildung 10.39 zeigt. Das erreichen Sie einfach über die Verwendung der Eigenschaft `display`.

Listing 10.35 ▶
Die Anzeige des Bildes in der hCard wird unterdrückt.

```
.vcard img {
    display: none;
}
```

Abbildung 10.39 ▶
Die fertige hCard im Browser Firefox

10.6.5 Schritt 5: Der Seitenfuß

Für die Formatierung dieses Bereichs, der über die ID `siteinformation` angesprochen wird, ist nur eine Grafik notwendig. Schneiden Sie dazu in Photoshop einen 5 Pixel breiten Streifen aus dem Verlaufshintergrund der Ebene aus, und speichern Sie diesen als *footer-bg.jpg*. Formatieren Sie dann den Bereich so über die Eigenschaft `clear`, dass alle vorhergehenden Floats aufgelöst werden. Außerdem fügen Sie den Hintergrund mit der entsprechenden Hintergrundfarbe hinzu. Die Hintergrundgrafik wird an der oberen linken Ecke ausgerichtet und über die X-Achse wiederholt.

▲ **Abbildung 10.40**
Der Hintergrund für den Seitenfuß

```
#siteinformation {
   clear: both;
   background: #5e2f2f url(bilder/footer-bg.jpg) top left
   repeat-x;
   padding: 20px;
   color: #ffcc99;
}
```

◀ **Listing 10.36**
Die Formatierung des Fußbereichs

10.6.6 Schritt 6: Finetuning

Es kommt sehr selten vor, dass ein Layout nach der ersten Umsetzung im Browser perfekt funktioniert. Sowohl visuelle als auch technische Probleme werden sich zeigen. In diesem kleinen Exkurs zeige ich Ihnen bewusst, dass es Änderungen auch an grundsätzlichen Entscheidungen gibt. Diese sind durch die klare Trennung von Inhalt und Formatierung, die wir vollzogen haben, auch sehr schnell umsetzbar.

▼ **Abbildung 10.41**
Mit ColorZilla eine Farbe für Firefox wählen

Im Firefox testen | Im nächsten Schritt testen Sie also die Formatierungen im Arbeitsbrowser Firefox und nehmen direkt entsprechende Änderungen an den (X)HTML- und CSS-Formatierungen vor.

Auf den ersten Blick gehen im gesamten Layout die Formatierungen für die besuchten und noch nicht besuchten Seiten unter. Deshalb ist es notwendig, eine neue Farbe zu finden. Diese könnte ein schönes Rot aus dem Angebotsbereich sein. Zur Abwechslung verwenden wir in diesem Fall die Firefox-Erweiterung ColorZilla (siehe Abschnitt 6.6), um die neue Farbe zu bestimmen. Klicken Sie mit der Maus auf die kleine Pipette in der Statusleiste des Browsers. Wählen Sie dann mit dieser Pipette eine passende Farbe durch einen weiteren Klick aus.

Über einen Rechtsklick auf das Icon können Sie die Farbwerte kopieren und in das Stylesheet einfügen.

Listing 10.37 ▶
Hyperlinks formatieren

```
a:link {
    color: #B11F32;
    text-decoration: none;
}
```

Web Developer Toolbar | Um das Ergebnis sichtbar zu machen, setzen Sie alle besuchten Links über die Web Developer Toolbar (vgl. Abschnitt 6.6) zurück. Klicken Sie dazu auf MISCELLANEOUS • VISITED LINKS • MARK ALL LINKS UNVISITED.

Lieber auf Deutsch?
Sie können die *Web Developer Toolbar* auch in deutscher Sprache installieren: www.erweiterungen.de/detail/Web_Developer

Abbildung 10.42 ▶
Sie können über die Web Developer Toolbar den Status aller Links beeinflussen.

Der vertikale Rhythmus einer Seite
Die Bestimmung des vertikalen Rhythmus einer Seite wurde in Abschnitt 3.3.5 beschrieben.

Die Schriftgröße erscheint generell zu klein, die Zeilenabstände zu gering. Alle Werte werden also entsprechend erhöht. Die Basisgröße wird von 12 Pixel auf 14 Pixel angehoben, die Zeilenhöhe von 18 auf 20 Pixel oder 1.43 em.

```
body {
    font-size: 14px;
    line-height: 1.43em;
    ...
}
```

Listing 10.38 ▶
Schriftgröße und Zeilenhöhe einstellen

Textformatierungen anpassen | Passend werden die anderen Textformatierungen so angepasst, dass sie der Abstufung von 14 px für Fließtext, 20 px für h2, 18 px für h3 und 16 px für h4 entsprechen. Der obere Außenabstand beträgt jeweils eine Zeile, der untere eine halbe.

Listing 10.39 ▶
Alle Textformatierungen

```
p {
    margin-top: 1.43em;
    margin-bottom: 0.65em;
}
```

```
h2 {
    font: 1.43em/1.1em Georgia, "Times New Roman", Times,
    serif;
    margin-top: 1.43em;
    margin-bottom: 0.65em;
}

h3 {
    font: 1.29em/1.2em Georgia, "Times New Roman", Times,
    serif;
    margin-top: 1.43em;
    margin-bottom: 0.65em;
    ..
}

h4 {
    font: 1.14em/1.42em Georgia, "Times New Roman", Times,
    serif;
    margin-top: 1.43em;
    margin-bottom: 0.65em;
}
```

◄ **Listing 10.39**
Alle Textformatierungen (Fortsetzung)

Als direkte Nachwirkung erscheint die Teaser-h2 nun viel zu mächtig und klobig. Um diese in zwei Größen zu formatieren, wird ein zusätzliches span-Element eingeführt und formatiert:

▼ **Listing 10.40**
Feinformatierung der H2

```
<h2>Feinste <em>Schokoladen</em> &amp; <em>Pralinés</em> aus dem  Herzen
Berlins.<span>Seit 1863 in Familientradition gefertigt.</span></h2>

#metainformation h2 {
    font: normal 2.3em/1 Georgia, "Times New Roman", Times, serif;
    padding: 50px 20px 5px 20px;
    ...
}

#metainformation h2 span {
    font: italic 0.5em/1 Georgia, "Times New Roman", Times, serif;
    display: block;
    float: left;
    padding: 10px 20px 10px 0;
    color: #C8945C;
    letter-spacing: 0.3em;
}
```

Navigation korrigieren | Die Abstände zwischen dem Text und der Begrenzung der Reiter der Navigation sind nun ebenfalls zu mächtig. Der Innenabstand aller Linkelemente wird also reduziert:

```
#navigation li a, #navigation li a:visited {
    padding: 15px;
    ...
}
```

Listing 10.41 ▶
Feinformatierung der Navigation

H3s hervorheben | Alle h3-Elemente fallen zu wenig ins Auge. Eine gepunktete Linie unten wird hinzugefügt.

```
h3 {
    border-bottom: 1px dotted #cc9966;
    ...
}
```

Listing 10.42 ▶
Optische Hervorhebung der h3

Kontraste | Die Schriftfarbe im Angebot ist zu hell und muss angepasst werden:

Abbildung 10.43 ▶
Hier fehlen deutliche Kontraste.

```
p.angebot {
    color: #663333;
    ..
}
```

Listing 10.43 ▶
Die Schriftfarbe wird angepasst.

Die Abstände des Produktfotos zum Text im Angebot sind zu klein und werden vergrößert:

```
.angebot .foto {
    padding: 0 15px 15px 0;
    ...
}
```

Listing 10.44 ▶
Mit etwas Abstand sieht es schöner aus.

Die Teilung zwischen Haupt- und Seitenspalte sollte stärker hervorgehoben werden. Deshalb wird dem Element #wrapper eine vertikal trennende Grafik hinzugefügt:

```
#wrapper {
   background: #FFEBCC url('bilder/wrapper-bg.jpg')
   585px 320px no-repeat;
   ...
}
```

◀ **Listing 10.45**
Hintergrund für Wrapper einrichten

Teaser anpassen | Dazu passend wird das Teaserfoto um einige Pixel nach rechts geschoben:

```
#teaserfoto {
   left: 610px;
   ...
}
```

◀ **Listing 10.46**
Neuer Abstand nach links

Diese kleinen und schnell vorgenommenen Änderungen haben einen großen Einfluss auf den Gesamteindruck des Layouts (siehe Abbildung 10.49). Im nächsten Schritt testen Sie das Layout auf mögliche Probleme und Fehler und beheben diese.

Die Schriftgröße erhöhen und reduzieren | In jedem zur Verfügung stehenden Browser wird die Schriftgröße erhöht und werden die Auswirkungen beobachtet. Wird der Schriftgrad fünffach erhöht, schiebt sich der letzte Navigationspunkt unter das Teaserbild. Das ist akzeptabel. Sie können über die Eigenschaft z-index allerdings auch erzwingen, dass alle Links aus der Navigationsleiste über dem Teaserbild angezeigt werden:

> **ACHTUNG Positionierung**
>
> Beachten Sie, dass z-index nur Einfluss auf positionierte Elemente hat. Vergleichen Sie dazu Abschnitt 2.2.7.

```
#navigation li a, #navigation li a:visited {
   ...
   position: relative;
   z-index: 1000;
}
```

◀ **Listing 10.47**
Die Navigation wird über dem Teaser platziert.

(X)HTML und CSS überprüfen | Es werden keine Fehler ausgegeben.

CSS abschalten | Achten Sie darauf, dass nun die »versteckten« Elemente wie h1 als Text, das »L« der Initialen und das Logo in der hCard sichtbar werden.

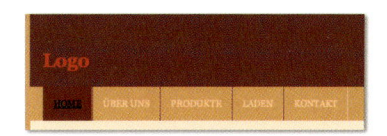

Abbildung 10.44
Der Seitenkopf bei abgeschalteten Bildern im Browser

Die Anzeige von Bildern unterbinden | Es zeigt sich, dass die Hintergrundfarben sowie die Farben für die Navigationsleiste und den gerade aktiven Navigationspunkt fehlerhaft sind.

Abhilfe schaffen die Ausrichtung am oberen linken Rand der Hintergrundgrafik und ein Auffüllen mit der entsprechenden Abschlussfarbe des Verlaufs.

```
#navigation {
    background: #582007 url('bilder/nav-bg.jpg') top left
    repeat-x;
    ...
}

#navigation li a.active {
    background: #FFEBCC url('bilder/nav-active.jpg') top
    left repeat-x;
    ...
}
```

Listing 10.48
Hintergrundfarbe korrigieren

Beide Tools finden Sie auf der beiliegenden DVD.

Farbe und Kontrast testen | Verwenden Sie den *Colour Contrast Analyser* (siehe Abschnitt 6.6) in Firefox, und wählen Sie EXTRAS • FARBKONTRASTE • ALLE TESTS.

Dieser Test zeigt, dass der Farbwert #cc9966 für Text eher zu schwach ist. Wählen Sie über die bisher verwendeten Methoden eine dunklere Farbe aus, und verwenden Sie diese. Suchen Sie im Stylesheet alle Instanzen von color: #cc9966; und ersetzen Sie diese. Im Beispiel verwende ich #774c20.

Diese neue Farbe sollte auch im Kopf des Stylesheets vermerkt werden:

```
# Farbton (Text, h3): #774c20
```

Color Oracle | Das in Abschnitt 4.4 vorgestellte Werkzeug *Color Oracle* ermöglicht es, Farbfehlsichtigkeit zu simulieren.

Abbildung 10.45
Testbilder aus Color Oracle (colororacle.cartography.ch)
① Deuteranopia
② Protanopia
③ Tritanopia

Grundsätzlich sind alle Elemente wahrnehmbar. Jedoch sind die Verweise im Fließtext in ❷ in Abbildung 10.45 fast nicht zu erkennen. Deshalb werden diese nun durch einen Unterstrich unterstützt.

```
#hauptinformation a:link, #nebeninformation a:link {
    border-bottom: 1px solid #B11F32;
}

#hauptinformation a:visited, #nebeninformation a:visited {
    border-bottom: 1px solid #5B2C26;
}

#hauptinformation a:hover, #nebeninformation a:hover {
    text-decoration: none;
    border-bottom: 1px solid #000;
    background: #FFF1DB;
}
```

◄ **Listing 10.49**
Eine Unterstreichung erhöht die Sichtbarkeit.

Unterstreichung unterdrücken | Zusätzlich wird die Klasse `randlos` eingeführt, um diese Unterstreichung in anderen Fällen zu unterdrücken, wie das beim Verweis auf die neuen Produkte der Fall ist:

```
<a href="#" title="Link zur Übersicht über unsere neuen
Produkte" class="randlos"><img src="bilder/banner.jpg"
width="200" height="220" alt="Katalogbanner" /></a>

a.randlos {
    border-bottom: none !important;
}
```

◄ **Listing 10.50**
Unterstreichung selektiv unterdrücken

◄ **Abbildung 10.46**
Die optimierte Version bei Protanopia

10.6 Umsetzung des Entwurfs in (X)HTML und CSS | **313**

Dokumentgrößen und Ladezeiten | Der Test erfolgt über Firefox und die Web Developer Toolbar: Information • View Document Size zeigt, dass die Elemente für den Hintergrund und das Teaserfoto sehr groß sind:

Abbildung 10.47 ▶
Die Dateigrößen der eingebundenen Dateien im Überblick

Documents (1 file)	8 KB
Images (17 files)	272 KB
http://www.einfach-modernes-webdesign.de/tmp/bilder/header.jpg	69 KB
http://www.einfach-modernes-webdesign.de/tmp/bilder/teaser.png	63 KB
http://www.einfach-modernes-webdesign.de/tmp/bilder/laden.jpg	44 KB
http://www.einfach-modernes-webdesign.de/tmp/bilder/banner.jpg	27 KB
http://www.einfach-modernes-webdesign.de/tmp/bilder/angebot.jpg	22 KB
http://www.einfach-modernes-webdesign.de/tmp/bilder/logo.png	19 KB
http://einfach-modernes-webdesign.de/schokoladen/bilder/schokoladen.jpg	15 KB
http://www.einfach-modernes-webdesign.de/tmp/bilder/plan.jpg	3 KB
http://www.einfach-modernes-webdesign.de/tmp/bilder/trenner.jpg	2 KB
http://www.einfach-modernes-webdesign.de/tmp/bilder/l.jpg	2 KB
http://www.einfach-modernes-webdesign.de/tmp/bilder/senden.jpg	1 KB
http://www.einfach-modernes-webdesign.de/tmp/favicon.ico	950 bytes
http://www.einfach-modernes-webdesign.de/tmp/bilder/bullet.jpg	665 bytes
http://www.einfach-modernes-webdesign.de/tmp/bilder/nav-bg.jpg	586 bytes
http://www.einfach-modernes-webdesign.de/tmp/bilder/nav-active.jpg	582 bytes
http://www.einfach-modernes-webdesign.de/tmp/bilder/footer-bg.jpg	567 bytes
http://www.einfach-modernes-webdesign.de/tmp/bilder/verlauf-angebot.jpg	535 bytes
Objects (0 files)	
Scripts (0 files)	
Style Sheets (2 files)	8 KB
Total	**288 KB**

Auch eine Photoshop-Trial-Version befindet sich auf der DVD.

Laden Sie diese Elemente noch einmal zur Optimierung in Photoshop. Über Für Web und Geräte speichern und die Reiter 2fach bzw. 4fach können Sie sich schnell einen Überblick über die Qualitätseinbußen bei niedriger Qualität verschaffen und so eine Qualität einstellen, die vielleicht etwas Platz spart.

Abbildung 10.48 ▶
Die Hintergrundgrafik des Kopfbereichs im Qualitätsvergleich

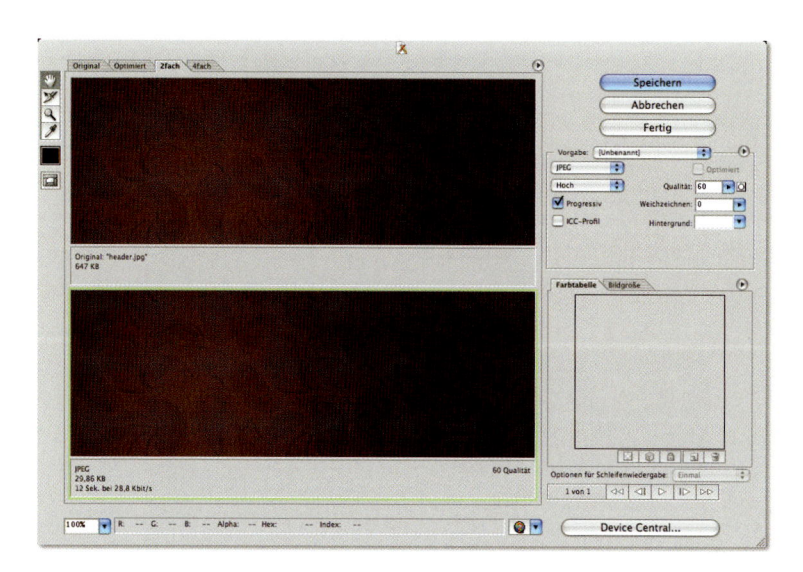

Die Speicherung der Datei *header.jpg* mit Qualität 60 statt 80 schrumpft die Dateigröße auf 30,6 KB. Testen Sie alle Grafiken noch einmal auf ihre Dateigröße, und speichern Sie diese gegebenenfalls neu ab.

Alte Browser testen | Im Internet Explorer 5.x wird das durch `margin: 0 auto;` zentrierte Element `#wrapper` an der linken Browserkante angelehnt. Als einziger Browser mit diesem Problem lässt sich der Internet Explorer 5.x zu der gewünschten Darstellung überreden, indem der Text im gesamten `body` zentriert wird.

Nutzen Sie das auf der DVD befindliche Tool Multiple IE, um ältere Browser zu testen.

```
body {
    ...
    text-align: center;
}
```

◀ **Listing 10.51**
Text zentrieren im IE

Da diese Formatierung vererbt wird, müssen nun alle Textelemente wieder links ausgerichtet werden. Da sich alle in `div`-Containern befinden, schreiben wir:

```
body div {
    text-align: left;
}
```

◀ **Listing 10.52**
Die Zentrierung innerhalb der div-Elemente rückgängig machen

Boxmodell Hack | Wie Sie in Abschnitt 2.2.5 gelesen haben, berechnet der Internet Explorer 5.x die Breite von Elementen anders als die anderen Browser. Daraus resultiert, dass Navigation und h2 im IE 5.x zu schmal dargestellt werden. Durch einen einfachen Trick, den *Simplified Boxmodell Hack*, lässt sich das beheben:

Browserspezifisches Vorgehen

Mehr zum Thema Browserhacks finden Sie in Abschnitt 6.8.8.

```
#metainformation h2 {
    padding: 50px 20px 5px 20px;
    width: 960px;
    w\idth: 920px;
}
```

◀ **Listing 10.53**
Die Breite für den IE 5.x anpassen

Die erste Breite ist für den IE 5.x, die zweite für alle anderen Browser. Ebenso müssen Sie mit der Navigation verfahren.

```
#navigation {
    ...
    width: 960px;
    w\idth: 940px;
    padding: 0 0 0 20px;
}
```

Zur Abrundung des Gesamtüberblicks wurde der erste Blindtext im ersten Absatz noch einmal gekürzt. Den letzten Abschnitten im Hauptteil wurde im Gegensatz dazu Text hinzugefügt. Natürlich sind das Ideallängen, an denen sich der Kunde in der Praxis nur orientieren kann. Die Gestaltung muss auch mit mehr oder weniger Text funktionieren.

▲ **Abbildung 10.49**
Vergleich zwischen erster Umsetzung ❶ und optimierter Version ❷

Nun wäre die Umsetzung so weit gediehen, dass sie dem Kunden vorgestellt werden kann.

Ich hoffe, die letzten Abschnitte haben gezeigt, dass Webdesign ein Prozess ist, der sich in einem Kontinuum mit vielen Schritten vollzieht, und dass es lange dauert, bis man »die« Lösung gefunden hat. Auch ist deutlich geworden, wie einfach sich Änderungen bei einer strikten Trennung von Struktur und Format vornehmen lassen.

10.6.7 Schritt 7: Eine Unterseite gestalten

Um dem Kunden zu demonstrieren, wie die weiteren Seiten aussehen können, die sich ja vom Layout her von der Startseite unterscheiden sollen, gestalten Sie eine sogenannte »Unterseite«. Dazu speichern Sie zunächst *index.html* als *seite.html*. Ändern Sie den Titel und die Body-ID.

```
<title>Schokoladen Dummy</title>
...
<body id="dummy">
```

◀ **Listing 10.54**
Titel- und Body-ID ändern

Navigationsleiste | Als Nächstes steht eine Überarbeitung der Navigationsleiste an. Verlinken Sie diese Datei in der Navigation und entfernen Sie die Klasse `active`. Dafür führen Sie für jeden Listenpunkt eine eigene ID ein, über die Sie diesen Punkt dann separat ansprechen können.

▼ **Listing 10.55**
Überarbeiten Sie die Navigation wie folgt.

```
<ul id="navigation">
    <li><a id="homenav" href="index.html" title="">Home</a></li>
    <li><a id="dummynav-1" href="seite.html" title="">Über uns</a></li>
    <li><a id="dummynav-2" href="seite.html" title="">Produkte</a></li>
    <li><a id="dummynav-3" href="seite.html" title="">Laden</a></li>
    <li><a id="dummynav-4" href="seite.html" title="">Kontakt</a></li>
</ul>
<!-- Ende Navigation -->
```

Tun Sie das auch in *index.html*.

Nun können Sie die aktuelle Seite, auf der sich der Nutzer befindet, leicht per CSS ansprechen und in der Navigation hervorheben.

```
body#start a#homenav, body#dummy a#dummynav-1,
body#dummy a#dummynav-2, body#dummy a#dummynav-3,
body#dummy a#dummynav-4 {
    background: #FFEBCC url(bilder/nav-active.jpg)
    top left repeat-x;
    color: #000;
    text-decoration: underline;
}
```

◀ **Listing 10.56**
Die aktuelle Seite wird hervorgehoben.

Später ersetzen Sie diese Dummylinks durch sinnvolle Titel.

Seien Sie kreativ | Ändern Sie den Text im Hauptteil Ihren Ideen entsprechend ab. Sie können die Klassen `intro` und `intro-s` verwenden oder auch andere Elemente einsetzen. Aus Platzgründen verweise ich an dieser Stelle auf die Quelltexte auf der DVD und auf der Webseite und zeige die fertige Unterseite als Screenshot.

WordPress

Nach erfolgreicher Präsentation beim Kunden steht im nächsten größeren Schritt an, dieses Gerüst in ein WordPress-Theme zu verwandeln.

Abbildung 10.50 ▶
Die Dummy-Seite

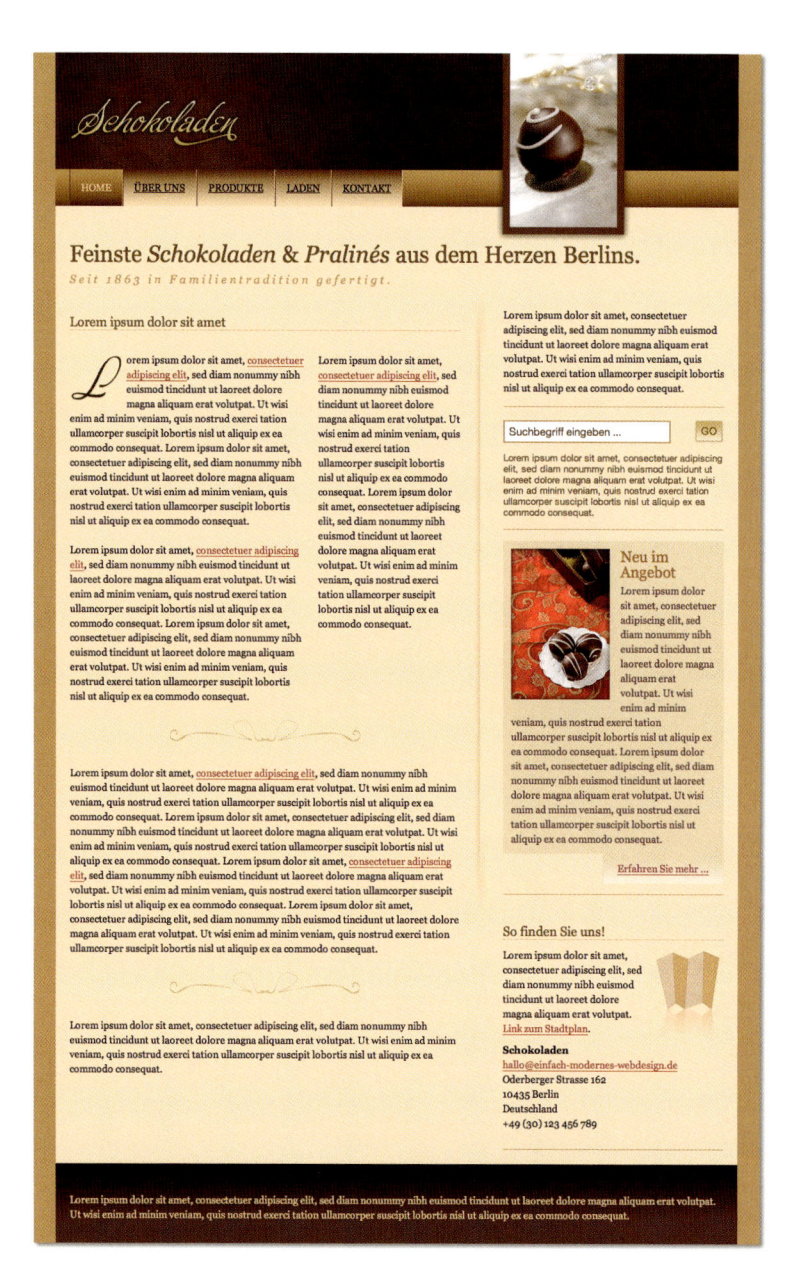

Alle Vorlagen, die hier beschrieben werden, finden Sie auch auf der DVD zum Buch.

10.7 Reflexion

Im letzten Kapitel habe ich versucht zu zeigen, dass Webdesign nicht »in einem Ruck« zu vollziehen ist. Ein Layout ist noch nicht mit dem Entwurf in Photoshop komplett vorgeplant, denn die unterschiedlichsten Faktoren erfordern, wie Sie gelesen haben, viele kleine und große Anpassungen.

Aus meiner Sicht kann ich Ihnen nur dazu raten, nicht die größtmögliche Detailtreue schon in Photoshop anzustreben, denn das kostet viel – häufig verschwendete – Zeit. Dieser Tipp gilt natürlich nur dann, wenn Sie eine Idee von der ersten Minute an bis zur kompletten Umsetzung auch selbst entwickeln. Im Team heißt das oberste Gebot »Kommunikation«, und das am besten von Anfang an. Nur so lassen sich unnötige Wege minimieren. Lautet die Aufgabenstellung, ein fertiges Design »nur« als Photoshop-Datei zu liefern, müssen Sie natürlich alle Details einbauen. Je nach Umfang des Projekts ist zu überlegen, ob eine Umsetzung in (X)HTML und CSS nebenbei trotzdem Sinn machen kann. Denn nur so lassen sich potenzielle Probleme der Website wirklich vorzeitig erkennen und eliminieren.

11 Ein WordPress-Theme gestalten

11.1 Was ist WordPress?

WordPress *(wordpress.org)* ist ein handliches und leicht zu bedienendes CMS, mit dem sich kleine Websites und vor allem Weblogs einfach managen lassen.

Verbreitung | WordPress ist kostenlos und weit verbreitet, was den Vorteil hat, dass es viele Weiterentwicklungen in Form sogenannter Plug-ins gibt. Die Nutzerzahl ist groß, und so werden im Netz viele Tutorials und Tipps sowie Themes veröffentlicht, von denen man als Nutzer ebenfalls Gebrauch machen kann.

Hosting | WordPress kann auf dem eigenen Server installiert werden oder auf WordPress.com *(wordpress.com)* kostenlos gehostet werden. Für deutsche Nutzer steht unter WordPress Deutschland *(wordpress-deutschland.org)* eine stets auf dem aktuellsten Stand gehaltene deutschsprachige Version zur Verfügung.

Grundsätzlich ist die Verwendung eines CMS heute zu empfehlen, wenn mehrere Seiten ins Netz gestellt werden sollen. Als Autor müssen Sie sich beim Schreiben und Veröffentlichen dann nur auf die Inhalte konzentrieren. Das Layout, die Strukturierung der Seiten, eventuelle Benachrichtigungen usw. übernimmt das System für Sie. Mehrere Nutzer können in einem solchen System auf verschiedenen Ebenen und mit unterschiedlichen Rechten miteinander agieren und kommunizieren und redaktionelle Inhalte einstellen.

Usability und Webstandards | WordPress bietet Ihnen diese Funktionalität gepaart mit guter Unterstützung von Webstandards und guter Benutzerfreundlichkeit auf der Administrationsebene. Es ist leicht zu installieren und auch zu warten. Das ist wichtig, denn bei aller Bekanntheit stehen häufige Updates vor allem zur Absicherung des Systems an. Neben der Möglichkeit, ein Weblog im Netz zu betreiben, bietet WordPress mit einer guten Seitenverwaltung eine solide Basis für eine kleine Website.

[CMS]
Content Management System. Es dient der Verwaltung und Pflege von Websites, die meist komplexer sind.

WordPress finden Sie auf der beiligenden DVD.

[Weblog]
Eine dynamisch verwaltete Website, die regelmäßig aktualisierte Inhalte anbietet.

CMS oder nicht?
Die Frage, wann ein CMS angebracht ist, diskutieren die Webkrauts unter der Überschrift »Pro und Contra: CMS für kleine Webseiten?«:
webkrauts.de/2007/12/01/pro-und-contra-cms-fuer-kleine-webseiten

WordPress besteht aus drei Teilen: den **Applikations-Dateien**, die zum Betrieb der Software notwendig sind, den **Plug-in-Dateien**, die optional sind und die Funktionalität der Software erhöhen, und den **Template-Dateien**, über die das Aussehen und Verhalten der Webseiten gesteuert wird.

Warum WordPress eine gute Wahl ist | Im vorliegenden Beispiel möchte der Kunde alle Arbeiten am System und auch die gesamte redaktionelle Arbeit später selbst übernehmen. Gerade in diesem Fall bietet sich WordPress an. Auch wenn die Blog-Funktion nicht im Vordergrund steht, wird die Seitenverwaltung sehr hilfreich beim Betrieb der Site sein.

11.2 Technische Voraussetzungen für WordPress

Was brauchen Sie, um eine eigene, durch WordPress angetriebene Site zu gestalten? – Sie brauchen …

- die aktuellste Version von WordPress, die Sie unter *wordpress-deutschland.org* in deutscher Sprache beziehen können.
- eine lokale Installation von XAMPP (*www.apachefriends.org/de/xampp.html*) oder MAMP (*www.mamp.info*), einer Distribution von Apache, MySQL, PHP und Perl, die es ermöglicht, diese Programme auf sehr einfache Weise zu starten und so WordPress lokal auf dem eigenen Rechner laufen zu lassen.
- einen Editor mit PHP-Unterstützung. Alle in Kapitel 6 vorgestellten Editoren können auch mit PHP-Dateien umgehen. Für (X)HTML und CSS sind sie bereits gerüstet.
- eine Internetverbindung, um gegebenenfalls im WordPress Codex (*codex.wordpress.org*) nähere Details zum Umgang mit WordPress und dem Aufbau von Vorlagen nachschlagen zu können.

11.3 Die wichtigsten Bestandteile eines WordPress-Themes

11.3.1 Templates

Ein sogenanntes »Theme« setzt sich aus mehreren Dateien, den »Templates« (Vorlagen), zusammen, die in ihrer Gesamtheit die Ausgabe der Website darstellen. Es besteht aus mehreren PHP- und CSS-Dateien. Während WordPress einige Templates an ihrem Namen automatisch erkennt und korrekt verwendet, müssen andere gesondert kenntlich gemacht werden. Ich gehe im Folgenden davon aus, dass die deutsche WordPress-Version verwendet wird. Alle Themes

---

WordPress Helper

Firefox-Nutzer finden in dieser Erweiterung (*www.schloebe.de/firefox-extensions/wordpress-helper*) einen nützlichen Helfer: Über das Firefox-Kontextmenü kann auf Dokumente des WordPress Codex zugegriffen werden. So hat man alle wichtigen Hilfen stets zur Hand. Auch die Suche nach markiertem Text auf allen WordPress-Seiten ist möglich. Ebenso kann man per Mausklick zum WordPress-Adminbereich der aktuellen Seite springen.

XAMPP – schon bekannt?
Weitere Informationen zu XAMPP finden Sie in Abschnitt 6.5.

Die Software XAMPP befindet sich auf der Buch-DVD.

WordPress Codex

Alle wichtigen Informationen zur Arbeit von und mit WordPress und zum Aufbau und Umgang mit Themes finden Sie im hervorragenden »WordPress Codex« unter *codex.wordpress.org*.

befinden sich im Ordner *WP-CONTENT/THEMES/*. Wenn Sie WordPress zum ersten Mal herunterladen, finden Sie die Themes »classic«, »default« und »default_de« in diesem Ordner.

Das Theme im Ordner DEFAULT_DE ist standardmäßig aktiviert, wenn Sie diese Version von WordPress installieren. Es empfiehlt sich, sich den Aufbau der Dateien im Vorfeld einmal anzuschauen. WordPress verwendet intern einen Suchbefehl, um festzustellen, ob es für eine bestimmte Aufgabe eine Vorlagen-Datei gibt. Gibt es diese nicht, wird ein Standard verwendet. Die einzig wirklich notwendige Datei in einem Theme ist deshalb auch *index.php*. Für alle anderen Dateien können Sie entscheiden, ob Sie in einem Theme enthalten sein sollen oder nicht.

Vorlagendateien | Die wichtigsten Vorlagendateien, die WordPress selbst erkennt, sind in Tabelle 11.1 aufgeführt.

Template	Aufgabe
404.php	Vorlage, die genutzt wird, wenn eine Seite nicht gefunden wurde
archive.php	Archiv-Vorlage
author.php	Vorlage zur Vorstellung der Autoren (sinnvoll nur, wenn mehrere Autoren schreiben)
category.php	Vorlage für Kategorieseiten
comments.php	Vorlage für die Anzeige von Kommentaren zu Weblog-Beiträgen, die in ein anderes Template über `get_comments()` eingebunden werden muss
footer.php	Vorlage für den Fußbereich, die in ein anderes Template über `get_footer()` eingebunden werden muss
header.php	Vorlage für den Kopfbereich, die in ein anderes Template über `get_header()` eingebunden werden muss
index.php	Standardvorlage, obligatorisch
links.php	Vorlage für die Anzeige aller Links, die über die sogenannte »Blogrolle« eingetragen wurden
page.php	Vorlage für einzelne Seiten
search.php	Vorlage für die Suchseite
searchform.php	Vorlage für das Suchformular
sidebar.php	Vorlage für die Seitenleiste, die in ein anderes Template über `get_sidebar()` eingebunden werden muss
single.php	Vorlage für einen Einzelbeitrag aus dem Weblog
style.css	Formatvorlagen

▲ **Tabelle 11.1** Häufige WordPress-Templates

Index.php | Sollte eine dieser Dateien fehlen, wird *index.php* verwendet. Sie können weitere Vorlagen erstellen, die über einen notwendigen Kommentar von WordPress erkannt werden. Möchten Sie zum Beispiel die Datei *produkte.php* als Vorlage für eine ganz gezielte Ausgabe von Produkten verwenden, schreiben Sie Folgendes in den Kopf der Datei:

Mehr zu WordPress
Auf den Seiten der deutschen WordPress-Dokumentation finden Sie weiterführende Informationen: *www.wordpress-deutschland.org*

```php
<?php
/*
Template Name: Produkte
*/
?>
```

WordPress wird Ihnen die Vorlage dann beim Schreiben und Verwalten von Seiten als Option unter dem Namen »Produkte« anbieten.

Vorlagen integrieren | Möchten Sie eine Vorlage in eine andere integrieren, so wie das mit den Header-, Footer-, Sidebar- und Comments-Dateien der Fall ist, haben Sie drei Möglichkeiten. Sie können eine Datei, die sich im Vorlagen-Ordner befindet, über den folgenden Aufruf einbinden:

```php
<?php
include (TEMPLATEPATH . 'eine-vorlage.php');
?>
```

Eine Datei aus dem Root-Verzeichnis binden Sie über ABSPATH ein:

```php
<?php
include (ABSPATH . 'wp-content/themes/default/eine-vorlage.php');
?>
```

> **ACHTUNG!**
> Ein Stylesheet wird in WordPress nur erkannt, wenn die Datei den Namen *style.css* trägt.

Eine Datei, die auf einem anderen Server liegt, können Sie über die volle URL einbinden:

```php
<?php
include('http://www.eine-website.de/eine-datei.php');
?>
```

Listing 11.1 ▶
Dateien einbinden in WordPress

11.3.2 Template-Tags
Alle Vorlagen verwenden neben (X)HTML, PHP und CSS sogenannte *Template-Tags*, über die das System die Informationen aus der MySQL-Datenbank ausgibt. Das sind PHP-Codeschnipsel. Über verschiedene Parameter kann die Ausgabe dieser Tags modifiziert werden. Aus Platzgründen ist es nicht möglich, hier eine vollständige Übersicht über alle Tags zu geben.

Ein Beispiel aus der offiziellen Header-Vorlage *header.php*:

Listing 11.2 ▶
Template-Tags im Header

```
<meta name="generator" content="Wordpress <?php bloginfo(‚version'); ?>" /> <!-- leave this for stats -->
```

```
<link rel="stylesheet" href="<?php bloginfo('stylesheet_
url'); ?>" type="text/css" media="screen" />
```

In diesem Beispiel sind die Template-Tags mit ihren Parametern, die in Klammern stehen, fett hervorgehoben worden: `bloginfo('version');` gibt die verwendete WordPress-Version und `bloginfo('stylesheet_url');` gibt die URL des Stylesheets aus.

Aufhänger | Einige sogenannte »Hooks« (Haken) sind für WordPress und dessen Plug-ins und Erweiterungen zwingend notwendig. Diese müssen in einem abgewandelten oder neuen Theme auf jeden Fall erhalten sein, denn nur so können z. B. die Funktionen einiger Plug-ins automatisch durch das CMS selbst eingebunden werden. Tabelle 11.2 zeigt Ihnen, welche das sind.

◀ **Listing 11.2**
Der WordPress-Header (Fortsetzung)

> **WordPress nachschlagen**
>
> Eine Übersicht über alle *Template-Tags* finden Sie im bereits angesprochenen WordPress Codex (*codex.wordpress.org/Template_Tags*) und als Übersicht im Spickzettel von Frank Bueltge (*bueltge.de/wp-wordpress-cheat-sheet-fuer-theme-tags-und-plugin-api/205*).

Hook	Notwendig in der Datei
`<?php wp_head(); ?>`	*header.php*
`<?php do_action('comment_form', $post->ID); ?>`	*comments.php*
`<?php wp_meta(); ?>`	*sidebar.php*
`<?php wp_footer(); ?>`	*footer.php*

◀ **Tabelle 11.2**
WordPress-Hooks

Sie haben die Möglichkeit, über Conditional Tags bestimmte Werte abzufragen. Eine gut angepasste Titelzeile einer Website könnte wie im folgenden Beispiel ausschauen:

```
<title>
<?php
if (is_single()) {
   wp_title('');
   echo , - .;
   bloginfo('name');
} elseif (is_404()) {
   echo 'Es ist ein Fehler aufgetreten';
} elseif (is_home()) {
   bloginfo('name');
} elseif (is_category()) {
   single_cat_title();
   echo , - .;
   bloginfo('name');
} elseif (is_month()) {
   the_time('F Y');
   echo , - .;
   bloginfo('name');
```

◀ **Listing 11.3**
Hier werden über Conditional Tags bestimmte Inhalte je nach Ausgabe-Seite abgerufen.

Operator

In den meisten Programmiersprachen dienen Operatoren zur Steuerung von Befehlsfolgen.

```
}
elseif (is_page()) {
    the_title(); echo . - .;
    bloginfo('name');
}
    else { bloginfo('name'); }
?>
</title>
```

Über die Tags `is_single()`, `is_404()`, `is_home()`, `is_category()`, `is_month()` und `is_page()` wird abgefragt, um welche Art Seite es sich handelt (Einzelseite, Kategorieseite etc.), und die Ausgabe in der Titelzeile wird dann dementsprechend angepasst. Sie können diese Abfragen entsprechend über logische Operatoren kombinieren, wie Tabelle 11.3 zeigt.

Tabelle 11.3 ▶
Logische Operatoren

Operator	Ergebnis
x || y	x oder y
x or y	x oder y
x && y	x und y
x and y	x und y
! x	nicht x
x xor y	entweder x oder y, aber nicht beide

Loop | Das Herzstück einer WordPress-Seite ist der sogenannte Loop, der dafür zuständig ist, Inhalte auf den Seiten auszugeben. Es folgt der Loop der *index.php*; Anfang und Ende sind fett hervorgehoben. Innerhalb des Loops werden gewünschte Daten der Einträge (wie eine Überschrift, der Beitragstext, die Anzahl der Kommentare und deren Verlinkungen) ausgegeben. Sollten keine passenden Informationen vorhanden sein, wird eine entsprechende Meldung angezeigt und ein Suchformular eingeblendet.

▼ Listing 11.4
Der Kern von WordPress. Über den Loop werden die Beiträge ausgelesen.

```
<?php if (have_posts()) : ?><?php while (have_posts()) : the_post(); ?>

<div class="post" id="post-<?php the_ID(); ?>">
<h2><a href="<?php the_permalink() ?>" rel="bookmark" title="Permanent Link to <?php the_title_attribute(); ?>"><?php the_title(); ?></a></h2>
<small><?php the_time('j. F Y') ?> <!-- von <?php the_author() ?> --></small>
<div class="entry"><?php the_content('Den ganzen Beitrag lesen &#187;'); ?></div>
<p class="postmetadata"><?php the_tags('Tags: ', ', ', '<br />'); ?> Kategorie <?php the_category(', ') ?> <strong>|</strong> <?php comments_popup_link('0 Kommentare
```

```
&#187;', '1 Kommentar &#187;', '% Kommentare &#187;'); ?> <?php edit_post_link('Bearbe
iten','<strong>|</strong> ','''); ?> </p>
</div>
<?php endwhile; ?>
<div class="navigation">
<div class="alignleft"><?php next_posts_link('&laquo; Vorherige Eintr&auml;ge') ?></
div>
<div class="alignright"><?php previous_posts_link('N&auml;chste Eintr&auml;ge &ra-
quo;') ?></div>
</div>
<?php else : ?>
<h2 class="center">Nicht gefunden</h2>
<p class="center">Sorry, aber du suchst gerade nach etwas, was hier nicht ist.</p>
<?php include (TEMPLATEPATH . "/searchform.php"); ?>
<?php endif; ?>
```

Das Beispiel zeigt die Verwendung der Template-Tags im Loop. Es zeigt aber auch, dass in diesem Theme schon viele Elemente, Klassen und IDs eingebaut sind, die Sie für ein eigenes Theme verwenden, abändern oder weglassen können. Auch hier gilt wie immer: Weniger ist mehr, und die Semantik steht bei der Wahl der Elemente an erster Stelle. Wenn Sie ein eigenes Design gestalten, seien Sie wählerisch, wenn es um die Auswahl einzelner Elemente geht.

Die meisten Tools, die im Buch vorgestellt werden, finden Sie auf der beiliegenden DVD. Dennoch empfiehlt sich immer ein Blick ins Netz, ob eine aktuellere Version vorliegt.

11.4 Vom Template zum Theme

Die Übertragung des eigenen Designs in ein WordPress-Theme lässt sich nur bedingt systematisch beschreiben, denn die Umsetzung hängt von der Komplexität des entsprechenden Entwurfs ab. Trotzdem möchte ich es exemplarisch versuchen. Grundsätzlich splitten Sie Ihre Vorlagen in die Einzelbausteine des WordPress-Themes auf, d. h., Sie gestalten zunächst einmal *header.php*, *index.php*, *sidebar.php* und *footer.php*. Dann erweitern Sie Ihr Theme-Paket um die jeweils noch notwendigen Vorlagen.

11.4.1 WordPress lokal installieren

Neben den bisher verwendeten Programmen benötigen Sie für die Arbeit mit WordPress eine funktionstüchtige Server-Umgebung mit PHP und MySQL. Diese können Sie bei einem Provider außerhalb Ihres eigenen Netzwerks anlegen oder lokal starten, wie in Kapitel 6. angesprochen wurde. Dazu laden Sie die aktuellste Version von XAMPP (*www.apachefriends.org/de/xampp.html*) bzw. MAMP (*www.*

Exemplarisch mit MAMP

In diesem Tutorial wird MAMP verwendet, um die Installation von WordPress zu zeigen. Der Umgang mit XAMPP ist vergleichbar.

WordPress unter XAMPP installieren

Blogshop zeigt in einem Tutorial (*blogshop.de/wordpress/wordpress-unter-xampp-installieren*), wie Sie WordPress unter XAMPP installieren.

mamp.info), je nachdem an welchem Betriebssystem Sie arbeiten, auf Ihren Rechner und installieren das Programm den Anweisungen entsprechend. Laden Sie zunächst die aktuellste Version von WordPress (*wordpress-deutschland.org*) auf Ihren Rechner. Kopieren Sie alle Dateien in einen Projektordner wie zum Beispiel PROJEKTE/KUNDENNAME/WORDPRESS.

Pfade ändern | Starten Sie MAMP, und ändern Sie in den Einstellungen für Apache den Pfad zu den Dokument-Dateien. Tragen Sie den eben erstellten Ordner ein.

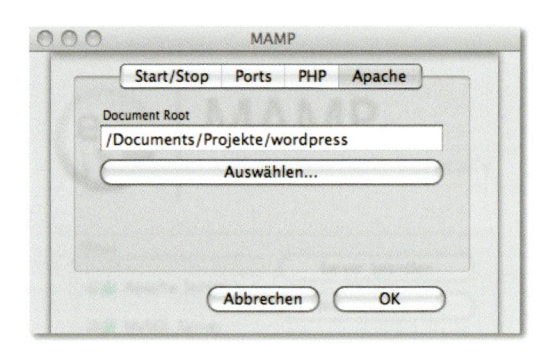

Abbildung 11.1 ▶
Alternatives Wurzelverzeichnis für MAMP

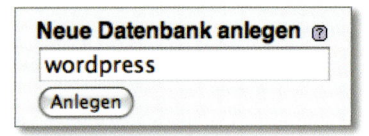

Abbildung 11.2 ▲
Eine neue Datenbank in phpMyAdmin anlegen

Beim Start hat MAMP eine Seite in Ihrem Browser geöffnet (*localhost:8888/MAMP*). Folgen Sie den angezeigten Informationen, um mit phpMyAdmin eine neue Datenbank anzulegen. Nennen Sie diese »wordpress«.

Konfiguration bearbeiten | Nun benennen Sie im WordPress-Verzeichnis die Datei *wp-config-sample.php* in *wp-config.php* um und öffnen diese, um die aktuelle Konfiguration für WordPress einzutragen und Zugriff auf die eben erstellte Datenbank zu erlauben. Sie finden in der Datei folgende Eintragungen:

▼ **Listing 11.5**
Die Konfigurationsdatei

```
define('DB_NAME', 'putyourdbnamehere');    // Der Name der Datenbank, die du benutzt.
define('DB_USER', 'usernamehere');         // Dein MySQL-Datenbank-Benutzername.
define('DB_PASSWORD', 'yourpasswordhere'); // Dein MySQL-Passwort
```

▼ **Listing 11.6**
Diese Anpassungen müssen Sie vornehmen.

Ändern Sie diese wie folgt ab:

```
define('DB_NAME', 'Wordpress');   // Der Name der Datenbank, die du benutzt.
define('DB_USER', 'root');        // Dein MySQL-Datenbank-Benutzername.
define('DB_PASSWORD', 'root');    // Dein MySQL-Passwort
```

Speichern Sie die Datei, und öffnen Sie im Browser *http://localhost:8888*, um WordPress lokal zu installieren. Es öffnet sich die Installationsroutine, in der Sie den Blognamen und Ihre E-Mail-Adresse eingeben müssen. Füllen Sie die Felder aus, und entfernen Sie das Häkchen für »Ich möchte, dass mein Blog in Suchmaschinen, wie Google oder Technorati erscheint«. Klicken Sie dann auf die Schaltfläche INSTALLIEREN. WordPress weist Ihnen auf der folgenden Seite ein Login »admin« und ein Passwort zu. Diese Informationen werden Ihnen auch per E-Mail zugestellt. Noch erfolgreicher Anmeldung befinden Sie sich im Administrationsmenü unter *http://localhost:8888/wp-admin*.

ACHTUNG PORT
Die »8888« gibt den Port an, über den MAMP in aller Regel angesprochen werden muss.

11.4.2 Das Template wird zum Theme

Arbeit mit den Vorlagen | Im Folgenden passen Sie die Theme-Dateien von WordPress so an, dass Sie das im letzten Kapitel umgesetzte Layout annehmen.

Dazu öffnen Sie zwei Dateimanager-Fenster. Im einen lassen Sie den Vorlagen-Ordner anzeigen, in dem alle Dateien aus dem letzten Kapitel liegen. Im zweiten öffnen Sie *WP-CONTENT/THEMES/*. Duplizieren Sie dort den Ordner *default_de*, und benennen Sie ihn in *schokoladen* um. Löschen Sie in diesem Ordner den Ordner *images*, und kopieren Sie dafür den Order *bilder* in das Verzeichnis. Löschen Sie im WordPress-Verzeichnis die Dateien *attachment.php*, *comments-popup.php*, *functions.php*, *links.php*, *style.css* und *rtl.css*. Kopieren Sie *css.css* und *druck.css* in den Ordner *WP-CONTENT/THEMES/SCHOKOLADEN*, und benennen Sie die Datei *css.css* in *style.css* um. Öffnen Sie die Datei, und ersetzen Sie die allgemeinen Beschreibungen durch Informationen, die WordPress verarbeiten kann:

Pragmatik geht vor!
Es gibt Situationen, in denen ein CMS entweder einen bestimmten Code benötigt oder aber eine bestimmte Lösung anbietet, wie WordPress in diesem Falle. Hier macht es Sinn, das Angebot anzunehmen. In der Praxis ist es deshalb immer wichtig, dass alle beteiligten Personen miteinander kommunizieren. Eine solche Vorgabe des CMS könnte beispielsweise vom umsetzenden Entwickler an den Frontend-Entwickler vorher kommuniziert werden, sodass dieser das für seinen Dummy schon einplanen kann.

```
/*
Theme Name: Wordpress-Theme für Schokoladen
Description: Demo-Theme für das Projekt Schokoladen.
Author: Manuela Hoffmann
Author URI: http://einfach-modernes-webdesign.de
Start: 01.02.2008
Letzte Aenderung: 01.02.2008
*/
```

◄ **Listing 11.7**
Ändern Sie die in der neuen style.css angegebenen Kopfdaten, damit WordPress diese später auslesen kann.

So ist das System in der Lage, eine Beschreibung zum Theme im Administrationsmenü zu liefern.

Weitere Anpassungen | Eine weitere Anpassung für das CSS sollten Sie an dieser Stelle vornehmen. WordPress kennzeichnet die aktuelle Seite, auf der sich der Nutzer befindet, in der Navigation über die Klasse `current_page_item` – allerdings nicht, wie es in unserer Beispielgestaltung der Fall ist, im `a`-Element, sondern im `li`-Element.

Der bisherige Code

▼ **Listing 11.8**
Die Formatierungen aus Kapitel 10 …

```css
body#start a#homenav, body#dummy a#dummynav-1, body#dummy a#dummynav-2, body#dummy
a#dummynav-3, body#dummy a#dummynav-4 {
    background: #FFEBCC url(bilder/nav-active.jpg) top left repeat-x;
    ...
}
```

▼ **Listing 11.9**
… müssen an die WordPress-Vorgaben angepasst werden.

muss also so modifiziert werden, sodass jedes Listenelement den entsprechenden Hintergrund trägt:

```css
#navigation li.current_page_item {
    background: #FFEBCC url(bilder/nav-active.jpg) top left repeat-x;
}

#navigation li.current_page_item a, #navigation li.current_page_item a:visited {
    background: transparent;
    color: #000;
    text-decoration: underline;
}
```

Quelltext aufräumen | Um nun irrelevanten Quelltext aus den WordPress-Originalvorlagen zu löschen, öffnen Sie alle PHP-Dateien innerhalb des WordPress-Theme-Ordners in einem Editor und säubern die Vorlagen über Suchen und Ersetzen.

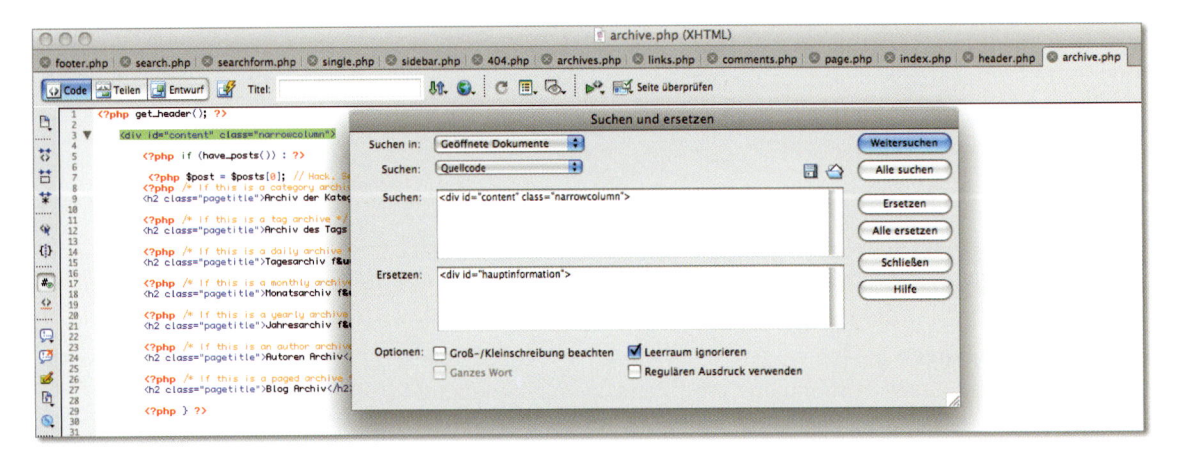

Abbildung 11.3 ▼
Suchen und ersetzen in Dreamweaver CS3

Dabei gilt es, wo möglich automatisch die neuen Namen und Strukturen in die WordPress-Vorlagen zu übertragen.

Abbildung 11.3 zeigt, wie Sie in Dreamweaver CS3 die Formatierung der WordPress-Vorlage in **allen Dateien** durch die des Schokoladens über einen Befehl ersetzen können. Auf diese Art und Weise ersparen Sie sich viel Tipperei.

Die folgenden Codeschnipsel können Sie auf diese Weise schnell ersetzen:

Editoren

Natürlich können Sie auch andere Editor verwenden. Hier wurde *Dreamweaver CS3* verwendet, da dieser für Windows und Mac OS verfügbar ist. Empfehlungen für Editoren, die diese Aufgabe bewältigen, finden Sie in Abschnitt 6.4.

Quelltext in WordPress	Quelltext für den Schokoladen
`<div id="content" class="narrowcolumn">`	`<div id="hauptinformation">`
`<h2><a href="<?php the_permalink() ?>" rel="bookmark" title="Permanent Link to <?php the_title_attribute(); ?>"><?php the_title(); ?></a></h2>`	`<h3><a href="<?php the_permalink() ?>" rel="bookmark" title=" Link auf <?php the_title_attribute(); ?>"><?php the_title(); ?></a></h3>`
`<small><?php the_time('j. F Y') ?> <!-- von <?php the_author() ?> --></small>`	`<p class="zeit"><?php the_time(‚j. F Y‘) ?> <!-- von <?php the_author() ?> --></p>`
`<div class="navigation"><div class="alignleft"><?php next_posts_link('&laquo; Vorherige Eintr&auml;ge') ?></div><div class="alignright"><?php previous_posts_link('N&auml;chste Eintr&auml;ge &raquo;') ?></div></div>`	`<p class="navigation"><span class="links"><?php next_posts_link(‚&laquo; Vorherige Eintr&auml;ge‘) ?></span><span class="rechts"><?php previous_posts_link(‚N&auml;chste Eintr&auml;ge &raquo;‘) ?></span></p>`
`<h2 class="center">Nicht gefunden</h2>`	`<h3>Nicht gefunden</h3>`

▲ **Tabelle 11.4**
Änderungen für die relevanten WordPress-Vorlagen

Dateien anpassen: header.php | Öffnen Sie *header.php*, und passen Sie die Datei den aktuellen Vorgaben an. Der Titel im Original setzt sich wie folgt zusammen:

▼ **Listing 11.10**
Standard WordPress-Vorlage

```
<title><?php bloginfo(‚name‘); ?> <?php if ( is_single() ) { ?> &raquo; Blog Archiv <?php } ?> <?php wp_title(); ?></title>
```

wird zu

▼ **Listing 11.11**
Der Titel steht mit Bindestrich vor dem Sitenamen.

```
<title><?php bloginfo(‚name‘); ?> <?php if ( is_single() ) { ?> - <?php } ?> <?php wp_title(); ?></title>
```

▼ **Listing 11.12**
Druck-Stylesheet einbinden

Fügen Sie den Verweis auf das Druck-Stylesheet hinzu:

```
<link rel="stylesheet" href="<?php bloginfo('stylesheet_url'); ?>" type="text/css"
media="screen" />

<link rel="stylesheet" type="text/css" media="print" href="<?php
bloginfo('stylesheet_directory'); ?>/druck.css" />
```

▼ **Listing 11.13**
Für unsere Zwecke überflüssig.

Das Standard-Theme »Kubrick« ermöglicht es, einen eigenen Hintergrund für den Header einzufügen. In unserem Falle ist das unerwünscht. Löschen Sie deshalb alle Hinweise darauf.

```
<style type="text/css" media="screen">
<?php
// Checks to see whether it needs a sidebar or not
if ( !$withcomments && !is_single() ) {
?>
#page { background: url("<?php bloginfo('stylesheet_directory'); ?>/images/kubrickbg-
<?php bloginfo('text_direction'); ?>.jpg") repeat-y top; border: none; }
<?php } else { // No sidebar ?>
#page { background: url("<?php bloginfo('stylesheet_directory'); ?>/images/kubrickbg-
wide.jpg") repeat-y top; border: none; }
<?php } ?>
</style>
```

▼ **Listing 11.14**
Quelltext der sich im Header anschließt

Ersetzen Sie die Elemente im body durch die bereits im letzten Kapitel entwickelten Elemente. Der Kopfbereich, der in *header.php* eingebunden werden soll, wird bis an den Beginn der Haupttextspalte reichen. Dazu ist es notwendig, den Quellcode durch WordPress-Tags zu ersetzen bzw. zu ergänzen.

```
<div id="wrapper">
<div id="metainformation">
<div id="teaserfoto"></div>
<h1><a href="<?php bloginfo('url'); ?>" title="Zur Startseite"><img src="<?php
bloginfo('stylesheet_directory'); ?>/bilder/logo.png" width="240" height="70"
alt="Logo" /><span>Schokoladen</span></a></h1>
```

Die URL zu *logo.png* wurde durch das Template-Tag `bloginfo('stylesheet_directory');` ersetzt, was bewirkt, dass WordPress automatisch die URL zum Pfad *WP-CONTENT/THEMES/SCHOKOLADEN* einsetzt. Für die Anzeige aller vorhandenen Seiten in der Navigation wird das Template-Tag `wp_list_pages('sort_column=menu_order&title_li=');` verwendet.

```
<ul id="navigation">
   <?php wp_list_pages('sort_column=menu_order&title_
   li='); ?>
</ul><!-- Ende  Navigation -->
<h2>Feinste <em>Schokoladen</em> &amp; <em>Pralinés</em>
   aus dem Herzen Berlins.<span>Seit 1863 in Familien-
   tradition gefertigt.</span></h2>
</div>
```

◂ **Listing 11.15**
Die WordPress-Seitennavigation verwenden.

Der Wert `sort_column=menu_order` bewirkt dabei, dass die Navigationselemente in der Reihenfolge ihrer Entstehung angezeigt werden. `title_li=` sorgt für die Unterdrückung einer Überschrift über dem Menü.

Dateien anpassen: sidebar.php | Öffnen Sie *sidebar.php*. Ersetzen Sie zunächst `<div id="sidebar">` durch `<div id="nebeninformation">`. Wie Sie sehen, sind alle Bereiche der Seitenleiste im originalen WordPress-Theme ebenfalls in einer ungeordneten Liste zusammengefasst.

```
<div id="nebeninformation">
<ul>
...
```

WordPress bietet über *Widgets* die Möglichkeit, Informationen in der Sidebar unabhängig vom Theme anzuzeigen. Um dies dem Kunden später zu ermöglichen, belassen Sie den folgenden Code im Template:

```
<?php /* Widgetized sidebar, if you have the plugin
installed. */
if ( !function_exists(‚dynamic_sidebar') || !dynamic_
sidebar() ) : ?>
```

◂ **Listing 11.16**
Dieser Teil bleibt stehen.

Dem Plan folgend, schließt sich ein Willkommenstext an, der in diesem Stadium durch einen Blindtext repräsentiert wird.

> **WordPress Widgets**
>
> *Widgets* sind kleinere Plug-ins, die ohne Änderungen an den Vorlagen in einer WordPress-Seitenleiste aktiviert werden können. *Widgets* finden Sie unter anderem im Widgets Blog, *widgets.wordpress.com*. Es wird davon ausgegangen, dass die Widgets innerhalb einer Liste als Seitenleiste eingepflegt werden, was wenig sinnvoll ist, denn alle Widget-Container wären Listenelemente. Deshalb kann man dieses Verhalten mit einer kleinen PHP-Datei überschreiben (siehe *automattic.com/code/widgets/themes*).

Listing 11.17 ▶
Der Willkommenstext

```
<li>
   <p>
      Lorem ipsum dolor sit amet, consectetuer
      adipiscing elit. ...
   </p>
</li>
```

Es folgt das Suchformular, das wir über die externe Datei *searchform.php* einbinden, die etwas später angepasst wird.

Listing 11.18 ▶
Einbinden einer externen Datei

```
<li>
   <?php include (TEMPLATEPATH . /searchform.php'); ?>
</li>
```

▼ **Listing 11.19**
Hier können Sie einfach den Code aus der Vorlage übernehmen.

Anschließend folgen das Angebot und die Wegbeschreibung, die für den jetzigen Stand einfach aus der Vorlage übernommen werden können.

```
<li>
   <p class="angebot">
      <img src="<?php bloginfo('stylesheet_directory'); ?>/bilder/angebot.jpg"
      width="138" height="206" alt="Neu im Angebot: Pralien mit 75% Kakaoanteil"
      class="foto" /><strong>Neu im Angebot</strong>Lorem ipsum dolor sit amet,
      consectetuer adipiscing elit, sed diam nonummy ...
   </p>
   <p class="details">
      <a href="#" title="Link zu Detailinformationen">Erfahren Sie mehr ...</a>
   </p>
</li>
<li>
   <h3>So finden Sie uns!</h3>
   <p>
      <img src="<?php bloginfo('stylesheet_directory'); ?>/bilder/plan.jpg"
      width="101" height="131" alt="Karte" class="rechts" />Lorem ipsum dolor sit
      amet, consectetuer adipiscing elit, sed diam nonummy nibh euismod tincidunt
      ut laoreet dolore magna aliquam erat volutpat. <a href="#" title="Auswärtiger
      Link zum Stadtplan">Link zum Stadtplan</a>.
   </p>
   <div class="vcard">
      <a class="url fn" href="http://www.einfach-modernes-webdesign.de/schokoladen">
      </a>
      <div class="org"><strong>Schokoladen</strong></div>
      <img src="<?php bloginfo(‚stylesheet_directory'); ?>/bilder/schokoladen.jpg"
```

```
        alt="photo" class="photo"/>
        <a class="email" href="mailto:hallo@einfach-modernes-webdesign.de">
        hallo@einfach-modernes-webdesign.de</a>
        <div class="adr">
            <div class="street-address">Oderberger Strasse 162</div>
            <span class="postal-code">10435</span> <span class="locality">Berlin</span>
            <br/>
            <span class="country-name">Deutschland</span>
        </div>
        <div class="tel">+49 (30) 123 456 789</div>
    </div>
</li>
<?php endif; ?>
</ul>
</div>
```

Ersetzen Sie dazu den Quellcode in *sidebar.php*. Bitte beachten Sie, dass alle Bild-URLs wiederum mit `<?php bloginfo(,stylesheet_directory'); ?>` formatiert werden.

Dateien anpassen: footer.php | Öffnen Sie *footer.php*. und ersetzen Sie den vorhandenen Code durch den folgenden Text:

▼ **Listing 11.20**
Fußbereich anpassen

```
<div id="siteinformation">
    <p>
        Lorem ipsum dolor sit amet, consectetuer adipiscing elit, sed diam nonummy
        nibh euismod tincidunt ut laoreet dolore magna aliquam erat volutpat...
    </p>
    <?php wp_footer(); ?>
</div>
</div>
</body>
</html>
```

Bitte belassen Sie `<?php wp_footer(); ?>` in diesem Template, da es für etwaige Plug-ins notwendig sein kann.

Dateien anpassen: searchform.php | Passen Sie den Code der Vorlage unter Zuhilfenahme der Template-Tags an.

```html
<form method="get" id="searchform" action="<?php bloginfo('url'); ?>/">
   <fieldset>
   <div id="suchen">
      <input type="text" value="<?php the_search_query(); ?>" name="s" id="s" />
      <input type="image" src="<?php bloginfo('stylesheet_directory'); ?>/bilder/
      senden.jpg" alt="GO!" class="button" id="searchsubmit" value="Suche" />
   <p>
      Lorem ipsum dolor sit amet, consectetuer adipiscing elit, ...
   </p>
   </div>
   </fieldset>
</form>
```

▲ **Listing 11.21**
Auch das Suchformular muss angepasst werden.

Ein Screenshot ist professioneller
Man braucht diesen Screenshot nicht, um das Template zu aktivieren, aber man findet es leichter, und es macht einen professionelleren Eindruck.

Abbildung 11.4 ▶
So stellen Sie eine feste Größe für eine Auswahl ein.

Abbildung 11.5 ▶
Bereich, der für die Vorschau in WordPress ausgewählt wurde

Die wichtigsten Formate haben Sie nun in das WordPress-Theme übertragen. Um das Paket auch innerhalb der WordPress-Installation aktivieren zu können, sollten Sie noch einen Screenshot im Format 300 Pixel mal 225 Pixel gestalten: Öffnen Sie die Layout-Datei *4.psd* in Photoshop, und aktivieren Sie über die Tastatur das Auswahlrechteck-Werkzeug [M]. Wählen Sie dann in der Werkzeugleiste als Art der Auswahl FESTE GRÖSSE und für die Breite 300 Pixel und die Höhe 225 Pixel, wie es Abbildung 11.4 zeigt.

Wählen Sie nun einen passenden Bereich aus, und kopieren Sie diesen über BEARBEITEN • AUF EINE EBENE REDUZIERT KOPIEREN. Erstellen Sie über DATEI • NEU eine neue Datei, und fügen Sie das Bild aus der Zwischenablage über [Strg]/[⌘] + [V] ein.

Speichern Sie es über Datei • Für Web und Geräte speichern als *screenshot.png* in den WordPress-Ordner *WP-CONTENT/THEMES/SCHOKOLADEN*.

Wenden Sie sich nun dem Administrationsmenü in WordPress zu, um das Theme zu aktivieren. Sie erreichen die Theme-Verwaltung über den gleichnamigen Reiter Themes unter *http://localhost:8888/wp-admin/themes.php*. Sie sehen dort alle Themes, die Ihnen zur Auswahl stehen. Aktivieren Sie das eben umgesetzte Theme, indem Sie es anklicken.

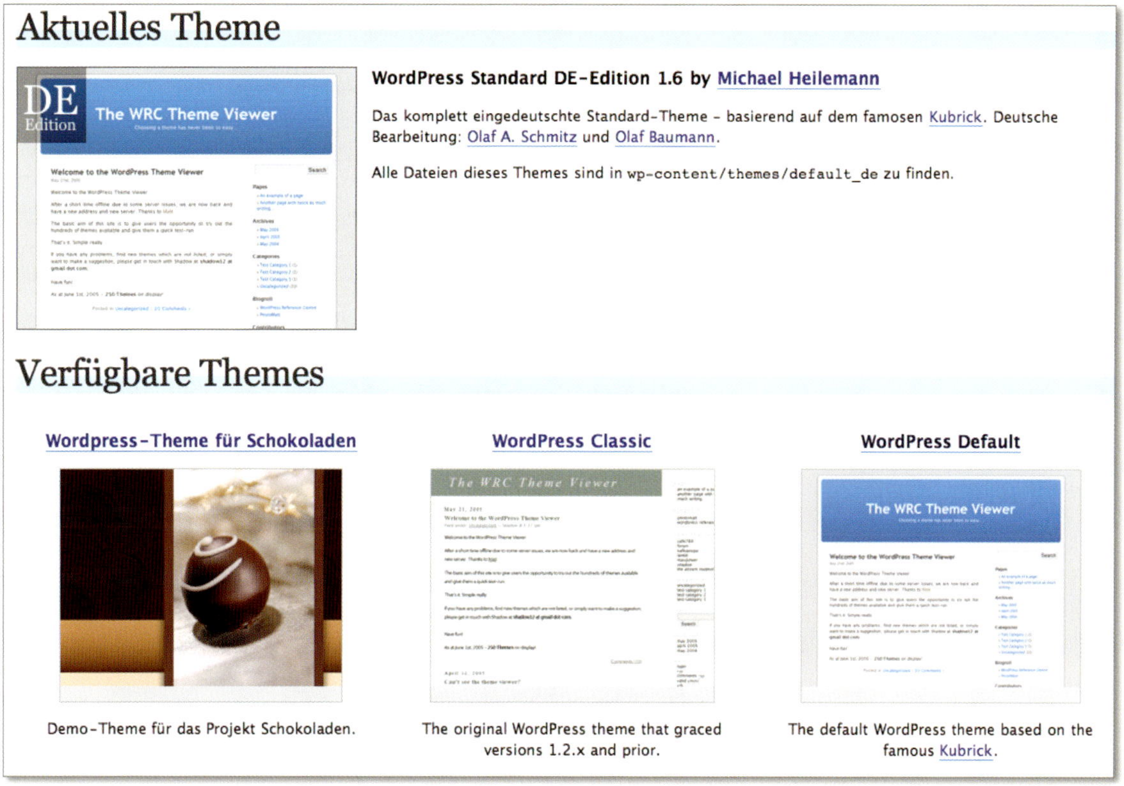

▼ **Abbildung 11.6**
Theme-Auswahl im WordPress-Administrationsmenü

Klicken Sie dann auf Blog ansehen oder rufen Sie *http://localhost:8888/* auf, um sich das Ergebnis der bisherigen Umsetzung anzuschauen.

Seiten anlegen und füllen | Im nächsten Schritt legen Sie die geforderten Seiten über den Administrationsbereich an. Wählen Sie dazu Schreiben • Seite schreiben. Tragen Sie als Seitentitel »Home« ein, und klicken Sie auf Veröffentlichen. Verfahren Sie so mit allen Seiten: »Über uns«, »Produkte«, »Laden« und »Kontakt«. Löschen Sie dann die von WordPress angelegte »Eine Seite« über Verwalten • Seiten. WordPress hat nun das komplette Menü angelegt.

Abbildung 11.7 ▶
Das Theme in Word-Press

▲ **Abbildung 11.8**
Hier bearbeiten Sie Seiten in WordPress.

Eine Startseite auswählen und individualisieren | Es gilt nun, die Seite »Home« zur Startseite zu machen und sie vom Layout her entsprechend anzupassen. Dazu finden Sie unter Einstellungen • Lesen die Option, als Startseite die letzten Beiträge oder eine statische Seite anzuzeigen. Wählen Sie die letztgenannte Option und als Seite »Home« über das Pulldown-Menü aus. Bestätigen Sie Ihre Auswahl über Einstellungen aktualisieren. Um diese Seite zu bearbeiten, wählen Sie Verwalten • Seiten und klicken für die Seite »Home« auf Bearbeiten.

Für die Ausgabe einer Seite mit einer besonderen, von den anderen Seiten abweichenden Formatierung haben Sie zwei Möglichkeiten:

1. Sie gestalten ein eigenes Template, wie es in Abschnitt 11.3.1 beschrieben wurde. Dieses wird der aktuellen Seite dann über das Pulldown-Menü Seiten-Bereich zugewiesen.
2. Sie schreiben die Struktur in den Seiteninhalt.

Im vorliegenden Beispiel gehen wir Schritt 2, denn die Struktur ist nicht sehr umfangreich, und der Kunde kann sie in dieser Form schnell ändern. Schritt 1 würde ihn später dazu zwingen, die Vorlage per FTP oder über Themes • Theme-Editor zu bearbeiten.

Öffnen Sie im Editor die ursprüngliche Gestaltungsvorlage *index.html*, und kopieren Sie die relevanten Bereiche innerhalb von `#hauptinformation`. Setzen Sie diese in das Feld Seiteninhalt im WordPress-Administrationsbereich entsprechend für die Seite »Home« ein.

▼ **Abbildung 11.9**
Inhalt für die Startseite

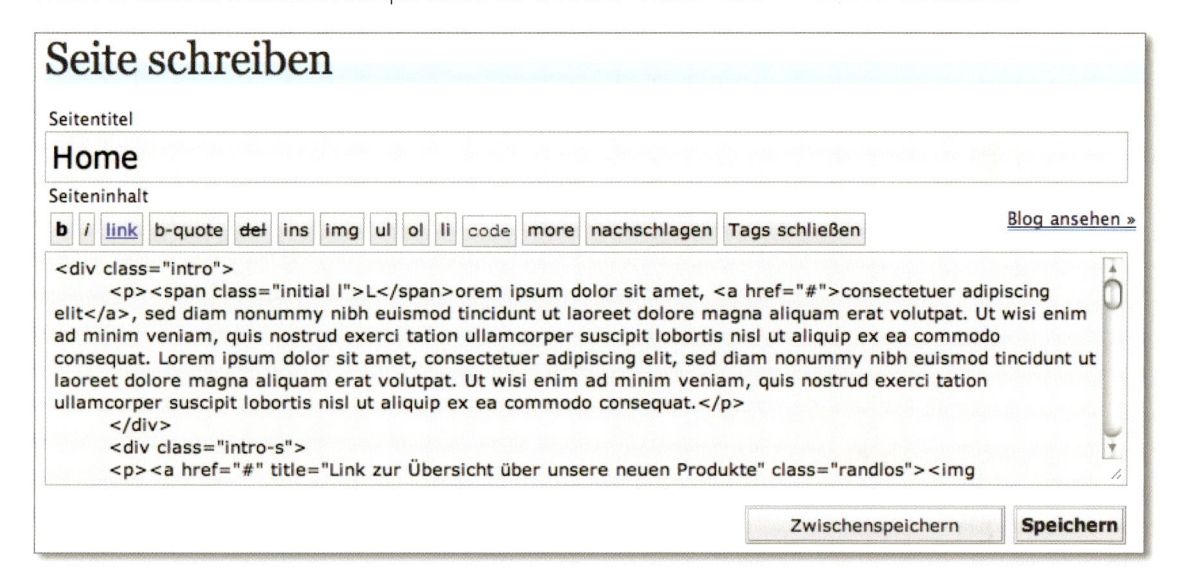

Beachten Sie, dass die Bild-URLs nun entsprechend angepasst werden müssen. So wird z. B. aus

```
<img src="bilder/banner.jpg" width="200" height="220"
alt="Katalogbanner" />
```

Folgendes:

```
<img src="http://localhost:8888/wp-content/themes/
schokoladen/bilder/banner.jpg" width="200" height="220"
alt="Katalogbanner" />
```

◀ **Listing 11.22**
Für die Bilder müssen die Pfade angepasst werden.

Conditional Tags | Wenn Sie nun die Startseite im Browser aufrufen, sehen Sie das bekannte und erhoffte Bild. Allerdings gibt WordPress den Namen der Seite als erstes Element in `#hauptinformation`

> **Conditional Tags**
> Der Umgang mit logischen Operatoren wurde in Abschnitt 11.3.2 angesprochen.

Listing 11.23 ▶
Anzeige selektiv unterbinden

aus, wie es das Template *page.php* vorsieht. Das ist für alle Seiten **außer der Startseite** gewollt. Abhilfe schafft hier die Nutzung eines *Conditional Tags*, um die Anzeige **nur** auf dieser Seite zu unterbinden. Öffnen Sie *page.php* im Editor, und ersetzen Sie `<h2><?php the_title(); ?></h2>` durch den folgenden Code:

```
<?php
if (is_page(Home)) {
} elseif (is_page()) {
   echo "<h3>";
   the_title();
   echo "</h3>";
}
?>
```

> **Warum nicht »is_home()«?**
> Es handelt sich um eine statische Seite, auf der die eigentlichen Blogfunktionen nicht genutzt werden.

Dieser Code bewirkt, dass der Seitentitel auf der Seite »Home«, repräsentiert durch das Tag `is_page(Home)`, unterbunden, auf allen anderen Seiten jedoch als `h3` ausgegeben wird.

Füllen Sie die Beispielseiten mit dem Code der Unterseite der Gestaltung *seite.html*, und speichern Sie diese entsprechend.

Nun ist die Site fast präsentationsbereit. Es gilt im nächsten Schritt noch einige Plug-ins zu installieren, die für die korrekte Ausgabe der Seiten sorgen.

11.4.3 Plug-ins installieren

Für WordPress steht eine Vielzahl von Plug-ins zur Verfügung, die erweiterte Features und Funktionen mitbringen, den Umgang mit WordPress oder der Website erleichtern oder das System selbst verbessern können. Exemplarisch möchte ich auf drei Plug-ins eingehen, die für unsere Zwecke sehr sinnvoll sind. Zwei von ihnen, »Text Control« und »o42-clean-umlauts«, erweitern die allgemeine Funktionsweise, das dritte, »PXS Mail Form«, erleichtert den Umgang mit Formularen erheblich.

> **Sprechende URLs**
> Bei »sprechenden URLs« kann man schon anhand der URL auf den Inhalt der Webseite schließen.

Umlaute in den URLs mit *o42-clean-umlauts* | WordPress hat Probleme mit der Übertragung von Umlauten in der URL. Um dies zu überprüfen, gehen Sie zunächst ins Administrationsmenü und wählen dort unter EINSTELLUNGEN die Option PERMALINKS aus. Standardmäßig vergibt das System für jede Seite eine Nummer der Form `http://localhost:8888/?p=123`

Wählen Sie die Option BASIEREND AUF DATUM UND NAME, und bestätigen Sie mit PERMALINKSTRUKTUR AKTUALISIEREN, um sprechende URLs zu verwenden. Von nun an setzt das System den Titel des Beitrags in der URL, durch Bindestriche getrennt, ein.

Öffnen Sie die Site im Browser, und wählen Sie die Seite »Über uns« aus der Navigation. In der URL der Seite ist der Titel zwar wie gewünscht ausgeschrieben, der Umlaut wurde aber unterschlagen:

`http://localhost:8888/uber-uns/`

Das Plug-in *o42-clean-umlauts* das Sie unter *otaku42.de/2005/06/30/ plugin-o42-clean-umlauts* herunterladen können behebt dieses Problem. Kopieren Sie *o42-clean-umlauts.php* in den Ordner *WP-CONTENT/PLUGINS/*. Aktivieren Sie die Erweiterung dann im Administrationsmenü über PLUGINS. Für jeden neuen Beitrag und jede neue Seite wird das System künftig korrekte Umlaute verwenden. Bereits bestehende Seiten jedoch **müssen von Hand angepasst** werden! Wählen Sie VERWALTEN • SEITEN und BEARBEITEN für die Seite »Über uns« aus. Dort finden Sie dann die Option TITELFORM. Diese besteht aktuell in der Form »uber-uns«. Löschen Sie diese, und speichern Sie die Bearbeitung. WordPress erstellt die neue Titelform nun korrekt:

> **042-clean-umlauts**
>
> Das Tool finden Sie unter *otaka24.de/2005/06/30/plugin-042-clean-umlauts* zum Download.

`http://localhost:8888/ueber-uns/`

Bessere Formatierungsmöglichkeiten mit Text Control | Wenn Sie die bisher ins System eingetragenen Seiten an einen Validator senden, werden Fehlermeldungen angezeigt. Das liegt daran, dass WordPress für die Zeilenumbrüche, die beim Einfügen der fertigen Blindtexte in das Feld SEITENINHALT automatisch entstanden sind, selbst Absätze einfügt. Um das zu unterbinden, verwenden wir das Plug-in *Text Control*, das Sie unter *dev.wp-plugins.org/wiki/TextControl* herunterladen können. Aktivieren Sie es wie oben beschrieben. *Text Control* bringt ein eigenes Menü für den Administrationsbereich im Bereich EINSTELLUNGEN • TEXT CONTROL CONFIG mit. Ändern Sie die Formatierung für »Posts & Excerpts« von DEFAULT (WP-AUTO) auf NO FORMATTING.

▼ **Abbildung 11.10**
Formatierung von Beiträgen mit *Text Control*

Testen Sie nun alle Seiten der Gestaltung im Browser mit einem Validator: Alle bestehen den Test.

Viele sichere Formulare mit PXS Mail Form | Ein großes Problem für alle Websites ist Spam. Nicht nur über E-Mails und Kommentare

> **Separate Einstellungen**
>
> Das Plug-in Text Control (*dev.wp-plugins.org/wiki/TextControl*) erlaubt es auch, Textfilter wie Markdown oder Textile zu verwenden sowie diese Einstellungen anzupassen.

Das in diesem Beispiel verwendete Plug-in wurde leicht angepasst, u. a. wurde die Anrede angepasst. Sie finden diese Version auf der Website zum Buch und auf der DVD.

in Weblogs werden unerwünschte Informationen aller Art zugestellt. Auch über Kontaktformulare versenden Spammer gern ihre Informationen. Das nervt und kostet nebenbei Serverkraft. Ein einfaches Formular abzusichern ist kein einfaches Unterfangen. Also sollte besser ein leistungsfähiges Skript oder eben das CMS verwendet werden. Aus diesem Grund wird für das aktuelle Projekt kein solches Formular sondern das Plug-in *PXS Mail Form* verwendet.

Es steht unter *bueltge.de/wp-pxsmail-flexibles-kontaktformular-de-plugin/131* zum Download bereit. Kopieren Sie *pxsmail.php* in den Ordner WP-CONTENT/PLUGINS/. Aktivieren Sie das Plug-in, und passen Sie es unter EINSTELLUNGEN • PXS-MAIL Ihren Bedürfnissen entsprechend an. Deaktivieren Sie das Häkchen für »CSS Integration«, denn die Formatierung soll das WordPress-Stylesheet *style.css* übernehmen. Dieses öffnen Sie jetzt im Editor. Das Plug-in verwendet zur Anzeige eine Definitionsliste, sodass Sie darüber schnell eine schöne Formatierung per CSS vornehmen können.

Listing 11.24 ▶
Die Formular-Formatierung

```
form label {
    clear: both;
    display: block;
    padding: 10px 0 0 0;
    color: #cc9966;
    font-weight: bold;
}

form dl input, form dl textarea {
    background: #fff;
    padding: 5px;
    color: #774C20;
    border: 2px solid #cc9966;
    font: 1.1em »Helvetica Neue«, Arial, Helvetica,
    Geneva, sans-serif;
    margin: 3px 3px 3px 0;
    width: 300px;
    w\idth: 320px;
    float: left;
}
```

Die Hinweise auf ein obligatorisch auszufüllendes Feld werden vom Plug-in über das Element `small` ausgegeben. Diese Hinweise werden in etwas kleinerer Schrift wie folgt formatiert:

Listing 11.25 ▶
Pflichtfelder hervorheben

```
form dd small {
    font: 0.8em "Helvetica Neue", Arial, Helvetica,
    Geneva, sans-serif;
```

```
    color: #cc9966;
    letter-spacing: 0.1em;
    border-bottom: 1px dotted #cc9966;
}
```

Für alle `input`-Elemente wurde oben eine feste Breite vorgegeben. Diese muss nun für die Checkbox und den Senden-Button angepasst werden.

```
form dd input[type=checkbox] {
    width: 20px;
}

form dd input[type=submit] {
    clear: both;
    margin: 0;
    padding: 0;
    background: none;
    color: #663333;
    background: #f3debd;
    padding: 10px;
    margin: 10px 0;
}
```

Nicht nur `input`-Elemente können angeklickt werden, auch `label` kann man anklicken. Der folgende Code sorgt dafür, das der Mauszeiger in eine Hand mit Zeigefinger verwandelt wird, wenn man mit ihm über die Eingabeelemente fährt:

```
label, select, input[type=checkbox], input[type=radio],
input[type=button], input[type=submit] {
    cursor: pointer;
}
```

Alle Textfelder – auch die des Suchformulars – werden beim Erreichen des Fokus farblich hervorgehoben:

```
input:focus, textarea:focus {
    color: #000;
    background: #fff;
    outline: 1px solid #ff0000;
}
```

> **Noch komfortabler geht es mit CForms**
>
> Mit CForms II (*www.deliciousdays.com/cforms-plugin*) steht ein sehr komfortables WordPress-Plug-in zur Verfügung, das mehrere Formulare und Eingaben verwalten kann.

◀ **Listing 11.26**
Formatierung von Checkbox und Sende-Button

> **Tipps zum Formulardesign**
>
> »Einfach für Alle« hat eine interessante Artikelserie zum Thema Formulargestaltung veröffentlicht. Der Beitrag »Formulardesign« im Speziellen gibt Hinweise zur sinnvollen Formatierung unter *www.einfach-fuer-alle.de/artikel/barrierefreie-formulare-mit-html-css-und-javascript/formular-design*.

◀ **Listing 11.27**
Der Mauszeiger soll Handform annehmen.

◀ **Listing 11.28**
Ist ein Feld aktiviert, bekommt es einen Rand.

Abbildung 11.11 ▶
Das Kontaktformular

Pfade ersetzen

Alle Verweise auf lokale Dateien wie z. B. die URLs der Form http://localhost:8888 werden vor der Installation auf anderen Servern durch die korrekten Pfade ersetzt.

Listing 11.29 ▶
Dieser Text erscheint, wenn das Formular angezeigt wird.

Um das Plug-in auf der Seite »Kontakt« zu aktivieren, bearbeiten Sie diese über das Administrationsmenü. Zunächst sollten Sie die Kontaktdaten, also die gesamte hCard, aus der Seitenleiste kopieren und an den Anfang stellen. Dann fügen Sie {mailform} ein, um die Ausgabe des Plug-ins zu aktivieren.

```
<p>So erreichen Sie uns:</p>

<div class="vcard"><a class="url fn" href="http://www.
einfach-modernes-webdesign.de/schokoladen"></a>
...
</div>

<p>Wenn Sie Fragen oder Hinweise haben, füllen Sie das
Kontaktformular aus. Wir werden uns so schnell wie mög-
lich bei Ihnen melden.</p>

{mailform}
```

Speichern Sie die Seite ab, und rufen Sie diese im Browser auf, um das Kontaktformular zu testen.

In diesem Stadium können Sie das Theme dem Kunden zum Test übergeben.

Die letzten Abschnitte sollten Ihnen einen Einblick in die konkrete praktische Umsetzung eines Entwurfs in ein Website-Gerüst geben. Hoffentlich haben sie Ihnen auch Appetit gemacht, selbst Entwürfe zu gestalten und umzusetzen, bei denen weder die Gestaltungsgrundlagen noch die Webstandards zu kurz kommen.

Ein abschließender Tipp | Ich möchte Ihnen raten, zu experimentieren und sich dabei so weit möglich vom pixelgenauen Entwurf im Bildbearbeitungsprogramm zu trennen, denn die Seiten, die Sie gestalten, werden auch nicht in jedem Browser pixelgenau gleich aussehen. Die Funktionalität einer Webseite lässt sich anhand von statischen Seiten in Programmen wie Photoshop oder Fireworks nie so zufriedenstellend nachempfinden, wie es notwendig wäre. Also muss man das auch nicht unbedingt versuchen. Natürlich müssen Sie das Vorgehen von Projekt zu Projekt und von Kunde zu Kunde modifizieren, das ist klar. Aber gerade bei Seiten mit sehr viel Text lohnt eine pixelgenaue Vorbereitung nicht, denn sie entspricht der Realität später nicht – das hat dieses Buch deutlich gemacht, denke ich. Und das versteht auch jeder Kunde.

Mehr WordPress

Mehr Informationen zu WordPress finden Sie bei Vladimir Simovic in der Serie »WordPress-Themes verstehen« (*www.perun.net/2007/07/30/wordpress-themes-verstehen-1*) und bei Frank Bueltge in seinen umfangreichen WordPress-Tipps (*bueltge.de/wordpress_tipps*). Beide Autoren haben bereits Bücher zum Thema veröffentlicht und gelten als Experten auf diesem Gebiet.

12 Ausblick: Was bringt die Zukunft?

12.1 CSS 3

Das CSS der Zukunft wird aktuell unter dem Namen CSS 3 beim W3C heiß diskutiert und erarbeitet. Trotzdem haben sich einige Browserhersteller bereits das für sie Genehme herausgepickt und in die aktuellen Browser integriert. Auch wenn CSS 3 noch keine offizielle Spezifikation ist, lohnt ein kleiner Ausblick auf die anstehenden Änderungen, die wirkliche Erleichterung bei der Gestaltung von CSS-Layouts bringen werden.

CSS 3 wird modular. Momentan werden die folgenden Module bearbeitet: *Selectors Module*, *Paged Media Module for Printed Publications*, *Backgrounds and Borders Module*, *Multi-Column Layout Module*, *Advanced Layout Module* und das *Media Queries Module*. Es stehen viele Änderungen und Erweiterungen an. Im Folgenden möchte ich nicht auf alle, aber auf einige wesentliche Neuerungen eingehen.

> **CSS 3 im Blick**
>
> Überblicke zum Thema CSS 3 finden Sie zum Beispiel bei Jens Meiert (*meiert.com/de/publications/articles/20051224*) und den Webkrauts (*www.webkrauts.de*).

12.1.1 Selektoren

CSS 3 wird neue Selektoren mitbringen, die es ermöglichen werden, viel einfacheren HTML-Code zu schreiben, da so zusätzliche Klassen und IDs gespart werden können. Es wird leichter, Elemente anhand ihrer Attribute und ihrer Position im Dokument anzusprechen.

Eigentlich wäre es auch heute schon recht einfach, wenn der Internet Explorer »mitspielen« würde, doch es wird noch einfacher. Dafür sorgen unter anderem drei neue Attributselektoren und neue Pseudoklassen. Derzeit ist vorgesehen, drei neue Attributselektoren `E[attribut^='wert']`, `E[attribut$='wert']` und `E[attribut*='wert']` und eine Reihe neuer Pseudoklassen wie zum Beispiel `E:root`, `E:nth-of-type(n)` und `E:not(s)` einzuführen. Ebenfalls neu ist der Geschwisterkombinierer ~ (E ~ F).

> **CSS 3-Selektoren im Überblick**
>
> Roger Johansson gibt unter *www.456bereastreet.com/archive/200601/css_3_selectors_explained* einen ausführlichen Überblick mit vielen Beispielen.

Attributselektoren exemplarisch | Für einen kleinen Einblick verwenden wir den folgenden Quellcode:

Listing 12.1 ▶
Die Grundlage: Eine Navigationsliste

```
<ul id="navigation">
   <li><a href="index.php" title="">Home</a></li>
   <li><a href="info/ueber-uns" title="">Über uns</a>
</li>
   <li><a href="info/produkte-information"
   title="">Produkte</a></li>
   <li><a href="info/laden-information" title="">Laden
   </a></li>
   <li><a href="site/kontakt" title="">Kontakt</a></li>
</ul>
```

E[attribut^='wert'] | Meint alle Elemente (E), deren Attribut mit dem genannten Wert **beginnt**. Bezogen auf das Beispiel könnte man wie folgt formatieren:

```
a[href^="site"] { background: #000; color: #fff; }
```

Man wählt so also alle a-Elemente, deren href-Attribut mit »site« beginnt, aus und stellt sie mit schwarzem Hintergrund und weißer Schrift dar. Das Ergebnis wäre:

```
<li><a href="site/kontakt" title="">Kontakt</a></li>
```

Abbildung 12.1 ▶
Das Beispiel im Browser

E[attribut$="wert"] | Meint alle Elemente (E), deren Attribut mit dem genannten Wert **endet**. Wiederum exemplarisch lässt sich Folgendes annehmen:

```
a[href$="information"] { border: 3px dotted #ccc; }
```

Die Deklaration meint also alle a-Elemente, deren href-Attribut mit »information« endet, und greift für:

Listing 12.2 ▶
Hier greift der Selektor.

```
<li>
<a href="info/produkte-information" title="">Produkte</a>
</li>
<li>
<a href="info/laden-information" title="">Laden</a>
</li>
```

◀ **Abbildung 12.2**
Gestrichelter Rand für bestimmte Links

E[attribut*='wert'] | Meint alle Elemente (E), deren Attribut den genannten Wert **enthält**:

```
a[href*="info"] { background:#000; }
```

Im vorliegenden Beispiel meint die Deklaration also alle a-Elemente, deren href-Attribut »info« enthält, und greift für:

```
<li><a href="info/ueber-uns/" title="">Über uns</a></li>
<li><a href="info/produkte-information/"
title="">Produkte</a></li>
<li><a href="info/laden-information/" title="">Laden
</a></li>
```

◀ **Listing 12.3**
Hier greift der Selektor.

Diese Selektoren werden bereits komplett von den standardkonformen Browsern und auch vom Internet Explorer 7 unterstützt. Ohne zusätzliches Markup ist es so also möglich, Formatierungen leicht zuzuweisen und CSS 3 bereits heute anzuwenden.

◀ **Abbildung 12.3**
Links mit Hintergrund

Werte berechnen | CSS 3 wird es ermöglichen, die Werte einer Eigenschaft auf die folgende Weise zu berechnen:

◀ **Abbildung 12.4**
Alle Formatierungen kombiniert

```
#container {
   width: calc(100%/3 - 2*1em - 2*1px);
}
```

Die Eigenschaft calc wird momentan von keinem Browser unterstützt.

> **Das Box-Modell**
>
> Mehr zum Box-Modell lesen Sie in Abschnitt 2.2.5.

12.1.2 Ein alternatives Box-Modell kommt hinzu

CSS 3 wird eine alternative Form des Box-Modells über die Eigenschaft `box-sizing` mitbringen. Es wird also nicht mehr **eines**, sondern **zwei Box-Modelle** geben, nach denen der Browser Höhen und Breiten berechnen kann. Der Wert `content-box` wird dann dem bisher bekannten Modell entsprechen, bei dem die Eigenschaft `width` die Breite des Elements, nicht aber die der gesamten Box angibt. Es kommen noch Innenabstand, Rahmen und Außenabstand dazu, die sich zur Gesamtbreite addieren. Der Wert `border-box` bezieht für Breite und Höhe dann neben dem reinen Element auch den Innenabstand und den Rahmen mit ein. Sie können dann also frei entscheiden, ob das alte (#eins) oder neue Modell (#zwei) zur Berechnung der Breiten und Höhen eines Elements herangezogen werden soll.

> **Listing 12.4** ▶
> Die Eigenschaft box-sizing. Sie werden die Wahl haben, ob Sie das alte oder neue Modell nutzen wollen.

```css
#eins {
    float:left;
    width:450px;
    padding: 50px;
    background: #ff0000;
    color: #fff;
    box-sizing: content-box;
}

#zwei {
    float:left;
    width:450px;
    padding: 50px;
    background: #00ff00;
    color: #fff;
    box-sizing: border-box;
}

#eins p, #zwei p {
    background: #fff;
}
```

> **Browserunterstützung von »box-sizing« aktuell**
>
> Firefox unterstützt dieses Element bereits über das Präfix -moz, also mit -moz-box-sizing, und Safari 3/WebKit unterstützt es über das Präfix -webkit, also über -webkit-box-sizing. Opera arbeitet bereits mit box-sizing.

Die erste Box #eins wird nach dem »bekannten« Modell berechnet und hat eine Gesamtbreite von 550 Pixel bei einer Breite von 450 Pixel für den Elementinhalt p. Die zweite Box #zwei hat nach dem neuen Modell eine Gesamtbreite von 450 Pixel bei einer Breite von nur 350 Pixel, was auch Abbildung 12.5 noch einmal verdeutlicht.

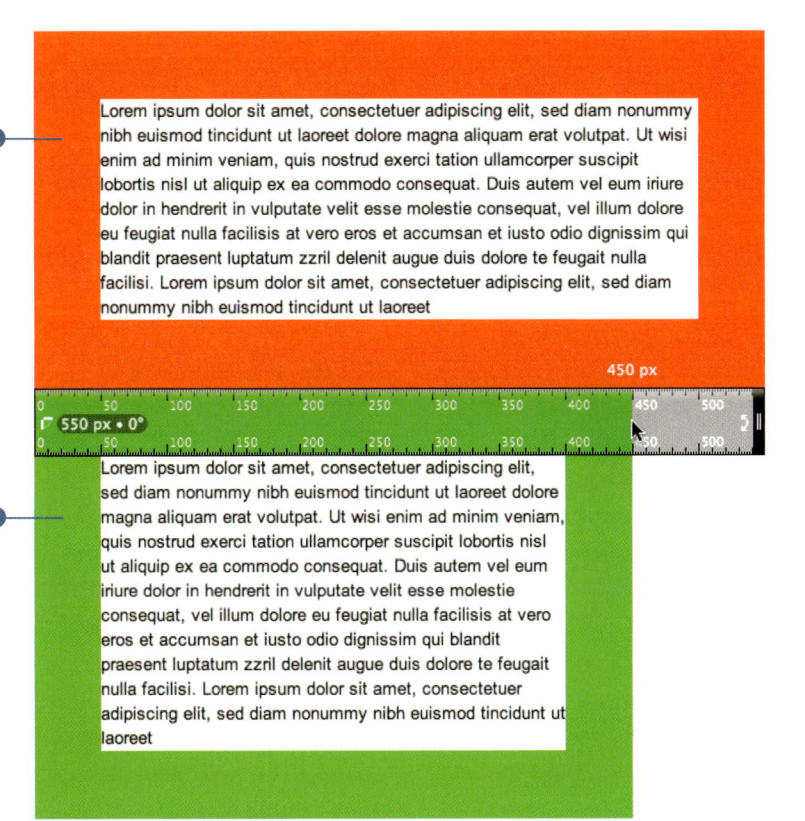

◀ **Abbildung 12.5**
Zwei Box-Modelle dank »box-sizing«: ❶ das bekannte Modell mit dem Wert »content-box«, ❷ das neue Modell mit dem Wert »border-box«

Spaltensatz mit CSS und »column« | Dass CSS 2 keinen Spaltensatz vorsieht, macht es für viele Gestalter aus dem Designbereich sehr umständlich. Mit CSS 3 wird das `column`-Modul Einzug halten, das eine große Erleichterung diesbezüglich sein wird. Die Eigenschaft `column-count` bestimmt die Anzahl der Spalten, der Wert `column-gap` regelt den horizontalen Abstand zwischen den einzelnen Spalten. Die Eigenschaft `column-width` gibt die optimale Breite der Spalten an. Werden diese Angaben dann mit der oben angesprochenen Eigenschaft `calc` versehen, sollte sich ein schönes flexibles Raster erstellen lassen. Der folgende Quelltext (gekürzt) wird mit den darauffolgenden Deklarationen dreispaltig dargestellt:

```
<p id="multi">
   Lorem ipsum dolor sit amet, consectetuer adipiscing
   elit, sed diam nonummy nibh euismod tincidunt ut
   laoreet dolore magna aliquam erat volutpat. Ut wisi
   enim ad minim veniam, quis nostrud exerci tation
   ullamcorper suscipit lobortis nisl ut aliquip ex ea
   commodo consequat. ...
</p>
```

Browserunterstützung für das column-Modul aktuell

Firefox unterstützt diese Elemente bereits über das Präfix `-moz`. Safari 3/WebKit unterstützt sie über das Präfix `-webkit`:
▶ `-moz-column-width: 12em;`
▶ `-moz-column-gap: 1.5em;`
▶ `-webkit-column-width: 12em;`
▶ `-webkit-column-gap: 1.5em;`

◀ **Listing 12.5**
Ein Absatz mit Blindtext

12.1 CSS 3 | **351**

Listing 12.6 ▶
So wird der Absatz in drei Spalten dargestellt.

```
#multi {
    padding: 20px 0;
    column-width: 12em;
    column-gap: 1.5em;
}
```

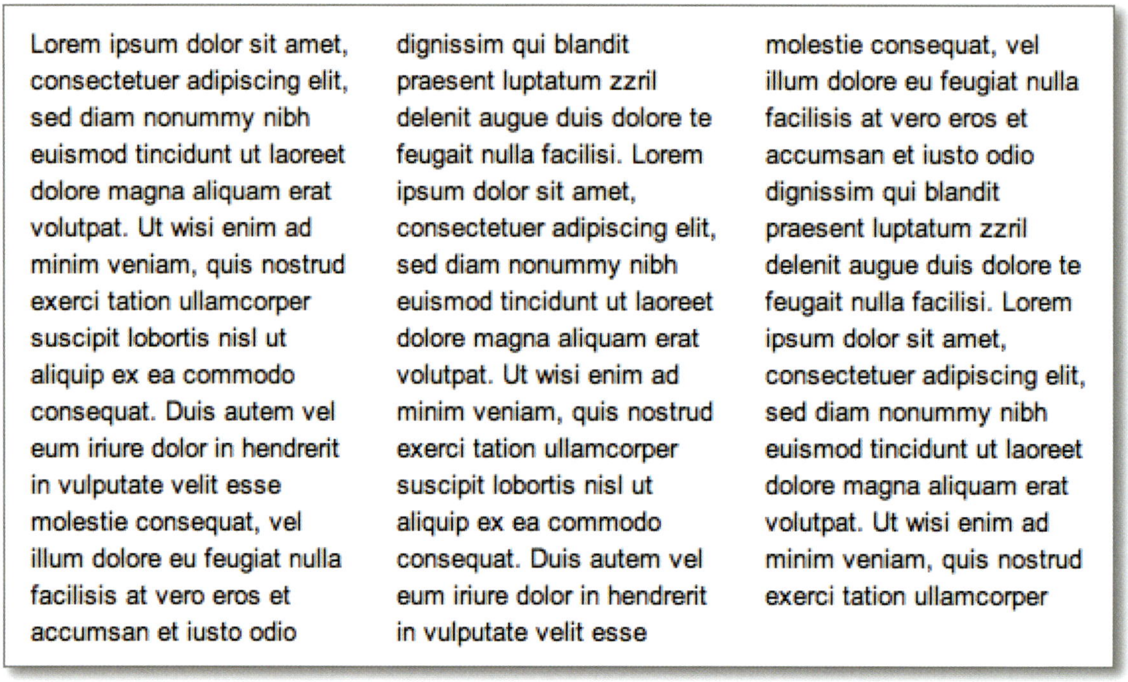

▲ **Abbildung 12.6**
Das Ergebnis im Browser Safari. Ein einfacher Absatz wird dreispaltig dargestellt.

Alle anderen Browser zeigen derzeit den Absatz in einer einzigen Spalte an, was absolut akzeptabel ist und wieder zeigt, dass es keinen Grund gibt, auf den Einsatz aktueller Techniken zu verzichten, nur weil sie nicht in allen Browsern greifen. Die Inhalte müssen zugänglich bleiben!

12.1.3 Neuerungen im Umgang mit Bildern

Hintergrundbilder | Die Eigenschaft `background-image` ermöglicht es, für ein Element mehrere Hintergrundbilder zu verwenden. Diese können nach Belieben ausgerichtet werden, wie das folgende Beispiel zeigt. Die Ausgangsgrafiken setzen sich so zusammen, wie in Abbildung 12.7 gezeigt wird.

Listing 12.7 ▶
Ein Absatz mit Blindtext

```
<p id="container">
    Lorem ipsum dolor sit amet, consectetuer adipiscing
    elit, sed diam nonummy nibh euismod tincidunt ...
</p>
```

```
#container {
background:
    url('grafiken/1.png') top left no-repeat,
    url('grafiken/2.png') bottom left no-repeat,
    url('grafiken/3.png') bottom left repeat-x,
    url('grafiken/4.png') top left repeat-x;
    padding: 40px 30px;
}
```

◀ **Listing 12.8**
Der Absatz wird über nur eine Eigenschaft mit vier verschiedenen Hintergrundgrafiken versehen.

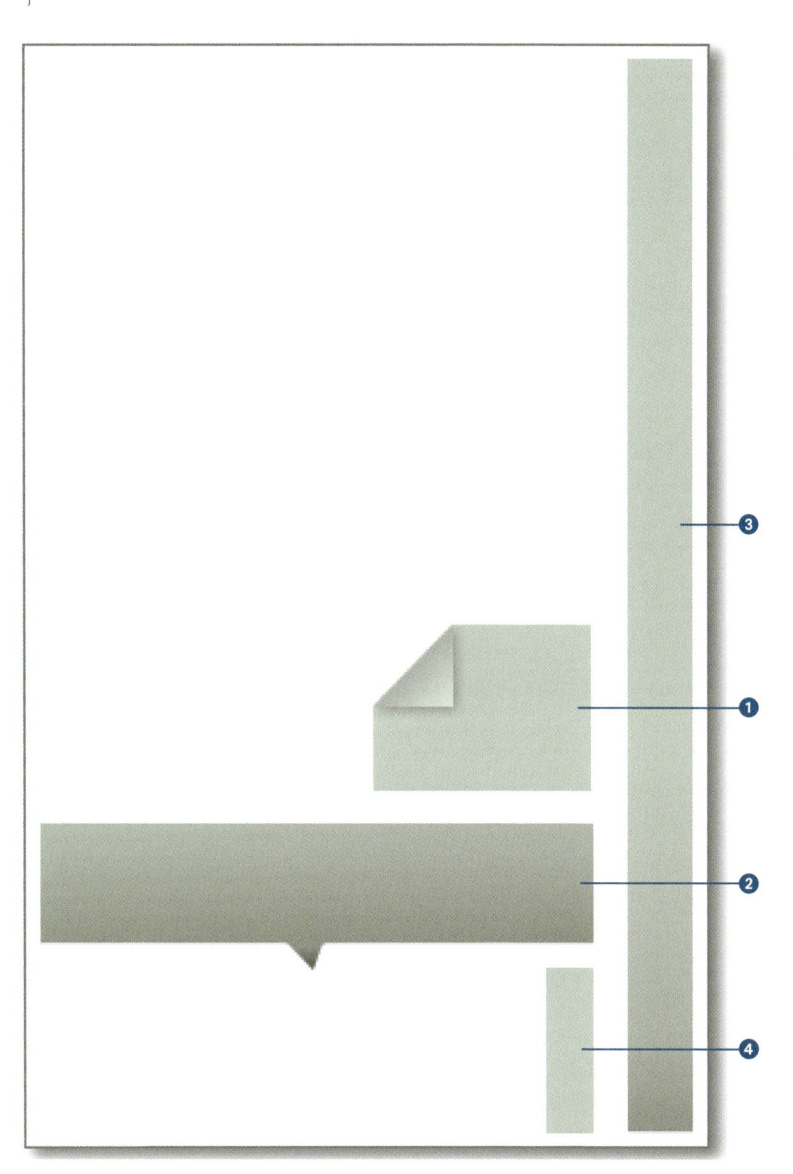

◀ **Abbildung 12.7**
Die vier Ausgangsgrafiken:
❶ *1.png* wird links oben ohne Wiederholung angezeigt.
❷ *2.png* wird links unten ohne Wiederholung angezeigt.
❸ *3.png* wird links unten angezeigt und horizontal wiederholt.
❹ *4.png* wird links oben angezeigt und horizontal wiederholt.

In Safari, dem einzigen Browser, der diese Eigenschaft bereits so eingesetzt unterstützt, kann man das Potenzial dieser Neuerung schon erkennen, wie Abbildung 12.8 zeigt.

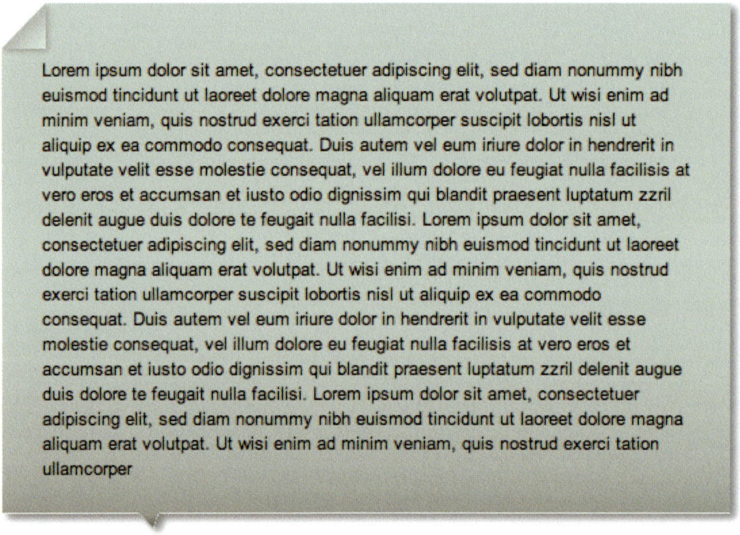

Abbildung 12.8 ▶
Multiple Hintergründe in Safari

> Lorem ipsum dolor sit amet, consectetuer adipiscing elit, sed diam nonummy nibh euismod tincidunt ut laoreet dolore magna aliquam erat volutpat. Ut wisi enim ad minim veniam, quis nostrud exerci tation ullamcorper suscipit lobortis nisl ut aliquip ex ea commodo consequat. Duis autem vel eum iriure dolor in hendrerit in vulputate velit esse molestie consequat, vel illum dolore eu feugiat nulla facilisis at vero eros et accumsan et iusto odio dignissim qui blandit praesent luptatum zzril delenit augue duis dolore te feugait nulla facilisi. Lorem ipsum dolor sit amet, consectetuer adipiscing elit, sed diam nonummy nibh euismod tincidunt ut laoreet dolore magna aliquam erat volutpat. Ut wisi enim ad minim veniam, quis nostrud exerci tation ullamcorper suscipit lobortis nisl ut aliquip ex ea commodo consequat. Duis autem vel eum iriure dolor in hendrerit in vulputate velit esse molestie consequat, vel illum dolore eu feugiat nulla facilisis at vero eros et accumsan et iusto odio dignissim qui blandit praesent luptatum zzril delenit augue duis dolore te feugait nulla facilisi. Lorem ipsum dolor sit amet, consectetuer adipiscing elit, sed diam nonummy nibh euismod tincidunt ut laoreet dolore magna aliquam erat volutpat. Ut wisi enim ad minim veniam, quis nostrud exerci tation ullamcorper

> **ABER ACHTUNG**
>
> Die Eigenschaft vererbt sich an die Kinder! So können auch Texte gewollt oder ungewollt mit Deckkraft-Eigenschaften versehen werden.

Tranzparenz | Mit der Eigenschaft `opacity`, die heute schon von standardkonformen Browsern unterstützt wird, ist man in der Lage, die Deckkraft eines Elements zu bestimmen. Die folgende Angabe würde erzwingen, dass alle Bilder der ID `opacity-bsp` halbtransparent angezeigt werden.

Listing 12.9 ▶
Der (X)HTML-Quellcode

```
<p id="opacity-bsp">
    <img src="grafiken/png-gruen.png" width="123"
    height="123" alt="Png Gruen" />
    Lorem ipsum dolor sit amet, consectetuer adipiscing
    elit, sed diam nonummy nibh euismod tincidunt ut
    laoreet dolore magna aliquam erat volutpat.
</p>
```

Listing 12.10 ▶
Halbe Deckkraft für Bilder

```
#opacity-bsp {
    background: transparent url(grafiken/
    png-test-holz.jpg) top left no-repeat;
    padding: 20px;
    font-size: 2em;
    line-height: 1.4em;
}

#opacity-bsp img {
    float: left;
    margin: 0 15px 15px 0;
    opacity: .5;
}
```

◀ **Abbildung 12.9**
Das grüne Quadrat (»png-gruen.png«) wird dank opacity halbtransparent dargestellt.

Runde Ecken | Auch an die Gestaltung der bei vielen Gestaltern und Nutzern so beliebten runden Ecken wird bei der Entwicklung von CSS 3 gedacht. Dazu wird die Eigenschaft `border-radius` verwendet. Allerdings sind die Ergebnisse nicht so fein wie die, die Sie über die Verwendung von Bildern erreichen können.

```
<p id="runde-ecken-bsp">
   Lorem ipsum dolor sit amet, consectetuer adipiscing
   elit, sed diam nonummy nibh euismod tincidunt ut
   laoreet dolore magna aliquam erat volutpat.
</p>
```

◀ **Listing 12.11**
Dieser Absatz soll runde Ecken bekommen.

> **Aktuelle Browserunterstützung**
>
> Firefox unterstützt diese Elemente bereits über das Präfix `-moz`. Safari 3/WebKit unterstützt sie über das Präfix `-webkit`:
> ▶ `-moz-border-radius: 15px;`
> ▶ `-webkit-border-radius: 15px;`

```
#runde-ecken-bsp {
   background: transparent url(grafiken/png-test-holz.jpg)
   top left no-repeat;
   border-radius: 15px;
   border: 3px solid #000;
   padding: 20px;
   margin: 30px 0;
   font-size: 2em;
   line-height: 1.4em;
   color: #fff;
}
```

◀ **Listing 12.12**
Und so bekommt er sie.

▲ **Abbildung 12.10**
Runde Ecken mit »border-radius«

12.1 CSS 3 | **355**

12.2 Das Web 2.0, »Eye Candy« und jQuery

Ajax, DHTML und JavaScript sind wichtige Bestandteile des Web 2.0 geworden, um immer mehr Interaktivität zu ermöglichen.

Abbildung 12.11 ▶
Ein typisches AJAX-Beispiel: Der User tippt ein »M« und sofort erscheinen alle Namen, die mit diesem Buchstaben beginnen.

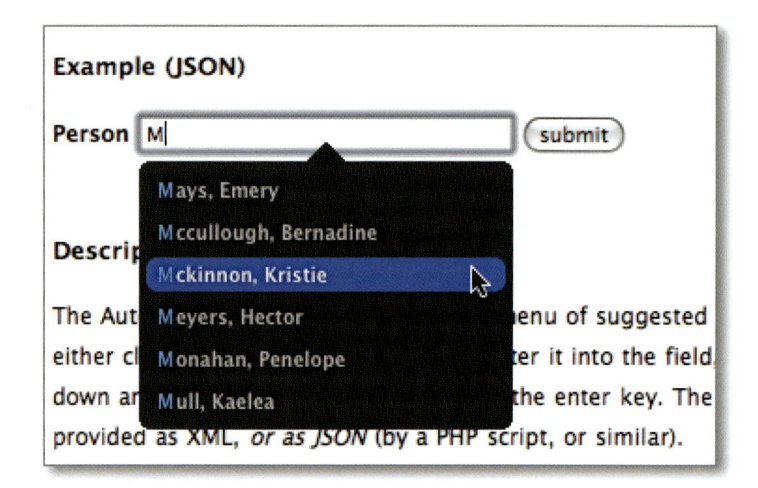

Der Begriff »Web 2.0« steht für das heutige Web. Im Grunde beschreibt er nichts anderes als das »alte« Web, allerdings aus einer neuen Perspektive gesehen. Der Blick auf das Internet und seine Nutzung hat sich in den letzten Jahren grundlegend gewandelt: Stärkere Interaktion, stärkere Kontrolle und Mitwirkung der Nutzer stehen genauso im Mittelpunkt wie eine größere Serviceorientierung. Web 2.0-Angebote wenden sich von der reinen Informationsverbreitung ab und konzentrieren sich heute auf Partizipation mit Wissensaustausch.

Beispiel del.icio.us | Ein Beispiel wäre der menschliche Informationsfilter del.icio.us (*http://del.icio.us*), bei dem Nutzer ihre Lesezeichen online verwalten und sie auch für andere Nutzer sichtbar machen können. Alle Einträge werden mit Stichwörtern versehen, nach denen man suchen kann. So entsteht ein durch die Nutzer »vorsortiertes« Netz.

Ajax in Aktion

Hier können Sie AJAX in einem Anwendungsbeispiel sehen:
www.brandspankingnew.net/ specials/ajax_autosuggest/ajax_ autosuggest_autocomplete.html

Beispiel flickr | Ein weiteres Beispiel ist der Fotodienst Flickr (*flickr. com*), bei dem Nutzer ihre Bilder sammeln und verwalten können. Sie können aber auch die Bilder anderer Nutzer betrachten und kommentieren. Eine Anbindung an verschiedene andere Dienste über eine Programmierschnittstelle (API) erlaubt es, Fotos zu Büchern zusammenzufassen, Karten zu gestalten und vieles mehr. Desktop-Programme verlieren immer mehr an Gewicht, weil die Nutzer ihre Daten nun auch online ablegen und verwalten können. So besteht jederzeit Zugriff über die sogenannten *Rich Internet Applications*.

Funktionales Design | Beim Design steht, wie in Kapitel 1 angesprochen wurde, die Funktionalität der Sites im Vordergrund. Weblogs als Mittel zur dynamischen Produktion von Inhalten sprießen allerorten aus dem Boden und machen so jeden, der es will, zum Autor. Diese Wendung hin zur Interaktion geht mit neuen Funktionen und Arbeitsweisen von Webseiten einher. Ajax (»Asynchronous JavaScript«) und XML erlauben es, den Inhalt einer Seite zu aktualisieren, ohne die Seite neu zu laden. Ohne Ajax ist es notwendig, eine Abfrage an den Server zu senden und das Ergebnis in einer neu geladenen Seite anzuzeigen. Mithilfe von Ajax wird dieses neue Laden des gesamten Seiteninhalts unnötig, und die eigentliche Seite bleibt weiter bearbeitbar. Wer heute größere Web-Applikationen oder den Einstig in soziale Netzwerke mit einem eigenen System plant, kommt um die Implementierung dieser Technik nicht herum. Außerdem ist es möglich, attraktive Effekte hinzuzufügen, zuzusagen »Eye-Candy«, die den Umgang mit einer Seite interessanter machen. Das war natürlich früher auch schon möglich, aber es war umständlicher. Heute werden diese Effekte professioneller programmiert und sind »unobstrusive«, also unaufdringlich und dezent.

Funktionalität
Mehr zum wichtigen Thema Design-Funktionalität finden Sie zu Beginn des Buches, ab Abschnitt 1.3.3.

Frameworks | Nun ist nicht jeder Gestalter auch ein Entwickler oder Programmierer. Sie können sich die Arbeit mithilfe von Bibliotheken und Frameworks erleichtern, denn diese bieten vorgefertigte und optimierte Module, die wie in einem Baukastensystem einsetzbar sind. Sehr bekannte Frameworks sind zum Beispiel Prototype (*http://prototypejs.org/*), Moo.fx (*moofx.mad4milk.net*), MooTools (*mootools.net*), Script.aculo.us (*script.aculo.us*), Dojo (*dojotoolkit.org*) und jQuery (*jquery.com*). Letzteres eignet sich aufgrund seiner Syntax sehr gut für den Einsatz bei Designern, die sich eigentlich nicht zu den Programmierern zählen. Die Syntax ist schnell zu lernen und sehr konzentriert. Mit wenigen Schritten ist es möglich, viel zu erreichen.

JavaScript-Libraries und Frameworks
Das Smashing Magazine listet bekannte Frameworks mit kurzer Beschreibung und Links unter *www.smashingmagazine.com/2006/11/15/ajax-dhtml-and-javascript-libraries* auf.

jQuery | *jQuery* erlaubt DOM-Manipulation, das Hinzufügen von Events und visuellen Effekten, mit der Sie jeder Gestaltung das I-Tüpfelchen aufsetzen können, und natürlich Ajax-Funktionalität. jQuery erlaubt als ein extrem kleines Gerüst eine klare Trennung von (X)HTML und JavaScript und die Auslagerung des Skripts, was bewirkt, dass der Quellcode sauber bleibt. Es unterstützt Xpath und CSS 1 bis 3, ist einsetzbar ab IE 5.5, Firefox 1.0, Safari 1.3 und Opera 8.5 aufwärts. Ein Beispiel:

```
$("p.surprise").addClass("ohmy").show("slow");
```

Dieser Schnipsel sucht nach allen Absätzen p mit der Klasse surprise, fügt die Klasse ohmy hinzu und zeigt sie dann an.

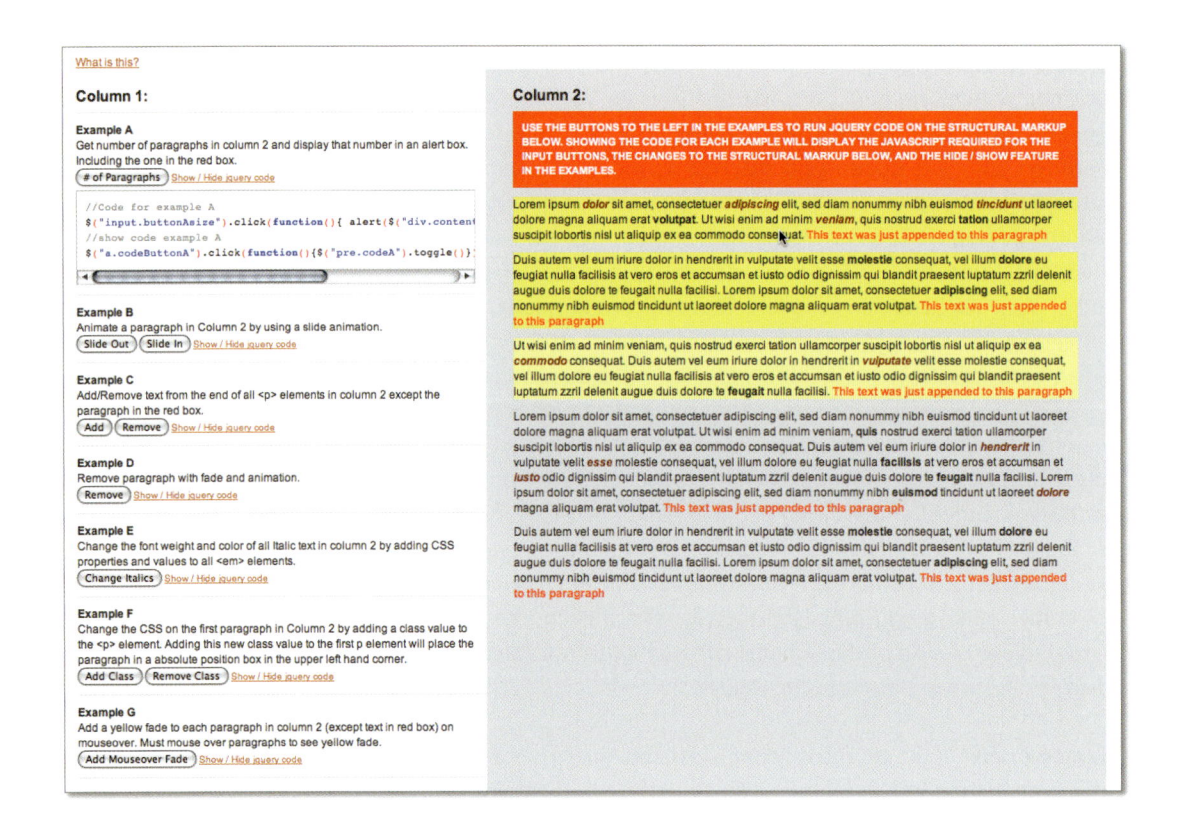

▲ **Abbildung 12.12**
Beispiele für die Funktionalität von jQuery bietet *codylindley.com/blogstuff/js/jquery*.

jQuery-Plug-ins | jQuery kann durch Plug-ins erweitert werden, was die Vielfalt der visuellen Effekte noch erhöht.

Abbildung 12.13 ▶
Thickbox-Beispiel
(*jquery.com/demo/thickbox*)

Thickbox (*jquery.com/demo/thickbox*) zum Beispiel ist ein Plug-in, das auf jQuery aufbaut und es ermöglicht, einzelne Bilder, mehrere Bilder, eingebetteten und per Ajax zur Verfügung gestellten Inhalt konfigurierbar anzuzeigen. Nur ein Beispiel von vielen, das Ihnen Lust machen sollte, sich mit jQuery im Speziellen und Frameworks im Allgemeinen etwas näher zu beschäftigen.

Bitte beachten! | Wer sich für die Nutzung eines Frameworks entscheidet, sollte immer beachten, dass alle Seiten auch ohne JavaScript nutzbar sein sollen, denn es gibt viele Nutzer, die ohne JavaScript unterwegs sind.

Mehr jQuery und Ajax im Netz

- »jQuery für Anfänger von einem Anfänger«: *www.steintafel.ch/blog/2006-10/jquery-fuer-anfaenger-von-einem-anfaenger/*
- Dokumentation zu jQuery (engl.): *docs.jquery.com/Main_Page*
- »80+ AJAX-Solutions For Professional Coding«: *www.smashingmagazine.com/2007/06/20/ajax-javascript-solutions-for-professional-coding*

Ganz ohne JavaScript

Wie sich Ihre Gestaltung ohne JavaScript verhält, testen Sie am besten in Firefox über die Web Developer Toolbar.

Die DVD zum Buch

Auf der beiliegenden DVD finden Sie nicht nur alle Beispieldateien aus dem Buch, sondern zusätzlich auch zahlreiche Tools und Software, die Ihnen auf dem Weg zu Ihrer modernen Website helfen sollen. Die DVD enthält diese Ordner mit den folgenden Inhalten:

Beispielmaterial

Im Ordner BEISPIELMATERIAL finden Sie die im Buch beschriebenen HTML- und CSS-Codes, alle Arbeits- und Bildvorlagen für Photoshop sowie das in Kapitel 11 erstellte WordPress-Template.

Alle Dateien sind den entsprechenden Kapiteln zugeordnet, einen Code, der in Kapitel 7 beschrieben wird, finden Sie also beispielsweise im Ordner BEISPIELMATERIAL • KAPITEL 7.

Software

Im Ordner SOFTWARE liegt ein ganzer Werkzeugkasten für Webdesigner. Hier eine Übersicht der Tools und der Ordner.

Bildbearbeitung
Testversionen der beliebten Tools von Adobe finden Sie in den entsprechend benannten Ordnern:
- Adobe Fireworks CS3
- Adobe Photoshop CS3
- Adobe Photoshop Lightroom

Auch die Open-Source-Bildbearbeitung GIMP finden Sie an dieser Stelle in einem eigenen Ordner.

Editoren
Da bleibt kein Wunsch offen, die wichtigsten Web-Editoren können Sie direkt von der DVD installieren und testen:
- Adobe Dreamweaver CS3 (Testversion)
- WeBuilder (Testversion)
- TextMate (Testversion)
- E-Texteditor (Testversion)
- CSSEdit
- Xyle Scope

Browser
Den Browser Camino und die Software der Firma Tredosoft, mit der sich mehrere Versionen des IE installieren lassen, finden Sie in den Unterordnern CAMINO und MULTIPLEIE.

Firefox-Erweiterungen
Diese Erweiterungen für den Firefox-Browser werden Ihnen das Leben leichter machen. Sofern nicht anders vermerkt, entsprechen die Namen der Tools dem Namen der Ordner:
- Web Developers Toolbar
- Colour Contrast Firefox Extension (Ordner COLOUR CONTRAST)
- Firebug und Firebug Lite ++ (Ordner FIREBUG)
- ColorZilla
- Reload Every

Virtualisierungsumgebung
Zwei oder mehr Test-Systeme gleichzeitig laufen lassen? Dank VMware kein Problem. Den VMware Player und den VMware Server finden Sie im Ordner VMWARE.

Farbwahrnehmung
Color Oracle und ColourSchemer Studio sind zwei wichtige Hilfsmittel für Ihre Arbeit mit Farben.

Lokale Entwicklung
Einen eigenen Server auf dem PC einrichten. Mit XAMPP oder MAMP geht das mit ein paar Mausklicks.

Widgets
Folgende Widgets sind ebenfalls Teil der DVD:
- Corporate Ipsum
- Designers Toolbox

WordPress
Die DVD enthält nicht nur das Blogsystem selbst, sondern auch zwei nützliche Erweiterungen dafür:
- o42-clean-umlauts
- PXS Mail Form

Wireframes
Wer auf dem Mac arbeitet, hat mit OmniGraffle ein hervorragendes Tool für die Erstellung von Wireframes.

Index

!important 219
* (Universalselektor) 118, 121, 222
3-Pixel-Bug (Internet Explorer) 71

A

a (Element) 197
Accessibility 41
:active 223
:after 223
Ajax 162, 356, 357, 358, 359
Alternativtexte 29
API 356
Arbeitsumgebung 267
Außenabstände
   zusammenfallende 74, 239

B

background (Eigenschaft) 224
background-attachment
   (Eigenschaft) 224
background-color (Eigenschaft) 224
background-image (Eigenschaft)
   224, 352
background-position (Eigenschaft)
   224
background-repeat (Eigenschaft) 224
Barrierefreiheit 29, 36, **40**, 41, 42, 65,
   157, 240
   Bedienungshilfen 30
   Braille 29, 214
   Braillezeile 29
   Farbfehlsichtigkeit 43, 133
   Hörbehinderung 42
   Internet für alle 41
   Kognitive Lern-, und Sprach-
      behinderung 42
   Körperliche Einschränkungen 42
   Lichtempfindlichkeit 133
   Screenreader 11, 25, 29, **37**, 40, 47,
      133, 151, 152, 157, 194, 200
   Sehbehinderung 42, 43, 133
   Zugänglichkeitsrichtlinien für
      Web-Inhalte 42
Basisschriftgröße
   im Internet Explorer 121
   in standardkonformen
      Browsern 122

Basisschriftgröße
   definieren 119
Basisvorlage
   (X)HTML 253, 255
   CSS 256
   Druckstylesheet 261, 263
   Photoshop 263, 267
Basisvorlagen 12, 99, 175, 187, 190,
   191, 192, 223, **253**, 260, 323
:before 223
Beispielprojekt
   Schokoladen 188, **272**, 284, 287,
      288, 291, 298, 305, 309, 317, 329,
      331, 332, 333, 334
Benutzerfreundlichkeit
   → Usability
Bilder
   in elastischen Layouts 91
Bildschirmauflösung 66
   minimale 68
   Scrollbalken 68
Blindtexte 163, 173, **208**, 253, 263,
   316, 333, 341
Blindtext-Generator 208
Block-Elemente **69**, 71, 74, 81, 96,
   101, 121, 123, 195, 196, 242, 248
blockquote (Element) 38, 196, 254
body (Element) 190, 191
border (Eigenschaft) 68
border-collapse (Eigenschaft) 248,
   250, 251
border-radius (Eigenschaft) 355
border-spacing (Eigenschaft) 248,
   250
Box-Modell 180
box-sizing (Eigenschaft) 350
Braille → Barrierefreiheit
Braillezeile 41
Brainstorming 271
Breite
   in em angeben 76
   in Pixeln angeben 75
   in Prozentangaben 76
   maximale 90
Browser
   ältere 28
   Benutzerstylesheet 31, 32, 216
   Browserkunde 27

Browserstylesheet 29
Camino 27, 134, 226, 295, 297
Conditional Comments 181
Firefox 27, 119, 120, 124, 135, 150,
   169, 170, 171, 176, 177, 178, 179,
   191, 208, 209, 237, 261, 262, 306,
   307, 308, 312, 314, 322, 350, 351,
   355, 357, 359
Internet Explorer 215, 223, 248
Internet Explorer 5
   27, 28, 72, 73, 74, 80, 151, 171, 178,
   226, 231, 315
Internet Explorer 5.5
   28, 72, 74, 151, 231, 357
Internet Explorer 6
   27, 28, 29, 72, 119, 171, 227, 231, 295
Internet Explorer 7
   74, 119, 171, 297
Multiple IE 171
Netscape 27, 215
Opera 27, 29, 115, 171, 297, 350, 357
Opera Mini 29
Safari 27, 79, 115, 119, 120, 150, 171,
   172, 229, 233, 350, 351, 352, 353,
   354, 355, 357
Simplified Box-Model-Hack 181
Standardschriftgröße 88, 118
Star-HTML-Hack 181
Viewport 66, 67, 84

C

calc (Eigenschaft) 349, 351
caption (Element) 207
caption-side (Eigenschaft) 248
CD → Corporate Design
Checkliste
   Eine gute Startseite 47
   Farbe 142
   Medien 157
   Typografie 126
   Webstandards, Zugänglichkeit
      und Usability 48
CI → Corporate Identity
class 192
Collapsing Margins 74
color (Eigenschaft) 224, 233
column (Modul) 351

column-count (Eigenschaft) 351
column-gap (Eigenschaft) 351
column-width (Eigenschaft) 351
Conditional Comments 73, 78
→ Browser
Content Management
System 47, 191, 271, 272, 321, 342
Corporate Design 19
Corporate Identity 19
Creative Commons 146
CSS 21
abschalten 177, 311
Attribut-Selektoren 226, 347
Deklaration 213
Druck-Stylesheet 215, 261, 263, 329, 332
einbinden 214
Element-Selektoren 213, 218
ID-Selektoren 214, 217
Klassen-Selektoren 214, 218
Kommentare 219
Kontextsensitive Selektoren 213
Kurzschrift 22, 220
LoVe-HAte 222
Navigation, aktuelle Seite hervorheben 317
Ordnung im Stylesheet 220
Pseudo-Klassen-Selektoren 218
Pseudo-Selektoren 214
Pseudoelemente 223
Pseudoklassen 214, 223
Rangfolge 216
Rangordnungswert 218
Reset Reloaded 222
Selektoren 22
Spezifität 217
Texte formatieren 234
TRouBLe 220, 222
Vererbung 221
Werte definieren 215
CSS-Layout 63
CSS-Regel 22
CSS-Sprites 246
CSS 2 28, 34, 351
CSS 3 13, 28, 34, 74, 95, 347, 349, 350, 351, 355
Attribut-Selektor 347
Deckkraft von Elementen 354
Geschwisterkombinierer 347
Hintergründe 352, 354
runde Ecken 355
Spaltensatz 351
Transparenz 354, 355

D

dd (Element) 199
Definitionsliste 199, 342
Design 17, 18
Designgalerien 159
Weniger ist mehr 45
Designprozess 18
Analyse 19
Entwurf 19, 275
Konzept 273
Konzeptionalisierung 19
Präsentation 19
Detailgehalt 163
display (Eigenschaft) **69**, 101, 102, 229, 238, 239, 242, 261, 292, 296, 298, 304, 306, 309, 342
div (Element) 21, 70, 79, 93, 96, 100, 101, 192, **193**, 228, 253, 254, 288, 294, 296, 297, 298, 300, 305, 306, 326, 327, 331, 332, 333, 334, 335, 336, 344
Divitis 194
dl (Element) 21, 199
Doctype 48
doctype (Element) 189
DOM 25, 34, 357
dt (Element) 199
DVD zum Buch 13, 79, 99, 125, 134, 188, 234, 263, 277, 287, 291, 312, 314, 315, 317, 318, 321, 327, **361**

E

Editoren 163, 164, 165, 287, 322, 331
CSSEdit 166
Dreamweaver 163, 164, 330, 331
E-Texteditor 165
TextMate 165, 166, 287
TopStyle Lite 165
TopStylePro 165
WeBuilder 164
WYSIWYG 163
Elastisches Layouts 76
Elemente
mit CSS positionieren 76
Elemente anordnen 62
em (Element) 195
empty-cells (Eigenschaft) 248
EPS 150
Excel 156
Extensis Portfolio 160
Eye-Candy 357

F

Farbe 129
additiv 129
für Webseiten 135
Farbabstufung 133
Farben bestimmen 136, 278
Farbfehlsichtigkeit 134, 312
Farbkontrast 131, 132
Farbkreis 136
Farbnamen 130
Farbschema 18, 135, **136**, 138, 143, 256, 276, 279, 289
Farbwahrnehmung 133
Farbwirkung 131
gesättigte Farbtöne 141
Grundfarben 129, 130
hexadezimal 130
Komplementärfarbe 130, 132, 135
Kontrast 31, 52, 60, 108, 114, 132, 135
Pastelltöne 139
Primärfarbe 129
Sekundärfarbe 129
Signalcharakter 132
Signalfarbe 142
subtraktiv 129
Tertiärfarbe 130
Trends 138
Werkzeuge 136, 137, 237, 276
Fehler finden 36
fieldset (Element) 205
Firefox
Erweiterungen 135, 169
Erweiterungen: ColorZilla 237, 307
Erweiterungen: Firebug 169, 170, 178, 179
Erweiterungen: ReloadEvery 170
Erweiterungen: Tails 306
Erweiterungen: Web Developers Toolbar 124, 176, 177, 178, 179, 261, 308, 314, 359
Fireworks 164
first-child 223
first-letter 214, 223, 297
first-line 223
Flash 48, 149, 150, 151, 152, 153
Flash-Elemente 93
Flexibles Layout 76
float (Eigenschaft) 76, 84, 85, 86
focus 223
font (Eigenschaft) 233
font-family 109
font-family (Eigenschaft) 232, 234
font-size (Eigenschaft) 232, 234

font-style (Eigenschaft) 232
font-variant (Eigenschaft) 233
font-weight (Eigenschaft) 232
form (Element) 201
Formulare 29, 201, 301
    Gestaltung 343
        Kontaktformular 344
        Label 29
        Suchformular 265, 301, 323, 326, 334, 343
        Usability 46
Fotogestaltung 53
Frameworks 65, 357, 358, 359
    Thickbox (jQuery) 358
    Dojo 357
    jQuery 356, 357, 358, 359
    MooTools 357
    Prototype 357
    script.aculo.us 357

G

Gestaltgesetz
    Asymmetrie 58
    Der goldene Schnitt 52, 53, 59, 80, 94, 95, 96, 290
    Drittelregel 53
    Erfahrung 57
    Figur-Trennung 52
    Geschlossenheit 56
    Gleichheit oder Ähnlichkeit 55
    Harmonie 57
    Nähe 54
    Symmetrie 58
    Visuelles Gewicht 60
Gestaltgesetze 51
Gestaltpsychologie 51
Gestaltung
    Harmonie 52
    Ästhetik 52
Gestaltungsraster 65
    in CSS umsetzen 99
        Formel 97
GIF 150, 151
Gimp 160
Gliederungselemente
    Linien 60, 61
Grafik
    Seitenhintergrund 99
Grid-Design 96

H

h1 … h6 (Elemente) 21, 194
Hacks 180, 181
Handy 29
head (Element) 190
Hilfslinien 285
Hintergrundbild 99
hover 223
hr (Element) 297, 300
HTML (Element) 188, 190
html (Element) 294

I

Icon 60, 157
id 192
Image Replacement 116, 157, 240
img (Element) 200, 225, 226, 258, 291
Informationsarchitektur 46
Inhaltsbereiche anordnen 54
Initialen 296
Inline-Elemente 69, 71, 75, 239
Innenabstände für Textbereiche 102
input (Element) 202
iPhoto 160

J

JavaScript 12, 25, 29, 42, 48, 178, 356, 357, 359
JPEG 150, 151

K

Kaskade 176, 216
Klassitis 194
Kreativität 159

L

label (Element) 201, 202, 203, 205, 206, 342, 343
lang 223
Layout 18, 26, 28, 35, 51, 61, **62**, 64, 65, 66, 67, 68, 69, 75, 76, 80, 85, 86, 87, 88, 89, 90, 91, 92, 93, 95, 98, 99, 103, 104, 112, 122, 125, 137, 138, 142, 151, 177, 179, 188, 200, 271, 275, 291, 294, 307, 311, 316, 318, 321, 329, 338, 347
    Bilder in elastischen Layouts 91
    Box-Modell 68, **69**, 72, 74, 86, 102, 350
    Box-Modell (CSS 3) 350
    Breite und Höhe 66
    Dokumentfluss 76, 93, 96
    dreispaltig 93
    elastisch 51, 75, 88, 112
    Elemente 60, 63, **76**, 88, 135, 143, 176, 259, 260, 263, 275, 279, 287
    fix 51, 75, 86, 112
    flexibel 51, 75, 86, 112
    Gestaltungsraster **65**, 95, 96, 97, 99, 101, 102, 103, 104, 141, 160, 260, 267, 351
    hybrid 89
    Inhaltsbereiche 63
    klassische Spaltenlayouts 64
    mehrspaltig 65, 95
    Methode der grauen Box 162, 264, 274
    mit fester Breite 75
    Positionierung 51, 53, 62, **75**, 76, 79, 84, 93, 96, 99, 294, 311
    Positionierung (absolute) 75, 76, 82, 294
    Positionierung: relativ 78
    Satzspiegel 65, 95
    vertikale Abstände 122
    Weißraum 54, 59, **64**, 65, 80, 94, 96, 97, 102, 135, 141, 142, 275, 290, 295
    zweispaltig 93
Layout zentrieren 80
legend (Element) 205
Lesbarkeit 105, 107, 113, 114, 122
letter-spacing (Eigenschaft) 233, 235
line-height (Eigenschaft) 113, 233
Linien 60
link (Element) 48, 214
list-style-image (Element) 241
list-style-position (Element) 241
list-style-type (Element) 241
Listen 197
Logo 39, 42, 48, 53, **63**, 131, 135, 159, 272, 273, 279, 280, 283, 291, 295, 311, 332

M

Makro-Weißraum 64
MAMP 168, 169, 327, 328
margin (Eigenschaft) 68, 95
MathML 34
meta (Tag) 190
Microsoft Expression Media 160
Mikro-Weißraum 64
Mikroformate 209
    hCalendar 209
    hCard 209, 210, 305, 306, 311, 334, 344
    hCard-Creator 305
    XFN 209

Mobile Geräte 29
    Handheld 25, 261
    Handy 25, 29
    Laptop 11
MOV 153
MP3 154, 156

N

Navigation 246
    Klickbereiche 36, 43, 293
    Navigationsstatus 243
    Reiter-Navigation 245
    Sliding Doors 245
Navigationsleiste 37, 197, **241**, 243, 244, 266, 282, 283, 292, 311, 312, 317
    horizontale 244, 245
    vertikale 241

O

ol (Element) 21, 197
OmniGraffle 161
opacity (Eigenschaft) 354, 355

P

p (Element) 21, 195
padding (Eigenschaft) 68, 69, 70, 72, 80, 94, 95, 103, 221, 227, 237, 239, 250, 290, 291, 292, 293, 300, 310, 350
Parallels 172
PDF 157, 227
Photoshop 160, 164, 263
    Ebenenstile 279, 280
    Hilfslinien 285, 291
    HTML Stamps 266
    Muster festlegen 283
Photoshop Lightroom 160
phpMyAdmin
    Datenbank anlegen 328
Piktogramme 57
Pixelschrift 106
Pixelwerte
    in em-Werte umrechnen 88
PNG 150, 151, 228, 231, 272, 291, 295
    transparent 228, 231, 295
Podcast 146, 156
Polaritätsprofil 108
position (Eigenschaft) 69, 76, 81, 82, 83, 230, 294, 311
Positionierung
    → Layout
Powerpoint 161
Print- versus Webdesign 26

Q

QuickTime 153
    MOV einbinden 156

R

Raster → Layout
Raster errechnen 96
Rastergrafik 150
RGB-System 129
Rich Internet Applications 357
RSS-Feed 47

S

Scalabe Vector Graphics 93
Schreibschrift 106
Schrift
    Ausrichtung 110
    für das Web 109
    Farbe 114
    Formatierungsmöglichkeiten 117
    Kontrast 114
    Maßeinheiten 117
Schriftarten
    auf PC und Mac 109
    Verbreitung 109
Schriftfamilien 109
Schriftgröße
    em (Maßeinheit) 117
    festlegen 116
    Pixel 117
    Prozent (Maßeinheit) 118
    Punkt 117
Schriftklassifikation 106
Schriftschnitt 106
Screencast 146
Scrollbalken 76
Selektor 347
Selektoren 213, 217
Semantik 34, 35, 37, 38, 40, 42
    Hauptlayoutelemente 39
semantisches Markup 37
Serifen 106
Silbentrennung 111
Sliding-Doors → Navigation
Spaltenanzahl 75
speak-header (Eigenschaft) 248
Sperrung 106
Sprechende URLs 340
strong (Element) 195, 304
Subversion 168
Suchmaschinen 35

Superspalten 100
SVG 34, 150
SVG → Scalabe Vector Graphics
Symbole 57

T

Tabellen 207
tabindex (Attribut) 205, 206
table (Element) 21, 207, 248
Tag-Soup 32
Template 47
Tests
    Browsercam 172
    Browserpool 172
    Browsershots 172
    Color Oracle 134
    Colour Contrast Check 135
    CSS Analyser 135
    Dokumentgrößen 314
    Ladezeiten 314
    Testbrowserpaket 176
    Vischeck 134
text-align (Eigenschaft) 226, 233
text-decoration (Eigenschaft) 233
text-indent (Eigenschaft) 233
text-shadow (Eigenschaft) 233
text-transform (Eigenschaft) 233, 236
textarea (Element) 204
Textausrichtung 110
TIFF 150
title (Tag) 190
Typografie 12, 20, 49, 64, 66, 88, **105**, 106, 115, 118, 141, 142, 160, 163
    Anführungszeichen 126
    Antiqua 106
    Arial 109
    Bankleitzahlen 126
    Basisschriftgröße 116, 121
    Blocksatz 110
    Durchschuss 113
    Flattersatz 110
    Gemeine 106
    große Schriftgrade im Web 116
    Groteske 106
    Groteskschriften 113
    inverse Darstellung 115
    Klammern 126
    Lucida Grande 109
    Minuskelziffern 106
    römische Ziffern 106
    Satzarten 111
    Schriftempfinden 107, 108
    Schriften für das Web 109
    Schriftfamilie 106

Schriftformatierung für das Web 115
Schriftgewicht 115
Schriftglättung 117, 119
Schriftmischung 108
Serifenschriften 113
Standardschriftgröße 118
Telefon-, Fax- und Postfachnummern 126
Times New Roman 109
Trebuchet MS 109
Trennstriche 125
Versalien 106
Versalziffern 106
vertikaler Rhythmus 122, 308
Zeilenabstand 113, 114
Zeilenbreite 110
Zeilenhöhe 113
Ziffern 106

U

ul (Element) 21, 197
Usability 43, 65
   Informationsarchitektur 46
   Konventionen 45
   Navigation 44
   Scrollen 45
   Seitenleiste 44
   Startseite 44, 46, 190
   Testing 45
   User Experience 46
User-Stylesheet 13, 216

V

Validator 36
Validierung 36
   FEED Validator 37
   Markup Validation Service 37
   Validator 37, 42, 177, 341
   Validome 37
   W3C CSS Validation Service 37
vCalendar 209
Vektorgrafik 150
Virtualisierungsumgebung 172
VirtualPC 172
Visio 161
:visited 223
VMWare 172
Vorlage 47, 175, **187**, 253, 272, 323, 324, 325, 327, 329, 333, 335, 339, 340

W

W3C → World Wide Web Consortium
Wahrnehmung 51, 52
Web 2.0 13, 142, 356
Webdesign 17, 18
   Definition Dokument 24
   Die gedruckte Seite 24
   Navigation 48
   Prinzipien 23, 35
Webdesigner 17
Weblog 12, 17, 43, 44, 321, 342, 357
Webseite
   Aufbau 21, 63
   Inhalte 21
   Inhaltsbereiche 63
   strukturieren 21
Website 17
Website-Layout
   Elemente 62
Webstandards 12, 17, 27, 28, 29, 32, **33**, 34, 36, 46, 48, 62, 104, 194, 197, 208, 321, 345
   Prinzipien 34
   Vorteile 34
Weißraum → Layout
white-space (Eigenschaft) 112, 233
Wireframes 161, 162, 174, 264, 274
WMV 153
Word 156
word-spacing (Eigenschaft) 233
WordPress 12, 272, **321**, 322, 323, 324, 325, 327, 328, 329, 331, 333, 336, 337, 339, 340, 341
   Administrationsmenü 329, 337, 340, 341, 344
   aktuelle Seite hervorheben 330
   Codex 325
   Conditional Tags 325, 340
   Häufige Templates 323
   Hooks 325
   installieren 327
   Loop 326, 327
   Plug-ins 340
   Seiten anlegen 337
   Stylesheet 323, 324, 329, 342
   Template-Tags 333
   Theme **322**, 325, 327, 329, 333, 337, 338, 345
   Widgets 333
Wordpress (Plug-ins)
   CForms II 343
   042-clean-umlauts 340
   PXS Mail Form 340, 341
   Text Control 340, 341
Workflow 12, 122, 167, **172**, 173, 272
World Wide Web Consortium 33
Wortumbruch 112

X

XAMPP 168, 169, 322, 327
Xpath 357
(X)HTML 21, 32
   Attribut 21
   Element 21
   Tag 21
   versus XHTML 188
(X)HTML-Kommentare 192

Y

YAML 65

Z

z-index (Eigenschaft) 229, 230, 294, 311
Zeilenbreite
   im Layout umsetzen 112
Zeilenumbruch verhindern 112
zentriertes Layout 80
Zugänglichkeit 41
Zugänglichkeitsrichtlinien 42

Ai

Adobe Illustrator CS3
Das Praxisbuch zum Lernen und Nachschlagen

700 S., 59,90 €, ISBN 978-3-8362-1011-9
>> www.GalileoDesign.de/1432

Ps

Adobe Photoshop CS3 für Fortgeschrittene

DVD, Windows und Mac
8:30 Stunden Spielzeit, 39,90 €, ISBN 978-3-89842-899-6
>> www.GalileoDesign.de/1418

Dw

Adobe Dreamweaver CS3 verständlich erklärt

368 S., 2008, 24,90 Euro, ISBN 978-3-8362-1032-4
>> www.GalileoDesign.de/1469

Ps

Adobe Photoshop CS3
Das Praxisbuch zum Lernen und Nachschlagen

1024 S., 49,90 €, ISBN 978-3-89842-888-0
>> www.GalileoDesign.de/1401

Id

Adobe InDesign CS3
Das Praxisbuch zum Lernen und Nachschlagen

732 S., 59,90 €, ISBN 978-3-8362-1012-6
>> www.GalileoDesign.de/1433

Ai

Adobe Illustrator CS3 Das Praxis-Training

DVD, Windows und Mac
9 Stunden Spielzeit, 39,90 €, ISBN 978-3-8362-1018-8
>> www.GalileoDesign.de/1443

Ps

Das Photoshop-Training People & Porträt für digitale Fotografie

DVD, Windows und Mac
6 Stunden Spielzeit, 29,90 €, ISBN 978-3-8362-1046-1
>> www.GalileoDesign.de/1494

Das gesamte Programm finden Sie im Web >> www.GalileoDesign.de

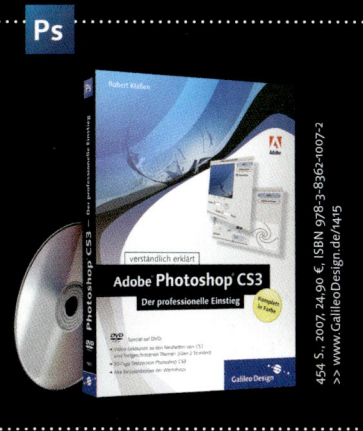

Creative Suite 3

Bücher und Video-Trainings

Galileo Design
Know-how für Kreative.

Standardkonformes Webdesign

Accessibility und Usability

Farbe, Grafik und Typografie

366 S., 2. Auflage 2008, mit CD,
29,90 Euro, 49,90 CHF
ISBN 978-3-8362-1104-8

Professionelles Webdesign mit (X)HTML und CSS

www.galileocomputing.de

Björn Seibert, Manuela Hoffmann

**Professionelles Webdesign
mit (X)HTML und CSS**

Dieses Buch zeigt Ihnen, wie Sie Ihre Website mit (X)HTML und CSS effektiv und standardkonform umsetzen. Hier wird erklärt, wie Sie Ihre Site strukturieren, welche Elemente Sie wozu einsetzen und wie Sie professionelles Design durch abgestimmte Farbschemata erzeugen.

>> www.galileocomputing.de/1389

Web 2.0-Design verstehen und realisieren

Schritt für Schritt zur aktuellen Website

Farb- und Seitengestaltung mit Photoshop

698 S., 2007, komplett in Farbe, mit DVD,
39,90 Euro, 67,90 CHF
ISBN 978-3-8362-1087-4

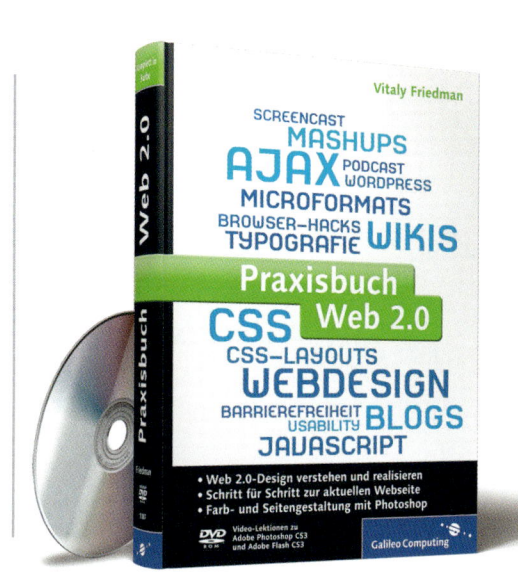

Praxisbuch Web 2.0

www.galileocomputing.de

Vitaly Friedman

Praxisbuch Web 2.0

Moderne Webseiten programmieren und gestalten

Von der charakteristischen Gestaltung über Barrierefreiheit und Usability bis hin zum Einsatz von AJAX, Mashups, Wikis, Blogs und Podcasts – mit diesem Buch lernen Sie, was eine Web 2.0-Site ausmacht und wie Sie diese selbst umsetzen können. Zahlreiche Schritt-für-Schritt-Anleitungen – etwa zur Erstellung von grafischen Elementen – unterstützen Einsteiger und Profis bei der Gestaltung einzelner Elemente oder vollständiger Web 2.0-Sites.

>> www.galileocomputing.de/1451

Handbuch der Webprogrammierung

Inkl. Suchmaschinen-Optimierung und Barrierefreiheit

AJAX im Praxiseinsatz

1132 S., 3., aktualisierte und erweiterte Auflage 2007, mit DVD, 39,90 Euro, 67,90 CHF
ISBN 978-3-89842-813-2

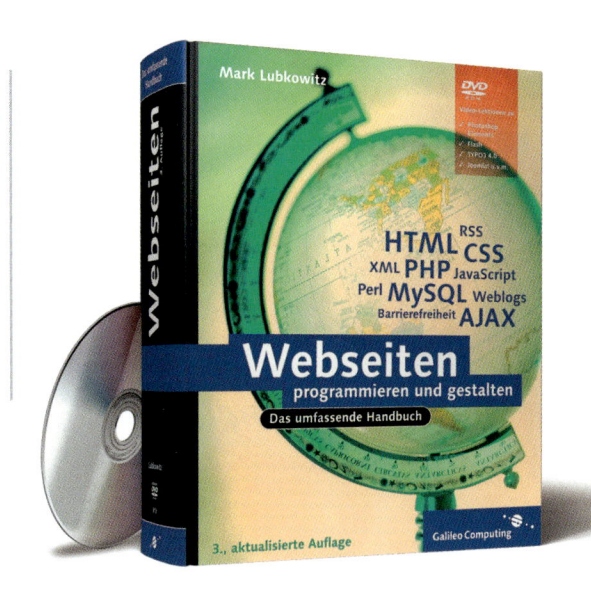

Webseiten programmieren und gestalten
www.galileocomputing.de

Mark Lubkowitz

Webseiten programmieren und gestalten

3. Auflage

Unser Bestseller folgt einem bewährten Konzept. Ob Grundlagen von HTML, XHTML, JavaScript, AJAX, XML, PHP oder MySQL, unser Buch antwortet umfassend auf alle Fragen der Webprogrammierung.

>> www.galileocomputing.de/1226

Grundlagen und Referenz

Browserübergreifende Lösungen

Barrierefreies Webdesign mit CSS

593 S., 4., aktualisierte und erweiterte Auflage 2006
und Referenzkarte, 34,90 Euro, 59,90 CHF
ISBN 978-3-89842-765-4

CSS-Praxis

www.galileocomputing.de

mit Referenzkarte

Kai Laborenz

CSS-Praxis

Browserübergreifende Lösungen

Das deutschsprachige Standardwerk zu CSS in der vierten Auflage! Die erweiterte Einführung, ausführliche Anleitungen zur Formatierung und Positionierung mit CSS, Praxisbeispiele sowie viele neue Tipps und Tricks eines echten CSS-Profis bringen jeden Webprogrammmierer in die Lage, browserübergreifende Lösungen zu realisieren.

>> www.galileocomputing.de/1173

Der Topseller in aktualisierter Neuauflage

Mit Referenzkarte und DVD mit Video-Lektionen

Großer Infoteil mit Tastenkürzeln, Insidertipps

1019 S., 2008, komplett in Farbe, mit DVD und Referenzkarte, 49,90 Euro, ISBN 978-3-89842-888-0

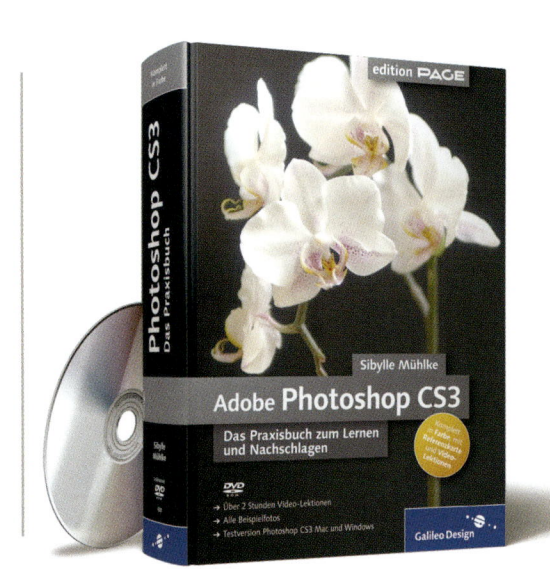

Adobe Photoshop CS3

www.galileodesign.de

Sibylle Mühlke

Adobe Photoshop CS3

Das Praxisbuch zum Lernen und Nachschlagen

Dieses Handbuch hat sich zum Ziel gesetzt, alles nötige Wissen rund um Photoshop CS3 für Sie aufzubereiten und leicht zugänglich zu präsentieren. Komplett in Farbe, mit DVD, Referenzkarte, Infoteil, Glossar und Zusatzinfos im Web – hier finden Sie genau, was Sie brauchen!

>> www.galileodesign.de/1401

»Gehört ins Regal jedes Bildbearbeiters, der Photoshop effizient und in all seinen Facetten verwendet!«
Publisher

Alle Beispieldateien zum Nachbauen

Mit Video-Lektionen auf DVD

30-Tage-Testversion Flash CS3 (Win und Mac)

472 S., 2008, komplett in Farbe, mit DVD,
39,90 Euro, 67,90 CHF
ISBN 978-3-8362-1065-2

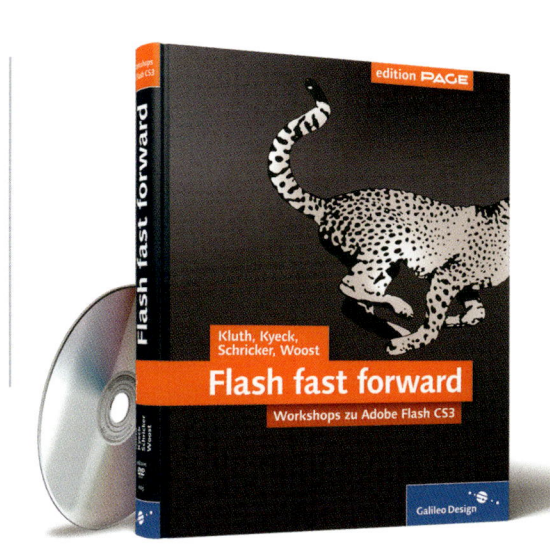

Flash fast forward

www.galileodesign.de

Sönke Kluth, Frederik Schricker, Philipp Kyeck, Aron Woost

Flash fast forward

Die Workshops für Fortgeschrittene –
Aktuell zu Adobe Flash CS3

Bei diesem Buch ist der Name Programm – ohne lange Erklärungen gelangen Sie zu faszinierenden Effekten und Animationen. Mit unserem bewährten Workshop-Konzept reizen Sie Flash CS3 voll aus und erzeugen von Schneefall und Partikeleffekten über XML-Menüs und 3D-Raum alles, was mit Flash Spaß macht.

>> www.galileodesign.de/1537

Mit kompletter Beispiel-Website

Vollversionen PHP & MySQL auf DVD

Inklusive 30-Tage-Testversion Dreamweaver CS3

663 S., 2008, mit DVD, 39,90 Euro, 67,90 CHF
ISBN 978-3-8362-1033-1

Adobe Dreamweaver CS3

www.galileodesign.de

Richard Beer, Susann Gailus

Adobe Dreamweaver CS3

Webseiten entwickeln mit (X)HTML, Ajax, CSS, PHP und MySQL

Mit diesem Buch können Sie Dreamweaver CS3 voll ausreizen. Erstellen Sie Webseiten mit HTML, CSS, Tabellen, Frames, Ebenen und setzen Sie JavaScript, AJAX und XML ein. Richten Sie Ihren eigenen Webserver ein, lernen Sie MySQL und PHP gleich mit und erstellen Sie ein eigenes Content Management System.

>> www.galileodesign.de/1470

Attraktives Webdesign mit Webstandards

Website zum Buch mit allen Beispieldateien und Quellcodes

CSS-Layouts, Navigationen, Bildergalerien, Formulare, Hintergrundbil-der u.v.m.

ca. 380 S., komplett in Farbe, 39,90 Euro, ISBN 978-3-8362-1155-0, Mai 2008

CSS-Design

www.galileodesign.de

Heiko Stiegert

CSS-Design

Tutorials für moderne Webseiten

Dieses komplett vierfarbige Buch zeigt Ihnen in ausführlich erklärten Praxisworkshops, wie Sie moderne Webseiten gestalten und standardkonformen und browserunabhängigen CSS-Code schreiben. Nach und nach arbeiten Sie sich so durch die verschiedenen Elemente, die eine Website ausmachen. Lassen Sie sich von den Beispielen inspirieren und gestalten Sie Text, erstellen Navigation, fügen Bilder und Formulare ein, sortieren Daten in Tabellen und entwickeln unterschiedliche Layouts.

>> www.galileodesign.de/1704

Modernes Webdesign

Saubere Trennung von
Inhalt und Layout

Usability und Barrierefreiheit

Design für mobile Endgeräte

1199 S., 2007, 49,90 Euro, 81,90 CHF
ISBN 978-3-89842-443-1

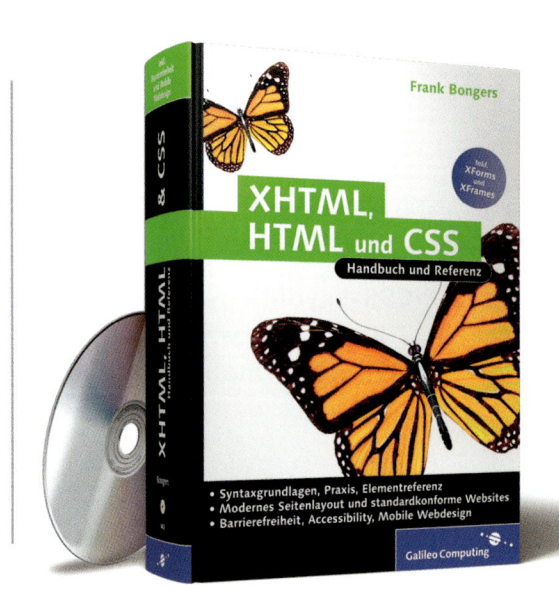

XHTML, HTML und CSS

www.galileocomputing.de

Frank Bongers

XHTML, HTML und CSS

Handbuch und Referenz

Keine Webseite ohne (X)HTML und CSS. Unser Buch zeigt Ihnen, worauf Sie achten müssen und hilft mit praxistauglichen Beispielen beim Erlernen und Vertiefen der Sprachen des Webs. Vollständige Referenz inkl. Kapitel zu Usability, Acessibility, Migration nach CSS und mobile Endgeräte. Ein unentbehrliches Handbuch!

>> www.galileocomputing.de/669

Einstieg, Praxis, Referenz

Dynamische Webseiten realisieren

Für Einsteiger, Fortgeschrittene und Profis

ca. 800 S., 8. Auflage, mit DVD,
39,90 Euro, 67,90 CHF
ISBN 978-3-8362-1128-4, November 2007

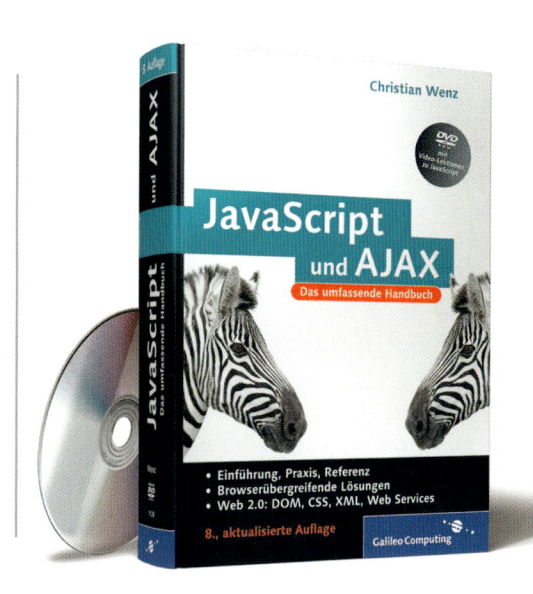

JavaScript und Ajax

www.galileocomputing.de

Christian Wenz

JavaScript und Ajax

Das umfassende Handbuch

Um die Neuerungen des Web 2.0 erfolgreich umzusetzen, sind gute JavaScript-Kenntnisse Voraussetzung. Neben einer gründlichen Einführung finden Sie in diesem Buch unzählige praktische Beispiele, die Sie direkt für eigene Projekte nutzen können. Ein ausführlicher Referenzteil hilft beim schnellen Nachschlagen. Neu in dieser Auflage: Kapitel zu Microsoft Silverlight, ASP.NET AJAX 1.0 und ein Ausblick auf Firefox 3 und JavaScript 1.8.

>> www.galileocomputing.de/1651

Bibliografische Information der Deutschen Bibliothek
Die Deutsche Bibliothek verzeichnet diese Publikation in der Deutschen Nationalbibliografie;
detaillierte bibliografische Daten sind im Internet über http://dnb.ddb.de abrufbar.

ISBN 978-3-8362-1109-3

© Galileo Press, Bonn 2008
1. Auflage 2008

Der Name Galileo Press geht auf den italienischen Mathematiker und Philosophen Galileo Galilei (1564–1642) zurück. Er gilt als Gründungsfigur der neuzeitlichen Wissenschaft und wurde berühmt als Verfechter des modernen, heliozentrischen Weltbilds. Legendär ist sein Ausspruch *Eppur se muove* (Und sie bewegt sich doch). Das Emblem von Galileo Press ist der Jupiter, umkreist von den vier Galileischen Monden. Galilei entdeckte die nach ihm benannten Monde 1610.

Lektorat Katharina Geißler, Jan Watermann
Fachgutachten Jens Grochtdreis, Mainz
Herstellung Steffi Ehrentraut
Korrektorat Friederike Daenecke, Zülpich
Einbandgestaltung Hannes Fuß, www.exclam.de
Typografie und Layout Vera Brauner
Satz Roman Bold & Black, Köln
Druck Himmer AG, Augsburg

Dieses Buch wurde gesetzt aus der Linotype Syntax (9,25 pt/13,25 pt) in Adobe InDesign CS2. Gedruckt wurde es auf mattgestrichenem Bilderdruckpapier (115 g/m²).

Gerne stehen wir Ihnen mit Rat und Tat zur Seite:

katharina.geissler@galileo-press.de oder *jan.watermann@galileo-press.de*
bei Anmerkungen zum Inhalt des Buches

service@galileo-press.de
für versandkostenfreie Bestellungen und Reklamationen

ralf.kaulisch@galileo-press.de
für Rezensions- und Schulungsexemplare

Das vorliegende Werk ist in all seinen Teilen urheberrechtlich geschützt. Alle Rechte vorbehalten, insbesondere das Recht der Übersetzung, des Vortrags, der Reproduktion, der Vervielfältigung auf fotomechanischem oder anderen Wegen und der Speicherung in elektronischen Medien.
Ungeachtet der Sorgfalt, die auf die Erstellung von Text, Abbildungen und Programmen verwendet wurde, können weder Verlag noch Autor, Herausgeber oder Übersetzer für mögliche Fehler und deren Folgen eine juristische Verantwortung oder irgendeine Haftung übernehmen.
Die in diesem Werk wiedergegebenen Gebrauchsnamen, Handelsnamen, Warenbezeichnungen usw. können auch ohne besondere Kennzeichnung Marken sein und als solche den gesetzlichen Bestimmungen unterliegen.

Hat Ihnen dieses Buch gefallen?
Hat das Buch einen hohen Nutzwert?

Wir informieren Sie gern über alle Neuerscheinungen von Galileo Design. Abonnieren Sie doch einfach unseren monatlichen Newsletter:

www.galileodesign.de

Galileo Design

Die Marke für Kreative.